S.F.
V.

Jean Starobinski

Das Rettende in der Gefahr. Kunstgriffe der Aufklärung

Aus dem Französischen
und mit einem Essay von
Horst Günther

S. Fischer

Die französische Originalausgabe mit dem Titel
›Le remède dans le mal. Critique et légitimation
de l'artifice à l'âge des Lumières‹
erschien 1989 bei Editions Gallimard, Paris

Umschlaggestaltung: Buchholz/Hinsch/Walch unter
Verwendung eines Photos von Pierre Bourdis
Satz: Wagner GmbH, Nördlingen
Druck und Einband: Clausen & Bosse, Leck
Printed in Germany 1990
ISBN 3-10-075104-3

Für J.-B. Pontalis

Inhalt

I
Das Wort Zivilisation

1

Die wichtigsten Etappen der Geschichte des Wortes *Zivilisation* sind heute mit ausreichender Genauigkeit bekannt.[1]

Im Französischen sind *civil* (13. Jahrhundert) und *civilité* (14. Jahrhundert) durch ihre lateinischen Vorgänger gut begründet. *Civiliser* ist erst später belegt; man findet es im 16. Jahrhundert in zwei Bedeutungen:

> 1. »Mener à la civilité, rendre civiles les mœurs et les manières des individus« [einen höflich machen, zur Höflichkeit gewöhnen].
> Montaigne: »Die aus dem Königreich Mexiko waren keineswegs höflicher [plus *civilisez*] und kunstreicher als die anderen Völker dort.«

1 Die wesentlichen Arbeiten zu diesem Gegenstand sind: *Civilisation. le mot et l'idée,* exposés par Lucien Febvre, Marcel Mauss, Emile Tonnelat, Alfredo Niceforo, Louis Weber. Centre international de synthèse, Paris 1930; Joachim Moras, *Ursprung und Entwicklung des Begriffs der Zivilisation in Frankreich (1756–1830)*, Hamburg 1930; R. A. Lochore, *History of the Idea of Civilization in France (1830–1870)*, Bonn 1935; Emile Benveniste, »Civilisation – Contribution à l'histoire du mot«, in: *Hommage à Lucien Febvre*, Paris 1954, aufgenommen in: *Problèmes de linguistique générale*, Paris 1966; E. de Dampierre, »Note sur ›culture‹ et ›Civilisation‹«, in: *Comparative Studies in Society and History*, Bd. 3, 1961, S. 328–340. In der Reihe *Europäische Schlüsselwörter* ist der 3. Band *Kultur und Zivilisation* gewidmet; dieser von mehreren Autoren redigierte Band liefert reiches linguistisches Material aus dem Französischen, Deutschen, Englischen und Italienischen. Wir verdanken ihm viel. Er ist in München (Max Hueber Verlag) 1967 erschienen. Verweisen wir noch auf: André Banuls, »Les mots *culture* et *civilisation* en français et en allemand«, in: *Etudes germaniques*, April–Juni 1969, S. 171–180; Georges Gusdorf, *Les principes de la pensée au siècle des Lumières*, Paris 1971, S. 310–348; Philippe Béneton, *Histoire de mots: culture et civilisation*, Paris 1975.

2. »En jurisprudence: rendre civile une cause criminelle.«[2] [in Rechten: eine peinliche Sache bürgerlich machen.]

Diese zweite Bedeutung bleibt zumindest bis ans Ende des 18. Jahrhunderts lebendig (Littré bezeichnet sie als »früher« in Gebrauch). Sie ist die Grundlage des Substantivs *civilisation*, welches der *Dictionnaire universel* (Trévoux) 1743 folgendermaßen definiert: »Begriff der Rechtswissenschaft. Es ist ein juristischer Akt, ein Urteil, das einen Strafprozeß in einen Zivilprozeß verwandelt. Die *civilisation* geschieht, indem man die Vernehmung in eine Untersuchung verwandelt oder auf andere Weise.« Ein Schlag ins Leere? Weniger als es den Anschein hat. Die Neuprägung des Bedeutungsträgers ist ein wichtiger Augenblick. Wenig später erscheint dasselbe Wort in der *modernen* Bedeutung des Begriffs; es handelt sich dabei weniger um eine lexikalische Neubestimmung als vielmehr um den Auftritt eines konkurrierenden Signifikats, das sich bald durchsetzen wird. Die juristische Bedeutung von *civilisation* wird im Akademie-Wörterbuch von 1798 verschwunden sein.[3]

Das erste Wörterbuch, welches das Wort *civilisation* in seiner »modernen« Bedeutung verzeichnet, ist der *Dictionnaire universel* (Trévoux) von 1771:

(1) »Begriff der Rechtswissenschaft« (es folgt die Definition wie 1743).

(2) »Der ›Menschenfreund‹ [L'ami des hommes][4] hat die-

2 Nach E. Huguet, *Dictionnaire de la langue française du XVIe siècle*, Paris 1925.

3 Man fragt sich, ohne eine sichere Antwort zu finden, ob die juristische Bedeutung von *civilisation* nicht dabei mitwirkte, ihre zweite, moderne Bedeutung zu verzögern, die schließlich aufkam. Ein vorgängiger Wortgebrauch neigt dazu, vor allem, wenn er präzise ist, sein ausschließliches Privileg zu verteidigen.

4 Es ist der Marquis de Mirabeau (Victor de Riquetti, 1715–1789, der Vater des Revolutionsredners Honoré-Gabriel de Riquetti, und Autor des Werkes *L'Ami des hommes ou Traité de la population*, 1756).

ses Wort für Geselligkeit [sociabilité] gebraucht; vgl. dieses Wort. Die Religion ist ohne Zweifel der erste und wichtigste Zügel der Menschheit; sie ist die erste Triebfeder der Zivilisation. Sie ermahnt und erinnert uns unablässig an den Brudersinn, sie besänftigt unser Herz.«

1798 wird das *Wörterbuch der Akademie*, 5. Auflage, präziser sein: »Action de civiliser ou état de ce qui est civilisé« [»die Tätigkeit des Zivilisierens oder der Zustand dessen, was zivilisiert ist]. Aber man findet schon 1795 bei L. Snetlage (*Nouveau Dictionnaire français contenant de nouvelles créations du peuple français*, Göttingen 1795):

»Dieses Wort, das nur in der Gerichtspraxis gebräuchlich war, um auszudrücken, daß ein Strafverfahren in ein ziviles verwandelt wurde, wird benutzt, um die Tätigkeit des Zivilisierens auszudrücken oder die Neigung eines Volkes, seine Sitten und Gebräuche feiner oder vielmehr besser zu machen, indem man in die bürgerliche Gesellschaft eine lichtvolle, tätige, liebevolle und an guten Werken reiche Sittlichkeit einführt. (Jeder Bürger Europas ist heute zu diesem letzten Kampf der Zivilisation aufgebrochen. Zivilisation der Sitten.)«

Wie J. Moras bemerkt, erlebte das Wort Zivilisation einen solchen Aufschwung während der Zeit der Revolution, daß man dem revolutionären Geist eine Neuprägung zuschrieb, die schon älter war.[5] Doch konnte das Wort um so leichter angenommen und verbreitet werden, als die Revolutionszeit, nach M. Frey, zahlreiche Substantive auf *-ation* aus Verben auf *-iser* sich bilden sah: centralisation, démocratisation, fédéralisation, francisation, fraternisation, municipalisation, nationalisation, panthéonisation, utilisation[6] ... Und *civilisation*

5 J. Moras, l.c., S. 8–9; vgl. Lucien Febvre, l.c., S. 47, Anm. 17.
6 M. Frey, *Les Transformations du vocabulaire français à l'époque de la Révolution*, Paris 1925.

führt sich so gut ein, daß Sébastien Mercier es 1801 schon gar nicht mehr als Neuprägung zählt.[7] Das Wort hat also rasch aufgehört, neu auszusehen.

2

Bis heute scheint nichts die Behauptung von J. Moras und E. Benveniste zu widerlegen, daß Mirabeau in *L'Ami des hommes* 1756 (S. 136, 176, 237) als erster in Frankreich *civilisation* in nicht-juristischer Bedeutung gebraucht, die rasch Erfolg haben sollte.[8] Littré, der diese Vaterschaft noch Turgot zuschreibt, welcher das Wort in einem Fragment seines *Discours sur l'histoire universelle* 1751 erfunden haben soll, ist dem sehr freizügigen Bearbeiter und Herausgeber der *Œuvres* Turgots (1811), Dupont de Nemours, in die Falle gegangen.[9]

Die Jesuiten von Trévoux haben ihr Beispiel nicht zufällig gewählt. Sie fanden darin ein willkommenes Argument für ihren Kampf gegen die Philosophie der Aufklärung und gegen die Enzyklopädisten. Die Religion, weit davon entfernt, durch »soziale Tugenden« oder durch »natürliche Sittlichkeit« verdrängt zu werden, wird von Mirabeau als die »wichtigste Triebfeder« der Zivilisation angesehen und ihrerseits

7 Sébastien Mercier, *Néologie* ..., 2 Bde., Paris an IX (1801). Das Wort *civilisation* fehlt in seiner Sammlung.

8 E. Benveniste hat die Vermutung geäußert, daß das Wort zuvor im Englischen von Adam Ferguson in seinen Vorlesungen oder persönlichen Papieren auftritt. Der Beweis steht immer noch aus. J. Moras hat das Wort *civilisation* nicht bei den Ökonomisten (Melon, Cantillon) und auch nicht bei Mandeville und Montesquieu gefunden, deren Schriften der Marquis Mirabeau gut kannte.

9 Die von G. Schelle veröffentlichten Handschriften Turgots (1913–1923) enthalten das Wort *civilisation* nicht, das Dupont de Nemours zweifellos später seiner Ausgabe beifügte. Vgl. Lucien Febvre, l.c., S. 4–5. Catherine Larrère weist mich hin auf das Wort in d'Argenson, *Considérations sur le gouvernement ancien et moderne de la France* (1765 und 1784). Das Werk wurde zwischen 1740 und 1750 redigiert. Die Handschrift zirkulierte reichlich. D'Argenson besuchte und verehrte den Abbé de Saint-Pierre.

der Geselligkeit angeglichen. Das Wort *civilisation* tritt also bei Gelegenheit einer Lobrede auf die Religion auf, die zugleich die Macht hat, zu bändigen (als »Zügel«), brüderlich zu versammeln (»Brudersinn«) und zu besänftigen.

Diderot redigiert um 1775 für die *Histoire des deux Indes* des Abbé Raynal Betrachtungen über Rußland, worin das Wort *civilisation* mehrfach vorkommt: »Die Befreiung oder was unter einem anderen Namen dasselbe ist, ist ein langwieriges und mühseliges Werk.«[10]

Man beginnt zu ahnen, daß zu einer späteren Zeit die Zivilisation ein weltlicher Ersatz für die Religion werden kann: die Parousie der Vernunft.

3

Das Wort *civilisation* konnte um so schneller in die Sprache aufgenommen werden, als es synthetisch bezeichnet, was als Begriff schon da war, aber vorher auf vielfältige und unterschiedliche Weise ausgesprochen wurde: Milderung der Sitten, Erziehung der Geister, Entwicklung der Höflichkeit, Pflege der Künste und Wissenschaften, Förderung des Handels und der Industrie, Errungenschaften materieller Bequemlichkeit und des Luxus. Für die einzelnen Menschen, die Völker und die ganze Menschheit bezeichnet es zunächst den Vorgang, der sie zu Zivilisierten macht (*civilisés*, den Begriff gab es schon), und dann das kumulative Ergebnis dieses Vorgangs. Es ist ein vereinheitlichender Begriff.

Es erstaunt nicht, daß dieser Begriff, nachdem er sich mit seiner synthetischen Kraft durchsetzte, bald auch zum Gegenstand analytischer Betrachtungen wurde: ab dem Ende des 18. Jahrhunderts bemühen sich unzählige Schriften, die

10 »Sur la civilisation de la Russie«, in: Denis Diderot, *Mélanges et morceaux divers. Contributions à l'Histoire des deux Indes*, hg. v. Gianluigi Goggi, 2 Bde., Siena 1977, Bd. 2, S. 375–389. In der Ausgabe Raynals von 1781 findet sich dieser Beitrag Diderots in Bd. 10, Buch 19, S. 27.

Bedingungen und die Bestandteile – die materiellen wie die moralischen – der Zivilisation zu unterscheiden. Unter diesen Analysen bleibt die von Guizot (1828) eine der bedeutendsten: »Zwei Begebenheiten umfaßt dieses große Geschehen; es besteht unter zwei Bedingungen und zeigt sich unter zwei Erscheinungsformen: der Entwicklung der gesellschaftlichen Tätigkeit und der der individuellen Aktivität, dem Fortschritt der Gesellschaft und dem Fortschritt der Menschheit. Überall dort, wo die äußeren Bedingungen des Menschen sich ausdehnen, sich beleben, sich verbessern, und überall dort, wo die innere Natur des Menschen sich mit Glanz und mit Größe zeigt; bei diesen beiden Zeichen, und oft trotz der tiefen Unvollkommenheit des gesellschaftlichen Zustands, gibt das Menschengeschlecht seine Zustimmung und verkündet die Zivilisation.«[11]

Das Wort *civilisation*, das einen Prozeß bezeichnet, tritt in der Geschichte der Ideen gleichzeitig mit dem modernen Begriff des Fortschritts (»progrès«) auf. Zivilisation und Fortschritt sind Begriffe, die dazu bestimmt sind, die engsten Beziehungen miteinander zu unterhalten. Doch obwohl diese Begriffe sehr allgemein und unklar gebraucht werden können, entzünden sie alsbald eine genetische Reflexion, welche die einzelnen Momente nacheinander zu unterscheiden sucht – es ist daran gelegen, die Etappen des zivilisatorischen Prozesses, die Stufen des Fortschritts der Gesellschaften genau zu bestimmen. Die Geschichte und das historische Denken werden sich, auf Vermutungen oder Erfahrung gestützt, an die Arbeit machen, um ein »Gemälde der Fortschritte des menschlichen Geistes«, eine Darstellung des Ganges der Zivilisation durch die verschiedenen Zustände sukzessiver Vervollkommnung zu entwerfen. Benveniste hat es vorzüglich gesagt: »Von der ursprünglichen Barbarei

11 F. Guizot, *Histoire de la civilisation en Europe*, Paris 1829, in der Ausgabe 1846, S. 16.

bis zur gegenwärtigen Bedingung des Menschen in der Gesellschaft entdeckte man eine universelle Abstufung, einen langsamen Prozeß der Erziehung und der Verfeinerung, ja schließlich einen beständigen Fortschritt im Bereich dessen, was der statische Begriff *civilité* nicht mehr auszudrücken vermochte und den man *civilisation* nennen mußte, um seinen Sinn und seine Kontinuität zugleich damit zu bezeichnen. Es war nicht lediglich eine geschichtliche Ansicht der Gesellschaft, es war auch eine optimistische und entschieden nichttheologische Deutung ihrer Entwicklung, die sich manchmal sogar ohne Wissen derer, die sie verkündeten, behauptete.«[12]

Ferguson, der durch Adam Smith' Vorlesungen von 1752 beeinflußt war, scheint in England der erste gewesen zu sein, der das Wort *civilisation* verwendete; er ist auch derjenige, der am klarsten die Theorie der vier Stadien der Organisation menschlicher Gesellschaften im Verhältnis zu ihrer ökonomischen Tätigkeit und ihrer Subsistenzweise dargestellt hat: Wilde (die als Jäger und Sammler leben), nomadisierende Hirten, seßhafte Ackerbauern sowie Industrie und Handel treibende Völker. Millar wird seinem Beispiel folgen.[13] Rousseau und Goguet schlagen, ohne das Wort Zivilisation zu benutzen, ein gleiches Entwicklungsmodell vor, das ihnen erlaubt, Beziehungen zwischen der Subsistenzweise und der Struktur der Macht herzustellen. Diderot faßt die Geschichte der Zivilisation, wie schon bemerkt, als Geschichte fortschreitender Freiheit auf. Später wird Condorcet bekanntlich neun Epochen unterscheiden – vom Ursprung der ersten Volksstämme an bis zur Französischen Revolution, wobei er »den künftigen Fortschritten des menschlichen Geistes« eine zehnte Epoche reserviert.

12 Emile Benveniste, l. c., S. 340.

13 Siehe Ronald L. Meek, *Social Science and the ignoble Savage*, Cambridge University Press 1976; Pasquale Salvucci, *Adam Ferguson: Sociologia e filosofia politica*, Urbino 1972.

Und noch später wird Comte sein »Gesetz der drei Stadien« formulieren.[14]

Wichtig ist hierbei nicht die Erinnerung an die verschiedenen Theorien oder Philosophien der Geschichte, sondern die Tatsache, daß mit dem selben Wort *civilisation* der grundlegende Prozeß der Geschichte und der sich aus diesem Prozeß ergebende Endzustand bezeichnet werden, man also einen Begriff hat, der antinomisch mit einem vermuteten Anfangszustand (Natur, Wildheit, Barbarei) kontrastiert. Das regt den Geist an, sich die Wege, Ursachen und Mechanismen dieser Bewegung durch die Zeitalter vorzustellen. Die Endung *-ation*, die auf eine Tätigkeit verweist, verlangt, sich einen Träger der Handlung zu denken, der sich mit der Handlung selbst vermischen kann, die so auf gewisse Weise autonom wird; er kann einen bestimmenden Faktor benennen (Mirabeau sagt: die Religion; Rousseau: die Fähigkeit, sich zu vervollkommnen, »perfectibilité«; andere werden sagen: die Aufklärung); er kann sich auch als Mehrzahl verstehen, sich in vielfältige Faktoren aufgliedern, die zeitlich gestaffelt sind; für Ferguson wie übrigens auch für Rousseau wird der Prozeß der Zivilisation nicht durch einen bewußten und beständigen Plan in Gang gehalten, sondern durch unvorhergesehene Folgen von Konflikten, Arbeiten und punktuellen Innovationen, mit Hilfe der »Umstände«, welche die Menschen nur unvollständig beherrschen. Was sich in der Geschichte ereignet, sagt Ferguson, ist »gewiß das Ergebnis menschlichen Handelns, aber nicht die Ausführung irgendeines menschlichen Planes«.[15]

14 Zu Rousseau und Comte vgl. den Artikel von Henri Gouhier in: *Le Temps de la Réflexion*, IX. Paris 1983, S. 127.

15 Adam Ferguson, *An Essay on the History of Civil Society*, 3. Aufl. London 1768, S. 203. Das bezeichnen die englischen Autoren als das Gesetz unbeabsichtigter Folgen (»law of unintended consequences«); bei Rousseau habe ich von nicht beherrschter Folge gesprochen (»conséquence non maîtrisée«), um das Schema der Erzählung und Erklärung zu definieren, das er sowohl auf sein eigenes Leben als auch auf die Geschichte anwen-

Ist die Zivilisation ein ununterbrochener kollektiver Prozeß, mit dem sich die Menschheit seit ihren Anfängen beschäftigt hätte? Bestünde die einzige Abweichung darin, entsprechend den Orten und Zeiten bald einem langsamen, bald einem schnellen Rhythmus zu folgen? Liest man die überquellende Produktion des Marquis de Mirabeau, so ist ein übereinstimmender Gebrauch des Begriffes nicht zu erkennen. In *L'Ami des hommes* (1756–1757, S. 176) gibt er zu verstehen, daß die Zivilisation kein allgemeiner und linearer Prozeß ist, sondern lediglich eine kurze Kulminationsphase im Leben der Völker; er beschwört »den *natürlichen Kreislauf* von der Barbarei zur Dekadenz über die Zivilisation und den Überfluß«. Die Geschichte besteht aus Zyklen, von denen manche Nationen alle Etappen durchlaufen haben und damit große Beispiele hinterließen. Im gleichen Sinne beruft sich der Marquis de Mirabeau, wenn er sich zu Beginn seiner *Théorie de l'impôt* (1760, S. 99) an den König wendet, »auf das Beispiel aller Reiche, die dem Ihrigen vorausgingen und den *Kreislauf der Zivilisation* durchlaufen haben«. Andererseits versagt es sich Mirabeau nicht, mit dem Wort *civilisation* nicht vor allem einen Prozeß, sondern einen Zustand der Kultur und der materiellen Ausstattung zu beschreiben: »Die beweglichen Güter einer Nation hängen [...] nicht allein von ihrer Zivilisation ab, sondern auch von der ihrer Nachbarn« (*Éphémérides du citoyen*, 1767, V, S. 112).

Wie man sieht, nimmt das Wort *civilisation* schon in den Schriften des ersten, der es gebraucht, eine mehrfache Bedeutung an. Bezeichnet es einen Prozeß, so hat sich dieser wiederholt im Laufe der Zeiten ereignet, um jedesmal einem unabwendbaren Niedergang Platz zu machen. Benennt es einen

det (»Le dîner de Turin«, in: *La Relation critique*, Paris 1970, S. 144). Während sich in Frankreich das Wort *civilisation* sehr weit verbreitet, benutzen die Engländer häufig noch das Wort *refinement*. Pierre Prévost übersetzt 1797 Fergusons »On refinement« mit *Traité de la civilisation*.

mehr oder weniger stabilen Zustand, so kann er von einer Nation zur anderen durchaus verschieden sein. Es gibt *Zivilisationen*.

Zweifellos liefert die antike Geschichte hier, ohne daß es eigens erwähnt würde, die Vorbilder. Rom ist das große Beispiel eines Reiches, das »den Kreislauf der Zivilisation« durchmessen hat. Von Herodot oder von Polybios, Plutarch, Tacitus, Ammianus Marcellinus hat man gelernt, Griechen und Perser, Griechen und Römer, Römer und Barbaren zu vergleichen.

Man bemerkt gleich zu Beginn des Spieles, daß sich der Sinn des Wortes verzweigen kann in eine pluralistische, eine ethnologische und eine relativistische Bedeutung und dabei gleichwohl mit dem allgemeinsten Anspruch einige Implikationen bewahrt, die sich zu einem generalisierenden Imperativ verdichten und dem »Gang« des Menschengeschlechtes insgesamt einen einheitlichen Sinn zuschreiben.

5

Schon bevor sich das Wort *civilisation* bildet und ausbreitet, gibt es bereits eine entfaltete Kritik des Luxus, der Verfeinerung der Sitten, der heuchlerischen Höflichkeit und der durch die Pflege der Künste und Wissenschaften heraufbeschworenen Verderbnis. Und von Montaigne bis zu Rousseau über La Hontan und manch anderen Reisenden in der Neuen Welt fällt der Vergleich des Zivilisierten mit dem Wilden (und wenn er Kannibale wäre) nicht zugunsten des Zivilisierten aus. Daher rührt beim Marquis de Mirabeau das Bemühen, wahre und falsche Zivilisation zu unterscheiden, bald in der Ordnung der betrachteten *Ereignisse*, bald in der Ordnung der dem Begriff zugeschriebenen *Werte*. In dem Manuskript mit dem Titel *L'Ami des femmes, ou Traité de la civilisation* (wahrscheinlich von 1768) legt Mirabeau Nachdruck auf das moralische Kriterium, das eine Zivilisation glaubwürdig macht; fehlt es, so sind das Gesetzbuch der guten Sitten und die ganze Summe des Wissens nichts als Masken:

> »Ich bewundere in dieser Hinsicht, in welchem Ausmaß unsere Ansichten durch falsche Fragen in allen Punkten geprägt sind, bei dem, was wir für Zivilisation halten. Fragte ich die meisten, worin nach ihrer Auffassung die Zivilisation bestehe, so antwortete man mir, die Zivilisation eines Volkes ist die Milderung seiner Sitten, die Urbanität, die Höflichkeit und die derart verbreiteten Kenntnisse, daß man Wohlverhalten beachtet und dadurch auf einzelne Gesetze verzichten kann: all das stellt mir nur die Maske der Tugend und nicht ihr Antlitz dar, und die Zivilisation leistete nichts für die Gesellschaft, wenn sie ihr nicht die Grundlage und die Form der Tugend liefert: denn mitten aus den durch alle Elemente, die man mir nennt, verfeinerten Gesellschaften ist die Verderbnis der Menschheit entstanden.«[16]

Das Wort »Zivilisation« ist, kaum geschrieben, schon der mögliche Gegenstand eines Mißverständnisses. In einem anderen Text spricht Mirabeau von »falscher Zivilisation«[17]; im übrigen geht er so weit, den Gegensatz zwischen Barbar und Zivilisiertem für ungültig zu erklären, und klagt die »Barbarei unserer *Zivilisationen*« an.[18] – Sehen wir uns dieses letzte Beispiel einen Augenblick genauer an: der dynamische Wert der Tätigkeits-Endung (*-ation*) ist verschwunden; das Wort markiert kein Werden mehr, sondern einen Zustand, zudem einen, der diesen Namen gar nicht verdient. Der Plural gibt

16 Zitiert bei J. Moras, l.c., S. 38.
17 J. Moras, l.c., S. 43.
18 J. Moras, l.c., S. 41. Vgl. Chateaubriand, *Mémoires d'outre-tombe* (éd. du Centenaire, Paris, Bd. 1, S. 226): »Der Zynismus der Sitten führt in der Gesellschaft durch die Vernichtung des moralischen Sinnes zu einer Art von Barbarei: diese Barbaren der Zivilisation sind bereit zu zerstören wie die Goten, haben aber nicht wie sie die Macht, Neues zu begründen.«

zu verstehen, daß die Nationen des zeitgenössischen Europa jede ihre eigene Zivilisation haben, doch statt die Gewalt »primitiver« Gesellschaften zu beseitigen, setzt man die Brutalität hinter einer täuschenden Fassade fort. Anstelle offener Barbarei üben die zeitgenössischen Zivilisationen verschleierte Gewalt.

Man bemerkt, daß das Wort *civilisation* bei seinem französischen Erfinder keineswegs ein eindeutiger Ausdruck ist. Der Begriff ist sogar seiner Form nach eine Neuerung, doch er gilt von Anfang an nicht als unvereinbar mit der überlieferten geistlichen Autorität (der Religion); im Gegenteil, er geht daraus hervor; er beschreibt einen Prozeß der Vervollkommnung der gesellschaftlichen Beziehungen und materiellen Ressourcen, und unter diesem Rechtstitel zeigt er einen »Wert« an, er bestimmt das, was man ein »Ideal« nennen wird, und verbindet sich mit dem Imperativ der Tugend und der Vernunft. Aber bei demselben Autor erfüllt er eine rein deskriptive und neutrale Funktion; er bezeichnet die Summe der Institutionen und Techniken, welche die großen Reiche auf dem Höhepunkt ihrer Entwicklung besaßen und die sie während ihres Niedergangs verloren haben. Man gesteht zu, daß verschiedene Gesellschaften von unterschiedlicher Struktur sein konnten, ohne sich deshalb gegen den allgemeinen Begriff der Zivilisation zu vergehen. Schließlich läßt sich der Ausdruck auf die zeitgenössische Wirklichkeit mit all ihren Regellosigkeiten und Ungerechtigkeiten anwenden. In dieser letzten Bedeutung ist die Zivilisation Gegenstand der kritischen Reflexion, während sie in der erstgenannten Bedeutung durch den Charakter eines Ideals zu einem normativen Begriff wurde, der Unzivilisierte, Barbaren und weniger Zivilisierte zu unterscheiden und zu richten erlaubte. Die Kritik vollzieht sich also in zwei Richtungen: als Zivilisationskritik und als Kritik im Namen der Zivilisation.

6

Zivilisation gehört zur Familie der Begriffe, zu denen sich ein Gegenbegriff bilden läßt oder die entstehen, um sich in Gegensätzen zu konstituieren.

»Grieche« und »Barbar« sind ein Begriffspaar. »Ohne Grieche kein Barbar«, schreibt François Hartog.[19] Es muß Gemeinschaften geben, welche die *wahre* Sprache besitzen, damit andere Völker als »stumm« gelten: Leute, die nicht sprechen können (»Barbaren«). Es muß Städte und Stadtbürger geben, um den *rusticus* und die *rusticitas* vom *urbanus* und der *urbanitas* zu unterscheiden. Und man muß Bewohner von Städten sein, sei es, um sich mit einer *civilité* höherer Art zu brüsten, sei es, um in melodischen und äußerst kunstvollen Versen das Glück der Hirten und die arkadische Stille als verloren zu beklagen. Das Benehmen des Bauern (*villanus*) ist Gemeinheit (*vilenie*) im Blick auf die Gebräuche des Hofes (*courtoisie*). Der Mißkredit der ländlichen Welt ist noch offen lesbar in Definitionen, welche die Wörterbücher der klassischen Epoche von *civilité* geben:

> Furetière, *Dictionnaire* (1694):
> »Civilité: ehrsame, sanfte und feine Art, sich zu betragen und zu unterhalten [Höflichkeit]. Man muß jedermann mit Höflichkeit behandeln. Man lehrt die Kinder kindliche Höflichkeit. Nur Bauern und grobes Volk lassen Höflichkeit vermissen.
> Civiliser: höflich und fein, umgänglich und ritterlich machen. Das Verkündigen des Evangeliums hat die wildesten barbarischen Völker zivilisiert. Die Bauern sind nicht höflich wie die Bürger.«

19 François Hartog, *Le Miroir d'Hérodote*, Paris 1980, S. 329. Siehe E. Benveniste, *Vocabulaire des institutions indo-européennes*, Bd. 1, Paris 1969, S. 363–367.

Die klassische Epoche brachte sogar Schäferdichtung hervor, ohne auf den Tadel bäuerlicher Grobheit zu verzichten. Erteilen wir Fontenelle das Wort:

> »[...] Die Schäferdichtung hat keine großen Reize, wenn sie ebenso grob ist wie die Wirklichkeit oder wenn sie nur die ländlichen Dinge genau behandelt. Den Schafen und Ziegen zuzuhören, die Pflege dieser Tiere, das hat an sich nichts, das gefallen könnte; was gefällt, ist die Vorstellung des Friedens, die sich mit dem Leben derer verbindet, welche Schafe und Ziegen hüten. [...]
> Weil das Hirtenleben das faulste von allen ist, eignet es sich auch am besten als Grundlage für diese angenehmen Vorstellungen. Die Ackersleute, die Erntearbeiter, die Weinbauern und Jäger müßten sonst für Eklogen ebenso geeignet sein wie die Hirten; was erneut beweist, daß das Angenehme der Schäferdichtung nicht auf die ländlichen Dinge bezogen ist, sondern auf das Friedliche des Landlebens.«[20]

Der Ausdruck, der positiv bewertet wird – »das friedliche Vergnügen« –, verbindet sich mit der Kunst, dem Kunstwerk und der Anstrengung. Die »Annehmlichkeiten« sind das Erzeugnis dessen, den Fontenelle einen kultivierten Geist nennt. Sie »verlangen Geister, die imstande sind, sich über die drückenden Bedürfnisse des Lebens zu erheben, und die durch die lange Gewohnheit der Gesellschaft fein geworden sind«.[21] Sie enthalten daher einen Teil Fiktion, der deshalb (von anderen) der Wahrheit oder der Natur entgegengesetzt werden kann. Das kann zur Rehabilitierung des Gegenbegriffs führen, der sich das Gegenteil der Falschheit, d. h.

20 Fontenelle, »Discours sur la nature de l'eglogue«, in: *Œuvres*, Bd. 4, 1742, S. 135–136 und 140. Über die feine Unterhaltung und ihre Regeln siehe in dem Jahrbuch *Le Temps de la Réflexion*, IV, Paris 1983, den Artikel von Carlo Ossola, »L'homme accompli. La civilisation des cours et l'art de la conversation«.

21 Ebd., S. 128.

die Fülle, zuschreiben wird. Am Ende des Jahrhunderts wird man die »bäuerliche Grobheit« rehabilitieren und die schmächtigen Annehmlichkeiten verspotten, die Fontenelle teuer waren. Diderot wird schließlich erklären: »Die Poesie will etwas Gewaltiges, Barbarisches und Wildes.«[22]

Eine andere Strategie besteht darin, neben einem zunächst hochbewerteten, dann für den Komplizen der maskierten Doppelheit (Höflichkeit, *civilité*) gehaltenen Begriff einen zweiten, von allem Verdacht freien Ausdruck einzuführen, der sich vorteilhaft an die Stelle des inzwischen entwerteten ersten setzen kann. Der zweite wird sich einen höheren Anspruch auf Glaubwürdigkeit zumessen. So ergeht es *politesse;* zunächst fast ein Synonym für *civilité,* wird sie von den Lexikographen und den Moralisten vorgezogen, bis sie ihrerseits in Verdacht gerät.

Der Artikel »civilité« im Wörterbuch von Trévoux (1752) häuft die Beispiele; sie sind widersprüchlich, und viele von ihnen haben negative Attribute:

> »Die Höflichkeit ist ein bestimmtes Kauderwelsch, das die Menschen eingeführt haben, um die schlechten Gefühle zu verbergen, die sie füreinander hegen (Saint-Evremond).
> Die Höflichkeit ist nichts anderes als ein beständiger Austausch erfindungsreicher Lügen, um sich gegenseitig zu täuschen (Fléchier). Die Höflichkeit ist der Wunsch, sie zurückzuerhalten und bei gewissen Gelegenheiten als fein eingeschätzt zu werden (La Rochefoucauld).
> Höflichkeit ist oft nur das Verlangen, für fein gehalten zu werden, und die Furcht, als ein wilder und grober Mensch zu gelten (M. Esprit).«

Der vergleichsweise Mißkredit der Höflichkeit läßt einen anderen Begriff von besserer Qualität wünschbar erscheinen.

22 *De la poésie dramatique*, Kap. XVIII, in: Diderot, *Œuvres esthétiques*, hg. v. P. Vernière, Paris 1959, S. 261.

Die offensichtliche Bedeutungsgleichheit weicht unter dem Blick des Fachmanns einer Abwägung der Werte und der Zuschreibung eines differenzierten moralischen Ranges. Beauzée präzisiert:

»›poli‹ zu sein sagt mehr, als ›civil‹ zu sein. Der feine Mensch ist notwendig höflich; aber wer einfach höflich ist, ist noch nicht fein: die Feinheit setzt die Höflichkeit voraus, fügt ihr aber etwas hinzu«.[23]

Das Verhältnis der Höflichkeit zur Feinheit wird analog zu dem von Außen und Innen, von Erscheinung und Wirklichkeit gefaßt:

»Die Höflichkeit ist in Beziehung auf die Menschen das, was der öffentliche Kultus in Beziehung auf Gott ist, ein äußeres und wahrnehmbares Zeugnis der inneren und verborgenen Gefühle; selbst darin ist sie kostbar; denn das Äußere des Wohlwollens zur Schau zu tragen, heißt zu bekennen, daß das Wohlwollen im Inneren herrschen sollte. Die Feinheit fügt der Höflichkeit das hinzu, was die Frömmigkeit der Ausübung des öffentlichen Kultus hinzufügt, die Beweise einer zärtlicheren, mehr mit den anderen beschäftigten, ausgesuchteren Menschlichkeit.«[24]

Das hindert nicht daran, den Gegensatz zu den bäurischen und grobschlächtigen Individuen aufrechtzuerhalten. Eine einfache terminologische Verschiebung gesteht ihnen Höflichkeit zu, leugnet aber, daß sie der Feinheit fähig seien:

»Ein Mann aus dem Volke, sogar ein einfacher Bauer können höflich sein: nur ein Mann von Welt kann auch fein sein.

Die Höflichkeit ist keineswegs unvereinbar mit einer

23 *Synonymes françois* (par Girard, nouv. éd. par Beauzée), Lyon an VII (1799), Bd. 2, S. 120.

24 Ebd., S. 121.

schlechten Erziehung; die Feinheit setzt im Gegenteil eine vorzügliche Erziehung in vieler Hinsicht zumindest voraus.

Eine zu zeremonielle Höflichkeit ist gleichfalls ermüdend und unnütz; die Ziererei macht sie der Falschheit verdächtig, und aufgeklärte Menschen haben sie gänzlich verbannt. Die Feinheit ist frei von dieser Übertreibung; je feiner man ist, desto liebenswürdiger ist man.«[25]

Allerdings hält der, obwohl lauthals verkündete moralische Vorzug der Feinheit nicht jeder Prüfung stand. Feinheit kann ihrerseits zur Maske werden. Man wird sie bei mancher Gelegenheit verdächtig finden. Beauzée fährt fort:

»[...] Aber es kann eintreten, und es tritt nur zu oft ein, daß diese so liebenswürdige Feinheit nichts anderes ist, als die Kunst, sich um die anderen gesellschaftlichen Tugenden zu drücken, die sie fälschlich nachzuahmen vorgibt.«[26]

Wenn die Höflichkeit nur der äußere Ausdruck der Feinheit ist und nur deren künstliche Nachahmung, dann kann die Feinheit ihrerseits als eine täuschende Kunst aufgefaßt werden, die abwesenden Tugenden nachzuahmen. Man kann der Feinheit mit den gleichen Ausdrücken den Prozeß machen, mit denen man ihn der Höflichkeit gemacht hat. Schon La Bruyère schrieb: »Die Feinheit regt nicht immer die Güte, die Rechtlichkeit, die Gefälligkeit und die Dankbarkeit an; sie gibt zumindest den Anschein davon und läßt den Menschen außen so erscheinen wie er innen sein sollte.« (*De la société*, S. 32). Man braucht die Beispiele nicht zu vermehren. Die Disqualifikation folgt stets demselben Muster: man vermindert die Tugend, welche Stück um Stück das Individuum, die Gruppe und die ganze Gesellschaft durchdringen sollte, auf

25 Ebd., S. 121–122.
26 Ebd., S. 122.

einen nichtigen Anschein – auf eine Täuschung. Auf den äußeren Anschein reduziert, überlassen Höflichkeit und Feinheit das Feld im Innern und in der Tiefe ihren Gegensätzen: dem Übelwollen, der Bosheit, kurz, der Gewalt, die in Wirklichkeit niemals abgedankt hat. So geht es zu, zumindest unter der »Fackel« der Kritik, die überall, wo sie es vermag, den Gegensatz von Sein und Schein, von verborgenem Antlitz und vorteilhafter Maske aufzuhellen sucht. Indem es nachforscht, scheucht das anklagende Denken das Unauthentische auf. So begegnet, unter dem Gesichtspunkt moralischer Substanz, dem fordernden Blick gewohnheitsmäßig eine vollständige Umkehrung von »zivilisiert« und »wild«. Voltaire drückt diese Verkehrung am glücklichsten aus, wenn er seinen Huronen, der gerade in die Bastille eingeschlossen wurde, sagen läßt: »Meine Landsleute in Amerika hätten mich niemals mit der Barbarei behandelt, die ich hier erfahre; sie haben nicht einmal eine Vorstellung davon. Man nennt sie Wilde, es sind *grobe gute Kerle*, und die Menschen dieses Landes sind *raffinierte Schurken*« (*L'Ingénu*, Kapitel X). Die Adjektive (grob, raffiniert) drücken das Zufällige, den Anschein aus und sind mit Substantiven verbunden, welche die zugrundeliegende Wirklichkeit (gute Kerle, Schurken) definieren, die völlig verschieden ist von den illusorischen Eigenschaften, mit denen sie ausstaffiert wird.

7

Die Wörter *poli* und *policé* stehen sich phonetisch sehr nahe. Die französischen Schriftsteller des 17. und 18. Jahrhunderts spielen mit ihrer Ähnlichkeit und verwenden sie manchmal als austauschbar. Doch die sind selten, die nicht den Unterschied ihrer Etymologien kennten: für das eine, das lateinische *polire*, glätten; die griechischen Wörter *polis, politeia* und die französischen *politie, police* für das andere. Nun ist aber die Anziehungskraft zwischen ihnen nicht lediglich phonetisch, sie ist auch semantisch. Schlagen wir den *Dictionnaire* von Richelet (1680) auf. Was heißt *polir*? Sechs Verwendungen des Wortes bieten sich an:

> »1. Reinigen. Schöner, sauberer und glatter machen. *Aequare, adaequare.* Einen Marmor glätten [...]
> 2. Ausdruck des *Polierers.* Dem Spiegelglas mehr Glanz geben, es leuchtender machen [...] *Polire.*
> 3. Ausdruck des Messerschmieds und Schleifers. Über die Glanzbürste gehen. Ein Rasiermesser schleifen. Ein Messer schleifen.
> 4. Übertragen: ›Civiliser‹, höflicher, artiger und wohlerzogener machen. *Ad urbanitatem informare.*
> 5. Übertragen gebraucht man es bei Schrift und Stil. *Limare, politius ornare, excolere.* (Eine Schrift ausfeilen, seinen Stil glätten, [...] das heißt ihn genauer und ausgefeilter machen.)
> 6. Übertragen. Se polir soi-même. ›Durch eigenen Fleiß vollkommener werden‹.«

Durch die Verbindung des »buchstäblichen« Bildes des Glanzes und der Glätte mit der Vorstellung von der Vervollkommnung schafft der Handgriff des Polierens (*expolitio, exornatio*) in der Sphäre übertragener Bedeutung die Übereinstimmung von *polir* und von *civiliser.* Zivilisieren bedeutete bei Menschen wie bei Dingen, die Härten und »groben« Ungleichmäßigkeiten zu beseitigen, jede Roheit zu entfernen, alles verschwinden zu lassen, was Reibung bewirkt, die Berührung gleitend und sanft zu machen. Die Feile, die Glanzbürste sind Instrumente, die im übertragenen Sinne die Verwandlung der Grobheit, der Bäurischkeit in Höflichkeit, städtische Feinheit und Kultur gewährleisten. (Ich führe das Wort Kultur nicht zufällig an. Das *Wörterbuch der Akademie* schreibt 1694 beim Wort *polir*: »Man gebraucht es im übertragenen Sinne bei allem, was dazu dient, den Geist und die Sitten zu kultivieren, zu zieren und zu verfeinern und für den

Umgang mit der Welt geeigneter zu machen.«) Das ist die Arbeit des Bildhauers (in der Feinarbeit der Formen und Volumen), des Messerschmieds (beim Schärfen, der Feinheit und dem Schnitt) und des Spiegelmachers (bei der reflektierenden Leuchtkraft). *Polir*, sagen andere Wörterbücher, präziser als Richelet bei der wörtlichen Bedeutung, heiße, »einen Körper in seiner Oberfläche einheitlich zu machen, ihm alle Unregelmäßigkeiten zu nehmen, ihm die kleinen Teile zu nehmen, die seine Oberfläche aufrauhen; ihn durch Abschleifen klar und glänzend zu machen [...]. Man sagt es besonders von harten Dingen« (Trévoux). Es fehlt wenig daran, daß »polir« im übertragenen Sinne zu *éclairer* (erhellen, aufklären) im Sinne der Philosophie der Aufklärung würde. Das Verfahren, das auf die körnige Struktur der Dinge und der Menschen zielt, hat selbst Züge von Gewaltsamkeit. Seinen Stil zu glätten, heißt das nicht, nach Richelet, ihn zu *feilen*? Das geht nicht immer ohne Anstrengung ab. Bei dem Wort *polisseur* gibt derselbe Richelet als Beispiel: »Der Polierer hat Mühe.« Jedenfalls ist der nötige Aufwand an Energie, um das Glatte und die Feinheit zu erzeugen, weitgehend wieder ausgeglichen durch die Einsparung, die sich aus der Milderung der Sitten und Gebräuche ergibt. Die menschlichen Beziehungen sind von nun an durch einen symbolischen Code geregelt, wobei die Zeichen den Wert von Handlungen haben.

So kompliziert und beanspruchend die Verpflichtungen der Höflichkeit auch sein können, so beschäftigen sie doch die Menschen fortan unter dem Aspekt des Wortspiels und nicht mehr des Handgemenges, auf die Gefahr hin, daß ein Wort, das als Beleidigung empfunden wird, zur Gewalt zurückzukehren veranlaßt – eine Rückkehr, in deren Verlauf trotz der Kodifikation, die den Kampf selber regelt, einer der Streitenden sein Leben lassen kann. Ein Schimpf ist Anlaß für ein Duell. Der zivilisierte Kampf zumindest (eine Erinnerung an die Zeit, da sich die Höflichkeit auch Courtoisie nannte) findet nach dem Austausch von Artigkeiten »auf dem Felde der Ehre« statt. Das ist weder eine Schlägerei noch ein verworrenes Gefecht. Aber die Wahrheit des gewaltsamen Todes wird die Heuchelei einer Feinheit anklagen, die fordert, daß eine Beleidigung mit Blut abgewaschen werde. Und es fehlt im 17. und 18. Jahrhundert nicht an Protesten gegen die *Barbarei* der Duelle.

Die Beispiele für den Wortgebrauch im übertragenen Sinne, die ein Wörterbuch des 18. Jahrhunderts gibt (das die Definition, glätten heiße zivilisieren, aufnimmt), variieren, wie man anerkennen muß, zwischen der Vorstellung der *Schwierigkeit* der Politur und der einer an *Milde* oder durch Milde erlangten Wirkung. Man beachte einmal die Reihe der Agenten, die man für fähig hält, Individuen zu polieren:

> »Man gelangt nicht leicht damit ans Ziel, Barbaren fein zu machen und sie in eine Form der menschlichen und bürgerlichen Gesellschaft zu bringen. Die Völker des Nordens waren einst wild; die *Zeit* und die *Wissenschaften* haben sie fein und gelehrt gemacht. Man sagt auch, daß der *Hof* die Leute aus der Provinz fein mache [...].
> ›Es obliegt der *Kunst*, das fein zu machen, was an der Natur zu rauh ist.‹ Die *Unterhaltung der Damen* macht einen jungen Mann fein, galanter und zierlicher« (Trévoux).

Hat man hier ein Inventar »zivilisierender« Instanzen (die Zeit, die Wissenschaften, der Hof, die Kunst, die Unterhaltung der Damen) vor sich, so hat man gleichzeitig auch eine Liste der Kandidaten für die Verwandlung ins Feine: Barbaren, Provinzler, junge Leute, kurz, die »wilde« und »grobe« Natur, bevor die Kunst es auf sich genommen hat, sie zu vervollkommnen, d. h. sie in einem Verfahren der Milderung, Verschönerung und Erziehung zu verändern. Die Katalogisierung dessen, was fähig ist, geglättet (poli) und wohl eingerichtet (policé) zu werden, ist nicht ohne Bedeutung: Barbaren, Wilde, Provinzler (vor allem: Bauern), junge Leute (vor allem: Kinder) sind austauschbare Beispiele. Hinsichtlich der Vollkommenheit des Feinen ist der Barbar eine Art von Kind, das Kind eine Art Barbar. Wer die Gefahr der Barbarei hervorhebt, wird sie leicht mitten unter *uns* im Volk der entfernten Provinzen, bei den sich selbst überlassenen Kindern, überall dort entdecken, wo die erzieherische Politur nicht stattfand; wer sein Vertrauen in die Macht der Erziehung setzt, der wird entsprechend die Wilden als Kinder ansehen, die eine wohlwollende und geduldige Politur uns ähnlich macht. Und wenn man die Abgeschmacktheit und Heuchelei der feinen Konventionen verwirft, so dienen die Argumente der »primitivistischen« Rhetorik dazu, den »guten Wilden«, das Landvolk und das spontane Genie der Kindheit gemeinsam zu feiern. Das Wort *polir* bezeichnet ein Werden, eine fortschreitende Handlung, und darin stimmt es mit *civiliser* überein. Allerdings fehlt dem Verb *polir* ein Substantiv der Tätigkeit (*politesse* bezeichnet eine Eigenschaft, keine Tätigkeit, *polissage* hat nur die wörtliche Bedeutung Polieren), während *Zivilisation* den verändernden Prozeß bezeichnen kann.

Polir heißt, die Individuen, ihre Lebensart und Sprache zu zivilisieren. Die eigentliche Bedeutung ebenso wie die übertragene Bedeutung können bis zur Vorstellung einer kollektiven Ordnung, von Gesetzen und Institutionen führen, welche die Milde des menschlichen Umgangs gewährleisten. Die Stafette wird vom Wort *polir* übernommen, das versammelte Individuen, die Nationen, betrifft:

> »Gesetze und gute Anordnungen machen, um den öffentlichen Frieden aufrecht zu erhalten. *Legibus informare, instituere*« (Trévoux).

Durch das Spiel des gemeinsamen Gegenbegriffs (Barbarei) rückt das Wort *police* an die Seite von ›civilité‹, ›politesse‹ und ›civilisation‹:

> »Police: Gesetze, Ordnung und zu beobachtendes Verhalten für das Fortbestehen und die Aufrechterhaltung von Staaten und Gesellschaften.
> Politie. Im allgemeinen ist es der Barbarei entgegengesetzt. Die Wilden Amerikas hatten weder Gesetze noch Einrichtung des Staates, als man sie entdeckte« (Trévoux).

Durch einen gemeinsamen Gegenbegriff vereint, phonetisch benachbart und durch ihre Etymologie unterschieden, können *poli* und *policé* in einem Wörterbuch der Synonyme als Paar auftreten, d. h. zu feinen semantischen Unterscheidungen Anlaß bieten. So wiederholen sich bei *poli* und *policé* die Betrachtungen, welche die jeweiligen Verdienste von *civilité* und *politesse* abwogen. Eine andere Beziehung der *Werte* tritt hinzu: wenn Beauzée ›civilité‹ und ›politesse‹ entgegensetzt, läßt er den Verdacht der Unglaubwürdigkeit auf der *civilité* lasten; beim Gegensatz von ›poli‹ und ›policé‹ richtet sich das Mißtrauen, die Zurechnung des »Falschen«, der Äußerlichkeit, auf *poli*, das nicht die institutionelle Solidität von *policé* hat. Beauzée schreibt:

> »Poli, policé
> Die beiden Ausdrücke, die sich gleichermaßen auf die wechselseitigen Pflichten der Individuen in der Gesellschaft beziehen, sind durch diese gemeinsame Vorstellung synonym; aber die zusätzlichen Vorstellungen machen sie sehr unterschiedlich.
> *Poli* enthält nur die äußeren Zeichen des Wohlwollens; Zeichen, die stets zweifelhaft und leider oft im Widerspruch mit den Handlungen sind. *Policé* setzt Gesetze voraus, welche die wechselseitigen Pflichten des gemeinsamen Wohlwollens festlegen, und eine Gewalt, die befugt ist, die Ausführung dieser Gesetze aufrechtzuerhalten.«[27]

27 Ebd., S. 123–124.

Da man sich auf das Wohlverhalten der Individuen nicht verlassen kann, das um so weniger vertrauenswürdig ist, als jede »Verfeinerung« die künftige Verderbnis und den Verlust der ursprünglichen Wahrhaftigkeit ankündigt, sind die gesetzlichen Bestimmungen vorzuziehen, die durch eine gute *police* gesicherten Strukturen der Gesellschaft und des Staates, die von den Bürgern geachtet werden.

Gewiß wäre die vollständige Übereinstimmung der Sitten und der Gesetze die beste Garantie des Glückes und der Stabilität. Aber wenn die Sitten eines verfeinerten Volkes bereits verdorben sind, ist dann noch Zeit, die Gesetze zu verstärken, die es zu einem »peuple policé« machen? Man findet bei Duclos diese Warnung vor den Gefahren, die den sozialen Zusammenhalt, d. h. die »police« bedrohen:

> »Die am meisten verfeinerten Völker sind nicht die tugendhaftesten. Die einfachen und strengen Sitten findet man nur bei denen, die durch Vernunft und Rechtlichkeit geleitet werden (›policés‹) und die den Geist noch nicht mißbraucht haben, um ihn zu verderben. Die Völker mit guten Gesetzen taugen mehr als die mit feinen Sitten. Bei den Barbaren müssen die Gesetze die Sitten formen: bei den ›peuples policés‹ vervollkommnen die Sitten die Gesetze und ersetzen sie manchmal; eine falsche Verfeinerung läßt sie in Vergessenheit geraten.«[28]

In einem anderen Kapitel seines Werkes ordnet Duclos (der das Wort *civilisation* noch nicht benutzt) die *politesse* als Annehmlichkeit des individuellen Umgangs deutlich den sozialen Tugenden unter, bei denen die vom allgemeinen Interesse diktierten Verpflichtungen überwiegen. Die wahre »politesse« kann sich ihm gemäß auf andere Gefühle reduzieren; für sich allein ist sie nur Kunst der Nachahmung; sie ist die *ästheti-*

28 Charles P. Duclos, *Considérations sur les mœurs de ce siècle* (1750), in: *Œuvres complètes*, 1820, Bd. 1, S. 12.

sche Parodie *ethischer* Forderungen der Vernunft; unter gewissen Bedingungen wird sie überflüssig, das wohlverstandene Interesse und die schlichte Menschlichkeit ersetzen sie:

> »Man soll die groben Zeiten nicht bedauern, als der einzig von seinem Interesse getriebene Mensch es stets mit seinem wilden Instinkt auf Kosten der anderen verfolgte. Die Grobheit und Roheit schließen Betrug und künstliche Verstellung nicht aus, da man sie bei den am wenigsten zähmbaren Tieren bemerkt.
>
> Nur indem die Menschen gute Einrichtungen schufen, lernten sie, ihr besonderes Interesse mit dem gemeinsamen Interesse zu versöhnen; dabei begriffen sie, daß durch diese Übereinstimmung jeder mehr von der Gesellschaft erhält, als er ihr geben kann.
>
> Die Menschen schulden sich daher Rücksichtnahme, da sie ja einander Dank schulden. Sie schulden sich gegenseitig eine ihrer würdige Höflichkeit, die für denkende Wesen geschaffen ist und nach den verschiedenen Gefühlen, welche sie inspirieren, variiert. [...]
>
> Die unglücklichste Wirkung der üblichen Höflichkeit ist es, die Kunst zu lehren, die Tugenden zu vermeiden, die sie nachahmt. Möge uns bei der Erziehung Menschlichkeit und Wohltun begeistern, so werden wir Höflichkeit haben oder sie gar nicht mehr brauchen.
>
> Wenn wir die nicht besitzen, die sich durch die Grazien ankündigt, so werden wir die haben, die den Ehrenmann und den Staatsbürger anzeigt; es wird nicht nötig sein, daß wir auf die Falschheit zurückgreifen.«[29]

Duclos weist sowohl die wilde Natur als auch die übliche Höflichkeit zurück und legt das Gewicht auf Qualitäten, deren Erfolg im Geiste der vorrevolutionären Eliten wächst: Menschlichkeit, Wohltun und Bürgersinn.

29 Ebd., S. 35–36.

Gerade diese Werte werden sich in der Sprache des Zeitalters der Revolution mit dem Wort Zivilisation verbinden. Sie gehören dort in die Reihe seiner nachdrücklichen Nebenbedeutungen, zumindest bei den Theoretikern des Fortschritts, einem Volney oder einem Condorcet. Man muß mit J. Moras festhalten, daß das Wort »civilisation« so gut wie nie in den kämpferischen Reden und Schriften von Mirabeau (dem Sohn), Danton, Robespierre, Marat, Desmoulins und Saint-Just vorkommt, die eher das Vaterland oder das Volk beschwören und an die großen staatsbürgerlichen Werte – Freiheit, Gleichheit, Tugend – appellieren und die entscheidenden Fortschritte der Revolution mit funkelnden Lichtmetaphern feiern.

Es ist ausdrücklich darauf hinzuweisen, daß das Wort »Zivilisation« dank der mit ihm verbundenen Werte, dank seiner Verknüpfung mit der Vorstellung der Vervollkommnungsfähigkeit und des Fortschritts nicht lediglich einen umfassenden Prozeß der Verfeinerung der Sitten, der gesellschaftlichen Organisation, der technischen Ausrüstung und des Anwachsens der Kenntnisse bezeichnet, sondern daß es sich mit einer sakralen Aura umgibt, die es bald in die Lage versetzt, die traditionellen religiösen Werte zu stärken, bald, in der gegenläufigen Perspektive, sie zu ersetzen. Die Beobachtung drängt sich auf (und die Wortgeschichte hilft, sie zu formulieren), daß ein Begriff, sobald er eine *sakrale* Autorität beansprucht und in deren Folge eine mobilisierende Kraft ausübt, sogleich den Konflikt zwischen rivalisierenden politischen Gruppen oder philosophischen Schulen erregt, die seine Vertreter oder Verteidiger zu sein behaupten und daher das Monopol seiner Verbreitung an sich ziehen.

Ein sakral besetzter Begriff dämonisiert seinen Gegenbegriff. Wenn das Wort »Zivilisation« keine dem Urteil unterbreitete Tatsache mehr bezeichnet, sondern einen unbestreitbaren *Wert*, dann begibt es sich in das verbale Arsenal für Lob und

Anklage. Es handelt sich gar nicht mehr darum, die Mängel oder die Vorzüge der Zivilisation zu erwägen. Sie wird selbst zum höchsten Maßstab: man urteilt jetzt im Namen der Zivilisation. Man muß ihre Partei ergreifen, ihre Sache zu der seinen machen. Sie wird Anlaß zur Begeisterung für all jene, die ihrem Rufe folgen, oder begründet umgekehrt eine Verurteilung – alles, was nicht Zivilisation ist, alles, was ihr widersteht, und alles, was sie bedroht, nimmt die Gestalt eines Monstrums oder des absolut Bösen an. In der Erhitzung der Beredsamkeit wird man es sich erlauben, das höchste Opfer im Namen der Zivilisation zu fordern. Das bedeutet, daß der Dienst oder die Verteidigung der Zivilisation gegebenenfalls den Rückgriff auf die Gewalt legitimiert. Der Unzivilisierte, der Barbar müssen »unschädlich« gemacht werden, wenn sie nicht erzogen oder bekehrt werden können. Zitieren wir nur ein besonders anschauliches Beispiel, das die Begründung der Kolonisierung betrifft.

Das Denken der Aufklärung, so wie es sich in der *Skizze* (1794) von Condorcet ausspricht, verdammt die koloniale Eroberung und vor allem die Bekehrungswut der christlichen Missionen in Übersee. Die traditionell für Barbaren reservierten Epitheta (blutig, tyrannisch, dumm) werden auf Kolonisatoren, Missionare und, auf dem alten Kontinent, auf diejenigen gemünzt, die dem alten »Aberglauben« verhaftet bleiben. Aber es stellt sich eine neue Aufgabe: erziehen, emanzipieren und zivilisieren. Die heiligen Güter der *Zivilisation* lösen die heiligen Güter der *Religion* ab. Der Text von Condorcet zeigt jedoch klar, daß das schließliche Ziel das gleiche bleibt: die anderen Kulturen in der Katholizität der Aufklärung aufgehen zu lassen oder zum Verschwinden zu bringen. Dies war auch das Motto der missionarischen Arbeit, welche die ganze Menschheit unter dem Banner Christi versammeln wollte. Es lohnt sich, ausführlich zu zitieren:

»Durchlaufen Sie die Geschichte unserer Unternehmungen und Einrichtungen in Afrika und in Asien, so werden Sie sehen, wie unsere Handelsmonopole, unsere Verrätereien, unsere blutige Verachtung der Menschen einer anderen Hautfarbe oder Religion, die Anmaßung unserer widerrechtlichen Inbesitznahme und der ausschweifende Bekehrungseifer oder die Intrigen unserer Priester das Gefühl von Achtung und Wohlwollen zerstört haben, das die Überlegenheit unserer Kenntnisse und die Vorzüge unseres Handels zunächst erzielt hatten.
Aber zweifellos kommt der Augenblick, da wir ihnen nicht mehr nur Verderber und Tyrannen zeigen, sondern für sie zu nützlichen Werkzeugen oder zu großmütigen Befreiern werden.
Dann werden die Europäer sich auf einen freien Handel beschränken und, da sie selber ihre eigenen Rechte zu gut kennen, um sich über die anderer Völker hinwegzusetzen, die Unabhängigkeit achten, die sie bisher so dreist verletzt haben [...]. Auf die Mönche, die diesen Völkern nur schändlichen Aberglauben brachten und sie empörten, da sie sie mit neuer Herrschaft bedrohten, werden Männer folgen, die unter diesen Völkern für ihr Glück nützliche Wahrheiten verbreiten und sie über ihre Interessen wie über ihre Rechte aufklären. Der Eifer für die Wahrheit ist auch eine Leidenschaft, und er muß seine Anstrengungen in ferne Länder tragen, wenn er in der Nähe keine groben Vorurteile mehr zu bekämpfen, keine schmählichen Irrtümer mehr zu beheben hat.
Diese weiten Lande bieten ihm zahlreiche Völker, die, um sich zu zivilisieren, nur darauf zu warten scheinen, dafür von uns die Mittel zu erhalten und in den Europäern Brüder zu finden, um ihre Freunde und Schüler zu werden; dort sind Völker in Knechtschaft unter verfluchten Despoten oder blödsinnigen Eroberern und rufen seit vielen Jahrhunderten nach ihren Befreiern; ande-

renorts leben fast wilde Völkerschaften, welche die Härte ihres Klimas von der Annehmlichkeit einer *vollkommenen Zivilisation* fernhält, während ebendiese Härte auch jene zurückweist, welche ihnen die Vorzüge dieser Zivilisation bringen möchten; oder eroberungslustige Horden, die nur die Gewalt als Gesetz und den Raub als Handwerk kennen. Die Fortschritte dieser beiden letzten Völkerklassen werden langsam sein und von Wirren begleitet; vielleicht werden sie sogar auf eine geringere Zahl reduziert, *schließlich in dem Maße, als sie sich von den zivilisierten Nationen abgewiesen sehen, verschwinden oder in ihnen aufgehen.*

[...] So wird schließlich der Tag kommen, da die Sonne auf Erden nur noch über freie Menschen scheint und keinen anderen Herrn als ihre Vernunft erblickt, da Tyrannen und Sklaven, Priester und ihre blödsinnigen oder heuchlerischen Werkzeuge nur noch in den Geschichtsbüchern und auf dem Theater leben werden [...].«[30]

30 Condorcet, *Esquisse d'un tableau historique des progrès de l'esprit humain*, Paris 1794, S. 334–338. Im *Dictionnaire de la Conversation*, Paris ²1870, hält ein schriftstellernder Arzt, J.-J. Virey, die Zivilisation für unvereinbar mit der Tyrannis und versichert, daß »keine wirkliche Zivilisation möglich ist ohne ein gewisses Maß an Freiheit im Denken und im Handeln«. Aber er ist überzeugt, daß die verschiedenen Rassen ungleiche Haltungen einnehmen: »Ohne irgendeine menschliche Rasse ihrer Rechte auf alle erreichbaren Entwicklungen entheben zu wollen, ist doch durch die Tatsache der Geschichte und durch die physiologische Verfassung ihrer Organisation selbst zu bemerken, daß einige mehr als andere zur Ausübung intellektueller Fähigkeiten und zur Zivilisation geeignet sind [...]. Die heftigsten Verteidiger der Freiheit der Neger (die wir gewiß auch, wie jeder Freund der Menschheit, unterstützen) erklären aber nicht die ewige Unterlegenheit und beständige Barbarei, die auf den dunklen Völkerschaften ganz Afrikas lastet.« Jules Ferry spricht ein halbes Jahrhundert später von der »erzieherischen und zivilisatorischen Aufgabe der überlegenen Rasse« und beklagt zugleich das mangelnde Bewußtsein dieser Aufgabe bei den Siedlern (zit. bei H. Hilgers-Schele und H. Putt, *Zivilisation und Kultur*, l.c., S. 35).

Condorcet nimmt, indem er sie umkehrt, die Argumentation auf, die Gibbon für eine gemäßigtere Theorie des Fortschritts der Sitten gebraucht. Sollten sich, Gibbon gemäß, die barbarischen Völker Asiens den Europäern noch einmal überlegen zeigen, so wären sie dazu genötigt, unsere militärische Technik und unsere Industrie zu übernehmen und folglich in die Zivilisation einzutreten.[31] Condorcet stellt sich, wie man gesehen hat, die Zivilisation lieber *abweisend* gegenüber den wilden und nomadischen Völkern vor, bis hin zur physischen oder kulturellen Auslöschung – das Bild der *Expansion* der Aufklärung bleibt für ihn ein dynamisches Modell, selbst nach der Verdammung der territorialen Eroberungen.

Da die Zivilisation insgesamt ein Werden und ein geheiligter Wert ist, in Ausdehnung begriffenes Licht, muß man wissen, wo sie in diesem Augenblick gerade ihre vorderste Linie oder, wenn man die Metapher des Strahlens bevorzugt, ihren Brennpunkt hat. Die nachrevolutionäre Sprache war es sich schuldig, die heiligen Werte der Revolution mit denen der Zivilisation zu identifizieren, und folglich mußte sie für Frankreich, das Land der Revolution, auch das Privileg beanspruchen, die Avantgarde (oder der Leuchtturm) der Zivilisation zu sein.

Diese nationale Rolle bekräftigt schon Condorcet. Und sie wird erst recht ein Thema der napoleonischen Rhetorik:

> »Soldaten! Ihr unternehmt eine Eroberung, deren Wirkungen auf die Zivilisation und den Verkehr der Welt unberechenbar sind.«[32]

31 E. Gibbon, *The History of the Decline and Fall of the Roman Empire*, 1776–1788, Kap. 38: »General Observations on the Fall of the Roman Empire in the West«.

32 Anrede an die Truppen bei der Einschiffung zur Expedition nach Ägypten. Der gestürzte Kaiser wird erklären: »England und Frankreich hielten das Schicksal der Erde in ihren Händen, letzteres vor allem das der europäischen Zivilisation. Wieviel Elend haben wir uns zugefügt!« Zitat bei Moras, l.c., S. 61.

Man kann dieses Thema, das zugleich national und an die Erinnerung der Revolution von 1789 geknüpft ist, das ganze 19. Jahrhundert hindurch verfolgen. Von der Ersetzung der Religion durch die Zivilisation und der Kirche durch Frankreich und sein Volk ist in einer ganzen Reihe von Texten die Rede. 1830 schreibt Laurent de l'Ardèche:

»Edles Volk Frankreichs, Du bist stets von Gott geliebt und ausgewählt unter den Völkern; denn wenn Deine Könige auch nicht mehr die erstgeborenen Söhne der Kirche sind [...], so hast Du selbst nicht aufgehört, der erstgeborene Sohn der Zivilisation zu sein.«[33]

1831 beansprucht Michelet für Frankreich »das Pontifikat der neuen Zivilisation«.[34] Victor Hugo arbeitet mehr als jeder andere daran, das Wort »Zivilisation« zu heiligen und zugleich für Frankreich das Hohepriesteramt zu reklamieren:

»Das französische Volk war in Europa der Missionar der Zivilisation.«[35]

Der vollständige Ausdruck der nationalen Indienstnahme der Zivilisation als Epiphanie des Heiligen in der Moderne findet sich in einer der Reden Hugos nach dem Exil:

»Man kann sagen, daß es in unserem Jahrhundert zwei Schulen gibt. Diese beiden Schulen verdichten und fassen in sich zusammen die beiden gegenläufigen Strömungen, welche die Zivilisation in gegensätzlicher Richtung antreiben, die eine zur Zukunft, die andere zur Vergangenheit; die erste dieser beiden Schulen heißt Paris, die andere heißt Rom.

Jede dieser beiden Schulen hat ihr Buch; das Buch von Paris ist die Erklärung der Menschenrechte; das Buch von

33 *Kultur und Zivilisation*, l.c., S. 24.
34 Ebd.
35 Ebd.

Rom ist der Syllabus. Diese beiden Bücher antworten auf den Fortschritt. Das erste sagt Ja, das zweite sagt Nein. Der Fortschritt ist der Schritt Gottes.«[36]

Im Spiel der alten verbalen Opposition kann das Gegenteil der Zivilisation Barbarei genannt werden. Und die Nationen, die nicht unmittelbar mit dem Geist der Zivilisation identifizierbar sind, werden – vor allem in Zeiten internationaler Krisen – mit dem Verdacht der Barbarei überzogen. Nach dem deutschen Sieg erklärt Hugo am 1. März 1871 in der Nationalversammlung, die in Bordeaux tagt:

»Und während die siegreiche Nation, Deutschland, die Stirn senkt unter ihrem schweren Helm einer sklavischen Horde, trägt sie, die erhabene Besiegte, Frankreich, die Krone eines souveränen Volkes auf dem Haupte.
Und die Zivilisation, die sich Aug in Auge mit der Barbarei sieht, wird ihren Weg zwischen diesen beiden Nationen suchen, deren eine das Licht Europas war und deren andere die Nacht sein wird.
[...] Meine Herren, in Straßburg stehen zwei Denkmäler, Gutenberg und Kléber. Nun wohl, wir fühlen, wie sich in uns eine Stimme erhebt, die Gutenberg schwört, die Zivilisation nicht ersticken zu lassen, und die Kléber schwört, die Republik nicht ersticken zu lassen.«[37]

Dieser Gebrauch des Wortes Zivilisation – französisch, republikanisch und mit heiligem Pathos – wird sich im 20. Jahrhundert dem deutschen Gegner gegenüber fortsetzen[38], bis er schließlich im Nationalsozialismus auf eine Barbarei stößt, die zweifellos den Gegenbegriff zu Zivilisation verkörpert.

36 Ebd.
37 Victor Hugo, *Œuvres politiques complètes*, Paris 1964, S. 694–695.
38 Vor allem während des Krieges 1914–1918, als die Franzosen die Zivilisation der deutschen Kultur entgegensetzten. Vgl. E. R. Curtius, *Die Idee der Zivilisation im französischen Denken*, 1929.

Nichts überrascht weniger, als gegenüber der nachrevolutionären Aneignung des Wortes Zivilisation und ihrer Weihe die umgekehrte Aneignung durch die Gegner der Revolution zu beobachten. Das Beispiel dafür findet sich schon Ende 1790 bei Edmund Burke, für den die Zivilisation mit den traditionellen Werten der Religion und des Rittertums verschmilzt – genau denen, welche das revolutionäre Denken als grob und barbarisch verwarf:

> »Nichts ist wohl ausgemachter, als daß Sitten und Cultur [...] in dieser unsrer europäischen Welt, seit mehrern Jahrhunderten mit zwei Prinzipien verknüpft und das Resultat ihrer vereinten Wirkung gewesen sind: eins war der Geist des höheren Standes [the spirit of a gentleman], das andre der Geist der Religion.«[39]

Burke beschwört, indem er sich an seine französischen Adressaten wendet, die schlimmsten Möglichkeiten: den ökonomischen Zusammenbruch, verstärkt durch die Vernichtung der gesellschaftlichen und religiösen Strukturen:

> »[...] wenn Handel, Künste, Kunstfleiß und Gewerbe mit verloren gehen – was wird dann der Erfolg sein? Wer wird den Anblick einer Nation von rohen, dummen, wilden und obendrein armen und schmutzigen Barbaren, ohne Religion, ohne Ehre [...] ertragen?
> Schon zeigt sich an allem, was die herrschende Partei tut [...], eine Armseligkeit der Erfindung, eine Niedrigkeit in der Wahl der Mittel, eine verächtliche Einförmigkeit und Plumpheit in der Ausführung, eine Verderbtheit des Geschmacks, die, wo sie erscheinen, die sichern Vorboten eines fürchterlichen Verfalls sind. In ihrer Freiheit wohnt

39 E. Burke, *Reflections on the Revolution in France* (übers. v. Gentz, 1793, Bd. 1, S. 111).

kein freier Sinn. Ihr Wissen ist die Unwissenheit eines Marktschreiers. Ihre Menschlichkeit ist die Roheit der tierischen Natur.«[40]

Diese Umkehrung der Begriffe hat schwere Folgen. Die heiligen Güter der Zivilisation erscheinen als *bedrohte* Güter. Und die Bedrohung wird als innere Gefahr empfunden. Die Barbarei steckt in der von den Demagogen gepredigten Gleichmacherei oder in der Revolte des »groben Haufens«. Kurz, die »wilde« Welt liegt nicht mehr draußen an einem fernen Ufer oder in einer tiefen Vergangenheit; sie ist auf unserem Platz verborgen und braucht nur aus dem finsteren Grunde der Gesellschaft hervorzubrechen. Mallet du Pan wird das Argument aufnehmen:

»Die Hunnen und Heruler, Vandalen und Goten werden nicht aus dem Norden und vom Schwarzen Meer kommen, sie sind mitten unter uns.«[41]

Und Chateaubriand wird am Ende der *Mémoires d'outre-tombe* (Buch 44, Kapitel 2) darüber sprechen, indem er die innere Gefahr im Geist selber lokalisiert:

»Die Invasion der Ideen folgte auf die Invasion der Barbaren; die in ihre Bestandteile aufgelöste gegenwärtige Zivilisation verliert sich in sich selbst; das Gefäß, das sie enthält, hat seine Flüssigkeit nicht in ein anderes Gefäß gegossen; das Gefäß selbst ist zerbrochen.«

Die *innere* Gefahr wird bald in den »gefährlichen Klassen« und im Proletariat vermutet, bei den »Apachen« und »Mohikanern«, die den großen Industriemetropolen entstammen; bald wird sie als Folge der Befreiung der Instinkte wahrge-

40 Ebd., S. 112 f.

41 Mallet du Pan, *Considérations sur la nature de la révolution de France*, London/Brüssel 1793, S. 27. Mallet du Pan zitiert einen Text, den er 1791 schrieb; vgl. B. Bazcko, »Le complot vandale«, in: *Le Temps de la Réflexion*, IV, Paris 1983, dem wir das Zitat entnehmen.

nommen, die durch die intellektuellen Aufbruchsbewegungen und Revolten hervorgerufen wurde (»Indifferenz in Sachen der Religion« usw.), oder im Individualismus, der durch die Betonung des »persönlichen Interesses« das Verbrechen erlaubt und die Rückkehr zum Kampf aller gegen alle, bis schließlich der raffinierte Betrug und der gewöhnliche Mord auf gleichen Fuß gestellt werden.[42] Wildheit ist nicht nur bei den unteren Klassen eine Tatsache; sie lauert im Herzen aller Menschen, unter vertrauenerweckendem Äußeren.[43]

Die innere Gefahr verlangt nach einer Antwort, sobald sie einmal in Betracht gezogen ist. Und diese Antwort erfolgt erwartungsgemäß nicht immer in denselben Ausdrücken. In ihrer schlichtesten Gestalt besteht sie darin, zu »reagieren«, d. h. die heiligen Werte der christlichen Zivili-

42 Als Beispiel die Worte Vautrins zu Rastignac in *Le Père Goriot*: »Paris, sehen Sie, ist wie ein Dschungel in der Neuen Welt, worin sich zwanzig wilde Völkerschaften tummeln, Illinois, Huronen, die von dem leben, was die verschiedenen Jagden in der Gesellschaft einbringen.« Der dandyhafte Emporkömmling und der gemeine Mörder unterscheiden sich, nach Vautrin, nur durch die Wahl ihrer Mittel. Der gleiche Gedanke wie bei Sade, wo die Wildheit sich unter dem Äußeren der Zivilisation bewahrt. In *Aline et Valcour* wirft Zamé, der Gesetzgeber der utopischen Stadt Tamoé, dem Franzosen Sainville vor, die Menschenopfer der barbarischen Zeit bewahrt zu haben. Der einzige Wechsel bestand darin, andere Opfer zu wählen: die modernen Kelten opfern Verbrecher statt der Kriegsgefangenen: »*Indem ihr eure Zivilisation vollendetet*, wechseltet ihr das Motiv, aber ihr bewahrtet euch die Gewohnheit: nicht mehr den Göttern, die durch Menschenblut beeinflußt werden, schlachtetet ihr die Opfer, sondern den von euch als weise angesehenen Gesetzen, weil ihr darin einen besonderen Beweggrund fandet, um euch euren alten Gebräuchen zu überlassen, und den Anschein einer Gerechtigkeit, die im Grunde nichts anderes war, als das Verlangen, die gräßlichen Gewohnheiten zu bewahren, auf die ihr nicht verzichten konntet.« (»Aline et Valcour«, in: *Œuvres complètes*, Bd. 4, Paris 1976, S. 307–308.)

43 Bei Cesare Lombroso in dem (1876 übersetzten) *L'Homme criminel*, dann bei Émile Zola in *La Bête humaine* ist die Neigung zum Verbrechen ein archaischer Sachverhalt, der sich durch Atavismus erhält. Vgl. Jean-Michel Labadie, »Le corps criminel: un aujourd'hui dépassé«, in: *L'Archaique. Nouvelle Revue de Psychanalyse*, 26, Herbst 1982, S. 121–134.

sation durch Maßnahmen der Eindämmung, des Schutzes der Ordnung, der Erziehung und der Propaganda zu beschirmen.[44]

9

Wie stark und hartnäckig auch die Sakralisierung des Begriffs gewesen ist, es fiel den Männern der Restauration doch schwer, beharrlich zu verkennen, daß die Gefahren, welche die Zivilisation von innen bedrohen, bald ihre eigenen Erzeugnisse und Wirkungen sind, bald ein unreduzierbar gebliebener Rest der wilden Natur. Und folglich fiel es ihnen schwer, nicht gegen einen Aspekt der Zivilisation selbst die Anklage zu richten, die ihr geheiligter Wert gegen den zu erheben gestattet, der sie leugnet oder gefährdet. Es arbeitet etwas in der Zivilisation selbst gegen die Zivilisation. Man bewundert die Art und Weise, in der Benjamin Constant im Vorwort seines Werkes *De la religion* (1827) zwei offensichtlich widersprüchliche Haltungen versöhnt: den Willen, an eine gewissermaßen unbegrenzte Vervollkommnungsfähigkeit der menschlichen Gattung zu glauben[45], und im Gegenzug dazu die Selbstanklage, die im Blick auf den Zusammenbruch der Überzeugungen und der moralischen Kraft entmutigte Strenge – ein Zusammenbruch, der unausweichlich durch die Verfeinerung und Weichlichkeit der vorausgegangenen Zivilisationen hervorgerufen wurde. Das Bild römischer Üppigkeit, die den Fall des Reiches bewirkt habe, bildet ein entscheidendes Beispiel. In seinem Plädoyer für die Sache der Religion (oder vielmehr: des religiösen Gefühls) schreibt Constant:

44 J. Moras gibt eine gute Darstellung der Ideen von J. de Maistre, L. de Bonald und Ballanche über die *christliche Zivilisation*.

45 Das ist im Jahre 1800 die Überzeugung von Germaine de Staël. Für sie ist, wie Moras bemerkt, die Zivilisation der Sinn der Geschichte: »Einer der hauptsächlichen Endzwecke der großen Ereignisse, die wir kennen, ist die Zivilisation der Welt.« (*De la littérature*)

> »Betrachtet den Menschen, wie er von den Sinnen beherrscht, von den Bedürfnissen belagert, von der Zivilisation verweichlicht und um so mehr Sklave seiner Wollust ist, als die Zivilisation sie ihm leichter macht. Seht, wie viele Blößen er der Korruption bietet. Denkt an die Biegsamkeit der Sprache, die ihn mit Entschuldigungen umgibt und die Scham des Egoismus bedeckt [...]. Alle Systeme reduzieren sich auf zwei. Das eine bezeichnet uns das Interesse als Führer und das Wohlbefinden als Ziel. Das andere empfiehlt uns als Ziel die Vervollkommnung und als Führer das innere Gefühl, die Selbstverleugnung und den Geist des Opfers.«[46]

Wenn wir das »System« des Interesses und des Wohlbefindens annehmen, machen wir den Menschen zum »fähigsten, geschicktesten und scharfsinnigsten der Tiere« und setzen ihn leicht »auf den Gipfel dieser materiellen Hierarchie; nichtsdestoweniger wird er unter der tiefsten Stufe jeder moralischen Hierarchie bleiben«. Es ist fortan unnütz, an den Menschen zu appellieren. »Eure Institutionen, eure Bemühungen und eure Ermahnungen sind nutzlos; ihr werdet über alle äußeren Feinde triumphieren, während der *innere Feind* noch unbezwingbar ist.« Es folgt die Beschwörung der römischen Dekadenz, die sich durch die Herrschaft des egoistischen Interesses verschärfte. »Schon einmal schien das Menschengeschlecht in den Abgrund gestürzt. Allerdings hatte es auch eine lange Zivilisation entnervt.« Aber das antagonistische Prinzip trat mit dem Christentum auf: »Die Welt war mit Sklaven bevölkert, beutete die Knechtschaft aus oder erduldete sie. Die Christen erschienen: sie setzten ihre Richtlinie außerhalb des Egoismus. Sie kümmerten sich nicht um das materielle Interesse, das die materielle Kraft gefesselt

46 B. Constant, *De la religion*, 5 Bde., Paris 1824–1831, Bd. 1, S. XXXVIII–XL.

hielt. Sie töteten nicht, sie starben, und sterbend siegten sie.«[47] Dieser Beweisführung, die auf Kosten des Begriffs der Zivilisation die Religion zu bevorzugen scheint, antwortet eine Anmerkung, die der Hoffnung auf den Fortschritt alle Chancen gibt und der Idee der Zivilisation alle Geltung zurückerstattet, die ihr verweigert zu sein schien:

»Die Wirkungen der Zivilisation sind zweierlei Art. Einmal vermehrt sie die Entdeckungen, und jede Entdeckung ist eine Macht. Dadurch vermehrt sie die Masse der Mittel, mit deren Hilfe die menschliche Gattung sich vervollkommnet. Auf der anderen Seite macht sie die Genüsse leichter zugänglich und vielartiger, und die Gewohnheit, die der Mensch durch diese Genüsse annimmt, macht sie ihm zum Bedürfnis, das ihn von allen höheren und edlen Gedanken abwendet. Folglich erscheint das Menschengeschlecht jedesmal, wenn es eine ausschließliche Zivilisation erreicht, in wenigen Generationen verdorben. Danach erhebt es sich von dieser vorübergehenden Verderbnis wieder und macht sich sozusagen auf den Weg mit den neuen Entdeckungen, mit denen es sich bereichert hat, und erreicht einen höheren Grad der Vervollkommnung. So sind wir im entsprechenden Verhältnis vielleicht ebenso verdorben wie die Römer zur Zeit des Diokletian; aber unsere Verdorbenheit ist weniger empörend, unsere Sitten sind sanfter, unsere Laster verschleierter, denn zumindest ist die Vielgötterei anstößig geworden und die Sklaverei abschreckend. Gleichzeitig haben wir gewaltige Entdekkungen gemacht. Glücklichere Generationen als wir werden sowohl aus der Zerstörung der Mißbräuche Nutzen ziehen, denen wir ausgeliefert sind, als auch die Errungenschaften genießen, die wir erlangt haben. Aber damit diese Generationen auf dem ihnen eröffneten Wege voran-

47 Ebd., S. XLIII–XLIV.

schreiten können, brauchen sie das, was uns fehlt und fehlen muß, die Überzeugung, die Begeisterung und die Kraft, das Interesse der Meinung aufzuopfern.

Daraus folgt, daß man keineswegs die Zivilisation ächten darf und daß man sie nicht anhalten soll und auch nicht kann. Das hieße, das Kind am Wachsen hindern zu wollen, denn dieselbe Ursache, die es wachsen läßt, wird es altern lassen. Aber man muß die eigene Epoche schätzen, das Mögliche erkennen, und indem man das teilweise Gute, das sich noch machen läßt, unterstützt, vor allem daran arbeiten, die Fundamente eines künftigen Glücks zu legen, das auf um so weniger Hindernisse stoßen und um so weniger teuer bezahlt werden wird, je besser es vorbereitet ist.«[48]

Constant verlangt implizit nach neuen Christen, die zum Opfer und zum »Enthusiasmus« fähig sind.[49] Andere hatten im Gegenteil, lange vor Rimbaud schon, nach neuen Barbaren verlangt. Jacobi fordert 1779 noch nicht, daß sie »neues Blut«, »heidnisches Blut« (Rimbaud) bringen; er begnügte sich damit, die Wohltaten einer stürmischen Energie zu erwarten: »Der gegenwärtige Zustand der Gesellschaft stellt sich mir nur als ein totes und stehendes Meer dar, und deshalb wünschte ich irgendeine Überschwemmung, und sei es von Barbaren, um diese verseuchten Sümpfe zu reinigen und jungfräuliches Land zu entdecken.«[50] Der Wunsch nach Rechristianisierung, den Constant formuliert, findet seine Entsprechung und Antwort in einem Wunsch nach Rebarbarisierung – der seinerseits legitimiert ist durch das Gefühl der Erschöpfung, der vitalen Schwäche und auch von Deutungs-

48 Ebd., S. XLI–XLII.

49 Dieser Ausdruck, der heute seine Lockkraft verloren hat, war eines der Losungswörter der Madame de Staël und der Gruppe von Coppet. Er erlaubte, eine Synthese von antiken Reminiszenzen und der Idee einer neuen Literatur, von christlicher und nordischer Inspiration zu bewerkstelligen.

50 F. H. Jacobi, *Woldemar* (1779).

mythen inspiriert, die das Ende der antiken Welt und das Heraufdämmern der christlichen Ära beschwören.

Wie man sieht, kommt Constant (und andere zur gleichen Zeit) nicht umhin, die Zivilisation als gegenwärtige *Tatsache* zu kritisieren, um in der sehr langen Zeitdauer das Prinzip der Zivilisation als *Wert*, der mit dem Aufschwung des religiösen Gefühls verbunden ist, zu retten; er stellt sich einen intermittierenden Fortschritt vor, der von langen Phasen moralischer Schwäche und politischer Knechtschaft unterbrochen ist. So enttäuschend die Gegenwart sein mag, ihre Konfrontation mit der antiken Vergangenheit erlaubt, an einen allgemeinen Fortschritt zu glauben, der die Evidenz einer feststellbaren Tatsache gewinnt. Saint-Simon, der Zeitgenosse Constants, wird den Fortschritt der Geschichte in »organische« und »kritische« Perioden gegliedert sehen.

Der Begriff des Fortschritts enthält zu Beginn des 19. Jahrhunderts stets das Heilige nicht wie ein dicht verschlossenes Gefäß. Der Inhalt flieht. Das Unbehagen, die Ironie und die Unzufriedenheit können nicht unbegrenzt in Respekt gehalten werden. Die offizielle Rhetorik macht daraus rasch einen Gemeinplatz. (Die Zivilisation hat zwischen den anderen Klischees ihr Recht auf eine lächerliche Tirade, in *Madame Bovary*, am großen Tag der landwirtschaftlichen Versammlung.) Das heißt, wenn man eine gesellschaftliche Ordnung begründen will, dann muß man die Erinnerung an ein ganzes Ensemble von Werten bekämpfen, die sich gegenseitig stärken, ohne in jedem Fall eine Autorität zu bilden. Claude Lefort schreibt: »Der Diskurs, den man der bürgerlichen Ideologie zuschreiben kann, macht in den ersten Zeiten der Demokratie die Probe darauf, daß die Gesellschaft als solche von der Zerstörung bedroht ist. Die Institutionen und verkündeten Werte: das Eigentum, die Familie, der Staat, die Autorität, das Vaterland und die Kultur werden als Bastionen gegen die Barbarei dargestellt, gegen die unbekannten Kräfte von außen, die die Gesellschaft und die Zivilisation zerstören können. Der Versuch der Sakralisierung der Institutionen durch die Rede geschieht im Maße des Substanzverlustes der Gesellschaft, der Niederlage der Gesamtheit. Der bürgerliche Kult der Ordnung, die sich auf die Bestätigung der Autorität und ihre vielen Gestalten stützt, auf die Aufzählung der Regeln und angemessenen Abstände zwischen denen, die die Stellung des Herrn, des Eigentümers, des gebildeten Menschen, des zivilisierten Menschen, des normalen Menschen und des Erwachsenen gegenüber dem *anderen* einnehmen, dieser ganze Kult zeugt von einem Schwindel vor dem Abgrund einer undefinierten Gesellschaft.«[51]

10

Wir haben beobachtet, daß das Wort Zivilisation bei Constant wie ein zusammengesetzter Begriff erscheint: er umfaßt den Zuwachs der Ressourcen, der Sicherheit, der Genüsse usw. (was in der Ordnung der *Tatsache* der Art von Leben entspricht, das die vermögenden Klassen in der modernen Industriegesellschaft führen), aber er umfaßt auch die innere Vervollkommnung der Individuen, den Fortschritt ihrer affektiven und intellektuellen Fähigkeiten, die glückliche Ausdehnung und Vertiefung ihrer wechselseitigen Beziehungen, ohne welche die Zivilisation sich nicht als *Wert* begreifen ließe. Eine äußere und eine innere Ansicht, die sich (wie zuvor im Falle von civilité und politesse) treu entsprechen sollten – die aber schließlich widersprüchlich bleiben, da die Gerechtigkeit, die Freiheit und die Sittlichkeit nicht die Anhäufung der Güter und die umständliche Entwicklung der Gesetze und der öffentlichen Institutionen begleiten. Guizot besteht, wie wir gesehen haben, auf dem *doppelten* Aspekt der Zivilisation: um dem vollständigen Anspruch eines zivilisierten Lebens Genüge zu tun, reicht es nicht aus, die Menschen

51 Claude Lefort, *L'Invention démocratique*, Paris 1981, S. 173.

zu *unterrichten*, d. h. ihre instrumentellen Fähigkeiten zu entwickeln, sondern man muß sie zusätzlich *bilden*, d. h. sie zu freien und vernünftigen Wesen machen, die fähig sind, sich nicht lediglich von der Sorge um die materielle Produktion beherrschen zu lassen. Nun ergibt es sich aber, daß die industrielle Gesellschaft den Abstand zwischen den beiden Bestandteilen der idealen Zivilisation vergrößert, deren Ungleichgewicht gravierend wird; es wird immer schwieriger, das Postulat einer Zivilisation ohne inneren Konflikt aufrechtzuerhalten ... Die Mißbilligung wird sie unter dem Namen *Zivilisation* angreifen und sie, um die industrielle und demokratische Gesellschaft in Verruf zu bringen, als »große gasbeleuchtete Barbarei«[52] verhöhnen, wie Baudelaire es tut. Dementsprechend preist Baudelaire den amerikanischen Wilden, indem er ihn mit all den geistigen Qualitäten ausstattet, welche die Zivilisation als Wert befördern sollte: »Durch seine Natur, durch Notwendigkeit sogar ist [der Wilde] enzyklopädisch, während der zivilisierte Mensch sich in die unendlich kleinen Reiche der Spezialität eingeschränkt sieht. Der zivilisierte Mensch erfindet die Philosophie des Fortschritts, um sich über seinen Verzicht und seine Erniedrigung zu trösten, während der Wilde als Gatte gefürchtet und geachtet, als Krieger zur persönlichen Tapferkeit gezwungen, als Dichter in melancholischen Stunden, da die sinkende Sonne dazu einlädt, die Vergangenheit und die Ahnen zu besingen, den Saum des Ideals näher streift. Welchen Mangel wagten wir ihm vorzuwerfen? Er hat den Priester, den Zauberer und den Arzt. Was sage ich? Er hat den Dandy, die höchste Verkörperung der Idee des Schönen, ins materielle Leben übertragen.«[53] Die sittliche Kraft, die ästhetische Verfeinerung, welche die materielle Zivilisation ergänzen sollten, müssen außerhalb unserer Zivilisation, bei den Wilden

52 Baudelaire, *Œuvres complètes*, hg. v. C. Pichois, 2 Bde., Paris (Pléiade) 1975–1976, »Edgar Poe, sa vie et ses œuvres«, Bd. 2, S. 297.

53 »Notes nouvelles sur Edgar Poe«, l.c., S. 325–326.

gesucht werden. Aber die von Baudelaire aufgezählten Werte repräsentieren so deutlich eine Idee von der Zivilisation (d. h. zugleich ein Ideal des Zivilisierten und eine ideale Zivilisation), daß er schreiben kann und den Ausdruck diesmal nicht in abträglicher Bedeutung gebraucht: »Die Zivilisation hat sich vielleicht zu einem kleinen, noch nicht entdeckten Stamm geflüchtet«; Frankreich wurde zuvor wie Belgien zu einem »allerdings barbarischen Land« erklärt.[54]

Das Wort Zivilisation erträgt nur schwer die Verdoppelung seiner Implikationen oder Voraussetzungen – diese führen zu einem widersprüchlichen Gebrauch eines und desselben Ausdrucks, wenn sie nicht übereinstimmen. Die Nicht-Übereinstimmung von Tatsache und Wert verleitet dazu, das Wort »Zivilisation« für die Tatsache zu behalten und für den Wert einen anderen Begriff zu suchen (so wie man im vorausgegangenen Jahrhundert versucht hatte, der ungenügenden ›civilité‹ die ›politesse‹ gegenüberzustellen). Ein erster Ausweg ist, sich mit einem Epitheton der Glaubwürdigkeit zu behelfen und von »wahrer Zivilisation« zu sprechen. Aber die systematischen Geister werden einen stärkeren lexikalischen Halt verlangen. So wählt Charles Fourier das Wort *Harmonie*, um den vollkommenen gesellschaftlichen Zustand zu beschreiben, dessen Funktionsweise die utopische Träumerei im einzelnen ausmalen wird und dank dessen das Elend und die Ungerechtigkeiten der gegenwärtigen *Zivilisation* siegreich überwunden werden. Hier bildet die schonungslos angeklagte Zivilisation den Gegensatz zum vorweggenommenen Glück der »harmonischen« Gesellschaft. Das lexikalische Paar *Zivilisation–Harmonie* verlagert die Spannungen, die im Innern des einzigen Begriffs »Zivilisation« schwer zu bewältigen sind, nach außen, projiziert sie in die Ferne und in die Zukunft. Diese neue Entgegensetzung bleibt nicht ohne Folgen; sie verleiht dem Wort »Zivilisation« nicht nur einen

54 »Pauvre Belgique«, l.c., S. 820.

negativen Wert, sie führt auch dazu, ihm eine zeitliche Begrenzung zu verordnen. Die Zivilisation begleitet nicht die ganze menschliche Geschichte. Sie stellt nur deren gegenwärtige Phase dar, mit ihrem System von Zwängen, die den menschlichen Leidenschaften auferlegt werden (Monogamie usw.). Diese Auffassung spiegelt sich im Vokabular von Engels. Auf der Basis der Theorien von Lewis H. Morgan folgt für ihn die Zivilisation auf den Zustand der Wildheit und auf die Barbarei; die Zivilisation ist es, die den Staat, das Eigentum, die Arbeitsteilung und die Ausbeutung der unteren Klassen erfindet. Das spätere Moment historischer Dialektik wird aus der Unterdrückung dieser Art gesellschaftlicher Organisation hervorgehen – die klassenlose Gesellschaft (worin der Staat verschwunden ist) schafft die Übel der Zivilisation ab; sie wird auf höherer Stufe die Gütergemeinschaft wiederentdecken, welche die vorzivilisierte Menschheit genossen hat.[55] Dieser eher fourieristische Gebrauch des Wortes Zivilisation spielt in der marxistischen Literatur des 20. Jahrhunderts eine geringere Rolle.

In allgemeiner Form und ohne unmittelbar politisch-revolutionäre Implikation wurde im deutschsprachigen Raum seit dem Beginn des 19. Jahrhunderts ein Konkurrent zum Begriff der Zivilisation aufgestellt: die Kultur. Hier bricht offen und nach langer Debatte und diesmal als Konflikt zwischen konkurrierenden Begriffen der innere Gegensatz hervor, den Constant und Guizot auf das Innere des einzigen Begriffs »Zivilisation« mit seinen ergänzenden Bestandteilen begrenzt halten wollten.[56] Nietzsche ist nicht der erste, der in

55 F. Engels, *Der Ursprung der Familie, des Privateigentums und des Staats* (1884).

56 Im italienischen Bereich stützt sich der Gegensatz auf den Kontrast des alten Wortes *civiltà* zu *civilizzazione*, dessen neue Bildung und französische Herkunft es leichter machen, sich davon abzusetzen, wie Leopardi es in den Notizen des *Zibaldone* tut. Das Wort *cultura* bietet wie im Französischen *culture* eine dritte Möglichkeit, wobei der Einfluß der deutschen Begriffe *Kultur* und *Bildung* häufig erkennbar ist.
Zur Geschichte der deutschen Auseinandersetzung findet man Belege

dieser Diskussion das Wort ergreift, doch er gibt seinem Temperament entsprechend den antithetischen Bezeichnungen leidenschaftlichen Ausdruck: Zivilisation ist nichts als Dressur, Unterdrückung und Einschränkung des Individuums; die Kultur dagegen kann mit dem Niedergang der Gesellschaft Hand in Hand gehen, denn sie besteht in der Entfaltung der individuellen Energien:

> »Kultur contra Zivilisation. – Die Höhepunkte der Kultur und der Zivilisation liegen auseinander: man soll sich über den abgründlichen Antagonismus von Kultur und Zivilisation nicht irreführen lassen. Die großen Momente der Kultur waren immer, moralisch geredet, Zeiten der Korruption; und wiederum waren die Epochen der gewollten und erzwungenen *Tierzähmung* der Menschen (›Zivilisation‹ –) Zeiten der Unduldsamkeit für die geistigsten und kühnsten Naturen. Zivilisation will etwas anderes, als Kultur will: vielleicht etwas Umgekehrtes ...«[57]

Im Rahmen der rein terminologischen Debatte können wir auf eine sehr bezeichnende Tatsache verweisen: Freud er-

und Bibliographien in dem Band *Kultur und Zivilisation*, vgl. Anm. 1 dieses Kapitels. Im englischen Bereich sind J.-S. Mill und Matthew Arnold kostbare Zeugen. Siehe auch F. Braudel, *Ecrits sur l'histoire*, Paris 1969, S. 255–314.

57 F. Nietzsche, »Aus dem Nachlaß der Achtzigerjahre«, in: *Werke*, hg. von Schlechta, 4 Bde., München 1956, Bd. 3, S. 837. In einer Schrift von 1914 bemerkt Thomas Mann: »Die deutsche Seele ist zu tief, als daß Zivilisation ihr ein Hochbegriff oder etwa der höchste gar sein könnte. Die Korruption und Verbürgerlichung ist ihr ein lächerlicher Greuel.« Oder: »Denn Politik ist eine Sache der Vernunft, der Demokratie und der Zivilisation; Moral aber eine solche der Kultur und der Seele.« (»Gedanken im Kriege«, in: *Die Neue Rundschau* 25, 1914, Heft 2, S. 1478 und 1474.) E. R. Curtius möchte 1929 diese Debatte beenden (vgl. Anm. 38). Heidegger wird sie bekanntlich auf seine Weise aufnehmen.
Die Antithese Kultur-Zivilisation spielt eine wesentliche Rolle in dem Werk von Oswald Spengler, *Der Untergang des Abendlandes*; vgl. den Artikel von Jacques Bouveresse in *Le Temps de la Réflexion*, IV, Paris 1983, S. 369.

klärt, die Ausdrücke Kultur und Zivilisation nicht unterscheiden zu wollen; er sucht im Innern des einheitlichen Bereichs der Kultur (die auch die Zivilisation umfaßt) die innere Bedrohung zu finden, die aus dem Konflikt der *beiden* Elemente resultiert: einerseits des erotischen Triebs, der die Gemeinschaft erweitern und die Bindungen enger machen will, andererseits des Aggressionstriebs, der mit dem Todestrieb verbunden ist.[58] Bei Freud mündet die Aufhebung des Gegensatzes von Kultur und Zivilisation in eine antithetische Beziehung in Gestalt der unvermeidlichen Konfrontation zweier dynamischer Prinzipien innerhalb der Seele, deren Koexistenz die Bedingungen des modernen Lebens immer schwieriger machen – obwohl unser eigenes Überleben von dieser Koexistenz abhängt. Freud braucht die Dualität Kultur-Zivilisation nicht mehr, sobald er über das Paar Eros-Thanatos verfügt. Die in einem banal gewordenen Begriffsregister verschwundene Antinomie gewinnt neue Kraft unter der Form der konzeptuellen Invention, die »metapsychologisch« anwendbar ist.

11

Das Wort Zivilisation ist heute in verschiedenen Bedeutungen in Umlauf, die parallel oder widersprüchlich sind, mehr oder weniger vertraut und alle gleichermaßen erschöpft. Der Verschleiß ist offensichtlich. Aber das Wort ist keineswegs außer Gebrauch, und so bleiben einige Fragen übrig. Hat der gegenwärtige Gebrauch die inneren oder äußeren Antinomien, die wir beim Gang durch die Bedeutungsgeschichte des Wortes »Zivilisation« bemerkt haben, ausgelöscht? Ge-

58 Siehe besonders *Die Zukunft einer Illusion* (1927), Kap. 1, und *Das Unbehagen in der Kultur* (1930). Freuds Ansichten über den von der Zivilisation geforderten Triebverzicht sind oft kommentiert worden. Siehe v. a. Eugène Enriquez, *De la horde à l'Etat: essai de psychanalyse du lien social*, Paris 1983.

wiß hat die Unterscheidung zwischen Kultur und Zivilisation ihre Schärfe verloren. Doch sie gilt fort. *Kulturen* nennt man bald gewisse begrenzte soziale Entwicklungen, in sich zusammenhängend, aber ohne gewaltige Leistungen, die nicht die Ausdehnung einer großen Zivilisation erreicht haben, bald die Untergruppen von verschiedenen Werten und Verhaltensweisen, die innerhalb einer und derselben Zivilisation nebeneinander bestehen können: populäre Kultur, gelehrte Kultur, städtische Kultur, sogar »Gegenkultur« usw. Man räumt ein, daß eine Zivilisation eine ziemlich große Zahl von Mikrokulturen zu integrieren vermag ...[59] Im relativistischen Gebrauch der Ethnologie spezifiziert sich die Zivilisation in unterschiedliche Zivilisationen, deren jede ihre eigene Legitimität besitzt; es ist Sache des Wissens, ihre Züge, unterscheidenden Merkmale und die Zeiten ihres Auftauchens und Verschwindens zu bestimmen. Im gleichsam kartographischen Inventar der Zivilisationen kommt es auf die Linienführung ihrer beweglichen Grenzen und die Explikation ihrer eigentümlichen Werte an und ganz und gar nicht auf das Urteil, das wir über sie fällen könnten, indem wir naiv die Maßstäbe unserer Zivilisation auf sie anwenden. Die Zivilisationen stehen einander wie Organismen gegenüber in Beziehungen, die abwechselnd die der Nachbarschaft, der Konkurrenz oder des Konflikts sind. Wir können keiner unter ihnen weder Überlegenheit noch Minderwertigkeit zuschreiben, ohne den einen den Erfolg, den anderen das Scheitern zu bescheinigen; wir haben ein ausschließlich *wissenschaftliches* Interesse, die Gründe ihres Auftretens und ihres Verschwindens zu erkennen.[60] Und gutgläubig gehen wir so

59 Siehe Jean Molino, »Combien de cultures?«, in: *Les Intermédiaires culturels. Actes du colloque du centre méditerranéen d'Histoire sociale, des Mentalités et des Cultures*, Marseille, Paris 1978, S. 631–640.

60 Vgl. Marcel Mauss, *Œuvres*, Bd. 2 (1969), S. 451–487, den (gemeinsam mit Emile Durkheim verfaßten) Text und den Vortrag »Les civilisations«, ebenfalls in dem kollektiven Werk von 1929, vergleiche unsere

weit, ohne deshalb hochmütig sein zu wollen, anzuerkennen, daß »unsere« Zivilisation die einzige ist, welche dieses Interesse an anderen Zivilisationen hegt, sogar sich selbst anklagt, sie bei vielen Gelegenheiten geschädigt zu haben, als sie unseren Machtgelüsten Widerstand boten ...

Das schlechte Gewissen, das unseren kulturellen Relativismus auf ein wenig inkonsequente Weise begleitet, bezeugt, daß die Antinomien nicht aufgehört haben, in den Begriff der Zivilisation einzugreifen. Diese Antinomien äußern sich unter der Form der Bedrohung, der Gefahr und der Angst. Man spricht von den Zivilisationskrankheiten in dem doppelten Sinne, der auch die Krankheiten der Zivilisation umfaßt. Die Zivilisation ist in der zeitgenössischen Auseinandersetzung bald die Ursache der Krankheit, bald ihr Opfer. Die (technische, industrielle, abendländische usw.) Zivilisation ist eine bedrohliche Gefahr: für das Leben auf der Welt, für die anderen Kulturen und Zivilisationen und für die Seele der Individuen, die ihre Güter genießen oder ihren Forderungen unterliegen. Die ökologischen Argumente und die Tatsachen, auf die sie sich stützen, sind so gut bekannt, daß sie hier nicht dargelegt werden müssen. Es genügt zu bemerken, daß sie dazu neigen, »unsere« Zivilisation untrennbar mit einer *Hybris* verquickt zu sehen, die man um jeden Preis eindämmen muß und deren Tendenz es möglichst umzukehren gilt. Die Zivilisation als *bedrohlich* zu denken, läßt vor unserem erschrockenen Blick die Bilder der Verwüstung vorbeiziehen, der die zivilisatorische Technik alles anheimfallen läßt, was sie ihren Normen unterwirft (berechnete Effizienz, Rendite usw.). Aber es begegnet uns ebenso, daß wir die Zivilisation als *bedroht* denken müssen, und dann sind es andere Antinomien, die uns beunruhigen. Die Bedrohung scheint ohne

Anm. 1. Den Relativismus und Historismus, den man von dieser Perspektive herleiten kann, begründen die Abweisung des Ethnozentrismus. Aber diese Abweisung setzt ein Wertkriterium voraus und folglich die Weigerung, diesen Relativismus zu verallgemeinern.

Zweifel vor allem im Innern der Zivilisation selbst zu entstehen, da die industrielle Zivilisation die ganze Erde bedeckt und kein *anderes* Außen mehr hat, dem es sich entgegensetzen kann. Wir verspüren ein Gefühl der Unruhe angesichts des Aufschwungs wilder Subkulturen, der Erneuerung magischen Denkens und der Erscheinungen intellektueller und moralischer Regression, welche die Werkzeuge der Zivilisation (und ihre Waffen) Individuen in die Hände spielt, die sie nicht zu meistern vermögen, ihren Sinn nicht verstehen und deren geschichtliches Fundament nicht begreifen. Indem wir eine Dimension der Erinnerung verschwinden sehen, welche die gegenwärtige Welt mit der Vergangenheit verband, befürchten wir, daß das Vergessen ihre künftige Fortdauer beeinträchtige. Im übrigen fragen wir uns, ob unsere Wissenschaft, Kunst und Philosophie ihre Erfindungskraft bewahren, ohne die unsere Zivilisation aufhören würde zu sein, was sie gewesen ist: der Schauplatz einer unablässigen Übertragung von Autorität, gemäß einer Wette auf die Autonomie der menschlichen Vernunft, wie sie in ihrem Prinzip die Demokratie verkörpert. Das sind nur zwei, selber antithetische Themen unter mehreren, die nach Ausdruck verlangen. Bedrohend *oder* bedroht, oder, wenn die Gegensätze aufeinanderstoßen, bedrohend *und* bedroht, Verfolgerin und zugleich Verfolgte, ist die Zivilisation nicht mehr sicher für den, der unter ihrem Dache wohnt. Ich lese in einem Artikel von Czesław Milosz über die Enttäuschung der polnischen Künstler der letzten Generation: »Mißtrauen und Spott richteten sich gegen die gesamte Erbschaft der europäischen Kultur. Deshalb wurde einige Jahre nach dem Krieg ein Stück von Stanislas Wyspianski, die 1904 geschriebene *Akropolis*, von Jerzy Grotowski sehr merkwürdig inszeniert. Das Stück besteht aus Szenen, die Homer und der Bibel entnommen sind, und faßt so die wichtigsten Bestandteile der abendländischen Kultur zusammen. Bei Grotowski werden diese Szenen von Gefangenen in Auschwitz in gestreifter Häftlings-

kleidung gespielt, und den Dialog begleiten Folterungen. Nur die Folterungen sind wirklich, und die erhabene Sprache der von den Schauspielern rezitierten Verse wird durch das Gesetz des Kontrastes gefärbt.«[61]
Bereits der Marquis de Mirabeau, der Erfinder des Begriffs, sprach, wie man sich erinnert, von der »Barbarei unserer Zivilisationen«, er sprach auch von »falscher Zivilisation«. Schon im Augenblick seiner Entstehung besitzt der Begriff eine zumindest doppelte Bedeutung, und er ist in der einen oder der anderen Bedeutung mit kritischer Tätigkeit verbunden.

Wenn sie als Wert anerkannt wird, bildet die Zivilisation eine politisch-moralische Norm; sie ist das Kriterium, das die Nicht-Zivilisation, die Barbarei zu beschreiben und zu verdammen erlaubt. Im Gegenzug ist das Wort »Zivilisation«, sofern es die gegenwärtige Organisation der Industriegesellschaften bezeichnet, nur noch ein synthetischer Ausdruck für eine kollektive Tatsache, die man beurteilt, indem man andere Kriterien anwendet. Dieses Mal ist das Wort »Zivilisation« nicht das begriffliche Werkzeug des kritischen Denkens, sondern unterliegt selbst der Kritik. Es genügt für eine Zivilisation nicht mehr, eine Zivilisation zu sein, sie muß eine *wahre* Zivilisation sein – ein Kriterium von wahr und falsch ist jetzt gefordert. Dieses Kriterium muß notwendig in einem anderen Kontext gewählt werden. Wir haben gesehen, daß der Marquis de Mirabeau in einer Schrift, die die Jesuiten von Trévoux zitieren, die Religion zu einer notwendigen Bedingung der Zivilisation erhebt. Doch derselbe Mirabeau gebrauchte, ohne sich sonderlich um die Logik zu kümmern, das *normative* Paar »Zivilisation–Barbarei« als Kriterium für die Zivilisation, insofern sie eine *Tatsache* bezeichnet – das Argument wird zirkulär. Unsere Zivilisation ist verdam-

61 »Ruins and Poetry«, in: *The New York Review of Books*, Bd. XXX, Nr. 4, 17. März 1983, S. 21.

menswert, weil sie »barbarisch«, d. h. weil sie nicht *die* Zivilisation ist.

Die Spaltung des Wortes »Zivilisation« in eine Bedeutung ›de jure‹ und in eine Bedeutung ›de facto‹, die es dem »edlen Gewissen« erlaubt, die erste gegen die zweite anzurufen, fällt unter die Analyse, die Hegel in der *Phänomenologie des Geistes* der Bildung und der Philosophie der Aufklärung widmet.[62] Hegels Schlußfolgerung ist bekannt – es ist die *wirkliche* Zivilisation mit all dem, was an ihr dem moralischen Gewissen (der abstrakten Moralität, zu deren Anwalt sich der ›Philosoph‹ in *Rameaus Neffe* macht) »barbarisch« erscheint, welche die *Wahrheit* des Momentes ausmacht.

Der geschichtliche Augenblick, in dem das Wort Zivilisation erscheint, bezeichnet die Eröffnung einer Selbstreflexion, die Erscheinung eines Bewußtseins, das zu wissen glaubt, worin seine eigene Tätigkeit besteht, wie sich die kollektive Wirklichkeit entwickelt und wie sie reguliert werden muß. Diese Selbstreflexion verzehrt sich nicht in ihr selbst. Sobald sie sich reflexiv wahrnimmt, erkennt sich die abendländische Zivilisation als eine Zivilisation unter anderen. Ihrer selbst bewußt geworden, entdeckt *die* Zivilisation sogleich die *Zivilisationen*. Die Kritik beschränkt sich nicht mehr wie früher darauf, unsere Zeit (*nostra tempora*) mit den alten Zeiten (*pristina tempora*) zu vergleichen; sie schreibt den menschlichen Gemeinschaften eine geschichtliche Aufgabe zu, wobei sie sich das Recht vorbehält, zu untersuchen, zu billigen, zu verwerfen oder nach den Forderungen der aufgeklärten Vernunft Gleichheit herzustellen. Vermöge des kritischen Denkens behält fortan nichts von dem, was die Tradition auferlegt, einzig durch das Alter verpflichtenden Charakter. Das kritische Denken entscheidet darüber nach

62 Hegel, *Phänomenologie des Geistes*, VI, B (Der sich entfremdete Geist, die Bildung), I und II. Zu den Begriffen Bildung und Bildungsroman vgl. den Artikel von Antoine Berman in: *Le Temps de la Réflexion*, IV, Paris 1983, S. 141.

seinen eigenen Kriterien. Man muß ohne paradoxe Übertreibung sagen, daß das Auftreten des Wortes *civilisation* (in einer späten Epoche dessen, was wir immer noch abendländische Zivilisation nennen) nicht die konstitutive Ordnung der zivilisierten Gesellschaft befestigt, sondern den Beginn ihrer *Krise* markiert. Der Zerfall der institutionellen Aura der theologischen Deutung, die nicht mehr länger als »konkret und absolut« gilt (Eric Weil)[63], wirkt auf viele Geister als Aufforderung, nach Ersatz-Absoluta zu fahnden. Und da bietet der Begriff der *Zivilisation* seine Dienste an. Aber da er zerbricht und sich sogleich in einen (abwesenden) Wert und in eine (schwer akzeptierbare) Tatsache aufspaltet, erweist er sich als ungeeignet, die bisher vom theologischen Absoluten beanspruchte Funktion zu erfüllen. Sollte der Begriff der Zivilisation am Abend dieser Zivilisation den Tod dessen ankündigen, was er benennt? Ich antworte darauf mit der Behauptung des Gegenteils. Wenn die kritische Vernunft anzuerkennen vermag, daß sie selbst das Erzeugnis der Zivilisation ist, gegen die sie ihre Polemik richtet, wenn sie zuzugestehen bereit ist, daß die Zivilisation als Wert nur in der gegenwärtigen Sprache der Zivilisation als Tatsache formuliert werden kann, dann sieht man sich veranlaßt, ein neues begriffliches Modell zu erfinden, das der Alternative zwischen der Einstimmigkeit des Absoluten und dem kulturellen Relativismus entginge. Dieses Modell stiftete eine ergänzende Beziehung zwischen der kritischen Vernunft, der wirklichen und zugleich bedrohlichen und bedrohten Zivilisation und der als Wert stets erst zu verwirklichenden Zivilisation. Man kann sagen, daß dieses dreigliedrige Modell den schematischen Rahmen bildet, in den sich alle Debatten eintragen lassen, welche die Zivilisation seit der Epoche der Aufklärung hervorgerufen hat. Und man wird ebenso bestä-

63 Eric Weil, *Essais et conférences*, 2 Bde, Paris 1970, bes. Bd. 1, Kap. 12, »La science et la civilisation moderne, ou le sens de l'insensé«, S. 268–296.

tigen, daß es, sollte es anerkannt und übernommen werden, eben den Wert konstituiert, der eine Zivilisation ausmacht, die erst noch zu schaffen ist: eine Zivilisation, die in sich ihre eigene, permanente Krise erträgt, in sich die wache kritische Freiheit und die unabhängige Vernunft einschließt, welche die wirkliche Welt, in der sie gründen, *anerkennen würden*, d. h. die Zivilisation als feststehende Tatsache, der sie nur immer polemisch das Projekt einer Zivilisation entgegenstellen mögen, die der Forderung nach Universalität, welche die kritische Vernunft bei ihrer Arbeit erhebt, besser entspricht ... Ich ertappe mich dabei zu theoretisieren, gewiß nicht ohne Naivität, ausgehend von der Wortgeschichte. Aber das bietet Gelegenheit zu einer abschließenden Bemerkung, die uns wieder auf den lexikalischen Boden führt. Das Wort Zivilisation ist groß in der Versuchung mit Theorien. Ich befinde mich da in guter Gesellschaft. Sobald es in Umlauf ist, trägt dieses Wort verschiedene und widersprüchliche Bedeutungen, verlangt nähere Bestimmung durch Eigenschaftswörter (christliche, abendländische, technische, materielle, industrielle usw. Zivilisation). Nun ist es offensichtlich, daß dieser Ausdruck, trotz seiner Ungenauigkeit, das menschliche Milieu bezeichnet, worin wir uns bewegen und dessen Luft wir täglich atmen: *in eo movemur et sumus*. Wie sollte man nicht versucht sein, dort klarer zu sehen, indem man eine Theorie der Zivilisation entwürfe, die zugleich eine ganze Philosophie der Geschichte bestimmte?[64]

64 Unter den zahlreichen Theorien, die unsere Zeit formuliert hat, bezeugen einige die Bemühung um Kohärenz, die eine Diskussion anregt. Die bekanntesten sind: A. Toynbee, *Civilization on Trial*, Oxford 1948; N. Elias, *Über den Prozeß der Zivilisation*, 1936, ^{2}1969. Es ist hier nicht möglich, alle Sammelbände aufzuzählen, die diesem Thema gewidmet sind. Für die Etappen der Diskussionen nach 1945 seien genannt: *Civilisation*, Sonderheft der *Chemins du Monde*, Paris o. J. (1947); *La culture est-elle en péril*? Rencontres internationales de Genève, 1955; *Où va la civilisation*, Rencontres internationales de Genève, 1971; »Malaise dans la civilisation?«, in: *Le Débat*, Paris 1983, Nr. 23 und 24.

Das Theoretisieren ist gewiß eine Falle. An dessen Stelle kann man mit Gewinn eine Parabel setzen. In der »Geschichte des Kriegers und der Gefangenen« erzählt Jorge Luis Borges zwei Geschichten: die des barbarischen Kriegers Droctulft, der die Seinen verläßt, um die Stadt zu verteidigen, die sie belagern: Ravenna; und die der Engländerin, die in Südamerika von den Indios entführt wird und für immer die »wilden« Sitten ihrer Entführer annimmt.[65] Was Droctulft verführt und zum Überläufer werden läßt, ist die Ordnung, welche die Stadt an den Tag legt, ist die *Glätte* des Marmors, die Werte, die wir unter den Namen *urbanitas* und *politesse* aufgeführt haben:

> »Er kam aus den undurchdringlichen Urwäldern des Wildschweins und des Auerochsen. Er war hellhäutig, heiter, unschuldig, grausam, seinem Häuptling und seinem Stamme treu, aber nicht der Welt. Die Kriege führten ihn nach Ravenna, und dort sieht er etwas, das er nie gesehen oder doch nie in seiner Fülle gesehen hat. Er sieht das Licht des Tages, die Zypressen und den Marmor. Er sieht ein Ganzes, das ohne Unordnung vielfältig ist; er sieht eine Stadt, die aus Standbildern, Tempeln, Gärten, Häusern, Stufen, Krügen, Kapitälen, regelmäßigen und offenen Räumen sich zusammensetzt. [. . .] Vielleicht genügt es ihm, einen einzigen Bogen zu sehen, mit einer unverständlichen Inschrift in ewigen römischen Lettern. Plötzlich überfällt ihn diese Offenbarung und verwandelt ihn: die Stadt. Er weiß, daß er in ihren Mauern ein Hund oder ein Kind sein wird, und daß er sie nicht einmal verstehen wird, aber er weiß auch, daß sie mehr wert ist als seine Götter und der beschworene Glaube und alle Sumpflöcher Germaniens. Droctulft verläßt die Seinen und kämpft für Ravenna.«

65 Jorge Luis Borges, *Labyrinthe* (frz. v. R. Callois, Paris 1953, S. 67-79).

Borges stellt dieser Geschichte eine Erzählung seiner »englischen Großmutter« gegenüber. Diese hat gelegentlich eine andere Engländerin getroffen, welche die Indianer bei einem bewaffneten Überfall entführt hatten. Die entführte Frau wurde die Gattin eines Kaziken, »dem sie zwei Söhne gebar und der sehr tapfer war«:

»[...] Man schloß auf ein blutiges Leben: die Zelte aus Pferdeleder, die Dungfeuer, die Gelage mit angebranntem Fleisch oder rohen Kutteln, die heimlichen Märsche im Morgengrauen, der Sturm auf Gehöfte, das Heulen und Plündern, der Krieg, das Sammeln des sich tummelnden Viehs durch nackte Reiter, die Vielweiberei, die Pest und die Magie. In eine solche Barbarei war eine Engländerin zurückgefallen.«

Die beiden Personen überschreiten die Trennungslinie in entgegengesetzter Richtung, sie sind Überläufer, welche die Barbarei verlassen oder zu ihr zurückkehren. Borges' abschließender Kommentar ist überraschend:

»Dreizehnhundert Jahre und das Meer trennen das Schicksal der Gefangenen und dasjenige des Droctulft. Heute sind eines wie das andere außerhalb der Fassungskraft. Die Gestalt des Barbaren, der die Sache Ravennas zu der seinen macht, die Gestalt der Europäerin, die die Wildnis wählt, können als Gegensätze erscheinen. Und doch ergriff ein geheimer Schwung die beiden Wesen, ein Schwung, der tiefer liegt als die Vernunft, und alle beide gehorchten diesem Schwung, den sie nicht zu rechtfertigen gewußt hätten. Die Geschichten, die ich erzählt habe, sind vielleicht eine einzige Geschichte. Vorder- und Rückseite dieser Medaille sind für Gott einerlei.«

Der Eindruck dieser Zeilen ist verwirrend. Was als identisch behauptet wird, ist der nicht rationale Drang des Überschreitens, der Bewegung zum *anderen* hin. Zugleich erscheinen Barbarei und Zivilisation als identisch unter dem Blick Gottes. Das Innen und das Außen haben nicht aufgehört, jeweils im Verhältnis zum anderen zu *gelten*, aber in beiden Richtungen. Gewiß gibt es heute keine Barbaren, keine Wilden mehr vor den Mauern, im Urwald, der Steppe und der Pampa. Nicht zufällig sind diese beiden Schicksale als »unerreichbar« erklärt worden. Die spekulative Umkehrung von Barbarei und Zivilisation wird uns wie eine Geschichte aus der Vergangenheit erzählt, die im Gedächtnis des Schriftstellers und im Bewußtsein Gottes aufbewahrt ist. Heißt das, daß die Zivilisation gewonnen hat, daß die Medaille von nun an keine Kehrseite mehr hat? Nichts dergleichen. Die verwirrende Überraschung besteht darin, zu entdecken, daß die Übergänge von der Barbarei in die Zivilisation, von der Zivilisation in die Barbarei bei weitem nicht die den Historikern so teure lange Zeitdauer benötigen, sondern manchmal *mit einem Schritt* geschehen. Die hier erzählte Geschichte bezieht sich vorgeblich nur auf Menschen von einst, ihre Moral am Ende erstreckt sich jedenfalls weiter und könnte alle Menschen zu allen Zeiten einbegreifen. Borges ist zu zivilisiert und zu erfahren in der Kunst der Ellipse, um mehr darüber zu sagen. Er beschränkt sich darauf, an die Unsicherheit der Grenzen zu erinnern und daran, daß die Bekehrung ebenso leicht möglich ist wie der Absturz. Der Gegensatz von Zivilisation und Barbarei gleicht sich aus in einer fragenden Schwebehaltung. Das hat nicht zur Folge, die Zivilisation zu leugnen, wohl aber zu erkennen, daß sie von ihrer Kehrseite nicht zu trennen ist.

II
Über die Schmeichelei

Die klassische Lehre von der Höflichkeit, so wie sie an den italienischen Höfen des 16. und in den Pariser Salons des 17. Jahrhunderts ausgebildet wurde, nimmt grundsätzlich an, daß das wechselseitige Verhältnis, in welches die Menschen täglich einzutreten gezwungen sind, unter bestimmten Bedingungen nicht nur von der Gefahr der Gewalt gereinigt, sondern eine Quelle des Vergnügens werden kann. Durch Erziehung kommen die Regeln einer ganzen umfassenden *Kunst* (im wesentlichen der Sprache, die sich auf Gebärden, Sitten, Schmuck ausdehnt) in Zusammenhang mit der *Natur*, ohne diese jedoch zu ersticken oder zu verfälschen. Das derart »urban« und »fein« gewordene Natürliche ist mit der Höflichkeit vereinbar und enthält nicht mehr die Elemente von Aggressivität, die von der Vorstellung, die man sich von einem »bäurischen« (Gegenbegriff zu »urban«) oder »groben« (Gegenbegriff zu »fein«) Menschen macht, untrennbar sind. Das Vergnügen ist insbesondere möglich geworden durch die verabredete Unterdrückung, durch die auf *Vereinbarung* beruhende Ablehnung der Möglichkeit von Aggressivität, die auf allen menschlichen Beziehungen naturgemäß lastet – damit öffnet sich ein geschützter Raum, ein Raum des Spiels, ein umfriedetes Feld, wo nach gemeinsamer Einigung die Partner darauf verzichten, einander zu schaden und einander anzugreifen, sowohl im gewöhnlichen Umgang wie in dem, der die Liebe betrifft. Wenn es gestattet ist, hier eine anachronistische Ausdrucksweise zu gebrauchen, dann kann man sagen, daß die beherrschende Idee die einer Maximierung des Vergnügens ist – der Verlust, den der Liebestrieb unter der Wirkung der Verdrängung und der Sublimierung erleidet, wird gemäß der Theorie der Schicklichkeit durch die Erotisierung des täglichen Austauschs, des Gesprächs und des Briefwechsels ausgeglichen. Die Lehre der Schicklichkeit ästhetisiert den »Triebverzicht«. Während der Eros so zur Höflichkeit erzogen wird, erotisieren die höflichen Beziehungen sich insgesamt und werden zum Werkstoff einer sorgfältigen Gestaltung. Der ästhetische Wert, der sich mit »angenehmen Sitten« verbindet, wird der Person, ihrem »persönlichen Verdienst« zugerechnet: man bemerkt sogleich eine ziemlich starke narzißtische Komponente, in dem Maße, wie der Prozeß das Individuum *auszeichnet* und es für eine erlesene Gesellschaft bestimmt. Der Begriff der guten Gesellschaft (bonne société, bonne compagnie) und vor allem das extreme Bild, das die preziösen »Cercles« davon geben, lassen nach heutigem Sprachgebrauch einen regelrechten »Gruppen-Narzißmus« vermuten. Es ist gewiß kein Zufall, wenn zu diesem geschichtlichen Zeitpunkt und genau in dieser Gesellschaft die Männer sich durch ihren Putz feminisieren: langlockige Perücken, Bänder, Juwelen, Schuhe mit hohen Absätzen sind die auffälligsten Elemente. Es ist auch kein Zufall, wenn die literarische Gattung des Porträts und besonders des Selbstporträts in dieser Umgebung entsteht.

Vernunft, Urteil, Verdienst

Die Kunst der Schicklichkeit, erklärt der Chevalier de Méré, »ist eigentlich die des Menschen, weil sie darin besteht, auf menschliche und vernünftige Weise zu leben und miteinander umzugehen«.[1] Das erste Postulat ist mithin das einer vernünftigen Beziehung. Die Vorherrschaft wird der Tätigkeit der Urteilskraft zugeschrieben. La Bruyère bezeugt deutlich die Übertragung der Regeln, welche Descartes auf die Gegenstände des Denkens, auf die »Wahrheiten« anwenden

1 »De la vraie honnêteté«, in: *Œuvres complètes*, Paris 1930, Bd. 3, S. 72.

wollte, auf die Personen: »Die Regel Descartes', die verwehrt, daß man über die geringsten Wahrheiten entscheidet, ehe sie nicht klar und deutlich erkannt sind, ist so schön und so berechtigt, daß man sie auf das Urteil ausdehnen soll, das man über Personen fällt.«[2] Eine Beziehung soll sich herstellen zwischen dem Individuum, das danach strebt, günstig beurteilt zu werden, und einem Bewußtsein, das sich seinerseits rechtfertigt, die Macht des Urteilens auszuüben. Das Ideal der Schicklichkeit ist vollkommene Gegenseitigkeit: das Individuum, das sich bemerkbar macht, stellt sich in seinem *Verdienst* dar, während auf der anderen Seite die scharfsichtige »Urteilskraft« des angerufenen Zeugen dem Verdienst seine Schuldigkeit zu erweisen versteht. Nun ist dies eine durchaus umkehrbare Beziehung, in der derjenige, der sich dem Urteil aussetzt, fast augenblicklich seinerseits Richter wird: er anerkennt als ein Verdienst die Scharfsichtigkeit des Urteils, das man über ihn gefällt hat. Die Rollen vertauschen sich; es stellt sich eine Gleichheit her, wo jeder der Reihe nach urteilendes Subjekt und beurteiltes Objekt ist. Auch Méré, der professionell die Schicklichkeit lehrt, läßt die Bemühung seines Programms hoher Pädagogik abwechselnd der Kunst gelten, das Verdienst zu *erkennen*, und den Eigenschaften, die das Verdienst selbst *bilden*. Weil das Verdienst und das Urteil über das Verdienst eines wie das andere vernünftig sind, versprechen sie beide die vollständige Universalität: einerseits ist das Verdienst allgemein erkennbar durch die redliche Vernunft, andererseits versteht jede scharfsichtige Vernunft das Verdienst auszuzeichnen, unter welchem Gewand es sich auch zeigt: »Ein honnête Homme von gutem Blick unterliegt so wenig den Vorurteilen, daß ein Indianer von seltenem Verdienste, der an den Hof von Frankreich käme und zu sprechen verstünde, nicht den geringsten seiner Vorzüge bei ihm verlöre; denn sobald die Wahrheit sich zeigt, ist es für den

2 La Bruyère, *Les Caractères*, »Des jugements«, S. 42.

vernünftigen Geist ein Vergnügen, sie zu erkennen, und ohne Zögern.«[3]

Die grundlegende Struktur, die nach dem klassischen Gesetz eine Person mit einer anderen über den Akt des Urteilens verbindet, ist unter verschiedenen stilistischen Varianten erkennbar – diese Beziehung wird bald vom Gesichtspunkt dessen ausgedrückt, der seinen Scharfsinn beweist, bald vom Gesichtspunkt dessen, der den Gegenstand einer Empfindung bildet. Der eine blickt, der andere setzt sich aus. Der gute Richter ist der, der »von allem den Preis erkennt«, der »schätzt«, der »die guten Dinge billigt«; der honnête Homme weiß, wenn er sich zeigt, die »Wertschätzung zu verdienen«, »gelobt zu werden«. Das helle Licht des rationalen Urteils scheint mit dem Austausch in der Gesellschaft eng verknüpft zu sein. Alles kann zu seinem wahren Preis geschätzt werden; keine Gebärde, kein Wort äußern sich, die nicht bestimmt wären, nach einem festen Wertmaßstab ihre Anerkennung zu finden. In einer Beziehung dieser Art ist die desinteressierte Integrität bewahrt. Sobald ein Mensch »sich ausspricht« und sich verständlich machen kann, tritt das Urteil seiner Einschätzung dazwischen und errichtet ein Verhältnis der Übereinstimmung oder Unverträglichkeit, wobei die Personen weniger zählen als die Anzeichen, die sie austauschen.

Aber es ist unmöglich, sich darauf zu verlassen. Ändert sich nicht alles, wenn das Urteil moralischer Würdigung sich ästhetisch färbt und wenn man von Ausdrücken wie »die Wertschätzung verdienen« zu denen übergeht, die ein Zeichen der Zuneigung in die Beziehung des honnête Homme und des Zeugen, vor dem er ihn vergleicht, einführt: »gefallen«, »angenehm sein«? Offensichtlich orientiert das ästhetische Urteil die Wertschätzung auf einen anderen Bereich der Wirklichkeit: nicht mehr auf die »guten Eigenschaften«, sondern auf die »schönen Umgangsformen«. Diese Verlage-

3 Méré, l.c., S. 73.

rung, die durch ihre antiken Vorläufer autorisiert ist (καλοκἀγαθία), bleibt nicht dort stehen; es handelt sich um Personen, und wer zu »gefallen« weiß, macht sich auch »liebenswürdig«. Der Bezug ist nicht mehr allein das Urteil (und wäre es ein gemischtes über die »Tugenden« einer Person, verbunden mit den »angenehmen Zügen«, durch die sie gefällt), er verdoppelt sich in einer verschwiegenen Handlung: dem Akt der Aufforderung und des Empfangs, handle es sich nun um den Empfang in der Gruppe oder beim zärtlichen Stelldichein. Die nun gebrauchten Ausdrücke sind: »wohl aufgenommen werden«, »überall erwünscht sein«, und dem entspricht auf der Seite des urteilenden Bewußtseins: »liebenswürdig aufnehmen«, »vorziehen«, »ihm wohlwollen«, »ihn suchen« und schließlich »lieben«, womit sich offen bekundet, was der Anstand nur halb äußert. So verringert sich die objektivierende Distanz, die das Werturteil für seine Tätigkeit braucht, eine Distanz, die so lange gewahrt wurde, als kein affektives Interesse dazwischentrat. In der Theorie zumindest ist die scharfsichtige Wertschätzung des Verdienstes gewiß keineswegs vergessen in dem Augenblick, da der Geschmack sich »erklärt«, denn sie hält die Beziehung des Angenehmen und des Empfangs unter ihrer Kontrolle. Es handelt sich darum, die vernünftige Anerkennung des »Verdienstes«, den ästhetischen »Geschmack« für die »schönen Eigenschaften« und die Bewilligung des »Vorziehens« eines »liebenswürdigen« Wesens verbunden zu halten. So übereinandergelagert, bewahren die verschiedenen Register ihre Autonomie kaum, und man wird unschwer erkennen, daß sich von Anfang an, d. h. von dem »interesselosen« Verfahren des Werturteils an, ein affektives Element hineinverwickelt fand. Die Entscheidung zu urteilen und beurteilt zu werden, enthält in sich alle Möglichkeiten des Verlangens. Tugendhafte Eigenschaften anzuerkennen ist ohne Zweifel ein rein moralisches Urteil, aber es unter den Formen des Lobes und der Erklärung der Wertschätzung wissen zu lassen, ist schon nach unserem Sprachgebrauch eine »Vergütung« und für den, der deren Objekt ist, eine »narzißtische Gratifikation«.

Was ist nun mit dem Gleichgewicht, mit der vollkommenen Gegenseitigkeit und mit der Umkehrbarkeit der Rollen, die uns die rationale Sicherheit des Werturteils zu garantieren schienen? Wir haben es nicht mehr mit einer rein intellektuellen Handlung zu tun, die auf die Forderung der Allgemeinheit der Vernunft gegründet ist. Das Element des Verlangens, so »fein« und sublimiert es sein mag, wird die Ausübung der Urteilskraft stören durch einen Einsatz anderer Art: das Vergnügen.

Der Charakter dieses Vergnügens betont, wie mir scheint, die mangelnde Symmetrie der Rollen. »Wohl aufgenommen werden« bezieht sich einzig auf das Individuum; »liebenswürdig aufnehmen«, »vorziehen«, »suchen« können sich gewiß auf eine Person beziehen, aber doch häufiger auf einen »Cercle«, eine »erlesene Gesellschaft«. Das Individuum in der Rolle des Bittstellers erwartet, »aufgenommen«, zugelassen zu werden . . . Das Vergnügen ist, wie man errät, weniger unmittelbar mit den Personen selbst verbunden, durch welche der Bittsteller aufgenommen wird, als vielmehr mit dem Aufsehen, das ihre Worte erregen, mit der Anerkennung, deren Gegenstand er ist, mit der Wertschätzung, die er von nun an das Recht hat, sich selbst gegenüber zu empfinden: es ist das Vergnügen, »ausgezeichnet« zu sein, als würdig beurteilt zu werden, dem »Cercle« anzugehören. Im Gegenzug besteht das Vergnügen derer, die »aufnehmen«, »suchen« und »vorziehen«, zunächst in der Ausübung einer Wahl, in dem Gefühl, befähigt zu sein, die Zulassung zu verweigern, und schließlich im Rekurs auf die Kriterien der Ähnlichkeit, die den Bittsteller mit seinem ganzen Wesen und Verhalten verpflichten, das ideale Bild zu bestätigen, das sich die Mitglieder dieses Zirkels von sich selber machen – sie lassen nur den zu, der ihnen gleicht und der, durch seine Verdienste und Annehmlichkeiten, ihnen den Widerschein ihres eigenen

Wertes darbietet. Die Gesellschaft definiert sich als »erlesen« durch eben die Handlung, durch die sie kooptiert. Das Vergnügen beruht wiederum weniger in einer »wirklichen« Verbindung mit einer Person (in einer »Objektbeziehung«) als im freien Spiel, das sich wohlgefällig spiegelt. Das Modell legt sich exemplarisch in den Akademien fest gemäß einem Ritual, das die Beziehungen des Kandidaten und der Gesellschaft regelt.

Der »Verkehr«, der sich so herausbildet, ist der von gleich zu gleich; der Unterschied ist auf den Punkt reduziert, nicht mehr Konflikte, sondern Komplizität zu erzeugen. Das erfordert den Ausschluß nicht allein der Personen »von schlechter Gesellschaft«, sondern einer gewissen Anzahl von Themen der Unterhaltung (man spricht nicht von Geld, nicht von seiner Frau usw.), von »zweideutigen« Wörtern, von »niedrigen« Ausdrücken usw. Derart verfügt man über ein Prinzip der Auswahl, das sich auf die »Regel« und die »Lebensart« stützt. Die Personen werden vorgezogen gemäß dem »eleganten«, »feinen« Gebrauch, den sie von der Sprache machen; die Wahl ihrer Worte empfiehlt sie der Aufmerksamkeit der »besseren Gesellschaft«. Das »reine«, »ausgefeilte« Sprechen gilt als Anzeichen der Tugenden der Person.[4]

Die so *markierte* Sprache verliert nichts von ihrer Referenzfunktion, erfüllt aber die zusätzliche Funktion, ihre Sprecher zu qualifizieren, sie in einer Welt der Konventionen darzustellen, wo es darauf ankommt, nur das Beste von sich einzusetzen. Ein Schriftstück kann ihre Stelle vorteilhaft einneh-

4 Unter dem Blickwinkel einer linguistischen Analyse entspricht dieses Kriterium der Selektion dem, was die »Fachsprachen« konstituiert. Auf der sprachlichen Ebene entspricht diese Selektion derjenigen, die auf der moralischen Ebene »erlaubte« Leidenschaften anerkennt und »schändliche« tadelt. Bei den Individuen garantiert die Respektierung des verbalen Codes und seiner ästhetischen Übereinkünfte die Zugehörigkeit zu einer Elite. Aber das ist eine brüchige, dem Verdacht ausgesetzte Garantie, die stets unter der Beweislast steht.

men. So läßt der Brief sich als delegierte Gegenwart und als Gegenstand des Gefallens begreifen – was der Briefschreiber alsbald erfährt: sein Brief bewirkt, daß man von ihm spricht.

Dabei offenbaren die Rollen (dessen, der sich dem Urteil aussetzt, derer, die das Vorrecht zu urteilen besitzen) ihren ganzen theatralischen Aspekt. Wenn man sich hinter ein Schriftstück zurückziehen kann, warum sollte man sich nicht hinter das gesprochene Wort zurückziehen wie ein Schauspieler, der seinen Part mit Vollkommenheit spielt? Zitieren wir noch einmal Méré: »Es ist ein höchst seltenes Talent, ein guter Schauspieler im Leben zu sein, man braucht viel Geist und Genauigkeit, um es darin zur Vollkommenheit zu bringen [...]: stets das Richtige im Agieren und in der Stimmlage zu tun, und es so genau zu leisten, daß es den gewünschten Effekt erzeugt, das scheint mir ein Meisterwerk [...]. Ich bin überzeugt, daß es bei vielen Gelegenheiten nicht unnütz ist, das, was man tut, als Komödie anzusehen und sich vorzustellen, daß man eine Theaterfigur spiele. Dieser Gedanke verhindert, daß man etwas zu sehr zu Herzen nimmt, und verleiht dann eine Freiheit der Sprache und Handlung, die man nicht besitzt, wenn man von Furcht und Unruhe verwirrt ist.«[5] Wir bemerken wiederum die Sorge, jede direkte Konfrontation zu unterbinden, nichts »zu sehr zu Herzen zu nehmen«, die »Furcht« und die »Unruhe« zu vermeiden: lauter Verteidigungsmaßnahmen gegen die Verletzungen, welche eine ernst genommene Wirklichkeit zufügen könnte. Das Ausweichmanöver entzieht den schönen Spieler dem Angriff. Unter der Fiktion, mit der er sich ziert, kann er sich unverwundbar und außerhalb der Gefahr fühlen.

5 Méré, *Œuvres complètes*, Bd. 3, Paris 1930, S. 157–158. Man hat oft die Parallele zu Gracián gezogen. Ein verwandter Geist findet sich bei Torquato Accetto, dem Theoretiker der »ehrlichen Täuschung«; vgl. T. Accetto, *Della dissimulazione onesta*, hg. v. S. Nigro mit einem Vorwort von Giorgio Manganelli, Genua 1983.

Diesen Schutzmechanismus hatten schon die Stoiker empfohlen als Kunst, unter den Schlägen des Schicksals »eine gute Figur zu machen«; es handelte sich darum, die eigene Rolle so, wie die Vorsehung sie zugeteilt hatte, zu spielen und sich, indem man sie annimmt, dem unverdienten Unglück überlegen zu erweisen. Das Unglück wurde nicht vermieden, ganz im Gegenteil, man akzeptierte es und forderte es fast heraus, da es ja die Heldenrolle der Indifferenz gegenüber dem Unglück, der Beständigkeit des Weisen, erst möglich machte. Was in dem von Méré empfohlenen Verhalten vorzuwiegen scheint, ist der Rückzug in eine Einbildung von sich selbst, die ästhetische Flucht in ein Ersatzbild, das mit einem Maß zusätzlicher Freiheit ausgestattet ist: ein Ausweichmanöver, das die Härten der Wirklichkeit durch die Erzeugung einer minder gefährlichen oder besser beherrschten Pseudo-Realität aufzuheben sucht. Der Rat, »guter Schauspieler« zu sein, heißt zu einer Zeit, in der das Theater sich wesentlich durch seine Macht der Illusion definiert, den entschiedenen Rückgriff auf die Täuschung zu empfehlen.

Wir sind damit weit entfernt von der Situation des Werturteils, das einerseits den Scharfblick des Richters voraussetzte, andererseits die Echtheit des Verdienstes. Zweifellos war das Verdienst von Anbeginn das Produkt einer bewußten Pädagogik. Aber es vermischte sich mit der »Wahrheit« des Individuums, es war keine großtuerische Anstrengung oder defensive Heuchelei. Es stellte sich ehrlich dem Urteil, und das Urteil konnte sich seinerseits durchaus auf den Augenschein verlassen, ohne die Lüge des Äußeren argwöhnen zu müssen.

Nun wird alles schwieriger, wenn die Vermeidung des Mißfallens (die von Beginn an da war) ihre Folgen entfaltet und die Parade im Spiel anstiftet. Nichts hindert den Scharfblick, ungeschmälert zu bleiben. Durch schweigende Übereinkunft gibt man vor, die gefällige Erscheinung zu akzeptieren, ohne sich durch sie täuschen zu lassen. Wird der heimliche Vorbehalt der Fiktion geteilt, schließt er die Gefahr des Betruges aus: jedermann ist eingeweiht, und niemand wird betrogen.[6] Dem täuschenden Bild antwortet ein täuschendes Bild, in der gemeinsamen Überzeugung, daß nichts »zu sehr zu Herzen« genommen werden soll, wenn man die Möglichkeit des »angenehmen Verkehrs« bewahren will. Und wenn im entsprechenden Fall das zu strenge Werturteil kein sicheres Objekt mehr findet, über das es gefällt werden kann, dann ist das der Anlaß zu einer weiteren Entspannung – damit verschwindet die moralische Verantwortung, in Wahrheit anzuerkennen, was die Personen wert sind: auf der Bühne bleibt allein das ästhetische Urteil, das sich auf das »Aussehen«, die »Umgangsformen« richtet und das Gefallen zu Protokoll nimmt, das durch den Anschein hervorgerufen wird, sowie die wohlgefällige Zustimmung gegenzeichnet, die ein jeder seinem eigenen fiktiven Bild zollt. Die wechselseitige Beziehung, die zunächst auf die intellektuelle Handlung der Anerkennung »wirklicher« Eigenschaften gegründet zu sein schien, wird zu einer Transaktion, bei der die fiktiven Vollkommenheiten sich gegenseitig begünstigen, um für jeden ein gleiches Niveau narzißtischer Befriedigung zu gewährleisten.

Wer hier seine volle Wachsamkeit wahren möchte, der verläßt das Spiel, um es als »Moralist« zu verdammen; er wird auf der einen wie auf der anderen Seite eine skandalöse Verblendung anzeigen. Er wird die Frevel der Eitelkeit und der Eigenliebe anklagen. Der Begriff der *Eigenliebe* nimmt in der klassischen Anthropologie einen großen Teil des semantischen Feldes ein, das wir in der halb mythologischen, halb wissenschaftlichen Sprache der Psychoanalyse dem »Narzißmus« zuschreiben: die »Verletzung der Eigenliebe« in der

6 Es entsteht ein Gleichgewicht durch die Annahme des gemeinsamen metaphorischen Codes und durch das Suchen eines Abstandes gleichen Grades in Beziehung auf die Buchstäblichkeit.

klassischen Sprache ist, anders bezeichnet, die »narzißtische Verletzung«. In diesem Fall nimmt die Sprache der Psychoanalyse bei dem gleichen Bild einer zugefügten Verwundung, indem sie an den Mythos des Narcissus appelliert, den Umweg des Klassizismus, um sich das Ansehen einer Wissenschaft zu verleihen.

Vor dem Blick des Moralisten ist die Eigenliebe eine Macht der Täuschung: ihre Wurzeln liegen in der Sünde, d. h. im Werk des Bösen, welcher der große Täuscher ist. Aber die Eigenliebe selbst ist keine Täuschung; sie ist die verborgene »Wirklichkeit«, die den Überfluß der Täuschungen hervorbringt und davon zehrt. Die »Eigenliebe« zu benennen heißt, der Täuschung einen *Ursprung* zu geben, eine Quelle, und gleichzeitig ein *Ziel*. Denn die Täuschungen entstehen *durch* die Eigenliebe und *für* die Eigenliebe.

Keiner hat besser als La Rochefoucauld den Aspekt des *Kompromisses* in der Beziehung von Person zu Person ins Licht gerückt, sobald die Eigenliebe sie beherrscht. »Gewöhnlich lobt man, um gelobt zu werden« (Maxime 146); »Lob abzuwehren ist der Wunsch, noch einmal gelobt zu werden« (Maxime 149); »Was man auch Gutes von uns sagen mag, man lehrt uns nichts Neues« (Maxime 303). Der Austausch des Lobes bestätigt schließlich jeden in seiner eigenen Selbstüberschätzung. Gibst du mir, so geb' ich dir – das ist im Grunde die Spielregel, wobei das, was gegeben wird, völlig unentgeltlich und zugleich das Kostbarste ist – das »Lob«, die verschönerte Objektivierung des Bildes des anderen in der Rede, die man an ihn richtet, die »narzißtische Gratifikation«. Nun hätte die Lobesrede nicht diese Macht, wenn sie nicht die trügerische Rede der Eigenliebe in einem jeden von uns verstärkte. »Die Eigenliebe ist der größte aller Schmeichler« (Maxime 2) – dieser grundlegende Satz steht abgesondert in allen Ausgaben der *Maximen* auf dem zweiten Platz. Die Eigenliebe billigt sich in unserem Innern ein erstes Rederecht zu.[7] Alle Worte der anderen erreichen uns nur durch die Verstärkung dieser inneren Rede. La Rochefoucauld hält die innere Schmeichelei für das Prinzip allen Vergnügens: »Man hätte wenig Vergnügen, wenn man sich niemals schmeichelte« (Maxime 123). Und hier, in diesem Vergnügen, zeigt der Moralist auf die einschneidendste Weise die Ursache eines Schadens an: der Kompromiß, den wir bisher (im Austausch lobreicher Komplimente) als genau ausgeglichen ansahen, bewirkt einen Verlust; er ist uns abträglich: »Schmeichelten wir uns nicht selber, so könnte die Schmeichelei der anderen uns nicht schaden« (Maxime 152). »Schmeichelei ist Falschgeld, das nur durch unsere Eitelkeit Kurswert gewinnt« (Maxime 158). Die Falschmünzerei, deren Gide sich erinnern wird, arbeitet im tiefsten Winkel unseres Lasters. Wie sonst würden wir so bereitwillig einen Handel dulden, der immer zu unserem Nachteil betrieben wird? Jetzt bleibt nichts mehr von der vollkommenen Symmetrie und ehrlichen Umkehrbarkeit, die im gegenseitigen Werturteil herrschte, und auch nichts mehr von der wechselseitigen Bestätigung des Verdienstes.

7 Das Thema wird von den Predigern aufgenommen: »Sprechen wir nicht mehr von den Schmeichlern, die uns draußen umzingeln, sprechen wir von einem Schmeichler, der in uns ist und durch den alle anderen ermächtigt werden. Alle unsere Leidenschaften sind Schmeichlerinnen, unsere Vergnügen schmeicheln uns: Vor allem unsere Eigenliebe ist eine große Schmeichlerin, die uns unablässig von innen Beifall zuruft; und solange wir diese Schmeichlerin hören, hören wir auch alle anderen. Denn die Schmeichler von außen, käufliche und prostituierte Seelen, kennen wohl die Kraft dieser inneren Schmeichelei. Deshalb schließen sie einen Vertrag mit ihr, handeln abgekartet und im Einverständnis. Sie schleichen sich so geschickt in den Verkehr unserer Leidenschaften ein, in diese geheime Intrige unseres Herzens und in die Selbstgefälligkeit unserer Eigenliebe, daß sie uns mit allem, was sie sagen, übereinstimmen lassen.« (Bossuet, *Sur la charité fraternelle*)

Das Wort *schmeicheln* bezeichnet, sobald es auftritt, einen Typus des Austauschs, wobei das, was man gibt, und das, was man empfängt, nicht mehr von gleicher Art sind. Nicht mehr: Wertschätzung gegen Wertschätzung, Lob gegen Lob, Metapher gegen Metapher, Bild gegen Bild und Illusion gegen Illusion. Sondern: *Worte* gegen *Gunst*. Das Gleichgewicht in der allgemeinen narzißtischen Trunkenheit zu bewahren, konnte die Utopie der aristokratischen Salons sein, wo, durch die Zulassungsregeln gesteuert, jeder eine deutlich analoge »Stellung« einnahm, und wo andererseits gemäß einer übrigens schwer aufrechtzuerhaltenden Fiktion die fleischliche Übereinstimmung ewig aufgeschoben wurde und die Liebe der fabelhaften Transfiguration der »Maîtresse« und des »Liebhabers« geweiht war, welche einzig kraft des Blickes und der Rede vereint waren. In der Tat ist die Fiktion vom Ruin bedroht, sobald der Unterschied von Rang und Vermögen oder der wirkliche Geschlechtsunterschied dazwischentritt.[8] Wenn die Gewährung der Gunst oder der Vergünstigungen einzig durch die Kunst, gut zu reden, erbeten wird, dann stellt sich Asymmetrie ein, die Gleichheit verschwindet und das Gesetz des »Interesses« rückt an die Stelle des Gefallens oder ergänzt es.

Da gewinnt die Schmeichelei ihre ganze Bedeutung. Die-

8 Das doppelte Betätigungsfeld der Schmeichelei im Bereich des Politischen und des Erotischen findet seine Bestätigung in der doppelten Bedeutung von »den Hof machen«, »huldigen«. An Belegen mangelt es nicht: »Zwei Arten von Menschen werden umschmeichelt, d. h. es fehlt ihnen nie an Leuten, die mit dieser Ware kommen, und sie lassen sich auch damit leicht gewinnen: nämlich die Fürsten, bei denen die Bösewichter dadurch Ansehen erlangen, und die Frauen, denn nichts ist so geeignet und gewöhnlich, um die Keuschheit der Frauen zu verderben, wie sie mit ihrem Lob zu weiden und zu unterhalten.« (Pierre Charron, *De la sagesse*, Buch 3, Kap. 10) Den Austausch deutet das Wort »Ware« an.

ser Begriff hat seinen Ort da, wo im klassischen Diskurs die Psychologie der Eigenliebe und die Kritik der Verteilerwege von Macht und Reichtum einander begegnen. Die Schmeichelei ist, wie man sieht, ein Begriff mit doppelter Funktion, der gewisse Aspekte des gesellschaftlichen Lebens psychologisch zu deuten erlaubt, aber auch unter gesellschaftlichem Blickwinkel Aspekte des Seelenlebens zu bezeichnen ermöglicht. Die Schmeichelei definiert einen Typus der Rede und gleichzeitig eine Weise der Zirkulation des Reichtums. Sie hat ihr Betätigungsfeld im allgemeinen dort, wo ein Mächtiger, ein Reicher oder ein Höhergestellter »hofhält« und die Schmarotzer oder Klienten empfängt.

Gewiß haben auch hier noch die antiken Vorbilder ihre Bedeutung. »Das Übermaß [des Gefälligen] ohne eigennützige Absicht heißt Gefallsucht und mit der Hoffnung auf Gewinn Schmeichelei«, liest man bei Aristoteles.[9] Das Paar aus Reichem und Schmarotzer profiliert sich; und um den antiken Schmeichler am Werk zu sehen, braucht man nur die *Charaktere* des Theophrast aufzuschlagen (die französischen Leser tun es in der Übersetzung von La Bruyère): »Die Schmeichelei ist ein schändlicher Handel, der nur dem Schmeichler nützt. Wenn ein Schmeichler mit jemandem auf dem Platze spazierengeht, sagt er ihm: ›Seht doch, wie alle Welt auf euch schaut? Das geschieht nur euch allein. Gestern sprach man viel von euch, und euer Lob wollte nicht versiegen.‹« Um mit der Physiognomie der Person und ihres Ansehens zu beginnen, so erstreckt die Schmeichelei sich auf alles: Haartracht, Rede, Kinder, Küche und Keller, Haus und Bilder. Nichts an der Person und den Besitztümern des »Herrn« entgeht dem Lobe. Der Text des Theophrast läßt in seiner präzisen Einfachheit nichts aus von dem, was im Individuum eine »narzißtische Bestätigung« erwartet. Ist es nicht bezeichnend, daß der Schmeichler damit beginnt, dem »Herrn« zu

9 *Nikomachische Ethik*, II, VII 13.

versichern, daß er von allen *gesehen* und beachtet werde; daß alle von ihm *sprechen*, um Gutes von ihm zu sagen. Damit ist der Herr nicht nur der persönlichen Meinung des Gefälligen, sondern auch des allgemeinen Urteils über ihn versichert; er ergreift Besitz von einem persönlichen »Wesen«. Da er sich dem Werk der Schmeichelei unterzieht, stimmt er zu, sich in Worten bezahlen zu lassen, und nichts hält ihn zurück auf dem Wege der blindesten Überschätzung. Theophrasts Text, der nichts über die Antwort des Geschmeichelten sagt, begnügt sich damit, den leichten Fortschritt der Schmeichelrede zu zeigen und ihren Erfolg indirekt zu verstehen zu geben: der Geschmeichelte glaubt sich jünger, schöner und mächtiger, als er es ist. Und für das, was er in einem Spiel der Täuschung gewonnen hat, ist er bereit, den Gegenwert in der berechenbaren Währung der Güter und materiellen Vergnügungen zu erlegen, über die er verfügt: der Schmeichler wird Tischgenosse. Unter den ökonomischen Bedingungen der antiken Stadt geschieht der Handel in Nahrungsmitteln. Der Schmeichler ist ein Mund: erst zum Reden, dann zum Essen. Der Erfolg des Schmarotzers beim Reichen wird zu einem der klassischen Themen in der Kritik des Reichtums. Daß der Reiche sich so leicht betrügen läßt, rührt daher, daß der Reichtum kein Glück bringt, weil das Geld nur ein Mittel ist, sich das trügerischste aller Güter zu verschaffen: die Meinung der anderen und dadurch die trügerische Meinung, die man sich von sich selbst bildet. Mit allen Schätzen, die er besitzt, ist der Reiche noch nicht zufrieden, solange er sich nicht vorbehaltlos im Wohlgefallen an seiner eigenen Person ergehen kann. Den Widerstand zu beheben, den ihm der nicht beherrschte Teil der physischen Natur (die Zufälligkeit des Körpers) oder der gesellschaftlichen Natur (das Urteil der anderen) entgegensetzt, bietet sich ihm der Schmeichler mit seinen scheinhaften Reden an. Der Reiche geht seinem eigenen überspannten Bilde auf den Leim, während der von weiter unten gekommene Schmeichler sich mit der unverfälschten

Wirklichkeit des Schmauses begnügen kann. Wenn die Schmeichler sich in seinem Hause drängen, wird der Reiche ausgeplündert. Der *Timon* von Lukian und der von Shakespeare sind dessen aufs höchste gesteigerter Ausdruck. Nachdem die Üppigkeit durch das sie begleitende Ungenügen die Beute der Illusionen wurde, zerrinnt sie schließlich selber wie eine Illusion.

Der moralische Diskurs der klassischen Tradition findet denselben, aber womöglich noch verschärften Bezug, wenn es sich nicht mehr um den reichen Privatmann handelt, sondern um den Tyrannen oder den Fürsten. Zwischen dem Schmeichler und dem Tyrannen ist der Einsatz zugleich höher und gefährlicher: dort geht es um die Macht selbst, und die Gunst bezeugt sich durch maßlose Reichtümer.[10] Die Schmeichelei gibt ihrer bevorzugten Redefigur, der Hyperbel (Übertreibung), freie Bahn. Sie vergöttlicht den Fürsten, sie gesteht ihm die Befriedigung aller seiner Begierden zu, und sie beseitigt alle Hindernisse, welche die Tugend ihnen entgegenzustellen versucht sein könnte. Mit einem Schlage liefert sie alle Gegner der Verfolgung des Fürsten aus: Schmeichler und Denunziant sind einer und derselbe. Der Sadismus Neros mit seinen narzißtischen und infantilen Zügen sieht sich dank der Schmeicheleien des Senats und der Freigelassenen nur noch einer Spielzeugwelt gegenüber. Wenn der Abstand zwischen der Niedrigkeit des Schmeichlers und dem vergöttlichten Fürsten zunächst maßlos erscheint, so wird er schließlich im Schauspiel der fortschreitenden »Bestialisierung« des Fürsten aufgehoben; die grenzenlose Sättigung – verführt von der Schmeichelrede – stellt den Triumph des Animalischen dar; weit davon entfernt, ohne Schranken

10 Das exemplarische Bild dieser Beziehung findet sich bei Tacitus. Vgl. A. de la Houssaye, *La Morale de Tacite: de la flatterie*, Paris 1686. Die griechische Tradition ist nicht weniger bedeutend. Bekanntlich enthält der *Gorgias* einen Vergleich der Rhetorik der Sophisten mit der Schmeichelei und der Kochkunst.

zu sein, erscheint die Macht des Fürsten mehr und mehr auf »schändliche« Befriedigungen begrenzt; am Ende läßt die Geschichte, wie Tacitus sie begreift, uns erkennen, daß dieser Gott das am wenigsten freie Wesen ist. Racine hat die Psychologie des Tacitus wunderbar übersetzt, wenn er, um die Entstehung eines »Monstrums« zu zeigen, Nero (gegen alle historische Wahrscheinlichkeit) den Reden des so hübsch benannten Narcissus aussetzt:

»De vos propres désirs perdrez-vous la mémoire,
Et serez-vous le seul que vous n'oserez croire?«[11]
[Der eigenen Begier gedächtet Ihr nicht mehr,
Und wär't der einzige, der's nicht zu glauben wagte?]

In einer anderen Sprache wird die Animalisierung des Geschmeichelten – gemäß dem Wortschatz der List und der Gefangennahme – in den Versen von La Fontaine gänzlich evident:

»Bereite Königen Vergnügen
durch Träume, Schmeichelei'n, durch angenehme Lügen.
Wie zornig sie auch sind: der Köder ist zu fein,
sie beißen sicher an; stets wirst ihr Freund du sein.«[12]

Mit dem Wort »Köder« erscheint wieder das Thema der Nahrung, freilich um metaphorisch das zu charakterisieren, wovon sich die Illusion der wohlgeschmeichelten Könige »nährt«: mit dem Ausdruck »appétit« übersetzt La Fontaine den unwiderstehlichen Drang des Fürsten, den ihn vergöttlichenden Reden Glauben zu schenken. Im *Leichenbegängnis der Löwin*, dessen letzte vier Verse wir zitiert haben, gibt der

11 *Britannicus*, Akt IV, Szene IV. Vgl. La Bruyère, *Caractères*, »Du souverain«, 28. Die gleichen Maximen äußert Mathan in: *Athalie*, III, III.
12 *Fables*, VIII, XIV (übers. E. Dohm, Würzburg o. J.).

schmeichlerische Hirsch vor, die auferstandene Löwin »bei den Göttern« weilend gesehen zu haben.

Ein kurzer Blick in die etymologischen Kulissen läßt uns die Animalität bald im Verhalten des Schmeichlers, bald in der Natur dessen, der sich der Schmeichelei darbietet, erkennen.

Wie verhält es sich mit den von der lateinischen Sprache geläufig gebrauchten Ausdrücken? Und vor allem mit *adulari*? »Das Wort scheint ursprünglich eine konkrete Bedeutung gehabt zu haben, wie das griechische σαίνω, und von Tieren gesagt worden zu sein, besonders von Hunden, die sich schwanzwedelnd nähern (*ad*-), um ihrem Herrn ihre Freude zu bezeugen oder ihm zu schmeicheln.«[13]

Das Wort *flatter* läßt eine falsche Etymologie, die es vielleicht manchem akzeptabler gemacht hat, »von dem sanften und fließenden Laut *fl* entstehen, der besonders zur Bezeichnung von angenehmen und durch ihre Sanftheit bemerkenswerten Gegenständen verwendet wird, und vor allem für den Hauch. Daher das lateinische *flo*, *flare*, *flatum* [. . .]. Es heißt eigentlich, Dinge in die Ohren blasen, welche die Eitelkeit aufblähen, und Lob, das die Eigenliebe erregt.«[14] Heute nähern die Etymologen *flatter* nicht mehr der Sanftheit des Hauches an, nein, sondern dem fränkischen *flat*, flach. (*Flatter* hat also den gleichen Ursprung wie *se flâtrer*, sich legen und sich ducken, ein Ausdruck der Jägersprache, und *flétrir*, brandmarken.) Die erste und eigentliche Bedeutung von *flatter* ist »mit der flachen Hand streicheln«, »mit der flachen Hand gleiten«.[15] Das Wort bezeichnet ursprünglich die streichelnde

13 A. Ernout und A. Meillet, *Dictionnaire etymologique de la langue latine*, Paris 1939, S. 15.

14 Guizot, *Dictionnaire universel des synonymes*, Paris o. J., S. 138.

15 O. Bloch und W. v. Wartburg, *Dictionnaire etymologique de la langue française*, Paris 1968, S. 265, und W. v. Wartburg, *Französisches etymologisches Wörterbuch*, Bd. XVII, II, S. 139–141.

Berührung eines Körpers, das leichte Reiben mit der Hand (die vollständige tierische Version fand sich in dieser Formel des gegenseitigen Lobes ausgedrückt: asinus asinum fricat, der Esel streichelt den Esel). Schmeichler wird also derjenige, der die Fähigkeit der Hand, einen Körper zu entdecken, ihn sich selbst als angenehm zu offenbaren, auf die Macht der Rede überträgt. Die Schmeichelei hebt aber, wenn sie von der Buchstäblichkeit der unmittelbaren Handlung am Körper sich zur übertragenen Bedeutung bewegt, das Gefallen auf die Ebene des *Bildes*, das die Rede ihrem Adressaten liefert, damit er sich wiedererkennt, so wahr ist es, daß das »Ich« niemals damit fertig wird, sich zu identifizieren, und daß es notwendig einen Teil oder die ganze Identität in der Rede des anderen sucht. Der Adressat der Schmeichelei nimmt sein Bild in Besitz, wie er seinen Körper in Besitz genommen hat – durch die Zärtlichkeit, die ihn sie entdecken läßt. Der Maler, der bei einem Porträt »schmeichelt«, überträgt einen semantischen Wert, dessen Erweiterung vom Taktilen zum Verbalen wir gerade beobachtet haben, ins Visuelle. Offenbart die Schmeichelei als Zärtlichkeit dem Körper, daß er sich selbst sein eigener »Gegenstand« sein kann, so erhebt die Schmeichelei als Rede den Gegenstand zum Ruhm eines Namens, zur Berühmtheit[16], ehe das Bild sich schließlich im falschen Spiegel eines Porträts oder einer Büste vergegenständlicht. So kommt eine Verschiebung vom elementaren Gefallen zur tödlichen Falle zustande – eine in den verschiedenen Bedeutungen von *flatter* und *flatteur* klar ausgeprägte Verschiebung. »Den Sinnen zu schmeicheln« heißt nicht, sie zu

16 Wenn Corneille »ausfeilend« verbessert: »Nous aurons tout loisir de *baiser* nos maîtresses« (*L'Illusion comique*, IV, IX), ersetzt er nach 1660 *baiser* durch *flatter*: er dämpft das, was in der Berührung der Körper »niedrig« erscheinen könnte. *Flatter* bezeichnet die geringste mögliche Berührung, wenn nicht sogar das Fehlen jeder Berührung, die verbale Sublimierung der Zärtlichkeit.

betrügen, sondern ganz einfach, ihnen angenehm zu sein, sie zu bezaubern. Der Betrug und die Illusion schleichen sich in dem Maße ein, wie sich das Unmittelbare der Zärtlichkeit verliert und das geschmeichelte Bewußtsein danach verlangt, sich selbst zu suchen und zu erblicken in einem Bildnis, mit dem es verschmelzen möchte.[17] Metaphorisch wird dieses zur trügerischen Identifikation angebotene Bildnis ausgedrückt durch den Köder, das Lockmittel, die Falle und das Garn, worauf sich das Tier unter dem Trieb einer instinktiven Begierde, es zu verzehren, stürzt – der Geschmeichelte »weidet sich« an dem Bilde, das man ihm vorsetzt, und wird so zur Beute des Schmeichlers. Der semantische Weg, den uns die Assoziationen führten, geht von der Hautoberfläche bei angenehmer Berührung zum Einfangen des betrogenen Tieres, das die Falle in der Nahrung, auf die es sich wirft, nicht bemerkt.

Sobald das Wort *flatter* sich auf eine dem Bewußtsein dargebotene Vorstellung bezieht, kann es die Form eines reflexiven Verbs bilden. *Se flatter* (sich schmeicheln, sich einbilden), ein zweideutiges Wort, drückt zugleich oder

17 Der Text des Theophrast läßt in seinem Schema nichts aus, weder die Zärtlichkeit noch das Porträt. La Bruyères Übersetzung, die die impliziten Werte entfaltet, kann als Beweisstück dienen: »Hat euch der Wind zufällig ein paar Strohhälmchen in Bart und Haar geweht, so wird er sie sorgfältig entfernen [...]. Er kauft Früchte, um sie euren Kindern zu geben; die küßt und streichelt er [...], und wenn er das Porträt des Herrn erblickt, das äußerst geschmeichelt ist, so ist er gerührt zu sehen, wie stark es ihm ähnelt, und bewundert es als Meisterwerk.« In jüngerer Zeit resümiert Valéry in *Rhumbs* (*Windstriche*) scharfsinnig eine uralte Lehre: »Die menschliche Pflanze scheint unter dem Lob aufzublühen. Man sieht die ekelhafte Blüte sich öffnen und das Laubwerk erzittern. Es ist ein tiefes Kitzeln, das manche mit Leichtigkeit betreiben. [...]. Der erfahrene Mensch empfindet Empörung, manipuliert zu werden und dieser Lust zu folgen, wie es der Körper bei dem langsamen Tun einer kundigen Kurtisane täte. Aber diese Empörung selbst ist eine sanfte Regung des Hochmuts, die aus dem Gefühl entsteht, immer größeres Lob als das erhaltene zu verdienen. Und durch diese Regung verwandelt sich die Liebe zu sich nur in sich selbst.« (*Œuvres*, Pléiade, Bd. 2, 1960, S. 648)

nacheinander den Irrtum oder die sichere Hoffnung aus. Es ist Ausdruck des Entwurfs, aber auch des Verkehrs, den man mit dem fiktiven Bild unterhält, das man sich von sich selbst und seinen Fähigkeiten macht. Wenn man den Lexikographen glauben darf, erscheint die reflexive Form zuerst bei Corneille; allerdings gebraucht es Corneille sowohl, um die heroische Entschließung zu bezeichnen, als auch, um die trügerische Überschätzung des Lügners und des Aufschneiders zu denunzieren. Man erkennt dabei, daß das Individuum sich nur durch eine Rede, die es an sich selber richtet, bestimmen und zur Handlung verpflichten kann – eine Rede, von der nur der Ausgang der Handlung zu sagen erlaubt, ob sie »aufrichtig« oder betrügerisch ist. Die verinnerlichte Schmeichelei kann als reflexive Form des »Wollens« gelten – eines Wollens, welches das Bild der Vollendung oder des künftigen Ruhmes belebt. »Se flatter de« (sich Hoffnung machen) ist der Ausdruck, der dem Narzißmus die Chance des Ruhmes gibt und dem Ereignis (der »Wirkung«) die Sorge überläßt, zu unterscheiden, was an dem von der inneren Schmeichelei gebotenen verführerischen Bild »fest« und was »eitel« ist. Wenn der Erfolg ausbleibt, d. h., wenn das Ziel in der äußeren Wirklichkeit nicht erreicht wird, dann bleibt die reflexive Tätigkeit des »Sich-Schmeichelns« die Gefangene ihrer selbst, einem hermetischen Vergnügen verhaftet; das nennt man auch, »sich in Illusionen wiegen«:

»Von so viel Hunderten so groß- als kleinen Tieren
Die wir teils in der Luft, teils in der See verspüren . . .
Däucht mir keins törichter als selbst der Mensch zu sein.
[. . .]
In mittelst ihn zu sehn in seinen tollen Grillen,
die den verwöhnten Geist mit lauter Dunst erfüllen,
wenn er sich wie ein Kind durch Märchen eingewiegt
scheint es, als ob an ihm der Erden Wohlfahrt liegt

und ihm die höchste Lust zusamt dem tiefsten Meere,
ja selbst der zehnte Kreis des Himmels zugehöre.«[18]

Man wird nicht erstaunt sein zu bemerken, daß diese Verse bei Boileau in einer Satire stehen, die den Topos der Unterlegenheit des Menschen gegenüber dem Tier entfaltet. Und noch weniger wird man erstaunt sein, daß die typische Schmeichelrede vom Fuchs gehalten und an den Raben gerichtet wird. Als Dichter der Beziehungen zwischen feindlichen Kräften (ein kaum verdeckter politischer Dichter) findet La Fontaine in der Fabel sein vollkommenes Instrument, denn die Tierheit ist das Symbol einer Welt, die beherrscht wird von der Begierde und den Listen, durch welche das Verlangen jedes Individuums sich durchzusetzen sucht. Alles in dieser Fabel ist von seltener Genauigkeit[19]: ob es sich um die Höhe handelt, wo der Rabe hockt, um seinen Namen (corbeau), der einen reichen Reim mit *beau* bildet (Reim für das Ohr, Ironie auf der Ebene der Bedeutung); ob es die berech-

18 Boileau, *Satire* VIII (übers. Caspar Abel, *Auserlesene Satirische Gedichte*, Quedlinburg 1714).

19 Im Schnabel einen Käse haltend, hockt
auf einem Baumast Meister Rabe.
Von dieses Käses Duft herbeigelockt,
spricht Meister Fuchs, der schlaue Knabe:
›Ah! Herr von Rabe, guten Tag!
Wie nett Ihr seid und von wie feinem Schlag!
Entspricht dem glänzenden Gefieder
nun auch der Wohlklang Eurer Lieder,
dann seid der Phönix Ihr in diesem Waldrevier.‹
Dem Raben hüpft das Herz vor Lust. Der Stimme Zier
zu künden, tut mit stolzem Sinn
er weit den Schnabel auf; da fällt der Käse hin.
Der Fuchs nimmt ihn und spricht:
›Mein Freundchen, denkt an mich!
Ein jeder Schmeichler mästet sich
vom Fette des, der willig auf ihn hört.
Die Lehr ist zweifellos wohl einen Käse wert!‹
Der Rabe, scham- und reuevoll,
schwört – etwas spät –, daß niemand ihn mehr fangen soll.

nete Steigerung ist – von *hübsch* zu *schön*, von der vertraulichen Anrede zur ganz und gar überschwenglichen Preziosität der Pointe (»der Phönix dieses Waldreviers«), alles ist wunderbar gegliedert. Man achte einmal genau auf die Reime auf *age*.

»Maître corbeau, sur un arbre perché,
    Tenait en son bec un fromage.
Maître renard, par l'odeur alléché,
    Lui tint à peu près ce langage:
    ›Et bonjour, Monsieur du Corbeau.
Que vous êtes joli! que vous me semblez beau!
    Sans mentir, si votre ramage
    Se rapporte à votre plumage,
Vous êtes le phénix des hôtes de ces bois.‹
A ces mots, le corbeau ne se sent pas de joie;
    Et pour montrer sa belle voix,
Il ouvre un large bec, laisse tomber sa proie.
Le renard s'en saisit, et dit: ›Mon bon monsieur,
    Apprenez que tout flatteur
    Vit aux dépens de celui qui l'écoute.
Cette leçon vaut bien un fromage sans doute.‹
    Le corbeau honteux et confus,
Jura, mais un peu tard, qu'on ne l'y prendrait plus.«

Ein erstes Paar erscheint beim erzählenden Eingang: wir sind auf der Ebene, die der Dichter als »wirklich« ansetzt, und das Wirkliche ist die Entsprechung *fromage – langage* (Käse – Sprache). Man sieht gegenübergestellt (der Abstand wird durch den dazwischengeschobenen Vers bezeichnet) die materielle Beute hoch oben und die Kraft der Sprache, die sich unten ihrer bemächtigen wird. Das zweite Paar *ramage – plumage* (Gesang – Gefieder) tritt im Innern der Schmeichelrede auf: reiche Reime, im Spiegelverhältnis, stehen nicht gegeneinander, sondern betrachten sich vielmehr und verleihen dem Geschmeichelten präzise eine zusätzliche Vollkommenheit (»Euer Gesang«) und eine Harmonie (»entspricht«). Die Illusion entsteht durch die hypothetische Verdoppelung der körperlichen Attribute, die in der positiven Behauptung einer höheren Einzigartigkeit kulminieren – das »geschmeichelte« Bild ist entfaltet, und es bleibt dem Adressaten der Schmeichelei nichts anderes zu tun, als es wirklich zu *bewohnen.* Diese Metamorphose und imaginäre Mauser setzen einen Moment des Schwindels des Selbstbewußtseins voraus, den augenblicklichen Verlust der inneren Wahrnehmung der körperlichen Identität. Das ist es, was La Fontaine wunderbar, wie mir scheint, mit dem Vers andeutet, der die Erzählung wieder aufnimmt:

»A ces mots, le corbeau ne se sent pas de joie.«

Die trügerische Überzeugung von der »schönen Stimme« ist geboren; sie verlangt lediglich danach, sich in der Realität zu behaupten – das Sein mit dem durch die Schmeichelrede bewirkten Bilde in Übereinstimmung zu bringen.[20] »Weit den Schnabel auftun« ist kein Singen, es ist die *tierische* Handlung, um die Mundöffnung zu erweitern. Der Körper enthüllt sich bei seinem Streben nach der unmöglichen Sublimierung des Gesangs in seiner häßlichen körperlichen Buchstäblichkeit. Am Ende der Reihe der vier Reime auf *ois* und *oie* läßt das Wort *proie* (Beute) mit seinem Klang den »wirklichen« Schrei des Raben vernehmen und semantisch den »wirklichen« Einsatz bei diesem Handel, der zum Vorteil des Schmeichlers herunterfällt. Die berühmte Moral:

20 La Fontaine versteht es, nacheinander die gefährliche Anmaßung dessen, der sich zu etwas anderem machen will, als er ist (*La grenouille qui veut se faire aussi grosse que le bœuf*) und das Wohlgefallen eines jeden an seinem eigenen Bildnis anzuzeigen: »Bis hierher hat mein Bild mir gar nichts vorenthalten« (*Fables*, I, VII, *La besace*). Die Prahlerei ist der gemeinsame Nenner.

»Apprenez que tout flatteur
Vit aux dépens de celui qui l'écoute«

begnügt sich nicht damit, das ökonomische Interesse zu enthüllen (die Nahrung), die bei dem anfänglichen Manöver unter der Form einer gänzlich ästhetischen Anerkennung verborgen ist. Sie begnügt sich nicht damit, die materielle »Infrastruktur« anzudeuten, welche die beredte List des Kompliments verursacht hat. Sie beschränkt sich auch nicht darauf, schalkhaft die Rechtlichkeit des Handels wiederherzustellen, indem sie anstelle des erlogenen Lobes die wahrhaftige und ersprießliche *Lehre* setzt, die »wohl einen Käse wert ist«. Bemerken wir, daß der siegreiche Fuchs die Wunde vertieft, indem er den aggressiven Charakter der Schmeichelei gesteht; er öffnet dem die Augen, den er hintergangen hat, und verstärkt dadurch die Erniedrigung.

Der aggressive Rückstoß

Indem er auf dem von der Schmeichelei bewirkten Vorurteil insistiert, erkennt der klassische Diskurs die aggressive Komponente, die sie enthält. Der Schmeichler ist nicht damit zufrieden, eine Gunst zu erpressen, sondern spekuliert auf die Dummheit des Geschmeichelten, der sich bereitwillig die Haut abziehen läßt. Der Schmeichler ist nicht frei von Verachtung für die, die er betrügen kann. La Bruyère ist reich an Beobachtungen dieser Art: »Man muß eine sehr schlechte Meinung von den Menschen haben und sie trotzdem gut kennen, um zu glauben, man könne sie in einer großen Angelegenheit durch wohlüberlegte Zärtlichkeiten und lange und nutzlose Umarmungen beeinflussen.«[21] »Der Schmeichler hat weder

21 *Les Caractères*, »Des grands«, 49.

von sich noch von den anderen eine gute Meinung.«[22] Der Schmeichler, dessen Sprache »in die Wolken trägt«, fühlt sich dadurch erniedrigt, daß er zu »kriechen« gezwungen ist; er rächt sich, indem er aus der »Schwäche« der anderen Gewinn zieht. Wenn die es bemerken, daß der Schmeichler sich überschwenglich oder ungeschickt anstellt, dann wird ihm mit Verachtung heimgezahlt und die Aggression wendet sich um so gefährlicher gegen ihn, da sie von einem Mächtigen kommt. Das Verlangen, den Schmeichler zum Schweigen zu bringen, stammt beim Opfer der Schmeichelei aus der Ohnmacht, das geschönte Bild, das man ihm von ihm selbst darbietet, anzuerkennen und sich zu eigen zu machen. Man lese einmal wieder *La Cour du Lion* (Fabel VII) im siebenten Buch der *Fables*, wo man den König nacheinander den »zu aufrichtigen Sprecher« und den »faden Schmeichler« mit dem Tode bestrafen sieht.[23]

Damit ist auf dem Wege der Ungleichheit der ausgeübten Macht und des Einsatzes von Reichtum und Gunst eine Gewaltsamkeit wieder zum Vorschein gekommen, die zu unterdrücken die Lehre von der Höflichkeit alle Anstrengungen unternommen hatte. Die »Wohlredenheit«, die schöne Sprache führt, sobald sie die Absicht hat zu gefallen und etwas zu erwirken, zum Betruge – was die Höflichkeit verdrängen wollte, kehrt zurück, aber jetzt unter der Maske der Höflichkeit. Die Gefahr verdoppelt sowohl das Mißtrauen als auch die Verachtung. Die Menschen führen Krieg unter der Maske der Höflichkeit. »Was für eine monströse Sache ist doch der Geschmack und die Leichtigkeit, mit der wir die anderen verspotten, beleidigen und verachten, und damit zusammen geht die Wut, die wir empfinden gegen die, die uns verspotten, beleidigen und verachten.«[24] Der Moralist, der den Preis

22 »Des jugements«, 90.

23 Diese Fabel mag ein ironischer Kommentar zu Kap. XXIII des *Fürsten* von Machiavelli sein (»Schmeichler sind zu fliehen«).

24 La Bruyère, *Les Caractères*, »De l'homme«, 78.

der Befriedigung der Eigenliebe kennt, ist nicht weniger mit dem Vergnügen vertraut, das »wir« beim Verwunden verspüren und mit dem Schmerz der Wunde, wobei sich die Alternative zwischen der Rolle des Betrogenen und dem Gegenangriff der Verachtung darbietet: »gesucht« wie ein seltenes Tier, antwortet der Betroffene, wenn er nicht ins Netz gegangen ist, mit dem Spott: »Ich zweifle nicht, daß ein Günstling, wenn er über etwas geistige Kraft und Vornehmheit verfügt, sich nicht oft verwirrt und gestört sieht durch die Niedrigkeiten, Kleinlichkeiten, Schmeichelei, überflüssigen Eifer und frivole Aufmerksamkeiten derer, die ihn suchen, ihm folgen und sich wie seine niederträchtigen Kreaturen an ihn heften, und daß er sich für sich durch Spott und Hohn schadlos hält an einer so großen Knechtschaft.«[25]

Damit wird die Lage des Dichters in einer politischen und sozialen Ordnung, in der die materiellen Ressourcen des Schriftstellers noch zu einem großen Teil vom Wohlwollen der Mächtigen abhängen, äußerst beschwerlich. Er muß loben und sich gleichzeitig gegen den Verdacht der Schmeichelei verteidigen; er muß seinen Adressaten sicherstellen, indem er ihn für zu intelligent erklärt, um geschmeichelt zu werden. Innerhalb dieses Systems des *Abstreitens* manövriert Boileau, wobei er sich bemüht, das, was wir »den aggressiven Rückstoß« genannt haben, zu beschwören durch das wiederholte Bekenntnis einer Anhänglichkeit »allein an die Wahrheit«[26], die jedes Übermaß der Hyperbel ausschließen müßte. Um Vertrauen zu erwecken, macht sich das Lob niedrig, es erklärt sich durch eine Vorsichtsmaßnahme, die man nicht zu Unrecht als rhetorisch bezeichnet, für unfähig, die Wahrheit zu verfälschen, und außerstande, eine Gunst zu erlangen.

25 La Bruyère, *Les Caractères*, »Du souverain«, 20.

26 »Rien n'est beau que le vrai; le vrai seul est aimable« (»Das Wahre nur ist schön, das Wahre liebenswürdig«, *Epîtres*, IX).

»Erhabner König, schmeicheln kann ich nicht:
Ich weiß nicht, wie man Narren zum Himmel hebt,
Den Zwerg zum Atlas, Herkules aus Schwachen
Bereitet, sklavisch im Gefolg' der Großen
Stets Göttern ohne Tugend Weihrauch streut.
Nie werde ich, mit übertriebenem Wort,
Selbst Dich zu loben, den Gedanken zwingen;
Wie groß auch Deine souveräne Macht sei,
Spricht nicht mein Herz aus allen meinen Schriften,
Sie wären hoffnungslos und ohne Sinn:
Wer könnt' zu Deiner Gunst mein Wort erzwingen?«[27]

Das Ideal der »Natürlichkeit«, das Boileau mit den Theoretikern der Schicklichkeit teilt, führt ihn zu einem Bekenntnis absoluter Aufrichtigkeit[28]; aber der Zweifel schleicht sich ein und bewegt zu einer Selbstanklage, die bald die Gestalt einer allgemeinen Anklage annimmt:

»Berauscht vielleicht von Dünsten meiner Muse,
Mich selbst, zu meinen Gunsten täusch ich mich.
Schluß mit der Schmeichelei. Kein Geist ist so gerade,
Daß er nicht irgendwo Betrüger wäre;
Stets hinter Masken, fern von der Natur
Scheut man zu zeigen sich in eigener Figur.«[29]

Die verächtliche Antwort wird durch ein Geständnis entwaffnet. Der Adressat des Briefes und des Lobes, das sich hier vermischt findet, wird zum Mitverschworenen des Dichters im gemeinsamen Mißtrauen gegenüber den menschlichen Fehlern. Eine Kompromißhaltung. Ein Waffenstillstand, bei

27 Boileau, *Discours au roi*.
28 »Ma pensée au grand jour partout s'offre et s'expose« (»Dem hellen Tage stets biet' ich mein Denken dar«, *Epîtres*, IX).
29 *Epîtres*, IX.

dem die Schmeichelei die Waffen niederlegt, um eine Abfuhr zu vermeiden. Dergestalt entsteht parallel im ästhetischen Bereich die klassische Theorie des vernünftigen Ausgleichs, der die Fiktion und Illusion aufrechterhält, aber davon träumt, sie mit dem »Wahren« zu verbinden, d. h. sie von ihrer schädlichen Kraft zu reinigen:

»Das Wahre nur ist schön, das Wahre liebenswert:
Und überall, in Fabeln selbst sein Platz:
Was klug ersonnen, falsch erdichtet ist,
Läßt nur die Wahrheit heller noch erstrahlen. [...]
Liebliches Lob belebt die schönen Verse:
Doch daß es wahr sei, das will ich wie Du.«[30]

Daß die Fiktion nicht trügerisch, sondern daß sie eine Verschönerung der Wahrheit sei, das ist die mögliche Rechtfertigung einer Poesie »an Personen«, die von ihrem Empfänger ohne Mißtrauen entgegengenommen werden möchte und selbst behauptet, nicht der lobhudelnden Verderbtheit der »schönen Sprache« nachgegeben zu haben. Die so beherrschte aggressive Energie sucht sich ein anderes Ziel und kehrt sich gegen die Welt, von der der Dichter sich gerade gelöst hat. Fortan ergießt sich die Angriffslust des Poeten über das Treiben der Schmeichler und ihrer Gimpel, über die Betrüger und ihren ungerechtfertigten Erfolg. Übereinstimmend mit seinem Adressaten nimmt er sich selber aus; gemeinsam wohnen sie hoch oben dem unwürdigen Schauspiel bei. Das Lachen der Satire gilt einer Welt des falschen Glanzes, der betörten Dummheit und der Täuschungen; die »Wahrheit«, der Boileau und manch anderer sich zuwendet, ist die des Gesichtes, das man unter der weggerissenen Maske entdeckt:

30 Ebd.

»Vergebens macht ein widerlicher Clown
Bei Tisch das Zwerchfell und die Augen lachen:
Gips und Puder brauchen seine Scherze.
Denn Aug' in Auge, ohne sein Theater
Bleibt nur ein schlechtes Herz und ein obskurer Schelm:
Sein abgeschminktes Antlitz ist abscheulich.«[31]

Demaskierende Furchtlosigkeit ist die neue Form, die das *Urteil* als Tätigkeit annimmt. Wie nachsichtig nun auch der Ton des Umgangs mit dem Adressaten sein mag, das Urteil erscheint als Akt eines einsamen Gewissens, das sich von einer Welt lossagt, in der es keine Gegenseitigkeit mehr findet; es bricht mit der Eitelkeit gegenwärtiger Zeit und zieht sich auf seine Selbstgewißheit zurück. Es ist nicht unwichtig, daß Boileau der Kritik der schurkischen Charaktere eine lange (von Juvenal inspirierte und Rousseaus *Ersten Discours* ankündigende) Ausführung beigibt, worin sich die Kritik des Luxus und der Zivilisation mit »primitivistischer« Nostalgie verbündet:

»Einst, da lebte der Mensch von unablässiger Arbeit,
Und er betrog nie, ward auch nie betrogen [...]«

Das Ressentiment, mag es auch durch die Tradition eines »locus communis« diktiert sein, richtet sich auf den Lauf der Welt und verleiht dem Dichter die Stimme des empörten Zeugen:

»Die Gier nach Geld und Gut verjagte Treu und Glauben.
Dem Höfling blieb nicht ein Gefühl für sich.
Alles ward Täuschung, Irrtum und Betrug:
Und überall herrscht niedre Schmeichelei.«[32]

31 Ebd.
32 Ebd. Siehe in Hegels *Ästhetik* die bemerkenswerten Seiten, wo die Satire als Form des Übergangs von der klassischen zur romantischen Kunst durch die unendliche Subjektivität charakterisiert ist.

Der Dichter, der selbst das Wahre und Falsche und Gut und Böse zu erkennen weiß, entdeckt, daß die Tugenden, auf die er hält, der Welt abhanden gekommen sind; darin erblickt er ein ausreichendes Motiv, sich wenn auch nicht gänzlich zu entfernen, so doch zumindest auf Distanz zu halten und aus der Ferne oder von oben zu sprechen. Der Akt des Urteilens, der nicht mehr darauf wartet, erwidert zu werden, geschieht nicht zur Bekräftigung der Bande der Wertschätzung, sondern um »energisch das Mißverhältnis zu charakterisieren, das zwischen der Welt und den Prinzipien einer abstrakten Moral aufgebrochen ist« (Hegel). Zweifellos bleibt Boileau genügend spielerische Annehmlichkeit, um die Satire auf eine literarische Gattung zu begrenzen, worin der »Kummer« und der »Groll« sich mit dem »Lachen« verbinden. Für ihn gehört es sich, das Maß zu achten und niemals aufzuhören zu »gefallen«. Nötigenfalls versteht er es, die Satire zu »widerrufen« oder, wenn er sich an Ludwig XIV. wendet, »das Lob zu lernen im Schoße der Satire«.[33] Der Feind der Masken und der bösartigen Täuschungen behält sich in der Welt, wie sie nun einmal ist, eine bewohnbare Region vor. In der Tat gleicht er den Gemeinplatz der universalen Maskierung aus durch den entgegengesetzten Gemeinplatz des unvermeidlichen Triumphs der Wahrheit über die Verkleidungen und den verlogenen Prunk:

»Ein großer Schauplatz ist die Welt in meinen Augen,
Wo jeder öffentlich, einander täuschend, spielt
Und meist nicht das, was er in Wahrheit ist.
Tagtäglich sieht man dort mit falscher Maske
Den Narren schamlos einen Weisen spielen,
Der Dummkopf bläht sich auf bis zum Gelehrten,
Der ärgste Schuft sticht dort den Tüchtigen aus.
Doch, eitle Hoffnung, die den Hochmut wiegt,

33 *Epîtres*, VIII.

Bald werden sie erkannt und Wahrheit siegt.
Man mag sich noch so sehr für andre schminken:
Am Ende wirft auf die verborgnen Laster
Das schlaue Publikum den scharfen Blick.«[34]

Das versöhnt mit der Welt und mit dem »Publikum« und weist dem Dichter (dem Satiriker) eine Funktion zu in der Ordnung der Dinge; er wird tätig mitwirken beim Öffnen der Augen, bei der Rückkehr der Wahrheit und der Vernunft. Das ist eine moralische Rolle, für die er Anerkennung erwartet.

Aber ein radikalerer Bruch und eine gnadenlosere Aggression gegen die Betrüger sind zumindest angedeutet. Und eben dadurch eine stärkere Einsamkeit des demaskierenden Urteils. Die Satire gibt sich »misanthropisch«. Die Misanthropie erstreckt sich auf das »Menschengeschlecht« mit einem Zorn, der den »Lastern der Zeit« gilt; sie hat die *gegenwärtigen* Bezüge im Blick, die Art und Weise, in der heutzutage die Menschen »miteinander« leben, aber sie macht »die menschliche Natur« dafür verantwortlich. Im Gegensatz zu Boileau, den keiner mehr liest, ist *Le Misanthrope* zu bekannt, als daß es nötig wäre, hier die Verse zu zitieren, welche die entmystifizierende Leidenschaft und den Haß auf die Masken bezeugen. In der Tat spricht Alceste die Sprache der Satire, und wenn er die hinter der Fassade der lobenden Höflichkeit verborgenen Berechnungen des materiellen Nutzens denunziert, dann kennen wir schon den Tenor seiner Worte: die Höflichkeit, weit davon entfernt, die Achtung vor dem anderen zu umfassen, ist eine erheuchelte Zärtlichkeit; die Schmeichelei der einen versteht sich wunderbar mit der Eitelkeit der anderen, die ihre Weide der Täuschungen fordert; Freigebigkeit, Beförderungen und Ämter werden immer den maskierten Schuften

34 *Satires*, XI.

gewährt, usw. Alceste ist der empörte Zeuge eines Schauspiels, in dem die Menschen den Machenschaften der Schelme zugänglich sind, weil sie anfangen, sich Täuschungen über sich selbst hinzugeben.

Aber das Wesentliche liegt nicht darin. Die Komik in diesem Stück fällt zurück auf den Bannerträger der Aufrichtigkeit, auf den Entmystifizierer. Das hat Rousseau wohl verstanden, der seine intellektuelle Laufbahn mit der Entmystifizierung begonnen hat, mit der Anklage der unter der Maske höfischer Manieren verborgenen Aggressivität. Rousseau hat durchaus anerkannt, daß er mit Alceste gemeint war. Denn die »Lehre« des *Misanthrope* enthüllt, wenn man ihn aufmerksam hört, die Falle, die in jeder Demaskierung steckt. Molière zeigt in der Tat, durch welche unbemerkten Widersprüche der Feind der Welt gegen seinen Willen der Welt angehört, die er denunziert. Alceste hört mit seinem Bekenntnis interesseloser Wahrheitsliebe, mit seinem Tadel der Schmeicheleien, wobei sich die Eigenliebe durch Umarmungen und Beteuerungen der Wertschätzung an Illusionen berauscht, doch nicht auf, eine argwöhnischere und schwerer zu befriedigende Eigenliebe zu beweisen: »Ich will, daß man mich auszeichnet ...« Der tugendhafte Zensor ist ein enttäuschter Narziß; Molière läßt ihn nicht weniger hochmütig als die anderen erscheinen.[35] Und obendrein, in welcher Verblendung entscheidet sich der Feind der Masken, das allermaskierteste Wesen zu lieben? Molière führt bei diesem Menschen, der von keiner Illusion betrogen werden will, einen verheerenden Widerspruch zwischen dem Verhalten und den geäußerten Maximen ein. Wagte er doch endlich den entscheidenden Bruch und zöge sich in eine »Einöde« zurück, die ihn mit seinen Prinzipien

35 Diesen Punkt hat Jacques Guicharnaud in *Molière*, Paris 1963, S. 510–517, hervorgehoben, und Lacan in *Ecrits*, 1966, S. 173–175.

in Übereinstimmung brächte. Aber seine Prinzipien sind gerade in ihrer Heftigkeit suspekt. Denn Molière gibt klar zu verstehen, daß sie sich nicht aus einem heiteren Urteil ergeben, sondern aus dem Aufbrausen der Galle, genauer: der schwarzen Galle. Alceste mit seiner »humeur noire« (schwarzen Körpersäften)[36] ist ein Melancholiker in der genauesten Bedeutung der Medizin jener Zeit. Molière verleiht ihm das Temperament, das Boileau seinerseits sich selbst zuschreibt und das er als das Erbteil der satirischen Institution anzusehen scheint[37]; schwarze Galle und Schreibbegier, das ist ein und dasselbe:

»[...] Seit jener Zeit, als diese Raserei
Mit schwarzen Dünsten mir den Geist verwirrte [...]«[38]

Gewiß gibt es gemäß der Auffassung der Zeit eine edle Melancholie, die mit der Kontemplation, der ekstatischen Vision oder der dichterischen Inspiration verbunden ist. Die Humoralmedizin errichtet bekanntlich eine ganze Reihe von Zwischenstufen zwischen dem exzessiven Regiment der schwarzen Galle und ihrer glücklichen Mischung mit dem Blut, der gelben Galle und dem Phlegma; und wenn die schwarze Galle durch »intemperie« (Maßlosigkeit) auf die anderen Säfte einwirkt, dann kann sie kalt oder heiß sein, Schwermut oder Raserei verursachen, wobei es auch bei dieser Variante eine Reihe von Zwischenstadien gibt. Der »noir chagrin« (schwarze Kummer) des Alceste wechselt von der Niedergeschlagenheit zum Jähzorn. Seine Melancholie begegnet dem Mißgeschick im Dekor des Salonlebens und nicht, wie diejenige Hamlets oder Don Qui-

36 *Le Misanthrope*, I, I.

37 Boileau, *Epîtres*, VIII. Bei Horaz, Juvenal, Boileau wie bei Alceste das gleiche Bedauern der frühen Zeitalter, die Jahrhunderte der Tugend.

38 *Satires*, II à Molière.

jotes, unter der weiten Nacht der Welt. Aber in der Einfriedung des gehobenen Bürgertums, auf das Molière ihn begrenzt, ist er im Kriegszustand mit sich selbst und den anderen, auf so harte Weise, daß seine schließliche Einsamkeit die Zeichen der Niederlage trägt. Man kann ihr eine tragische Deutung geben. Alceste ist darum nicht weniger lächerlich, denn bis ans Ende war er der Spielball seines »Temperaments«.

Der Zuschauer des *Misanthrope* wird zu der Überzeugung gebracht, daß der »kritische« Protest gegen die Sitten der Zeit, gegen die Verderbtheit der Gesellschaft und gegen das im Austausch der Schmeichelei verborgene tierische Interesse seinen Ursprung in einem materiellen Ungleichgewicht des Körpers und nicht in einem Akt der sittlichen Vernunft hat. Alceste verkündet die interesselose Liebe zur Wahrheit, die Leidenschaft für die Aufrichtigkeit, aber diese Leidenschaft wird von innen umgestürzt durch den unumgänglichen Mechanismus der Körpersäfte. Obwohl sie sich in gewaltsamen Gegensatz zum Lauf der Welt gebracht hat, gewinnt die rebellische Subjektivität nicht ihre Unabhängigkeit; sie bleibt dem Gesetz physischer Notwendigkeit unterworfen. Was Alceste angreift, steckt in ihm selber. Er behauptet, die Täuschung erlogener »Schicklichkeit« hinter sich zu haben, und fällt in die leidenschaftliche Täuschung über das, was Hegel die »abstrakte Moral« nennen wird.

Man kann darin gewiß ein Verfahren mit »konservativer« Absicht erblicken, das eine zu heftige Kritik zu entschärfen und zu disqualifizieren bestimmt ist, die sich gegen den Erfolg der Schlechten und das politische System, das ihre Herrschaft stützt, wendet. So konnte die beißende Satire zugleich Stimme gewinnen, ins Rampenlicht treten und doch nicht gelten, weil der, der sie äußert, ein Opfer schlecht temperierter Körpersäfte, einer »Grille« ist; er selbst ist ja nur »lächerlich«. Die Rhetorik kennt dieses

Verfahren gut – nichts vermag besser eine gefährliche Äußerung zu diskreditieren, als die Person, die sie macht, für »unsinnig« zu erklären (*argumentum a persona*). In den Augen mancher scheint die Psychoanalyse genau das gleiche Verfahren anzuwenden; sie diskreditiert die Revolte, indem sie sie mit dem Namen Neurose belegt; sie entdeckt Pathologisches in der »mangelnden Anpassungsfähigkeit«, die man im Gegenteil als befreiende Regungen begrüßen sollte ... Aber diese Art von Vorwürfen gegen Molière oder die Psychoanalyse ist ihrem Wesen nach theologisch; sie setzt voraus, daß die Ordnung der Dinge radikal böse ist, daß deshalb jeder Akt der Verweigerung oder der Auflehnung ein Träger heiligender Gnade ist und jede Kritik dieser Verweigerung dem Bösen zu Hilfe eilt.

Ob nun die große Triebkraft des geschworenen Feindes der Schmeichler und der Masken der Narzißmus der Eigenliebe oder das Aufwallen der schwarzen Galle ist, oder beides zusammen, es bleibt die Frage, die der klassische Diskurs uns zu stellen einlädt, ob die Energie der »Entmystifizierung« sich nicht ihrerseits aus einer »mystifizierenden« Quelle speist. Sie legt den Zweifel nahe. Wer von der Aufrichtigkeit *spricht*, ist nicht des Irrtums enthoben. Wer eine Welt verspottet, worin der Betrug überall seine Fallen stellt und Köder auslegt, findet in sich selbst und außerhalb seiner manche Verlockung. Niemals vermag das Gewissen kraft der Verweigerung oder des Rückzugs einen sicheren Ort zu gewinnen, an dem die Leidenschaft, der Irrtum und die Täuschung es nicht mehr erreichten. Es läuft stets Gefahr, von hinten überrollt zu werden, und das auf um so heimtückischere Weise, je aufrichtiger es davon überzeugt war, sich von dem trügerischen Zauber befreit zu haben, der die gemeinen Menschen im Banne hält. Alceste erkennt mühelos die Habsucht, den Ehrgeiz und den Haß, die sich unter feinen Sitten verbergen. Aber um eine Illusion der Höflichkeit zu bekämpfen, welche die Gewalt verdeckt statt sie zu beseitigen, wird Alceste selbst gewaltsam und mithin »ungesellig«. So muß alles von vorn beginnen. Die Gesellschaft muß neu erfunden werden. Es sei denn, man akzeptiere die Illusion, beherrsche sie, verbanne sie womöglich und gehe mit ordnungsgemäß gewarnten Personen zweifelhafte Beziehungen ein – was nicht ohne Schwäche und schmeichelndes Entgegenkommen zu bewerkstelligen ist, was aber besser ist, als alle Bindungen zu zerbrechen.[39]

39 Es erstaunt nicht, daß Fabre d'Eglantine zur Zeit der Revolution die Figur Philintes angeschwärzt hat. Unsere Studie beschränkt sich auf einen Durchgang durch die »Klassiker« des französischen 17. Jahrhunderts. Es bleibt die Aufgabe, sie auf andere Literaturen und andere Epochen auszudehnen. Der *Neveu de Rameau* sei lediglich erwähnt, auch der einzigartige Kommentar, den Hegel dazu in der *Phänomenologie des Geistes* gegeben hat. Ich sehe über den *Neveu de Rameau* hinaus keinen großen Text über die Schmeichelei, obwohl es bis auf unsere Tage in allen Gesellschaften Reiche und Arme, Mächtige und Ehrgeizige gibt. Gewiß haben sich die Bedingungen des Tausches und die Regeln des Verkehrs geändert; der bei »Hof« sich einschleichende Schmeichler konnte Reichtümer und Posten erwarten im Tausch gegen die »narzißtische Gratifikation«, die er bot. Die moderne Welt rechnet anders, gibt dem Geld und den Privilegierten der Macht einen anderen Tauschwert. Halten wir jedenfalls fest, daß die Kritik der Demagogie seit der Französischen Revolution sich die »Schmeichler des Volkes« zum Ziel nimmt: da das Volk die Stelle des Souveräns einnimmt, versteht es sich von selbst, daß es denselben Unternehmungen der kunstvollen Rede ausgesetzt wird. »Schmeicheln« klingt von nun an veraltet. Denn der Schmeichler, der zum Troß des archaischen Hauswesens gehört, räumt das Feld einem sehr tätigen Nachfolger: dem Verführer.

III
Exil, Satire und Tyrannis: die *Persischen Briefe*

In der Zeit, als die *Persischen Briefe* (*Les lettres Persanes*) erschienen, gaben sich die meisten Romanschriftsteller als schlichte Herausgeber aus, so als hielten sie geheime Memoiren oder interessante Papiere in Händen, die sie dem Publikum zu dessen Unterrichtung bekanntmachten. Wie gelangten sie in den Besitz dieser Papiere? Ein Vorwand ist schnell erfunden ... Montesquieu macht davon keine Ausnahme. Sein Vorwort schon oder vielmehr Anti-Vorwort schlägt den Ton an. Er verdoppelt sogar die Vorsicht. Nicht allein ist er lediglich Bearbeiter der Briefe, die ihm in die Hände kamen, sondern er bietet auch der Neugier des Lesers die Stirn und zeigt sich entschlossen, seinen Namen zu verschweigen.

Der Autor verschwindet (oder gibt doch vor, zu verschwinden). Er ahnt die Kritik voraus und entzieht sich ihr. Wenn man ihren Autor kennen würde, sagten diese fröhlichen Briefe: »Das ist eines ernsten Mannes nicht würdig.« Das Werk schiene im Gegensatz zu dem »Charakter« des hohen Justizbeamten. Ein Grund mehr, diese Briefe für sich selber sprechen zu lassen, ohne Vorsichtsmaßnahme und ohne Bürgen, die durch die Anonymität nur noch provokanter werden.

Das Inkognito schützt aber nicht nur den Urheber. Für eine gut organisierte Polizei bliebe seine Identität kein großes Geheimnis. Die Absicht dabei betrifft weniger den Autor als die Verfassung des Werkes selbst.

Fingiert man, daß die veröffentlichten Dokumente von persischen Reisenden mitgeteilt wurden, und fügt man dem noch ein paar intime Geheimnisse bei, die man vorgeblich ohne deren Wissen entdeckt hat, so führt man zunächst die Autorität des wirklichen Lebens ins Feld und gibt dem Werk, das die Neuigkeit des Tages sein wird, das Ansehen einer Herkunft außerhalb jeder literarischen Tradition. Das bedeutet, jeden imaginären Ursprung zu leugnen (und wäre die Leugnung auch nur eine schlichte Stilfigur). Man muß so stark wie möglich die wirkliche Existenz der Personen und ihrer Abenteuer *beglaubigen*. Der Verfasser ist daher bemüht, alle Spuren seiner erfinderischen Tätigkeit zu verwischen. Wenn man die Dinge so weit treibt, wie Montesquieu sich das Vergnügen macht, es zu tun, dann löscht der Autor sich selber aus. Das klassische System der Wahrscheinlichkeit bevorzugt die Aufhebung des Autors zugunsten der Wahrheit »historischer« Texte, als deren indiskreter Treuhänder er sich darstellt.

Im Falle der *Persischen Briefe* hat die Auslöschung des Autors die Wirkung, allen, die zur Feder greifen, eine offensichtliche Autonomie zu verleihen; das Buch, das als Sammlung von Handschreiben ausgegeben wird, hat ebenso viele Verfasser, wie es Briefschreiber gibt. Der Reihe nach erhalten edle Reisende, Eunuchen, Gattinnen, entfernte Freunde und Derwische das Wort. Die Verfassung des Werkes ist die der Mehrzahl von Bewußtseinen, der Verschiedenheit der Gesichtspunkte und Überzeugungen. Darin den Helden des Theaters nahestehend, können die schreibenden Personen jeweils ihrer Subjektivität gehorchen, ihrer Leidenschaft oder ihren Vorurteilen freien Lauf lassen und ihre Sache mit den Argumenten, gut- oder weniger gutgläubig, verteidigen, die ihnen die Laune des Augenblicks eingibt.

Aber den Leser beschleicht bald das Gefühl, daß sich in der Vielzahl der Stimmen und bei den Gegenständen, die nacheinander gemäß ihren besonderen Gründen recht haben, ein verborgener und allgegenwärtiger Autor das Vergnügen macht, die gegensätzlichen Leidenschaften und Dogmen und die Kritik der Dogmen so zu konfrontieren, daß dabei unmerklich eine Vernunft triumphiert, die aus der Wahrnehmung der *Bezüge* resultiert. Eine Vernunft, die keine der Personen des Buches für sich gepachtet hat, nicht einmal der Vernünftler Usbek, die sich jedoch überall dort manifestiert, wo der Widerspruch offensichtlich und unerträglich geworden ist: dort in der Tat ahnt der Leser am deutlichsten, daß der Nicht-Widerspruch, das Universelle gefordert ist.

Nun zeigt sich der Widerspruch überall. Zunächst innerhalb der persischen Welt, d. h. zwischen den verschiedenen Briefschreibern der Sammlung. Sodann trennt der Widerspruch die konkurrierenden Religionen, die sich in ihren rivalisierenden dogmatischen Ausschließlichkeiten zu ähnlich sind, um sich nicht bei der Berührung gegenseitig aufzuheben. Und schließlich offenbart uns Montesquieu durch den erstaunten Blick der Reisenden, daß der Widerspruch innerhalb der westlichen Welt selbst, zwischen dem Bereich beobachtbarer Fakten und den ihnen zugeschriebenen Werten, also zwischen den Handlungen und den Begründungen herrscht ...

Obschon es Montesquieu darauf ankommt, die Vernunft im Spiele der nicht aufrechtzuerhaltenden Gegensätze triumphieren zu lassen, so kommt es ihm doch nicht weniger darauf an, in ebendiesem Spiele das Vergnügen des Lesers gewinnen zu lassen. Alles, angefangen bei den Freiheiten, die der Übersetzer-Bearbeiter sich vor dem Original herausgenommen zu haben gesteht, bis zu der manchmal offen komischen Schärfe, mit der sich das ernsthafteste kritische Denken ausspricht, alles ist so behandelt, daß sich niemals Langeweile bei dieser Lektüre einschleicht – das »Prinzip des Vergnügens« (oder wenn man will: Lustprinzip) ist hier allmächtig, ohne doch mit den Forderungen der Vernunft in Konflikt zu geraten. Das Vergnügen setzt die Würze und das zarte Ungefähr voraus, die zu einer Sache gehören, die ganz nach unserem Geschmack ist. Es setzt ebenso – und Montesquieu wird es im *Essai sur le Goût* aussprechen – die Verschiedenheit, die Überraschung und die Asymmetrie voraus: sämtlich literarische Qualitäten, welche der verborgene Autor unter dem Anschein der Treue gegenüber den zu seiner Kenntnis gelangten Dokumenten seinem Werke zu verleihen wußte.

Die Reisenden interessieren sich für alles; alles versetzt sie in Erstaunen und bringt sie zum Nachdenken. Damit ist das Prinzip der Verschiedenheit garantiert, das zusätzlich das Konzert mehrerer weiblicher Stimmen und die großen Arien der Kastraten bereichern. Aus der wohlzubereiteten Verschiedenheit entsteht die Überraschung; zitieren wir aus zwanzig Beispielen die völlig unvorhersehbare Weise, auf welche der klatschhafte Brief über Suphis' Hochzeit (LXX) auf Usbeks Brief über die Attribute Gottes (LXIX) folgt. Das Denken des Lesers sieht sich zu den raschesten Umstellungen genötigt, die kraft ihrer Unschicklichkeit oder Unzusammengehörigkeit nicht ohne Annehmlichkeit sind. (Man denke an die Vorliebe der dekorativen Kunst des Rokoko für den Wechsel des Maßstabs.) Die Überraschung schließlich ist der Geisteszustand, auf den der Ton der *Persischen Briefe* selbst immer wieder verfällt – jedenfalls zu Beginn des Buches. Der Autor offenbart sein Vorgehen, indem er seine Kühnheiten entschuldigt: »Diese Züge finden sich stets mit dem Gefühl der Überraschung und des Erstaunens verbunden.« Das Vergnügen entsteht aus der Lebendigkeit des *Zuges* (trait), aus der unerwarteten Pointe, die trifft und Lachen erregt, und nichts motiviert den Zug der Satire besser als die Hypothese eines naiven Blickes auf die Dinge des Abendlandes, den darauf Männer aus dem Orient werfen, die von weit hinter der Donau kommen und dennoch weniger tölpelhaft sind als der tugendhafte Bauer.

Die Verantwortung für unehrerbietige Äußerungen wird von Montesquieu auf den vorgeblichen Übersetzer-Bearbeiter und von diesem auf die Perser weitergeschoben. Die leicht zu durchschauende Entschuldigung, welche die beißendsten Züge der persischen Überraschung auf die Rechnung schreibt, entfesselt einen unaufhaltsamen Freimut der Rede.

Die Unverschämtheit zieht Vorteil aus der Immunität, die man jedem von außen Kommenden zugesteht, der von jeder Bindung und Verpflichtung frei ist. (Das war einst die Aufgabe des Hofnarren, es ist noch, zur Zeit der *Persischen Briefe*, die des Arlecchino und Hanswurst, und es wird die des Ingenu und die Figaros sein.)

Die Fiktion hat somit die Wirkung eines Filters. Sie fordert, nur das zu schreiben, was orientalischen Beobachtern auffällig und merkwürdig erscheint. So verpflichtet sich Montesquieu, nichts zu sagen, was nicht einen gewissen Schwung hätte, und nichts zu schreiben, was nicht zunächst durch einen beträchlichen Abstand der Unkenntnis zwischen dem, der reden darf, und dem, worüber er spricht, verfremdet wird – und er hebt diesen Abstand auf unvorhergesehene und hinterhältige Weise auf, die drastisch berührt. Unter der Form der Abhandlung oder der Akademierede (an der Montesquieu sich in jungen Jahren mehrfach versucht hat) wären die Reden und Ideen nur Mahnungen der klassischen Moral gewesen oder schnellfertige Aperçus der neuen Philosophie; so aber sind sie *unter Spannung gesetzt* dadurch, daß sie dem persischen Briefverfasser zugeschrieben werden. Diese Ideen werden unter der Hand dessen, der schreibt, zu *Entdeckungen*: sie werden zum erstenmal gedacht und skizziert, und der sie äußert, empfindet bei ihrer Formulierung spürbar das Vergnügen der Überraschung. Die Fiktion des persischen Reisenden verjüngt mithin nicht allein die äußeren Gegenstände, die er sieht und beschreibt (wie es schon der Türke von Marana und andere taten), sondern ebenso die Wahrheiten, die er zutage bringt. Einige große, wohlbekannte, zu bekannte und vergessene Prinzipien können so durch ihre Zuschreibung an den Neuankömmling, der sie im *Augenblick* selbst, da seine Vernunft sie bemerkt, darlegt, in Erinnerung gerufen werden. Bei dieser Inszenierung wird ein Stil erfunden; er reduziert den gewöhnlichen Stoff des Essays auf den Inhalt eines Briefes oder eine Reihe von Briefen; er gestattet, sich knapp zu fassen, abzukürzen, abzuschneiden, Vorreden und Folgerungen zu unterdrücken. Der persische Briefschreiber vermag auf das Wesentliche zuzugehen, ohne sich bei den nebensächlichen Fragen aufzuhalten, die sich vor einem westlichen Verfasser unvermeidlich auftürmen würden. An Einwürfen kennt er nur die der islamischen Religion – der gegenüber seine Ergebenheit in den Figuren eines gezierten Stils zu erklären, wobei die poetische Sprache alle Muße hat, ihre Umständlichkeit zu entfalten, ihn nicht allzuviel kostet. Damit findet die Lebhaftigkeit eines *neuen* Denkens ihren Ausgleich in den gewundenen Formeln einer *ererbten* Sprache, von welcher der französische Leser seit der Einleitung genau weiß, daß deren Nachahmung seinem Geschmack angepaßt ist. Die persische Fiktion nötigt Montesquieu, anders und besser zu schreiben. Und dieses Glück des Schreibens gerät abwechselnd in der Geschwindigkeit, mit der sich ihm die Axiome der Vernunft aufdrängen, und in der ornamentalen Parodie des geblümten Stils des Orients in Begeisterung.

Sich selber nicht nennen. Keine Widmungsepistel schreiben (und mithin keinen privilegierten Empfänger bezeichnen). Das Verfahren, den Namen unkenntlich zu machen, hält nicht an bei der Titelseite und bei der Einleitung. Es hat nicht nur defensive Funktion. Der Leser wird bald bemerkt haben, daß keines der Individuen, das die Reisenden in Frankreich treffen, einen Namen trägt. Die Anonymität gehört zum literarischen System der *Persischen Briefe* für alles, was den Okzident betrifft. Und wenn wir das gesamte Buch betrachten? Die einzigen Personennamen in den 161 Briefen der Sammlung sind die der Reisenden, ihrer Freunde, ihrer Gattinnen, ihrer Sklaven. Die Personennamen in den *Persischen Briefen* umfassen das Gebiet der orientalischen Fiktion. Im Westen erhalten nur die Länder, Orte und Institutionen ihre Namen: Venedig, Italien, Frankreich, Paris und sogar Pontoise, das Parlament, die Französische Akademie usw. Im Gegenzug besteht die in den *Persischen Briefen* fast absolut befolgte Regel darin, keinen Franzosen bei seinem Namen zu nennen, ja, ihm nicht einmal einen fiktiven Familiennamen zu geben. Selbst Ludwig XIV., Philipp von Orléans oder Law, die deutlich beschworen sind, werden einzig durch ihre Funktion oder durch ihre Herkunft bezeichnet: »der König von Frankreich«, »der Regent«, »ein Ausländer« (oder »der Sohn des Äolus«). Sobald es nicht mehr um diese außergewöhnlichen Personen geht, wird man bemerken, daß das Individuum unter dem Blick der persischen Reisenden, jeder persönlichen Identität entkleidet, nur in den typischen Gebärden und Reden existiert, die es als Vertreter einer Kategorie kennzeichnen – das Auslöschen des Namens enthüllt die gesellschaftliche Rolle, die Funktion und das Gattungsverhalten. Die »soziologische Revolution«, von der Roger Caillois angesichts der *Persischen Briefe* mit gutem Recht spricht, besteht darin, die Einzigartigkeit der Individuen zu beseitigen, um nichts zu behalten als ihre Zugehörigkeit zu begrenzten Gesellschaften und deutlich charakterisierten Gruppen. Ob es sich um gesetzliche Körperschaften handelt (Parlament, Tribunale usw.), um religiöse Bruderschaften (Kapuziner, Jesuiten usw.), öffentliche Orte und Besucher (Theater, Oper, Caféhäuser) und Institutionen der Barmherzigkeit (die Hospitäler der Quinze-Vingt und der Invaliden) oder um große Herren, Frauen, Zeitungsschreiber oder Gelehrte, offensichtlich wollte Montesquieu seinen Persern ein fast ausschließliches Interesse an den in der Hauptstadt zu beobachtenden Gruppen und Untergruppen zuschreiben. Taucht ein Porträt auf, so verweist die Einzahl stets auf eine Mehrzahl; die gemalte Person gehört zu einer Kategorie, die genügend wichtig ist, um in das Repertoire aufgenommen zu werden: der Alchimist, der Geometer, der Richter, der Mann der glücklichen Zufälle, der Mann, der repräsentiert, keiner von ihnen ist allein und einzig in seiner Art ... Erhalten wir jedoch ein vollständiges Bild der französischen Gesellschaft?

Daran fehlt viel. Man wird bald bemerken, daß nicht alle Tätigkeiten vertreten sind. Es fällt auf, daß die Berufe mit Ausnahme der freien Kunst kaum genannt werden. Auch die Typen nach Psychologie und Leidenschaften fehlen in der Beschreibung der westlichen Welt. Das Register der Leidenschaften behält Montesquieu dem Orient vor, dort erscheinen die Eifersucht, die Wut und die Verstellung. Eine sehr klare Trennungslinie teilt die Welt der Gefühle, diesen Orient der Seele, von den Aktivitäten der Oberfläche, die in Frankreich wuchern und deren Satire Montesquieu durch die unersättliche Neugier der Perser hindurch hervortreten läßt.

In Frankreich lassen sich die Perser auf nichts ein, binden sich an nichts und brauchen eine Person auch nicht ein zweites Mal zu treffen, um ihr Porträt zu zeichnen. Alle Begegnungen sind erste Begegnungen, denen sogleich die letztinstanzliche Beschreibung folgt. So sieht der französische Leser sich eingeladen, Distanz zu nehmen, um mit dem Blick des Fremden die Gebräuche seines eigenen Landes zu untersuchen, während er im Gegenzug in die Intimität der Seelen und der Körper im fernen Persien eingeweiht wird; der Leser wird in ein Spiel gezogen, das ihn aus seinem gegenwärtigen Milieu entfernt und in einer fremden Welt auf indiskrete Weise gegenwärtig sein läßt. In der erotischen Vorstellung rückt Persien nahe; in der Ironie der Beobachtung wird ein anonymes und karikiertes Frankreich zum fernen Kontinent. Das Gleichgewicht der *Persischen Briefe*, der zumeist verkannte Konnex zwischen ihrer westlichen und ihrer orientalischen Seite, besteht in dem, was man die Regel der Gleichheit der Erzeugnisse nennen könnte. Multipliziert man die geographische mit der moralischen Distanz, so bekommt man ein deutlich äquivalentes Ergebnis sowohl für die persische Intrige (wo die Seelen einander buchstäblich vertrauen) wie für die allgemeine Kritik der französischen Gesellschaft (die nur äußeren *Anschein* liefert).

Die Perser werden durch das Außergewöhnliche beeindruckt, sie kennen nicht die »Verbindungen« zwischen den Vorstellungen, Gebräuchen und Praktiken; der Begriff des *Erstaunens* wirkt, wie wir sagten, als Filter. Fügen wir hinzu, daß er ein *Scheidemittel* ist. Die soziologische Reduktion, wie Montesquieu sie praktiziert, gelangt nicht zu einer umfassenden Ansicht der französischen Gesellschaft und ihres Wirkungszusammenhangs, sondern zu einer diskontinuierlichen und zerstückelten Wahrnehmung alles dessen, was sich nach und nach als erstaunlich darbietet. Von Brief zu Brief findet die Neugier neue Nahrung, d. h. neue, aus dem gesellschaftlichen Ganzen herausgelöste Bruchstücke. Die Fragmentierung der Zeit, welche die Briefform auferlegt, geht einher mit der stückweisen Beschreibung der sozialen Typen und Institutionen. Selbst ohne die Briefe in Salven auszunehmen (über die Troglodyten, über die Entvölkerung der Erde, über die Bücher), ist festzuhalten, daß fast jeder Brief sich seine Grenze setzt und sie durch eine Schluß-*Pointe* anzeigt; daß jeder Paragraph in jedem Briefe sich durch einen Angriff und durch einen abschließenden Zug zu bezeichnen strebt, und daß selbst der Satz sich wie ein sehr fein gegliederter Mechanismus anordnet. Daher entsteht oft der Eindruck einer Eleganz im Korsett und einer auf Taille geschnürten Anmut. Die aufeinanderfolgenden Augenblicke lösen sich voneinander ab, jeder reich an eigenem Inhalt und mit stets erneuerter Überraschung. Die »Unkenntnis der Verbindungen«, die Montesquieu seinen Persern zuschreibt, läßt sie in Frankreich und bei den Christen den Mangel logischer Beziehungen und fehlenden Zusammenhang entdecken; so löst sich die vermutete Verkettung der westlichen Glaubenshaltungen und Institutionen auf. Die dichten Verknüpfungen bestehen gar nicht oder wirken nicht mehr. Wenn die Verbindungen nur imaginär (oder, wie Valéry sagt, »treuhänderisch«) sind, erkennt ein unvoreingenommener Blick die Lücken und Brüche. Er löst nicht nur auf, analysierend, »dekonstruierend«, sondern nimmt in seiner Naivität das getrennt wahr, was auch nur getrennt existiert. Die *non sequitur* werden sichtbar ... Ist es erstaunlich, daß Montesquieu mit Personen, die keine Verbindungen kennen und deren Blick sozusagen Diskontinuität erzeugt, beim Schreiben seines Buches das Bedürfnis eines Ausgleichs verspürt? Er läßt die Personen sich so bewegen, daß sie »in eine sie verbindende Kette gegliedert« sind, und er spannt zwischen den verschiedenen Themen seines Romans eine »geheime Kette«. Die Diskontinuität, wie sie allerorten erscheint, wird von einem Schriftsteller in die Pflicht genommen, der – in der Konstruktion des *Buches* – eine neue Kontinuität errichten will.

Diskontinuität will aber nicht Unordnung heißen. So wie der Anatom *a capite ad calcem* verfährt, so richtet sich die Neugier der Perser zu Beginn des Spieles auf den König und auf den Papst: sie nimmt zuerst den Kopf in Augenschein. Die Perser beginnen damit, die Hauptfrage der politischen und religiösen Macht zu stellen; nach ihrer psychologischen Basis: Leichtgläubigkeit und Eitelkeit der »Völker«; nach ihrer ökonomischen Basis: der Reichtum und die Art, ihn zu erwerben. Aber beim Übergang zu den anderen Ebenen der Gesellschaft folgen die Perser nicht der methodischen Ordnung, die sie nach und nach das Räderwerk beschreiben ließe, das wohl oder übel den Gang der französischen Institutionen sichert. Ihre Aufmerksamkeit wird von den Irregularitäten und den Zufällen dieser Gesellschaft angezogen, von den grellsten Nebenerscheinungen, von dem, was Unruhe sät und Skandal erregt: Schauspielerinnen, Huren, Glücksritter, Dummschwätzer, Finanzleute und Neureiche, Rechtsverdreher und Beichtväter, Zeitungsschreiber, Mitglieder der Akademie und streitsüchtige Literaten – lang ist die Liste der Typen und Gruppen, welche die Verwunderung von Usbek und Rica als unnütz und schmarotzerhaft, wenn nicht als direkt unheilvoll für die gesellschaftliche Ordnung ansehen läßt.

Die Unterdrückung des Namens oder die mythologische Maske erlaubt das zu benennen, was unter dem wahren Namen tabu gewesen wäre. (Alles geschieht, als gäbe es eher ein Tabu des Namens als eines der Sache.) Aber wie bezeichnet man etwas, ohne es zu benennen? Indem man es beschreibt. Wenn man vorgibt, über kein Wort zu verfügen, um ein Wesen, einen Gegenstand oder ein Verhalten synthetisch zu benennen, dann muß man es nach seinen sichtbaren Kennzeichen neu definieren. Homer wird »ein alter griechischer Dichter«, der Rosenkranz »kleine Holzkügelchen« usw. Soviel Umschreibungen: Rätsel, rasch aufgelöst vom Leser, der die ausgesparten Namen kennt. Die List Montesquieus besteht darin, Lücken im Wortschatz der Perser zu fingieren bei den Dingen, die ihnen unbekannt sind. Eine freiwillige Sprachstörung, die zu einem Umweg, bald über den wiederentdeckten Sachgehalt, bald über die fremdländischen Äquivalente der französischen Wörter, nötigt: der *Priester* wird zum *Derwisch*, die *Kirche* zur *Moschee*. Die Wirkung ist doppelt: einerseits konnte man bezeichnen, was offen zu benennen gefährlich gewesen wäre; andererseits hat man die bislang geheiligten Dinge und Wesen entsakralisiert, indem die profane Sprache oder die einer konkurrierenden Religion sie in Besitz nahm. Sobald der linguistische Code einer religiösen Überzeugung verschwindet, bleibt nur die Beschreibung der vom Ritus erforderten Gebärden ohne die Rechtfertigung, die sie innerhalb der »Kette« aus Zeremonien, Dogmen und »anderen Wahrheiten« empfing. Der Glaubensakt, die Überzeugung erscheinen nur noch unter ihrem äußeren Aspekt als Forderungen des *Gläubigers* ohne feststellbaren Gegenwert – nach Art der Schuldscheine der Westindischen Gesellschaft, die, wenn man sie auch einen Augenblick für sicher hält, jeder Deckung entbehren: die päpstliche Bulle ist nichts als »ein großes Schriftstück« (Brief XXIV), die Schuldverschreibungen von Laws Papiergeldspekulation bestehen kraft eines »Zettels« (Brief CXLII). So läßt sich die *Torheit* derer enthüllen, die darauf hereinfallen. Die Kritik und die Entmystifikation bestehen wieder einmal darin, die prachtvollen Namen zu beseitigen, um die Nichtigkeit der wirklichen zu zeigen, die durch Worte täuschenden Glanz ausstrahlten. Außerhalb des Codes, der sie heiligt, verdienen diese Dinge keine Achtung mehr. Die Wirkung, die sie auf die Geister ausübten, nennt man *Magie*, Betrug und Scharlatanerie. So läßt Usbek, der schon vor seiner Reise ein Feind der Masken ist (Brief VIII), zusammen mit Rica, der mit ihm verschworen ist, eine ganze Reihe von Masken und Täuschungen fallen: vom König von Frankreich gekaufte Ehren, Hurenlügen, der Betrug des »Mannes, der etwas darstellt«, Reichgewordene, die auf adelig machen, und eine »als persischer Botschafter verkleidete« Person ... Die Falschmünzerei ist allgegenwärtig, und die Perser zeigen sie voller Naivität oder Zorn an, indem sie den Gegenständen des Glaubens ihren achtunggebietenden Namen entziehen und ihnen nichts als die Oberfläche belassen, die sie der simplen Wahrnehmung darbieten. Das Buch schließt mit dem Spektakel eines Bankrotts.

Wie streng aber auch die ausdrücklich oder unausdrücklich formulierte Kritik der fremdländischen Besucher sein mag, wie offensichtlich auch in der westlichen Welt der Rückgriff auf die Schminke und die heuchlerischen Schliche sein mag, so bleibt doch im Vergleich mit Persien das christliche Frankreich ein Land, wo man mit unverschleiertem Gesicht lebt, wo die Frauen in der Öffentlichkeit aufzutreten wagen und wo die Fröhlichkeit in erlesenen Gesellschaften den Ton angibt. Und wie lächerlich auch oft die Sorge um die Ehre sein mag (die Montesquieu schon vor dem *Geist der Gesetze* zum »Prinzip« des monarchischen Staates macht), so sind doch ihre öffentlichen und privaten Folgen minder grauenvoll als die der »Furcht«, die in Persien, im Moskowitischen Reiche und in China herrscht, kurz, überall dort, wo der Despotismus triumphiert. Das zumindest steht, nach abgeschlossener Rechnung, unveräußerlich fest.

Usbek, Rica – auf persischer Seite sind die Personennamen wunderbar treffend, um die Charaktere und Konstitutionen darzustellen. Denn die Ästhetik der Abwechslung, die Unterschiede und Nuancen verlangt, will die persischen Zeugen doppelt haben: ähnlich nach ihrer Herkunft, unähnlich nach ihrem Empfindungsvermögen.

Rica ist der Jüngere, er ist der Spötter und manchmal voller Hohn. Schon sein Name teilt dem französischen Leser seine Fröhlichkeit und Freiheit mit (ricaner: lachen, höhnisch grinsen). Man erfährt, daß er in Persien eine Mutter »untröstlich« zurückließ (Brief V), aber das beschäftigt ihn nicht weiter. Und da er keine Gattinnen, keinen Harem aus der Ferne zu verwalten hat, kann er gänzlich der neuen Welt angehören, die ihn mit einer vorübergehenden Neugier empfängt (Brief XXX), deren Sitten, das Getändel und den Spott, er sich rasch zu eigen macht. Nichts hindert ihn daran, sich vom gegenwärtigen Augenblick gefangennehmen zu lassen, dessen Überraschung auszukosten und ihn auf eine Weise darzustellen, die sein Vergnügen wiedergibt. Er handelt nicht ab, er berichtet, er malt lebendig seine Empfindungen. Seine Feder ist gut für die Satire oder für die lockere Erzählung (Brief CXLI: *die Geschichte von Ibrahim und Anaïs*).

Rica selbst ist nur die Ergänzung zu Usbek, der die erste Rolle spielt. Schon der Klang der beiden Vokale seines Namens – Vokale, die in Ricas Namen nicht erscheinen – gibt uns im Spiel des Kontrastes zu verstehen, daß Usbek ein düsterer und nachdenklicher Mensch ist. Der Buchstabe *k*, auf den sein Name endet, ist ein schlechtes Vorzeichen für das Ende seiner Geschichte, er läßt sich als Emblem der strafenden Grausamkeit lesen, zu der ihn die Wut, betrogen zu sein, hinreißen wird. Rica und Usbek sind nach den Gegebenheiten der überlieferten Theorie der Temperamente konstruiert. Rica: sanguinisch, jungenhaft und jovial. Usbek: melancholisch mit allen Attributen der »edlen« Melancholie – unvorsichtige Wahrheitsliebe, Feindschaft gegen Masken und Täuschungen (Brief VIII), Erhebung des Geistes, nachdenkliche Gleichgültigkeit, Geschmack an der Spekulation und den großen Abstraktionen, aber auch das langsamere Denken (Brief XXV), der Hang zu anhaltendem Kummer, die blasierte Kühle in Liebesdingen (Brief VI), was indes Ressentiments und Qualen der Eifersucht nicht ausschließt. So wie er imaginiert ist, ist Usbek der reife Mensch, der es schwer hat, sich in einer fremden Welt zu akklimatisieren, der vernünftige Moslem, den die Erfahrung allmählich zum Deismus und zum Cartesianismus führt, der vorgeschützte Verfasser der moralischen und politischen Miszellen, die Montesquieu aus seiner Brieftasche des Mitglieds der Akademie von Bordeaux herauszieht, und der griesgrämige Herr eines Harems, dessen sich die Unordnung bemächtigt ...

Das Spiel der Unterschiede und Gegensätze bei der Erfindung der persischen Namen läßt sich noch gründlicher betreiben. Der Vokal *o*, der sowohl Usbek wie Rica fehlt, kommt der stolzen Roxane zu und ebenso dem Eunuchen, der das Amt des Henkers versieht: Solim. Usbeks übrige, weniger heldenhafte Frauen werden durch die Gewundenheit des Buchstabens *Z* gezeichnet, den die Fiktion des Rokoko mit allem Exotischen assoziiert, die Initiale ihrer seidenweichen Namen verleiht der sinnlichen Unruhe und der Geschmeidigkeit des offensichtlichen Ungehorsams einen Körper. Zachi, Zéphis, Zélis sind austauschbar und fast verschmolzen in der Glut ihrer Aufforderungen und Vorwürfe an den Abwesenden; die anmutigere und leichtere Sklavin Zélide zeichnet mit ihrem Namen die manchmal zu engen Bindungen mit ihren Herrinnen, die sich ihre Dienste streitig machen. Ein wenig beiseite läßt Fatmé sich als schwerer und glühender ahnen ... Alle die männlichen oder weiblichen Namen, die wir zitiert haben, sind auf der genauen Waage des Zweisilbers gewogen. Den verehrungswürdigen Derwischen (Méhémet-Ali, Hagi Ibbi) kommen Doppelnamen zu, Träger der Würde.

Usbek erscheint gleich zu Anfang in der Bewegung seiner Reise zu einer anderen Welt als der seinen (Brief I). Er hält sich nicht weiter in Persien auf; seine Pilgerfahrt nach Com ist nur eine Formalität; er eilt zum Wissen. Wer der Erfahrung des Raumes in den *Persischen Briefen* hinlängliche Aufmerksamkeit schenkte, der entdeckte, vom ersten Briefe an, die Bedeutung, die dem Maß der Entfernungen und Zeiten gezollt wird. Isfahan, Com, Tauris, Erzerum, Tocat, Smyrna, dann Livorno und Paris; der Raum ist präzise angegeben und nach aller chronologischen Wahrscheinlichkeit einer wirklichen Reise skandiert, im Gegensinn der Strecke, der die westlichen Reisenden folgten, deren Berichte Montesquieus Informationsquellen sind. Das Wissen zu verfolgen bedeutet für Usbek Bewegung, Öffnung nach außen und vor allem die Weigerung, der Autorität der einzigen »Kultur« des Geburtslandes unterworfen zu bleiben. »Wir wurden in einem blühenden Königreich geboren; aber wir glaubten nicht, daß seine Grenzen auch die unserer Kenntnisse bleiben sollten und daß es allein dem orientalischen Lichte zukäme, uns zu erleuchten.« Usbek entsagt jedem »Iranozentrismus«. Sollen wir daraus schließen, daß Paris und der Westen sich künftig die Rolle des wirklichen Zentrums zuschreiben werden? Erkennen wir vielmehr den vollständig *umkehrbaren* Charakter von Usbeks Äußerung. Sämtliche Entschlüsse, die dieser vernünftige Perser faßt, zwingen den französischen Leser zu einer analogen und umgekehrten Entscheidung. Ist es nicht Zeit, den vom westlichen Licht allein erleuchteten Boden zu verlassen? Und der erste Schritt – um die mit den üblichen Gebräuchen verbundene Sicherheit ins Wanken zu bringen –, besteht er nicht darin, sich die Überraschung eines Besuchers aus einem anderen Kontinent vorzustellen? Der Eurozentrismus wird durch die kühnen Fragen dieses Eindringlings in Gefahr gebracht, der seinerseits sich von den Vorurteilen seiner Klimazone losgerissen hat. (Bemerken wir im Vorübergehen, daß allein die europäische Kultur sich auf das Abenteuer eingelassen hat, darauf zu verzichten, alles auf sich selbst zu beziehen; daß allein die westlichen Intellektuellen vermutet haben, daß die anderen Kulturen vielleicht eine gleiche Legitimität besäßen.)

In der Tat umfaßt der geographische Raum der *Persischen Briefe* nicht allein die beiden entgegengesetzten Hauptstädte Paris und Isfahan; er schließt auch die Städte ein (von denen einige Reiseetappen bildeten), in denen die Korrespondenten-Informanten wohnen: Ibben in Smyrna, sein Neffe Rhédi in Venedig, Nargum in Moskau, Nathanael Lévi in Livorno; Nachrichten treffen ein aus Spanien, Schweden und der Tartarei, das politische England ist vollständig gegenwärtig. Wenn Usbek am Ende des Werkes die Gründe der Entvölkerung der Erde untersucht, dann bilden seine ununterbrochenen Briefe keine ungehörige Beifügung zu dem Roman; sie vollenden die Bewegung einer expansiven Neugier, die sich für das Schicksal der gesamten Menschheit in der ganzen Ausdehnung des Globus und in der gesamten Zeitdauer der bekannten Geschichte interessiert: China, Nord- und Südamerika und Afrika sind in die Rechnung aufgenommen. Der räumliche Horizont der *Persischen Briefe* erweitert sich auf das Äußerste. Der Reihe von Usbeks Briefen über die Entvölkerung der Erde (CXIII bis CXXII) entspricht ironisch die Reihe von Ricas Briefen über seine Besuche in der Bibliothek des Klosters (CXXIII bis CXXXVII): die Beschwörung des *orbis terrarum* verlängert sich dergestalt in jene des *orbis litterarum*; alle Wissenschaften, alle Geschichtswerke und alle literarischen Gattungen verdoppeln durch die Totalisierung in Büchern den Prozeß der räumlichen Totalisierung.

Am Ende der *Persischen Briefe* hat der Leser nicht lediglich der Konfrontation der Moral von Paris mit der von Isfahan beigewohnt. Er hat im Geiste eine Reise um die Welt gemacht. Er hat alle illustren Orte der Geschichte durchlaufen:

Judäa, Griechenland und Rom. Und bei seiner Entdeckung der Relativität des Absoluten oder der Absoluten, die man an verschiedenen Orten und zu verschiedenen Zeiten verehrt, empfindet er die Notwendigkeit, sich zum Universellen zu erheben, fühlt er in sich ein kosmopolitisches Streben erwachen, welches das Glück und das Wohlergehen aller Völker wünscht. Der Boden ist bereitet für den Sieg universeller Begriffe – Vernunft, Gerechtigkeit, Natur –, in deren Namen alle partikulären Fanatismen und alle regionalen Intoleranzen verdammt werden.

Hinter einer Sache steht jeweils eine andere. Neben einem Motiv entfaltet sich ein zweites. Montesquieu gilt als Meister in der Kunst, die vielfachen Determinierungen und komplexen Verursachungen zu erkennen. Er weiß, daß im Bereich menschlicher Tatsachen der Determinismus im Plural steht. Im Falle der Entvölkerung der Erde sind die physischen Ursachen zahlreich und noch zahlreicher die moralischen Ursachen, die sich den ersteren zugesellen.

Nicht anders geht es mit Usbeks Reise. Eine erste Ursache, »Wissensdrang«, im ersten Brief angeführt, erscheint uns zunächst durchaus annehmbar; das ist eine Ursache, die man für notwendig und hinreichend ansehen kann. Aber kaum hat Usbek die Grenze zwischen Persien und der Türkei überschritten, da wagt er es, seinen Freunden in Isfahan »das wirkliche Motiv seiner Reise« (Brief VIII) zu offenbaren. Als er am persischen Hof erschienen war, erwies er sich dort als ein wenig zu eifrig, das »Laster« zu »demaskieren«. Nicht nur hat er »die Gunst des Fürsten« nicht erlangt, sondern auch noch »die Eifersucht der Minister« auf sich gezogen. Da er die ernsteste Gefahr riskierte und für sein Leben fürchtete, hat er zunächst den Ruhestand gewählt. »Ich gab eine große Neigung zu den Wissenschaften vor, und kraft des Vorgebens kam sie mir wirklich.« Bald ist das Exil vorzuziehen, wenn Usbek seinen Kopf retten will. Wenn so die Wißbegierde auch ein aufrichtiges Motiv und kein simpler Vorwand ist, wird die Nötigung, der Willkür zu entgehen, eine Ursache von zumindest gleicher Bedeutung. Der Widerstreit zwischen der sittlichen Forderung der Wahrheit (das Laster zu entlarven) und der heuchlerischen Gewalt der Höflinge konstituiert für das ganze Werk den motivierenden *politischen* Sachverhalt: wäre die Drohung nicht so ernst, so hätte es keine Reise nach Frankreich gegeben. Gleichzeitig finden sich so viele Briefe über das Rechtswesen, die Struktur der Regierungen usw. gerechtfertigt. Sie stammen von einem Betroffenen ...

Man ermesse den Anteil der Fiktion! Während Montesquieu spielerisch die Feder von einem Perser halten läßt, erfindet dieser sich eine Rolle als Gelehrter, um seinen Kopf zu retten (und bald wird die Rolle seine wirkliche Haltung). Montesquieu greift zu der persischen Verkleidung, um die Reaktionen der Kirche oder der Mächtigen zu vereiteln; Usbek greift, wie spiegelbildlich, zum Mittel der Flucht, um dem Zorn eines von seinen Ministern gelenkten Despoten zu entrinnen. Man kann Usbeks Reise im hyperbolischen Reflex von Montesquieus Inkognito erblicken – eines ruft das andere hervor. Man kann ebensogut im orientalischen Despotismus, der das Leben Usbeks bedroht, das hyperbolische Bild des Mißbrauchs der Macht der französischen Monarchie sehen. Montesquieu, dessen Mißtrauen gegenüber der absoluten und zentralisierenden Macht man kennt, konstruiert seine *Persischen Briefe*, indem er dem Bilde Frankreichs das des despotischen Orients unterschiebt. Damit entsteht eine Wirkung doppelter Belichtung, worin plötzlich die Gefahren einer *Orientalisierung* der französischen Monarchie aufleuchten. Usbek schreibt über Ludwig XIV.: »Man hat ihn öfter sagen hören, daß ihm unter allen Regierungen der Welt die des Großtürken oder die unseres erhabenen Sultans am besten gefalle, so großen Wert maß er der orientalischen Politik bei« (Brief XXXVII).

Am Ende des Werkes, wenn Rica die Verbannung des Parlaments nach Pontoise berichtet, entwickelt er einige Betrachtungen über die Aufgabe der Parlamente. Nun ist diese Aufgabe – um die Wahrheit zu sagen – genau die, welche Usbek allein auf sein Risiko und seine Kosten erfüllen wollte. Ein Vergleich genügt. Usbek schreibt: »Sobald ich das Laster erkannte, habe ich mich davon entfernt; aber in der Folge näherte ich mich, um es zu entlarven. Ich trug die Wahrheit bis an die Stufen des Throns: ich redete dort eine bislang unbekannte Sprache; ich durchkreuzte die Schmeichelei und brachte zur gleichen Zeit die Anbeter und das Götzenbild zum Erstaunen« (Brief VIII). Aber was sind die Parlamente? »Diese Gesellschaften sind immer hassenswert: sie nähern sich den Königen nur, um ihnen traurige Wahrheiten zu sagen, und während eine Schar von Höflingen diesen unablässig ein unter ihrer Regierung glückliches Volk darstellt, kommen sie zur Widerlegung der Schmeichelei und bringen an den Stufen des Thrones die Seufzer und Tränen vor, deren Treuhänder sie sind« (Brief CXL). Der Parallelismus ist überraschend und läßt uns hier in Usbek das *alter ego* des Parlamentsrates Montesquieu erkennen.

Später, im *Geist der Gesetze*, schafft das Bild der despotischen Regierung mit seinen türkischen, moskowitischen, japanischen usw. Modellen erneut einen bedrohlichen Grund: die unbegrenzte Macht eines einzigen, der durch die Furcht herrscht, die er erregt, erscheint als der letzte Grenzpunkt eines Prozesses der Degenerierung, dem alle Gesellschaften unterliegen. Man muß sich vorsehen – das ist Montesquieus unaufhörlich wiederholte Mahnung. »Die meisten Völker Europas werden noch durch die Sitten regiert. Wenn sich aber durch langen Mißbrauch der Macht oder durch eine große Eroberung der Despotismus an einem gewissen Punkt begründet, so hielten ihm Sitten und Klima nicht stand; und in diesem schönen Teil der Welt litte die menschliche Natur, zeitweise zumindest, unter der Schmach, die man ihr in den drei anderen Weltteilen antut« (*Vom Geist der Gesetze*, VII, VIII). Die gleiche Lehre spricht Usbek ziemlich deutlich im Brief CII aus: »Die Mehrzahl der Regierungen Europas ist monarchisch, oder zumindest nennt man sie so: denn ich weiß nicht, ob es je solche gegeben hat; zumindest ist es schwer für sie, lange in ihrer reinen Form zu bestehen. Es ist ein gewaltsamer Staat, der stets zum Despotismus oder zur Republik degeneriert.«

Usbek verläßt Persien unter der Herrschaft der Furcht (dem Prinzip des Despotismus); die Frage der Gewalt steht mithin am Ursprung des gesamten Werkes. Umgangene Gewalt, zurückgehaltene Gewalt, die sich gleichwohl plötzlich kundtun kann, sei es in der Laune des Fürsten, sei es in der Revolte der Untertanen: »Träfen unsere Fürsten in dieser unbegrenzten Autorität nicht so viele Vorkehrungen zu ihrer Sicherheit, so lebten sie nicht einen Tag; und hätten sie nicht eine Unzahl von Truppen in Sold, um den Rest ihrer Untertanen zu tyrannisieren, so bestünde ihre Herrschaft keinen Monat lang« (Brief CII). Die im Brief CXXIII erwähnten Verwüstungen sind dafür das warnende Beispiel. Wo ist das vollständige Beispiel zu finden? Paradoxerweise in der Verwüstung von Usbeks Harem.

In dem Augenblick, da er sein Vaterland verläßt, kann Usbek nicht umhin zurückzuschauen. Sprach sein erster Brief von dem Vergnügen, über die Grenzen *hinauszugehen* und in der Ferne Erkenntnis zu suchen, so ist der zweite, an den schwarzen Obereunuchen gerichtete Brief von der gegenteiligen Sorge geprägt, nämlich der, eine unveränderliche Ordnung an dem umfriedeten Orte aufrechtzuerhalten, dessen Herr er ist. Auch Usbek verfügt über besoldete Truppen. Er hat seine Wachen. Nicht um seine Person, aber um seine teuersten Besitztümer: den Harem, seine Frauen zu schützen. Er ist somit in seiner häuslichen Existenz ein orientalischer Despot. Mochte ihm auch das Verhalten des Fürsten die Ungerechtigkeit der absoluten Macht selber fühlbar machen, Usbek übt ein Recht über Leben und Tod seiner Gattinnen aus. Man soll ihm gehorchen; er veranlaßt seine Eunuchen und seine Frauen, beim Öffnen seiner Briefe zu *zittern*. Selbst Opfer der Schreckensherrschaft, übt er sie seinerseits aus. Er, der zunächst (Brief I) sich schmeichelte, als erster »auf die Annehmlichkeiten eines ruhigen Lebens« zu verzichten, hat nicht darauf verzichtet, in der Entfernung die absolute Verfügung über Körper und Seele seiner Gattinnen zu bewahren; er will durch den Appell an die Forderungen der Pflicht und durch gleichzeitigen Gebrauch der offenen oder versteckten Drohung Herr über die Gewissen bleiben ... Nun dauert Usbeks Abwesenheit neun Jahre. Das erlaubt es Montesquieu ganz gewiß, im Halbschatten des Serails alle Varianten enttäuschten Begehrens, alle Listen der Entschädigung und alle Versionen und Perversionen des Lustersatzes durchzuspielen. Da die Klausnerinnen des Harems nicht wie ihr Gatte das Weite suchen können, fliehen sie auf andere Weise; sie finden, auf Besseres wartend, Zuflucht im Imaginären, d. h. in der Erwartung, daß das Imaginäre Körperlichkeit gewinne und den Ehebruch vollziehe. Läßt dieses Ereignis so lange auf sich warten? Im ersten Brief des Obereunuchen (IX) taucht das Gerücht eines »jungen Mannes« auf. Ist es schon derjenige, welcher zweimal heimlich wiederkehrt (Briefe CXLVII und CXLIX) und, in Roxanes Armen überrascht, unter den Dolchstößen der Eunuchen sein Leben beenden wird (Brief CLIX)? Montesquieu überläßt es uns, das zu entscheiden. Er bestimmt den schöneren Teil der Mitarbeit des Lesers.

Montesquieu wollte Usbek als Feind der Masken, als vom rationalen Wissen begeisterten Reisenden und zugleich als treuen Repräsentanten der häuslichen Sitten Persiens haben (nach den genauen Informationen, die Chardin, Tavernier, Ricaut usw. liefern). Mithin hat er ihm eine doppelte Persönlichkeit gegeben. Genauer, er hat ihm zwei verschiedene Aufgaben gestellt: einerseits die, die ihn auf die Rolle des Beobachters westlicher Institutionen verpflichtet, andererseits jene, die ihn zum sorgenvollen Besitzer von fünf Frauen und von sieben Eunuchen macht, d. h. zum Tyrannen, der die Wohlgegründetheit seiner Herrschaft niemals in Frage stellt. Usbek ist somit nacheinander der Verfasser scharfsinniger Berichte über Frankreich (für seine männlichen Freunde bestimmt) und der Eifersüchtige, der sich im Befehlston an Wesen wendet, deren Ergebenheit er fortbestehen lassen will, die seine Abwesenheit aber (er weiß es nur zu gut) zu potentiellen Rebellen macht. Es genügt Montesquieu daher nicht, Usbek und Rica verdoppelt zu haben; Usbek selber erhält zwei Gesichter (*bifrons*), deren eines den anonymen Allgemeinheiten der französischen Gesellschaft zugewandt ist, während das andere die besondere Intrige widerspiegelt, in welcher der Roman die Personennamen ins Spiel bringt. Gefährdet Montesquieu nicht die Wahrscheinlichkeit seines Helden, hat er ihn nicht überlastet mit zwei derart widersprüchlichen Rollen? Wie kann der heitere Betrachter der französischen Monarchie und der Universalgeschichte von einem Brief auf den anderen zum beunruhigten Adressaten von Briefen aus Isfahan werden, Briefen, auf die er in einem stets erschrockeneren und gewaltsameren Ton antwortet? Wie kann der gelassene Zeuge wieder zu dem unerbittlich an seinem Besitz hängenden Gatten werden?

Der Leser jedenfalls muß die Person so akzeptieren, wie sie ihm dargeboten wird. Er kann sogar ein Weiteres tun, er wird die Widersprüche Usbeks zu verstehen suchen und sich nicht damit begnügen, sie leichthin der Unbekümmertheit eines Autors anzukreiden, der die Annehmlichkeiten des Romans und die solideren Reize der Philosophie und der Moral nebeneinandersetzen möchte. Als widersprüchliche, als »gespaltene« Persönlichkeit verdient Usbek gerade wegen seiner Ambiguität eine Interpretation, die Montesquieu vollständig darin rechtfertigt, ihn so geschaffen zu haben, wie er ist. Nun ist der Widerspruch zwischen dem intellektuellen Geschmack Usbeks und seinem privaten Verhalten ein Bedeutungsträger; er hat belehrenden Wert ... Wie aufrichtig und entschlossen auch immer Usbeks Appell an die Vernunft und an das Universelle sein mag (wovon so viele Betrachtungen über Gerechtigkeit, Wahrheit, Tugend usw. Zeugnis ablegen), so bleibt er doch mit einem anderen Teil seines Wesens der Mensch einer besonderen Zivilisation und Moral: eine geschichtliche Überlieferung hat ihn erzogen und geformt. Damit entgeht er nicht den Bedingungen, die ihm, besonders was die »Sitten« betrifft, einen »interessierten« Gesichtspunkt anweisen. Montesquieu wollte vielleicht diese zu oft verkannte Wahrheit anschaulich machen: daß es unausweichlich ist, einen besonderen Standpunkt einzunehmen, gerade wenn man das Besondere überwinden und gerade wenn man bei dem Zusammenstoß und der gegenseitigen Vernichtung unvereinbarer Orthodoxien das allgemein und universell Menschliche triumphieren sehen möchte. Nur im Relativen und vom Relativen aus vermögen wir die Suche nach dem zu beginnen, was das Relative überwindet. Usbek, der melancholische Tyrann und der Sklave seiner orientalischen Vorurteile die männliche Ehre betreffend, erhebt sich zu einer Philosophie, die guten Glaubens sich von allen Vorurteilen zu befreien versucht. Er sieht deutlich den fehlenden oder schlechten Grund der absoluten Herrschaft des Königs oder des Papstes, aber ihn wandelt seinerseits kein Zweifel gegenüber seinen eigenen Herrschaftsansprüchen an, seine Eunuchen sind für ihn nichts als »elende Werkzeuge«, und sie bewachen die »schönsten Frauen Persiens«, die wie simple Habe, wie eine »kostbare Hinterlassenschaft« behandelt werden. Die Gattinnen sind Gefangene, wie die Untertanen des Königs von Persien oder des Zaren: um das Reich zu verlassen, bedarf es der Erlaubnis des Herrn (Briefe VIII und LI). Usbek hat darunter gelitten; er läßt seine Frauen darunter leiden. Dabei herrscht ererbte Gewißheit, die er *noch nicht* in Frage stellen konnte, in Bereichen in ihm, die das Licht der

Vernunft *noch nicht* berührt hat. Wir dürfen deshalb nicht glauben, daß er, wenn er zu seinen Frauen von *Ordnung*, *Tugend* und *Natur* spricht, zu einer absichtlich verlogenen Redeweise greift, die dazu bestimmt wäre, sie in ewiger Untertänigkeit zu halten. Diese abstrakten Wörter leisten unter Usbeks Feder, weit davon entfernt, ihm Zweifel an der Legitimität der »häuslichen Knechtschaft« zu erwecken, im Gegenteil die Rechtfertigung – durch eine Täuschung, die nur der westliche Leser bemerkt. Und da richtet Montesquieu eine neue Warnung an uns: es gibt Wörter, die zu groß, zu abstrakt oder zu unklar sind, um nicht, durch ihre Vermittlung, die unähnlichsten Dinge zu bezeichnen. Wozu, zum Beispiel, kann das Wort *Natur* nicht dienen? In Usbeks getäuschter Rede ist es die *Natur*, welche die Pariserinnen vom Ehebruch zurückhält: »Wenn es darum geht, den letzten Schritt zu tun, empört sich die Natur.« In dem Protestschreiben der empörten Roxane rechtfertigt dieselbe Natur den Ehebruch: »Ich habe deine Gesetze gemäß denen der Natur reformiert ...« Die Revolte entreißt dem Unterdrücker sein moralisches und philosophisches Vokabular, eignet es sich selbst an und wendet es gegen den verhaßten Herrn.

Das Relative, das Usbek nicht zu relativieren vermag, beruht in der »häuslichen Regierung«, d. h. in den Gebräuchen und in den Gesetzen, welche die Beziehung zwischen den Geschlechtern regeln – das ist von beträchtlicher Bedeutung. Dieser Bereich erscheint für das Individuum, das sich in ihn verstrickt findet, als derjenige, der sich nicht leicht durch die Vernunft klären läßt: ein archaischer Bereich, worin die Sitte einen stärkeren Zwang ausübt als jede bewußte Politik. Während Usbeks Reflexionen über das Recht und die Geschichte sogleich (mit der Geschichte der Troglodyten) die freieste Höhe der Ansichten erreicht, bleibt die Welt der Sexualität einem antiken System der Herrschaft untergeordnet. Es bildet beinahe eine abgesonderte Sphäre, ein irrationales und gewaltsames Unbewußtes, das unter dem Streben nach Rationalität und Gewaltlosigkeit liegt. Das ist wie bestellt und nicht abgeholt; aber Montesquieu weiß sehr wohl, daß dergleichen Ware stets mit der Zeit auf die Rechnung kommt. Wenn er, nachdem er zeigen wollte, daß keiner der Notwendigkeit entgeht, von einem durch Geschichte und Erziehung auferlegten Gesichtspunkt auszugehen, auch zeigen wollte, daß eine Reflexion über die Gesellschaft und die Geschichte den Philosophen zwingt, die eigene Lage nicht zu verkennen und sich selbst nicht von der kritischen Untersuchung auszuschließen, hätte er die *Persischen Briefe* mit ihrer Katastrophe am Schluß, die man als Strafe für die Verblendung und Verkennung ansehen kann, gar nicht besser konstruieren können. Roxanes Revolte, die im letzten Brief der Sammlung zum Ausbruch kommt, gegen die traditionelle Herrschaft und die (mithin besondere) Sitte des Koran, die Usbek *in absentia* herrschen lassen wollte, appelliert ihrerseits und mit besserem Recht an die universellen Werte. Es sind die Worte *Wonne*, *Vergnügen* und *Begierde*, die Roxane sterbend und triumphierend mit der Herrschaft der »Natur« verbindet. Unter der Drohung des Todes öffnet sich die Perspektive einer universal befreienden Vernunft, von deren Forderungen Usbek nur einen Teil zu formulieren und zu leben vermochte. Der Mut der sterbenden Roxane bezeugt die Legitimität dessen, was wir heute (ein wenig schwerfällig) das Triebverlangen nennen, und nimmt es in den Bestand der unveräußerlichen Rechte auf. Nun war die wirkliche Liebe bis auf den letzten Brief die große Abwesende der *Persischen Briefe*, oder sie hatte ihren Platz lediglich in der Erzählung von Apheridon und Astarte: eine Abwesenheit, die nicht der Zufall bewirkte, da sie ja die objektive Beobachtung, den aufmerksamen Blick und die ironische Distanz ermöglicht hatte. Der junge Mann *ohne Namen,* fast eine Geistererscheinung, der sich aus Roxanes Armen löst und unter den Dolchstößen der Eunuchen fällt, verkörpert einen Teil der wahren Liebe: den heimlichen Teil, der sich jedoch in dem Schatten, womit sie ihn umgibt, behauptet und dessen Zerstörung das Ende der Fiktion und das Verschwinden ihrer wichtigsten Akteure herbeiführt ...

In Usbek gibt es keine Begierde. Sie wurde durch leichte Sättigung zu Tode gebracht. Usbek schreibt seinem Freunde Nessir über seine Frauen: »Nicht daß ich sie liebte, Nessir: Ich finde mich in dieser Hinsicht in einer Gefühllosigkeit, die mir keine Begierden mehr läßt. In dem reichhaltigen Serail, wo ich wohne, habe ich der Liebe vorgebeugt und sie durch sie selbst zerstört« (Brief VI). Das Feld ist frei für das Nachdenken, zunächst für eines, das sich der Gesellschaft der Männer zuwendet. »Ich verbringe mein Leben mit Untersuchungen« (Brief XLVIII). Aber der so eingeführte Schnitt zwischen dem Vergnügen zu schauen, und den außer Betrieb gesetzten fleischlichen Banden ist nicht radikal genug, um einer Askese gleichzukommen. Wenn der Mann, der nicht mehr zu lieben glaubt, trotzdem der Herr bleiben will, läßt er sich von einer weniger freien Reflexion ergreifen, wobei die auf die schlecht behüteten Gattinnen gerichteten Gedanken schmerzlich davon berührt sind, daß ihnen ein Gut entwischt, das sie ja gar nicht mehr besitzen; ein nachträglicher und unglücklicher Gedanke, der ganz eigentlich der der Eifersucht ist: »Gerade aus meiner Kälte kommt eine heimliche Eifersucht, die mich verzehrt« (Brief VI). So wird der heitere Schwung der nachdenklichen Neugier, die so frei eine neue Welt entdeckt und beschreibt, aufgewogen durch ein griesgrämiges Grübeln mit entgegengesetzter Tendenz, das sich auf die verlorenen Besitzungen richtet und seinen Verlust durch Kummer und Unruhe noch beschwerlicher macht. Wenn Usbek in seinem letzten Brief (CLV) seinem Freunde Nessir seine baldige Rückkehr nach Isfahan ankündigt, dann erwartet er, noch in den Armen seiner wiedergefundenen Frauen der Gefangene seines eifersüchtigen Grübelns zu bleiben. Das Denken wird an diesem Punkt zu einer wahren Behexung und versteigt sich so weit, mittels des *Schnitts* den Wirkungen der dem Fleische der Eunuchen zugefügten Verwundung, die sie »von sich selbst getrennt« hat (Brief IX), gleichzukommen: »Ich werde mich in Mauern einschließen, die für mich schrecklicher sind als für die dort bewachten Frauen. Ich werde all meinen Argwohn dahin richten; ihre Umarmungen werden mich davon nicht befreien; in meinem Bett und in ihren Armen werde ich nur meine Unruhe genießen; zu einer Zeit, die so wenig zum Nachdenken geeignet ist, wird meine Eifersucht sich damit beschäftigen. Unwürdiger Abschaum der menschlichen Natur, elende Sklaven, deren Herz auf immer allen Regungen der Liebe verschlossen ist, ihr seufztet nicht länger über euer Los, wenn ihr mein Unglück kenntet« (Brief CLV). Dieser letzte Brief Usbeks ist das symmetrische und spiegelverkehrte Pendant zum ersten (und zum achten). Das Buch hatte mit einer zentrifugalen Bewegung begonnen – zum Wissen, außer Reichweite der tödlichen Feinde; es schließt mit zentripetaler Nostalgie (»glücklich, wer kein anderes Land kennt als das, was ihn ans Licht gebracht«) und mit Resignation: »Ich werde meinen Kopf meinen Feinden ausliefern.« Und wenn der Leser den Brief Roxanes kennengelernt hat, vollendet sich die Umkehrung. Wir hatten in Usbek einen unerbittlichen Feind der Masken angetroffen (Brief VIII), einen Entmystifizierer, der die Leichtgläubigkeit der Franzosen zu durchschauen vermochte; und nun erscheint er selbst als ein Opfer der Täuschung. Er ist der Spielball des äußeren Scheins gewesen. Er ist es, der zu leichtgläubig war und sich durch eine Maske beeindrucken ließ: »Du hast lange den Vorzug genossen zu glauben, daß ein Herz wie meines Dir unterworfen wäre. Wir waren alle beide glücklich: Du glaubtest mich betrogen, und ich betrog Dich« (Brief CLXI). Roxanes Brief, der die Herrschaft der abwesenden Liebe wiederherstellt, indem er das gewaltsame Ende der Eunuchen ankündigt, gibt dem gesamten Werk seine unerwartete und gleichzeitig notwendige *Pointe* unter dem Gesichtspunkt einer rasenden Rache. (Die hier zur Geltung kommenden rhetorischen Figuren sind die Antithese und die Hyperbel zugleich: die Antithese, um die Umkehrung zu bezeichnen; die Hyperbel, damit ein einziger Brief durch seine Intensität den vorausgegangenen einhundertundsechzig Briefen das Gleichgewicht halte.) Und da sind wir mit einem Schlag verpflichtet, das ganze Buch *erneut zu lesen*, um darin einen verblendeten Usbek zu entdecken, der seinen Gattinnen aus weiter Ferne eine unmenschliche Tugend predigt und wohlgefällig Roxanes jungfräulicher Scham (Brief XXVI) ein Verhalten zuschreibt, von dem wir inzwischen wissen, daß der Haß es erzeugt hat. Da schon ging er in die Irre und sah nicht klar. Man findet in der philosophischen Rechtfertigung, die Usbek vom Selbstmord gibt (Brief LXXVI), die vorausgenommene Entschuldigung für Roxanes letzte Gebärde. Die ironische Dimension der *Persischen Briefe* entfaltet sich vollständig erst bei dieser zweiten Lektüre, die erhellt ist von der plötzlichen Offenbarung dessen, was uns so lange verborgen geblieben ist.

Alles kehrt sich in den *Persischen Briefen* um. Die Umkehrung (und der Stil der Umkehrung) ist Montesquieus bevorzugtes Bild, wenn er die Tyrannis und ihre Folgen beschwört. Denn die Tyrannis ist die zum Exzeß geführte Macht (die hyperbolische Macht), deren Übertreibung unvermeidlich eine gewaltige Schaukelbewegung zum entgegengesetzten Exzeß hervorruft. Indem er allgemein vom Despotismus spricht, ohne zu bemerken, daß er auch von seiner »häuslichen Regierung« redet, schreibt Usbek: »Selbst den Fürsten, der ja das Gesetz selbst ist, sehe ich weniger als Herrn als überall sonst« (Brief LXXX). Usbek hatte jedoch die analogen, in Antithesen konstruierten Äußerungen gelesen, die Zélis ihm in einem Briefe schickte, wo sie ihm die unbezähmbare Autonomie eines Gewissens anzeigte, das sich nicht als ein Gegenstand behandeln läßt: »Selbst in dem Gefängnis, in dem Du mich hältst, bin ich freier als Du: Du könntest Deine Vorkehrungen zu meiner Bewachung verdoppeln, damit ich Deine Unruhe genösse« (Brief LXII).

Die Eunuchen sind die Werkzeuge der Tyrannis; deshalb tragen sich die Gegensätze paradoxerweise in sie ein. Als Männer, die aufgehört haben, wirklich Männer zu sein, sind sie die fleischgewordene Umkehrung. Sie sind der Angelpunkt der Umkehrung. Usbek schreibt dem schwarzen Obereunuchen: »Du befiehlst ihnen und gehorchst ihnen; Du führst ihnen blindlings jeden Willen aus und läßt sie ebenso die Gesetze des Serail ausführen [...]. Halte Dich in tiefer Demütigung gegenüber denen, die meine Liebe teilen; aber lasse sie ebenso ihre äußerste Abhängigkeit fühlen« (Brief II). Der Eunuch verfügt über eine furchterregende Macht, allerdings durch Delegierung, und ohne zu vergessen, daß man ihn durch eben den Akt aus dem Nichts aufsteigen ließ, der seine männliche Potenz vernichtete. In jeder Hinsicht lebt er so den Widerspruch einer Macht, die sich vernichtet, oder einer physischen Vernichtung, die sich in Macht verwandelt. Der Verlust, den die Entmannung ihm zufügte, wird durch eine Transaktion entschädigt. Die radikale Entfremdung sollte ihr Gegenstück finden: »Müde des Dienstes in den anstrengendsten Beschäftigungen, rechnete ich das Opfern meiner Leidenschaften meiner Ruhe und meinem Vermögen zugute« (Brief IX). Aber kommt die Transaktion gemäß dieser Hoffnung zustande? Den materiellen (Vermögen) und den moralischen Gewinn (Ruhe), erlangt man ihn wirklich im Austausch gegen die geschlechtliche Unversehrtheit (Leidenschaften)? Die organische Unfähigkeit, ein wirkliches Wesen zu erreichen und zu besitzen, läßt, weit davon entfernt, jede Begier zunichte zu machen, eitlem Begehren, dem Bedauern und den Phantasmen freies Feld. Die kaum gewonnene Macht läßt die sie verursachende Trennung schmerzlich empfinden: »Unglücklicher, der ich war! Mein Geist ließ mich die Entschädigung und nicht den Verlust sehen: ich hoffte, daß das Unvermögen zur Liebe mich von ihren Gefährdungen frei machte. Aber ach! Man löschte in mir die Wirkung der Leidenschaften aus, ohne deren Ursache auszulöschen, und weit entfernt davon, erleichtert zu sein, fand ich mich umgeben von Gegenständen, die sie unablässig beunruhigten« (Brief IX). Der Kummer des Eunuchen rührt daher, daß er in strenger Abhängigkeit von dem ihm auf jede Weise verwehrten Objekt sich nur über perverse Wege mit ihm vereinigen kann: der Schrecken, die Einschüchterung und die Züchtigungen. Das vom Eunuchen erlittene Leiden verwandelt sich in auferlegtes Leiden. Der Ausdruck *revers* (Fehlschlag, Mißerfolg) erscheint bezeichnenderweise bei diesem Thema, und die Umkehrung hört nicht auf, sich wie ein unendlicher Mechanismus zu wiederholen: »Dieselben Frauen, die ich versucht war, mit so zarten Augen zu betrachten, sah ich nur noch mit strengen Blicken an [...]. Obwohl ich sie für einen anderen bewache, gibt mir das Vergnügen, mir ihren Gehorsam zu verschaffen, eine geheime Freude: wenn ich ihnen alles entziehe, scheint es mir, als ob es für mich sei, und es kommt mir darüber stets eine indirekte Befriedigung [...]. So habe nicht nur ich eine unendliche Zahl von Unannehmlichkeiten, und wenn diese rachsüchtigen Weiber auch immer das zu überbieten versuchen, was ich ihnen antue: sie erleiden gräßliche Fehlschläge. Es ist zwischen uns wie Ebbe und Flut von Herrschaft und Unterdrückung« (Brief IX).

Das einzige kompensatorische Verfahren, das sich einer Rache des Eunuchen öffnet, ist das der Erkenntnis und der List: durch Entwicklung eines sehr besonderen Wissens – die Frauen mit dem Blick *durchdringend*, Zwietracht und Verleumdung säend – kann er seine Herrschaft über die Geschöpfe des Harems fester gründen und seinen Willen sogar seinem Herrn aufnötigen. Das Beispiel dafür hat, wie er sagt, der schwarze Obereunuch bei dem gefunden, bei dem er die Geheimnisse seiner Kunst lernte: »Unter diesem großen Meister habe ich die schwierige Kunst des Befehlens studiert und mich nach den Grundsätzen einer unwandelbaren Regierung ausgebildet. Unter ihm studierte ich das Herz der Weiber; er lehrte mich, aus ihren Schwächen Nutzen zu ziehen und nicht über ihre Anmaßungen zu erstaunen [...]. Er besaß nicht nur Festigkeit, sondern auch das Durchdringende: er las ihre Gedanken und ihre Täuschungen; ihre studierten Gebärden, ihr verstelltes Antlitz verbargen ihm nichts; er kannte ihre verstecktesten Handlungen und ihre geheimsten Reden, bediente sich der einen, um die anderen auszuforschen, und gefiel sich darin, die kleinste Vertrauensbezeugung zu belohnen. Da sie ihren Gatten nur aufsuchten, wenn sie benachrichtigt wurden, berief der Eunuche, wen er wollte, und wandte die Augen seines Herrn auf die, welche er im Blick hatte; und diese Auszeichnung war die Belohnung für ein enthülltes Geheimnis. Er hatte seinen Herrn überzeugt, daß es in guter Ordnung sei, wenn man ihm die Wahl überlasse« (Brief LXIV). Man sieht hier im Schoße der Unterdrückung sich einen bemerkenswerten Herrschaftsmechanismus in Gang setzen, wobei die Hilfsmittel der demaskierenden Psychologie sich mit einer ausgefuchsten Technik belohnter Spitzelei vermählen. Und es fehlt wenig daran, daß der Herr nicht seinerseits zum Spielball einer so verfeinerten Administration werde, einer für die allgemeine Ordnung notwendig gewordenen »vermittelnden Körperschaft«. »Ich befinde mich im Serail wie in einem kleinen Reiche, und mein Ehrgeiz als einzige mir verbliebene Leidenschaft befriedigt sich ein wenig« (Brief IX). Dieser Vergleich des Obereunuchen läßt wohl verstehen, daß der »häusliche Despotismus«, so genau er nach den zugänglichen Dokumenten beschrieben sein mag, als erotisierte *Figura* des *politischen* Despotismus gelesen werden kann, der im Orient vorherrscht und dessen Möglichkeit der französischen Monarchie auflauert. Jetzt wird es offensichtlich, daß die absolute Macht die Ordnung nur vermittels einer Klasse von Funktionären durchsetzen kann, die privilegiert und gleichzeitig benachteiligt sind, autoritär und entfremdet, und die einen erotischen Lustersatz darin finden, sich beim Volk furchterregend zu machen – sie halten Gunst und Ungnade, Belohnungen und Strafen für jedes Individuum in Händen. Dank ihrer vermag der Despot von ferne seinen Willen aufzunötigen; sie macht er zu Agenten seiner Propaganda, zu Organisatoren der Zerstreuung durch Spiele und »ferngelenkte« Aktivitäten: »Verschaffe ihnen alle Vergnügungen, die unschädlich sein können; betöre ihre Beunruhigung; unterhalte sie durch Musik, Tänze und köstliche Getränke; überrede sie, oft zusammenzukommen« ... Man hat zu Recht bemerkt[1], daß in dem Serail-Staat der Polizei- und Propaganda-Apparat einen Zusammenhalt gewährleistet, der sich jeden Augenblick aufzulösen droht. Dazu kommen die offensichtlichen Gefahren, die der höchste Herr riskiert, wenn die Anciennetät (dieses große Prinzip der Verwaltung) die Macht einem »dummen« Minister-Eunuchen anvertraut. Das Beispiel bietet am Ende der *Persischen Briefe* der schwache und leichtgläubige Narsit, der Unordnung einreißen läßt. Solim, der zu spät mit der Macht bekleidet wurde, kann die Revolte durch das Übermaß der Unterdrückung nur noch verschlimmern; eine Lage ist geschaffen, in der keine Maßnahme der Beamten-Eunuchen das Unheil mehr aufhalten kann; alle Lösungen sind schlecht, die Revolution ist unvermeidlich geworden. So verläuft der politische Beweisgang, der einer Romanhandlung eingeschmeichelt und als hyperbolische Metapher der Frankreich bedrohenden Gefahr angeboten wird. Der erotische Bereich dient als imaginäres Experimentierfeld für eine allgemeine Theorie der Macht.

Denn was Montesquieu vor allem beschäftigt – und was ihn immer stärker beschäftigen wird –, ist die Form und der allgemeine Typus der Macht in ihren Beziehungen zu Ort und Zeit ihrer Ausübung; es sind die Folgen, die in jedem

1 Aram Vartanian, »Eroticism and Politics in the *Lettres Persanes*«, in: *Romanic Review*, New York, LX, I, 1969, S. 23–33.

Regierungssystem die Weise, wie Entscheidungen getroffen werden, hervorruft, und die Methoden, nach welchen sie ausgeführt werden. Unsere Zeit, die gewöhnlich glaubt, es gebe nur ökonomische Ungerechtigkeiten, wird gut daran tun, noch einmal bei Montesquieu in die Schule zu gehen. Das *politische* Unrecht hat seine berechenbaren Wirkungen.

Montesquieu liebt es, bei jeder Gelegenheit den Preis zu errechnen; er zählt Gewinn und Verlust zusammen. Will man wie Usbek aus der Ferne eine absolute Herrschaft führen? Dann muß man über eine Eunuchen-Verwaltung eine Schreckensgewalt ausüben, die sie ihrerseits praktizieren. Der zu erlegende Preis ist hoch und läßt den Herrn auch noch im Ungewissen. Was ist eine Sicherheit um diesen Preis wert? Was taugen die unter diesen Bedingungen abgegebenen Gehorsamsbeteuerungen? Wenn es wahr ist, daß die persischen Frauen ihre Schönheit dem geregelten Leben im Serail verdanken, und wenn dieses geregelte Leben die beständige Überwachung durch die Eunuchen voraussetzt, ist sie dann nicht zu teuer bezahlt? In einer solchen Gesellschaft sind die Erzieher Sklaven; armselige Erzieher! Ein französischer Gesprächspartner fragt Usbek: »Was kann man von einer Erziehung erwarten, die man von einem Elenden empfängt, dessen Ehre darin besteht, die Frauen eines anderen zu bewachen, und der auf die schändlichste Beschäftigung stolz ist, die es unter Menschen gibt?« Zu dieser moralischen Konsequenz tritt eine weitere, demographische, deren Gewicht Usbek nicht verkennt: »So braucht ein Mann, der zehn Frauen oder Konkubinen hat, mindestens ebenso viele Eunuchen, um sie zu bewachen. Aber welchen Verlust für die Gesellschaft bedeutet diese große Zahl von Männern, die von Geburt an tot sind! Welche Entvölkerung muß nicht daraus folgen« (Brief CXIV). Der Preis ist hoch, entschieden zu hoch im Blick eines vernünftigen Urteils ... Zu welchem Preis erwirbt man bei den Troglodyten die ausschließliche Sorge für das persönliche Interesse? Das Volk kann nur als

Gemeinschaft überleben; die Kehrseite des egoistischen Anarchismus ist die kollektive Vernichtung. Die Reihe von Usbeks Briefen über die Entvölkerung der Erde macht die – weitgehend defizitäre – Rechnung der Folgen aus christlichem Mönchtum, Verbot der Scheidung, moslemischer Vielweiberei und kolonialen Eroberungen auf; in Menschenleben wird der Preis berechnet, aber in einer völlig arithmetischen und quantitativen Perspektive. Usbek erwidert dem Rhédi, der sich (vor Rousseau) über die verhexten Wirkungen der Künste und Wissenschaften beunruhigt, dieses eine Mal mit der Versicherung, daß der Preis für den technischen Fortschritt günstig ist, wenn man alles veranschlagt; und dieses Mal ist die positive Bilanz in der numerischen Sprache ökonomischen Wachstums ausgedrückt.

Exaktes Abwägen der Wirkungen und Folgen einer Politik, aber auch der zu ihrer Ausübung erforderlichen Bedingungen; Gleichsetzen, in einer fast Newtonischen Sprache, von Wirkung und Gegenwirkung – all das will Montesquieu nie aus dem Blick verlieren, wenn er für jede Form der Machtausübung (und vor allem für die despotische) zu erfahren sucht, was sie als Gegenleistung verlangt. Die *Persischen Briefe* sind ein Verfahren, mit dem tyrannischen Modell zu experimentieren und es als auf die Dauer unerträglich zu erweisen. In den Aufzeichnungen für den *Geist der Gesetze* findet man diesen Satz, der trocken, aber kräftig das Ergebnis des Experiments zusammenfaßt: »Die Könige Europas dürfen sich nicht dem Despotismus Asiens aussetzen; das kleine Glück unwiderruflicher Willensentscheidungen erkauft man dort so teuer, daß ein vernünftiger Mensch es nicht begehren kann.«

Mit seinen so verschiedenartigen Registern, seinen unzusammenhängenden Briefen und seinen Umkehrungen hat Montesquieus Buch am Ende nur ein einziges Thema und entfaltet nur eine allgemeine Fragestellung. Wenn der Mensch keine

Trennung auferlegen oder selbst erdulden will und wenn er Unordnung und Gewalt, die notwendig auf die Emanzipation des individuellen Begehrens folgen, ebenso zurückweist wie eine unterdrückende Ordnung, die sich um den Preis der Amputierung seines Fleisches und seiner Intelligenz durchsetzen würde, welche Organisationsform soll er dann seinem Leben und seinen Institutionen geben? An welche Autorität soll er appellieren, wenn er weder sein Begehren noch seine Vernunft opfern will? Die Antwort, die Usbek in diesem Buche gibt, in dem alle äußeren Autoritäten herausgefordert werden, ist ein Akt des Glaubens an eine angeborene und universelle Norm, die sich allen äußeren Befehlen entgegensetzt. Die Gerechtigkeit ist ein »inneres Prinzip« und zugleich ein »Verhältnis der Übereinstimmung« zwischen den Dingen. Das ist das Joch, von dem wir uns nicht befreien können, wenn wir nicht auf das Überleben verzichten wollen. Die Autorität beruht im Bewußtsein des Menschen als qualifiziertem Richter der physischen und der moralischen Welt – jedenfalls wenn er seine Grenzen kennt. Und wäre die Autorität untrennbar von der Vorstellung, die wir uns von einem gerechten Gott machen, so ist es immer noch der Mensch selbst, in dem diese Vorstellung entsteht. Dem Menschen kommt es zu, das Spiel der Kräfte zu berechnen, welche die rationale Vollkommenheit einer Regierung sichern, indem sie ihm erlauben, »zu den geringsten Kosten ans Ziel« zu gelangen (Brief LXXX).

Usbek, der diese Prinzipien ausspricht und der weiß, daß die Menschen ungerecht werden, sobald sie »ihre eigene Befriedigung der der anderen vorziehen«, ist selbst außerstande, seine eigene Ungerechtigkeit wahrzunehmen. Er ist das Beispiel einer beharrlichen Trennung der Reflexion vom Handeln. Das Beispiel ist peinlich und sollte es bleiben. Man befreit sich davon nicht durch die Erklärung, daß diese Trennung der Fehler einer »idealistischen« Philosophie sei, als ob das Nachhinken der Handlungen hinter den Prinzipien ein

Mangel allein des Idealismus wäre. Tatsächlich nimmt Montesquieu alle materiellen Faktoren der Geschichte sehr deutlich wahr, und er weiß, daß der Vorzug, den die Menschen ihrer »eigenen Befriedigung« einräumen, einer und nicht der geringste dieser Faktoren ist. Quer durch die spielerischen und ernsten Stimmen seines Buches und quer durch Usbeks Niederlage verpflichtet er uns, eine Forderung anzuerkennen, der wir immer noch nicht besser Genüge tun können: Übereinstimmung von Tun und Denken in ein und derselben befreienden Vernunft und Ablehnung der Tyranneien, welche die Völker einsperren und die Individuen verstümmeln. Von der Verwirklichung dieser Forderung sind wir ebenso weit entfernt, wie Montesquieu es war. So ist es denn angebracht, die *Persischen Briefe* wieder einmal aufmerksam zu lesen.

IV
Voltaires Doppelflinte

1. Der philosophische Stil des *Candide*

Eine Erzählung? Gewiß. Aber mehr noch das trügerische Bild einer Erzählung. Ich will sagen: seine Parodie, sein leichterer Widerschein. Was in *Candide* dem Roman zugehört, ist die Karikatur des Romans, seine übertriebene Fassung, die alle Konventionen der Gattung vermischt – seien es die des Abenteuerromans (hellenistischer Herkunft), die des Schelmenromans oder die dem Unwahrscheinlichen noch weiter entgegenkommenden des Märchens. Müßte man *Candide* unbedingt einen Stammbaum geben, so wählten wir den, der von Lukian und Petronius über Rabelais und Cyrano führt. Die Ereignisse im *Candide* und vor allem die Art, wie sie aufeinander folgen, widerlegen nicht allein jede Wahrscheinlichkeit; sie geben – durch ihr disparates Wesen – zu verstehen, daß sie damit nicht an das Vertrauen des Lesers appellieren, sondern ihm Freiheit lassen: offensichtliche Tode, unverhoffte Wiedersehen, überschnelle Verkettungen der Handlung, Märchenländer, grenzenloser Reichtum – alles warnt uns, nicht der Geschichte selbst unsere ernste Aufmerksamkeit zu schenken, alles verweist auf allzubekannte literarische Vorbilder, über die der Spott beliebig verfügt, der sie der Reihe nach verzerrt in einer Parabel, die lehrt, den Lehren zu mißtrauen.

Also ein Spiel? Aber ein Spiel, worin quer durch die Parodie keine der Situationen, die zitiert werden, außerhalb der Realität zum gegebenen Zeitpunkt ist – in Deutschland macht man Krieg, massakriert und vergewaltigt; in Portugal verbrennt man die Ketzer; bei den »Wilden« in Amerika verzehrt man die Gefangenen, und in Paris betrügt man die naiven Reisenden im Spiel oder raubt sie aus. Candide ist in vieler Hinsicht nur ein angenommener Name, die minimale Identität, die man einer Person geben muß, deren wesentliche Aufgabe es ist, sich, wo sie auch geht, an der Welt zu stoßen und sie dadurch so zu zeigen, wie sie ist.

Das Rezept des *Candide* ist die Vielseitigkeit und das »Potpourri«. Damit meine ich nicht lediglich die kaleidoskopische Folge der Episoden, ich denke dabei vor allem an die Mischung sich selbst aufhebender Fiktion und unausweichlicher Wahrheit, an die lose Zusammenfügung durch erzählerische Willkür und das Eindringen der Zeichen realer Gewalt. Die Freiheit des Inhalts geht einher mit der Obsession durch das allgegenwärtige Übel; wohin sich das Individuum auch wendet, absurde Gewalt macht jede Freiheit zunichte. Durch ihre unwahrscheinliche Geschwindigkeit wird Candides Reise zu einer allgemeinen Revue der Länder dieser Erde; die Ökonomie der Erzählzeit gewährleistet die Versetzung von einem Ort an den anderen und ermöglicht so eine Anhäufung von Erfahrungen mit der Dummheit, der Intoleranz und dem Mißbrauch der Macht. Der Irrealismus der Erzählung läßt uns den irdischen Raum in jeder Richtung durchmessen und erlaubt es, grauenerregende Realitäten hinzuzufügen, deren keine bezweifelbar oder der Phantasie des Autors entsprungen ist.

Durch den systematischen Gebrauch des Hohns und dank der Unbesiegbarkeit eines Helden, der allen Gefahren knapp entwischt, kann Voltaire die Beschwörung der gräßlichsten Mißbräuche vervielfältigen – zugunsten einer Strategie der wiederholten Anzeige. Voltaires Schreibweise verfährt mit Schnitten, Ellipsen und der Litotes – mit allen Formen der *Unterschlagung* –, während der Ausdruck der empörten Erregung den Satz aufgebläht, die Klage verlängert und Zeit gebraucht hätte, um die »Wahrheit« des Gefühls sich verströmen zu lassen – dadurch kommt eine Verkürzung der Gefühlszeit, ein Effekt der Erregungsbeschleunigung zustande. Durch seine entschiedene Weise, *falsch zu spielen*, entgeht Voltaire den Gefahren sentimentaler Übertreibung und den Blindgängern der Redekunst. Die Bosheit der Welt erscheint um so klarer und hartnäckiger – in einem Klima der Trockenheit, das weder Mitleid noch Trost aufkommen läßt. Nichts von dem, was schrecklich ist, ist im *Candide* erfunden: Voltaire liefert einen dokumentarischen Bericht, ein wenig vereinfacht und stilisiert, der aber die Sammlung der Gräßlichkeiten ist, welche die Zeitungen jedem aufmerksamen Europäer zur Kenntnis brachten. Vielleicht stoßen wir im *Candide* zum erstenmal, im Modus der Fiktion, auf eine heute in Europa allgemein verbreitete Haltung in direkter Folge des Aufschwungs der Informationsmittel: Wahrnehmung aller Plagen der Menschheit durch eine schmerzhafte Empfindungsfähigkeit, die ihr Nervengeflecht über die gesamte Oberfläche des Globus ausbreitet. Voltaire erbebt unter den Leiden der Erde; er kennt alle Urheber der Ungerechtigkeit oder glaubt sie doch zu kennen, und alle Fahnen, die ihre Ausübung bedecken; er zählt sie auf, stellt sie einander gegenüber und gegeneinander. Denn er ist zu klug, um das Unrecht nur einer Partei anzuzeigen; er sieht, wie die gleichen Verbrechen von rivalisierenden Fürsten, gegnerischen Kirchen, von »zivilisierten« und von »wilden« Völkern begangen werden.

Wenn die gebogene Linie mit allem, was sie an unerwarteter Laune enthält, eine der typischen Figuren des Rokoko-Geschmacks ist, dann sind die Reisen Candides und die der Alten und Kunigundes deren klarste Übertragung auf eine Weltkarte: der Zufall, die Begierde und die Verfolgungen öffnen unendliche Umwege, bis schließlich alles Umweg zu sein scheint und keine Richtung mehr vor anderen den Vorrang hat. Was die Begier nach Neuem, nach »Pikantem« – ein anderer Zug des Rokoko-Geschmacks – angeht, so ist sie höchst gegenwärtig.

Das Spiel, die Parodie, die Satire, die Anzeige der Gewalt in der gegenwärtigen Welt und die philosophische Untersuchung – das bildet nicht allein ein zusammengesetztes Werk, sondern einen Text, wie er *noch nie dagewesen* ist, einen Text, der mit den anderen Texten vor ihm nur polemische Beziehungen unterhält. Durch seine Verschiedenheit, das Unvorhergesehene und Anstößige seiner Abenteuer, durch die unvorhersehbare Reiseroute, die Folge der Überraschungen und die wirkungsvolle Kürze jeder Episode, versammelt der *Candide* alle Rezepte des »Pikanten« und erzeugt das Reizmittel par excellence, das die Neuheit darstellt. Der Besuch der Bibliothek des Pococurante (Kap. XXV) läßt alle Vorbilder der Vergangenheit und die Institution Literatur insgesamt Revue passieren: der wählerische Liebhaber spricht verächtlich davon. Die Literatur scheint an ihr Ende gekommen zu sein. *Candide* ist das Ergänzungsbuch, worin man die Inventur der Vergangenheit macht und das nach der Inventur erscheint: das Buch *außerhalb der Literatur* und außerhalb der Philosophie, das sich über die Literatur und die Philosophie lustig macht und dabei, wohlverstanden, nichts anderes tun kann, als seinerseits eine andere Literatur und andere Philosophie vorzuschlagen. »Es ist doch ein großes Vergnügen« – sagt Cacambo – »neue Dinge zu sehen und zu tun.«[1]

Trotzdem ist es nicht unangemessen, den *Candide* auf einen unvordenklichen Typus zu beziehen, den der Erzählung (oder Pantomime) des Spaßmachers, die alle Mittel der Virtuosität entfaltet, um das Gegenteil von Virtuosität darzustellen: das Pech und die Ungeschicklichkeit.

Es ist hier nach so viel anderen Kommentatoren keineswegs nötig, auf der Heiterkeit dieser Schreibweise ohne Schwere und Schatten zu insistieren, auf der Gewandtheit der

1 *Candide ou l'Optimisme*, éd. crit. A. Morize, Paris 1913, S. 79.

Bewegungen, die souverän die Wiederholungen, die Kontraste und die Ellipsen ausführt; die nach Belieben den syntaktischen Schnitt verlagert, um Wirkungen des Gleichgewichts und des Aus-dem-Gleichgewicht-Kommens zu erzeugen. Diese Beherrschung, die sich so wenig verhüllt, die ihre Mittel direkt zur Schau stellt, schafft allein noch keine Komik; sie tut es, indem sie die Nicht-Beherrschung zum Gegenstand nimmt, das heißt die Geschichte eines arglosen Jungen, der nichts von dem bewältigt, was ihm zustößt, und der von einem Mißgeschick ins andere stolpert. Seine Abenteuer beginnen wie die manches anderen Hanswursts mit Tritten in den Hintern. Wir lachen, während er weint, seufzt und verzweifelt.

Die souverän *aktive* Schreibweise der Erzählung berechnet und regiert alle ihre Wirkungen, und eine der wichtigsten Wirkungen wird durch die Darstellung ihres Gegenteils erzielt: Candide ist fast bis ans Ende seiner Abenteuer zur *Passivität*[2] und zum Erstaunen verurteilt. Candide, der zunächst nur in Abhängigkeit von anderen spricht und handelt, bemerkt, daß seine Worte und Taten unverhältnismäßige Folgen heraufbeschwören; er ist beständig außerhalb von allem, was er erhofft und vorausgesehen hatte, versetzt. Die erlesene Bosheit des Erzählers läßt uns den Mißgeschicken eines Wesens beiwohnen, das leicht zu betrügen ist und das Steuer seines Geschicks nicht in der Hand hat – außer im letzten Augenblick, da die Zeit tätiger Stabilität zu beginnen scheint. So ergeht es auf der Bühne oder im Zirkus dem, der eine ganze Kaskade von Mißhelligkeiten erduldet, die jedoch wie Schritte eines Balletts geordnet sind und stets mit dem überraschenden Sich-wieder-Aufrichten enden. Der Zuschauer empfindet einen höchst vergnüglichen Schwindel bei derarti-

2 Zur Passivität vgl. die triftigen Bemerkungen von Christopher Thacker, S. 10 ff. der Einleitung seiner kritischen Edition des *Candide*, Genf 1968.

ger technischer Überlegenheit in der mimischen Darstellung eines Opferschicksals.[3]

Sagen wir besser: ein Schicksal, bei dem die Begierde keinen Gegenstand hat, ihn verliert oder nur erniedrigt oder immer dem lebendig erhaltenen Bild unähnlich findet. Denn obwohl Candide nach dem Besuch in Eldorado den Schikanen entkommt, bleibt er doch zu einer wesentlichen Enttäuschung verurteilt. Kunigunde fehlt ihm, und er denkt an nichts, als sie wiederzufinden. Und hat er sie endlich gefunden, so muß er sie so häßlich antreffen, daß er »von Entsetzen gepackt drei Schritte« zurückweicht. So werden Gilles oder Pierrot betrogen. Alles verschwört sich, um ihnen das zu rauben, wovon sie endlich Besitz zu ergreifen glauben; sie bleiben zurück, die Hände leer und schwer das Herz. Von dem ersten westfälischen Paradies bleibt Candide nichts als die Erinnerung an eine flüchtige Zärtlichkeit hinter einem Wandschirm (eine Zärtlichkeit, die er dank Kunigundes Initiative kostet, wohlgemerkt); diese »verführerische« Frucht, die sich ihm ohne Widerstand bot, wird ihm verwehrt bleiben; sie gerät in alle Hände und in die brutalsten – vergewaltigt, erdolcht, verkauft, ausgehalten, erniedrigt und auf alle Weise entwürdigt, wird Kunigunde, bevor Candide sie loskauft, in ihrem Fleisch alle Stigmata des »physischen« und des »moralischen Übels« empfangen, den Stempel einer schlechten Welt und das Zeichen der zerstörenden Zeit. Das weibliche Wesen, das Voltaire zur *Ursache* aller Wanderungen Candides macht – Verbannung, Irrfahrt und Suche –, ist nur ein Köder aus Frische und Jugendlichkeit, Eigenschaften, die dem Verfall geweiht sind: Kunigunde, begehrt, solange und weil sie fehlt, ist wiedergefunden nur noch ein zänkisches Scheusal, mit dem zu leben unerträglich wäre, bliebe nicht

3 Einige literarische und bildnerische Aspekte dieses »Themas« haben wir beschrieben. Vgl. Jean Starobinski, *Porträt des Künstlers als Gaukler*, Frankfurt 1985 (*Portrait de l'artiste en saltimbanque*, Genf 1970 und Paris 1983).

der Garten zu bebauen, die produktive Flucht in die Arbeit. Candide ist von der Liebe betrogen: unter den Idealen, welche die Erzählung der Zerstörung weiht, nimmt der Mythos der Leidenschaft seinen guten Platz ein. Candide als Subjekt der Erfahrung wird von einer Illusion bewegt, die genau in dem Augenblick endet, da der geliebte Gegenstand aufhört, nur Bild und Name zu sein, und als »wirkliche« Person erscheint. Der Schwank besteht darin, den Besitz so lange aufzuschieben, bis die Enttäuschung sich verdoppelt.

Ein scharfblickender, allwissender und freier Schriftsteller; ein naiver, tölpelhafter Held, der lange ein Gefangener der Illusion und ein Sklave des Gesetzes der Gewaltsamen bleibt. Die Beziehung zwischen Autor und Held ist die der Ironie. Sie kündigt sich gleich zu Beginn durch den häufigen Gebrauch der Form an, die in der antiken Rhetorik gemäß einer engeren Definition *Ironie* heißt: die aufhebende Gegenwendung, der Wortgebrauch im entgegengesetzten Sinn zu dem, was man sagen will: »ein *hübsches* Autodafé«.

Aber was ist hier die Aufgabe der Ironie? Sie soll nicht dem Autor (oder dem Leser) einen leichten Sieg über die Unwissenheit eines ganz schematischen Helden verschaffen. Und sie soll auch nicht auf der Seite des Schriftstellers das Bewußtsein einer Freiheit erhöhen, die sich über die begrenzte Wirklichkeit erhebt: Voltaire strebt nicht nach jener von allem gelösten Freiheit, womit der Geist in der »romantischen« Ironie sein getrenntes Reich zu behaupten strebt. Die Ironie im *Candide* hat die Funktion einer Angriffswaffe; sie ist nach außen gerichtet und führt den Kampf der Vernunft gegen alles, was die Herrschaft, die allein das rationale Denken besitzen soll, widerrechtlich beansprucht.

Usurpierte Herrschaft – als solche erscheinen der theologische Diskurs und sein Ersatz, der metaphysische, sobald einmal der Unterschied zwischen der Welt, so wie sie ist, und der Welt der optimistischen Theodizee bewiesen ist. Ebensosehr wie eine Kritik der zeitgenössischen Realität ist der *Candide* die Kritik abstrakter Behauptungen, die eine genügsame Theorie über die Welt im ganzen entwickelt. Die Ereignisse der Reise sind in ihrer Einzigartigkeit, im Detail ihrer Abfolge für die Lehre des Pangloss ein Dementi nach dem anderen. Es ist kaum nötig, den gegnerischen Philosophien das Wort zu erteilen: der des Wiedertäufers Jacques und der des Manichäers Martin. Die *Tatsachen* besorgen Candides Erziehung; das Ergebnis zeigt sich im Unterschied zwischen dem ersten Kapitel, wo Candide respektvoll seinen Meister salbadern hört, und dem letzten, worin er ihm das Wort abschneidet. Die Ironie der Voltaireschen Erzählung macht sich zum Komplizen des Gegenschlags der Welt zur Euphorie des Systems. Die »Pointe« und das »Schneidende« der ironischen Redeweise sekundieren munter der Grausamkeit des Wirklichen und verleihen ihm eine hyperbolische Wildheit – die Widerlegung wird mit einer Energie betrieben, die sich mit der üblen Gewaltsamkeit vermischt, deren Ankläger Voltaire ebenfalls ist. Verletzungen, Kastrationen und Amputationen widerlegen, sogar im Fleisch der Individuen, alle Behauptungen, welche die Vollkommenheit des Ganzen verkünden. Pangloss verliert ein Auge und ein Ohr, die Alte eine Hinterbacke usw. Die Verwüstungen durch Krankheit, Krieg und Inquisition werden mit einem Schwung erzählt, in dem sich das Vergnügen ausdrückt, die optimistische Illusion in Stücke zu schlagen. Der Körper der Figuren ist dem Einschnitt der Unvollkommenheit und der unvernünftigen Brutalität ausgeliefert: selbst in seinem Stil (einem Stil der Unterschlagung, wie wir sagten) ahmt der *Candide* die physische Beeinträchtigung nach, die das Übel der Unversehrtheit der Wesen zufügt – folglich ahmt er die Antwort der Welt nach auf das, was der Optimismus über sie sagen zu können glaubt. Gegen eine Metaphysik, welche die (von uns ungenügend wahrgenommene) ewige Gegenwart eines umfassenden Sinns der Welt behauptet, richtet Voltaire eine Vernunft auf, die überall die erforderliche Klarheit vermißt und die noch in diesem Fehler, in dem empörenden Mangel an Sinn, die Triebkraft ihrer militanten Tätigkeit findet.

Aber nachdem sie sich mit der Wildheit der Welt verbunden hat, um das vorgefaßte System zu widerlegen, kehrt sich die Ironie erneut gegen die Gewalt und Ungerechtigkeit. Trotz der Munterkeit, mit der er beweist, wie die Syphilis, das Unwetter, die bulgarischen Helden, die schwarzen Piraten und die Inquisitoren den Prozeß gegen die Leibnizschen Glaubensartikel gewinnen, ist Voltaire empört über das auferlegte Leiden. Und trotz des erkennbaren sadistischen Akzents in der Art, wie er den Triumph der Grausamkeit und Intoleranz beschwört, glaubt er nicht wie Sade, daß das Übel in allen seinen Formen der Ausdruck des Naturgesetzes sei, oder, besser gesagt, er glaubt nicht, daß das Naturgesetz als wohltätig gefeiert werden soll. Der Determinismus, der den Harngrieß, die Syphilis und die Erdbeben erzeugt, bescheinigt keinerlei Fürsorge der Natur für den Menschen. Zu diesen unvermeidlichen Übeln, die man nur seufzend erdulden kann, gesellen sich die überflüssigen Übel, welche die Menschen einander zufügen. Wie sollte man sie ohne Empörung nennen? Voltaire akzeptiert nicht; er verweigert den Übeln, die er mit derselben Bewegung über seine Personen hereinbrechen läßt, die Zustimmung.

Überbietung der Ironie; Verdoppelung der rückwirkenden Lebhaftigkeit. Nachdem er den Bildern des Übels freien Lauf gelassen hat, um dem optimistischen Dogma zu widersprechen, widerspricht Voltaire dem Übel, weil ihn bei Ungerechtigkeit und Fanatismus das Entsetzen packt. Der Stil Voltaires – im allgemeinen als »geistreich«, »schneidend«, »sarkastisch« gekennzeichnet – schuldet seinen besonderen Charakter der doppelten aggressiven Absicht, die er hegt. Die meisten im *Candide* erzählten Ereignisse sind zweiwertig: sie beweisen heiter die Nichtigkeit von Pangloss' System; aber kaum haben sie dem polemischen Schwung Genüge getan, erscheinen sie als unerträglich. Diese Ereignisse, welche die optimistische Illusion verraten, werden ihrerseits durch ihre Gräßlichkeit verraten. Sie gehören zur Kategorie der Tatsachen, an die Voltaire ohne »vor Entsetzen zu schaudern« (ein in seinen Briefen und historischen Schriften häufiger Ausdruck) nicht denken kann. Das »grincement« (Knirschen), das Flaubert bei Voltaire so genau wahrgenommen hat, ist die Wirkung, die sich aus der gleichzeitigen polemischen Verve und dem Entsetzensschauder zusammensetzt; es rührt daher, daß jede der »Realitäten«, die vernichtend auf Pangloss' Rede wirkt, ihrerseits unnachsichtig kritisiert wird. Das gräßliche Ereignis, welches das vorausgehende Dogma leugnet, wird selber Gegenstand einer moralischen, ästhetischen und affektiven Verweigerung.

Um solche Wirkungen zu entfalten, muß der Akt des Schreibens das Privileg der *letzten Instanz* empfangen haben; der »Spott« Voltaires impliziert das *a posteriori*, die an ihr Ende gekommene gesamte Erfahrung, den Abstand, den die Kenntnis des endlichen Ausgangs verleiht. Alles ist gespielt; die Ironie wirkt sich auf eine retrospektive Welt aus. In Anbetracht der Vergangenheit ist schon die erste Rede des Pangloss lächerlich; so wie sie »berichtet« wird, ist sie bereits gezeichnet von einer höheren Lächerlichkeit und Weisheit, die sich aus den der Metaphysik von der Wirklichkeit beigebrachten Verneinungen ergeben, also auch aus denen, welche die Forderung der praktischen Vernunft der Wirklichkeit entgegensetzt. Wer hat nicht im *Candide* die Rolle bemerkt, die am Ende so vieler Episoden die nachdenklichen Kommentare des Helden oder seiner Begleiter spielen? Diese von der eigentlichen Erzählung gelösten Kommentare werden in der Sprache der Rhetorik als *Epiphoneme* aufgeführt. Ihre Funktion ist es, ein *allgemeines* Urteil zu fällen, sie sind der Ausdruck eines seiner selbst sicheren Wissens nach einer Reihe *besonderer* Tatsachen oder Gefühle. Zögern wir nicht, von diesem dem Anschein nach pedantischen Begriff Gebrauch zu machen. Das Epiphonem ist der abschließende Ausruf, der eine Lehre enthält und sie zu einer Maxime oder einer »Moral« kondensiert. Jedesmal, wenn diese Stilfigur erscheint, wissen wir, daß Urteilsvermögen, rationale Macht am Werk ist, die fähig sind, Abstand zu nehmen und sich auf der Ebene der Allgemeinheit einzurichten. Der abschließende Ausruf Candides – »mais il faut cultiver notre jardin« (»aber wir müssen unseren Garten bearbeiten«) – richtet sich trotz der Beziehung zur besonderen Situation (der Bauernhof am Bosporus) auf die gesamte Erzählung als epiphonematische Schlußfolgerung – eine »weise« Schlußfolgerung und eine Entdeckung von universeller Geltung, worin sich bestätigt findet, was auf den ersten Zeilen über den Helden gesagt worden ist (»er hatte ein ziemlich richtiges Urteil«), nachdem seine Mißgeschicke und Leiden die damit verbundene Behauptung gleichfalls bestätigten (»mit dem schlichtesten Geist«). Die Ironie kann fortan in rückwärtiger Richtung wirken, gemäß der gewonnenen Kenntnis und am Zielpunkt vollendeten Erziehung: Irrfahrt und Täuschungen des naiven Abenteurers sowie die schließlich durch die Konversion zur produktiven Arbeit garantierte Stabilität und Sicherheit. Man weiß nun *a posteriori* (aber Voltaire wußte es schon, als er zur Feder griff), daß trotz aller Verluste, Enttäuschungen und Verstümmelungen das Mittel der Arbeit unbeschädigt bleibt. Übrigens kann unsere Bemerkung zur Funktion des Epiphonems und der retrospektiven Ironie im Text des *Candide* dabei helfen, die Funktion des *Candide* in Voltaires Existenz zu bestimmen. Nach dem Tode der Madame du Châtelet (deren philosophische Lehre dem Wolffischen oder Panglossischen Optimismus zuneigte), nach der preußischen Episode, nach der Verhaftung in Frankfurt, nach der Suche nach einer Zuflucht und dem Kauf der Güter bei Genf und Lausanne hat *Candide* die Bedeutung eines rekapitulierenden Divertissements: im selben Atem fabuliert, travestiert, karikiert er und drückt einen Entschluß aus; dergestalt befreit Voltaire sich vom Vergangenen durch den Zauber einer Clownerie, die ihn in die Fiktion versetzt.[4] Aber nicht Fiktion sind die Pflichten und Genugtuungen des Grundbesitzers an den Ufern des Genfer Sees, d. h. des Bosporus – das ist die spät erlangte Weisheit, die allgemeine Maxime, die als endgültiger Probierstein wahr und falsch, das Illusorische und das Beständige unterscheiden wird. *Candide* ist der Epilog, das Epiphonem, das Bild gewordene Glaubensbekenntnis der spät entdeckten praktischen Weisheit. Die Transponierung der eigenen Enttäuschungen in die tragikomische Fiktion ist ein Teil dieser Weisheit selbst und läßt der produktiven Tätigkeit freies Feld.

Durch das hindurch, was Candide zustößt, bemerkt man, wie sich von Episode zu Episode eine Verlagerung der Autorität vollzieht und die Bewegung der Erzählung mitreißt. Eine Autorität, die sich behauptet, dann herausgefordert wird, sich dann unter einem anderen Gesichtspunkt neu behauptet und aufs neue herausgefordert wird usw. – das ist, abstrakt formuliert, die dominierende Dynamik der Erzählung. Jede Analyse muß sich notwendig auf den Begriff der Autorität beziehen, wenn sie nicht lediglich den Stil des *Candide*, sondern auch seinen Einsatz fassen will.

Zu Beginn, in der geschlossenen Welt der kleinen westfälischen Herrschaft, gibt es für den Helden keinen Zweifel an der Autorität; es ist die Person des Chefs des Hauses, es ist die Adelshierarchie, es ist das System des Pangloss, das behauptet, die Welt habe einen Sinn und der Mensch sei dessen Nutznießer. Beim Aufbruch erscheint die panglossianische Metaphysik solidarisch mit dem faktischen Zustand, sie rechtfertigt und bestärkt die Autorität des Herrn. Doch

4 Zur Bewegung der Erzählung vgl. Geoffrey Murray, *Voltaire's Candide: the Protean Gardener, 1755–1762*, Genf 1970.

sogleich unterwühlt die Bosheit des Erzählers, der mehr davon weiß, die vorgeschützte Autorität. Als Bastard ist Candide der lebendige Beweis für die Verstauchungen, welche die Liebe die adligen Imperative erdulden läßt. Schon durch seine Geburt bezeugt Candide die Brüchigkeit der konventionellen Ordnung: das Viertel Adel, das ihm fehlt, ist eine Erblücke, ein Vakuum, das sich ins Herz der auferlegten Regel geschlichen hat. Gleich zu Beginn auch denunziert der Erzähler das verbale Kunststück, dank dessen der ländliche Haushalt des Barons sich den Status eines veritablen Hofes anmaßt: eine Nominal-Permutation hat die »Hofhunde« in eine »Meute« verwandelt, die »Stallknechte« in »Bereiter«, einen »Dorfvikar« zum »Generalkaplan« umgeändert. Ebenso hat Voltaire, indem er sich der panglossianischen Wissenschaft des Suffixes *-nigologie* anverwandelt, sie augenblicklich entwertet; er hängt ihr die Schelle seiner Verachtung an. Der Vortrag des Präzeptors, der die faßliche Ordnung der Welt zu zelebrieren vorgibt, wickelt sich in der übelsten logischen Unordnung ab; die intellektuelle Autorität ist in dem Augenblick, da sie spricht (für den, der zu lesen versteht), bereits sabotiert. Doch was Candide betrifft: er bewundert.

Der Kuß hinter dem Wandschirm allegorisiert das flüchtige Eindringen des hartnäckigen Rivalen der überlieferten Autorität: des Gefühls, der Begierde. Kunigunde ist willens, mit ihrem Cousin den Verstoß, dem dieser das Licht verdankt, zu wiederholen. Kurzes Erlöschen der Autorität: die Fußtritte und Ohrfeigen stellen die Ordnung unverzüglich wieder her; es ist auch der erste Ausdruck der Gewalt. Nun sind auf dieser Ebene die kleinen Potentaten, die Duodezstaaten nicht der Aufrechterhaltung ihrer höchsten Gewalt versichert. Die adligen Besitztitel *halten* als Spuren einer alten militärischen Ordnung nicht *stand* gegen Fürsten, die stärkere Truppen haben und sie täglich exerzieren lassen. Im Schoße einer Welt, die von demselben Prinzip politischer Autorität beherrscht wird – der fürstlichen Souveränität –, spielt das quantitative Verhältnis der Kräfte eine entscheidende Rolle; so relativieren sich rasch die Provinz, das Schloß und der Baron, die Candide in seiner Naivität und in der Gelehrigkeit gegenüber den Lektionen des Präzeptors zunächst für absolute Werte hielt. Die Tatsachen – Zerstörungen und Massaker – übernehmen die Beweislast. Wenn nichts Existierendes eines *zureichenden Grundes* ermangelt, dann kann der mit der besseren Armee den zureichenden Grund für sich beanspruchen. Und die Macht wechselt rasch die Hände. Sobald der Rückgriff auf die Gewalt beginnt, wird eine »Ereigniskette« ausgelöst, von der keiner weiß, wo sie enden wird. Voltaire gefällt sich darin, die Gewaltsamen der Gewalt zu überliefern, und läßt die Tyrannen durch eine feindliche Tyrannei oder durch eine siegreiche Rebellion zugrundegehen. Der Baron, der Candide verjagt hat, verschwindet in den Verwüstungen des Krieges; der Bulgare, der Kunigunde vergewaltigt hat, wird auf der Stelle von seinem Hauptmann niedergemacht; die Entführer der Tochter Urbans X. werden von einer rivalisierenden Partei massakriert; der Großinquisitor, der Kunigunde gefangenhält und Pangloss aufhängen läßt, wird von Candide getötet; der Holländer, der Candide bestohlen hat, wird versenkt usw. Das sind zu regellose, zu blinde Wechselfälle, als daß sie die Bedeutung einer immanenten Gerechtigkeit hätten: Gewalt geschieht nicht nur zwischen Gewalttätern; Unschuldige gehen zugrunde, Rohlinge bleiben unbestraft. Schlimmer noch, aufrichtige und gute Wesen wie Candide finden sich gegen ihren Willen in den Zirkel der Gewalt gezogen. Es ist nicht leicht, sich dort wiederzufinden: bei diesem Gemetzel wird die effektive Macht nicht lange festgehalten, und wenn man nacheinander den Baron, den Großinquisitor, den Ordensgeneral, den englischen Admiral fallen sieht, nimmt die Erzählung den Sinn einer allgemeinen *Absetzung* an, die nicht nur zivile und religiöse Herrschaftsträger, sondern die Herrschaft als solche, d. h. das, was die Ausübung von Macht auf Legitimität begründet, erschüttert. Weder die Kirche noch die Monarchie bleibt unbeschädigt – als Candide durch Paris kommt, wurde gerade ein Anschlag auf das Leben des Königs verübt, und man hält alle Ausländer fest. Außer in Eldorado ist kein Vertreter höchster Gewalt außer Gefahr: das Gastmahl der abgesetzten Könige in Venedig mit seiner außerordentlichen Komik der Wiederholung ist der Höhepunkt dieser Raserei der Majestätsbeleidigung. Es geht dabei, das fühlt man wohl, nicht lediglich um die Eitelkeiten der Größe, die Launen des Schicksals, sondern vor allem um die definitive Machtlosigkeit, in welche die stürzen, die souveräne Gewalt hatten oder zu haben meinten. Man muß kein Psychoanalytiker sein, um festzustellen, daß Voltaire den ganzen *Candide* hindurch hartnäckig dem Vaterbild in unbegrenzter Vervielfältigung eine mit Raffinement variierte Erniedrigung zuzufügen trachtet. Welche Befriedigung, welche Rache, wenn man »seine miserable Hoheit« verspotten kann! Es wäre nicht unangebracht, ein gleiches Attentat, diesmal auf die literarische Autorität, im Urteil Pococurantes über die großen Autoren zu enthüllen. Diese Unehrerbietigkeit mag noch so sehr von einem erschöpften Dilettanten stammen, ihre Wirkung ist, *abzusetzen*, die traditionelle Huldigung zu verweigern, die berühmten Werke zu amputieren – noch eine Verstümmelung! –, indem man ihre schwachen Stellen in Mißkredit bringt.

Wenn endlich der junge Baron als letzter Repräsentant der bevormundenden Autorität auf die Galeere geschickt wird, ist der Schauplatz bereinigt. Es gibt am Bosporus weder Inquisitoren noch stirnrunzelnde Patres. Die Überlebenden sind Ausländer; sie besitzen einen »kleinen Meierhof«, die politische Macht ist fern, man glaubt, daß sie den Grundbesitz achte und wenig darum bekümmert sei, durch ihre Verwaltung einzugreifen. Wo ist nun die Autorität? Reduziert sie sich auf diese Nicht-Intervention, auf das Laisser-faire, deren

Nutznießer die sind, die dem Hof nicht zu nahe kommen? Haben Candide und seine Freunde am Ende ihrer Prüfungen den Ort gefunden, wo die Autorität sie nichts mehr angeht, kein Aufsichtsrecht mehr über sie hat? Oder errichten sie selbst eine neue Autorität, anders als die, die sie erlitten haben, die sie auf die Probe stellten und die sie bald lächerlich, bald tyrannisch und manchmal sowohl tyrannisch als auch lächerlich gefunden haben?

Nehmen wir das Problem in seiner philosophischen Dimension auf. Die anfänglich gestellte Frage ist die nach der Harmonie der Welt und der erkennbaren Zweckbestimmung in allen Dingen. Der Optimismus besteht nicht allein darin zu behaupten, daß eine Zweckbestimmung klar ersichtlich ist, sondern daß diese Zweckbestimmung zu betrachten unsere vornehmste Pflicht ist. Die Debatte über die Theodizee setzt voraus, daß der Mensch der kontemplativen Erkenntnis den Primat erteile, der Bemühung, den Sinn zu erfassen; es kommt darauf an, die Welt zu verstehen und ihre Ordnung zu erkennen. Die optimistische Antwort glaubt, das Ziel der Suche erreicht zu haben. Es bleibt nichts anderes mehr zu *tun*. Die Frage der Theodizee hat nur *ein* Interesse: daß der Mensch, nach einem Gebot antiker Herkunft, das Glück in der *Theoria* findet, im kontemplativen Ergreifen des Sinns. Die Autorität ruht alsdann, gemäß einem panglossianischen Postulat, in der Vernunft, die der Welt selbst inhärent ist und in der vollständigen Reihe der Ereignisse entfaltet wird. Ein Wille, ein Verstand, eine absolute Macht (diejenige Gottes, von dem Pangloss kaum spricht, der aber in seinen Begründungen stets impliziert ist) haben für das Ganze die höchste Vollkommenheit erwählt; Aufgabe des Menschen ist es nicht, sich in den Gang der Ereignisse einzumischen (Pangloss begnügt sich damit, sie zu interpretieren), sondern bis zu den ihn betreffenden Übeln den Sinn auf dem Wege seiner Verwirklichung zu entziffern. Das Übel muß, selbst bevor es bekämpft wird, als eines der übergänglichen Mittel, deren ein gerechter Schöpfer zur Erreichung seiner Ziele bedarf, verstanden werden: das allgemeine Wohl und inskünftig das universale Glück. Der panglossianische Optimismus neigt dazu, Leibnizens Argumente gegen die »faule Vernunft« zu vergessen.

Das Verfahren von Voltaires Kritik besteht darin, in der Verkettung der vorgeschützten Gründe alles zu unterbinden, was einem naiven (»candide«) Blick nicht zugänglich ist: den göttlichen Ursprung und die harmonische Zweckbestimmung. Voltaires polemische Methode ist darauf aus, jede Anwandlung, auf eine erste Ursache zu rekurrieren, und jede Anmaßung, über Zweckursachen zu befinden, als chimärisch zu entlarven. Es ist eitles Geschwätz, den Ort eines jeden Ereignisses im göttlichen Plan bestimmen zu wollen. Die Vollkommenheit des Ganzen ist nichts als ein trügerischer Trost, der allen Widerlegungen gegenüber hartnäckig taub und dem »Realitätsprinzip« gegenüber rebellisch bleibt.

Candides Geschichte entwickelt sich in kurzen Episoden, in denen eine *kurze* Kausalität wirkt, ganz im Gegensatz zu den nicht enden wollenden Verkettungen, auf die sich Pangloss beruft. Gemäß dem Entschluß zu radikalem Empirismus, der nichts vermuten will, was sich der Feststellung entzieht, kommt hier nur die nächste Ursache und die darauffolgende Wirkung in Betracht. Mithin reduziert sich der zureichende Grund auf die Wirkursache. Diese Verengerung des kausalen Feldes übertreibt Voltaire absichtlich. Seine Strategie ist es, das Ereignis zu isolieren, es von dem Entwurf zu lösen, der ihm einen Sinn gegeben hätte, und es für sich bestehen zu lassen. Das Absurde springt in die Augen. Das Beispiel wird im Schlachten-Kapitel gegeben. Welches sind die politischen Pläne der awarischen und bulgarischen Könige? Voltaire läßt darüber absichtlich kein Wort verlauten. Die fernen Verursachungen und die Kriegsziele werden ausgespart, es bleibt einzig die *Tatsache* des Krieges bestehen: die mörderischen Handlungen, die Waffen und die Kadaver. Der

Krieg erscheint um so grauenvoller, als Voltaire ihn buchstäblich *für nichts* stattfinden läßt. Es zählen allein die Mechanik und die Arithmetik des Kampfes: »Die Kanonen legten zunächst annähernd sechstausend Mann auf jeder Seite um.« Da sind, gewiß, Ursache und Wirkung: Causa instrumentalis, mörderischer Effekt; doch es bleibt nur der Anblick der »zuckenden Glieder«, jeder »tiefere Grund« fehlt. Man hat selbst lediglich einem einzigen Gefecht beigewohnt. (Etwas anderes war es beim *Poème de Fontenoy*, als Voltaire sich zum offiziellen Sänger des Königs und seines Sieges machte; damals war die Bataille gerechtfertigt durch ein hohes politisches Ziel: der siegreiche König wird »Europa ordnen und das Reich beruhigen«.) Und was Voltaire am meisten empört, ist die Art, wie die Menschen die Inkonsequenz und Brutalität ihrer Taten entschuldigen, indem sie sie dem Willen einer Vorsehung zuschreiben, die über das Geschick der Menschen wacht. Die Schlacht (Wirkung kurzer Kausalität) ist eine Dummheit, aber beide Könige lassen je ein *Te Deum* singen, als fände das Ereignis Platz in der langen Kausalität des göttlichen Heilsplans. Wo die Religion sich derart für die Absurdität verbürgt, verbirgt sich Voltaires Zorn nicht mehr.

Um die kritische Wirkung des Aufbrechens der Kausalkette zu betonen, greift Voltaire sporadisch zu den Ausdrükken der systematischen Philosophie. Er führt sie in die Erzählung ein, um sie auf die Probe der begrenzten Wirklichkeit zu stellen. So verschleppt, aus ihren systematischen Verknüpfungen gelöst und in den Alltag verpflanzt, müssen die Begriffe (»Experimentalphysik«, »Wirkungen und Ursachen«, »zureichender Grund«, »die beste aller Welten«) ja zugrunde gehen; sie sind so unpassend in ihrem neuen Umfeld, daß sie sich gänzlich disqualifizieren. Sie sind radikal unangemessen und aller Autorität entleert. Die unendliche Kette, »die große Kette der Wesen und der Ereignisse«, gibt es also nicht mehr. Um es genauer zu sagen, die Kette entwickelt sich, indem sie sich verzweigt, und die abgebrochenen Äste, die unfruchtbaren Zweige sind zahlreich und unerwartet. Es ist nicht alles Ursache von allem. Man sehe den Artikel »Chaîne« (»Kette«) im *Philosophischen Wörterbuch,* Voltaire erörtert dort seine Argumente: »Verstehen wir uns: jede Wirkung hat offensichtlich ihre Ursache und geht von Ursache zu Ursache bis in den Abgrund der Ewigkeit zurück; aber nicht jede Ursache hat ihre Wirkung, um bis ans Ende der Zeiten fortzugehen. Alle Ereignisse sind voneinander erzeugt, das gestehe ich zu; wenn die Vergangenheit mit der Gegenwart niederkam, so geht die Gegenwart mit der Zukunft schwanger; alles hat Väter, aber nicht alles hat auch Kinder. Es verhält sich hiermit genau wie mit einem Stammbaum: jedes Haus führt sich, wie man weiß, auf Adam zurück, aber in der Familie ist manch einer gestorben, ohne Nachkommen zu hinterlassen.« Da die kausale Sackgasse viele Ereignisse ohne Nachkommen läßt, nimmt sie ihnen auch die vermittelnde Funktion und verwehrt es uns, sie als notwendige Kettenglieder für ein »künftiges Gut« in Anspruch zu nehmen.

Was sich schließlich im *Candide* durchsetzt, ist nicht die Verkettung, sondern das »défilé«, und was vorbeizieht, sind die Trübsale und Lächerlichkeiten, die nach der Laune des Zufalls einander folgen: der Stammbaum der Syphilis, die Liste der ermordeten Könige – Sequenzen, worin es keinen Fortschritt gibt und das moralische und physische Übel sich in einem rastlosen und unfruchtbaren Wiederbeginn stetig wiederholt. Pangloss, der die Vorsehung rechtfertigen wollte, käut dummes Zeug wieder. Eines der letzten Bilder des »défilé« ist das, wo im letzten Kapitel vor Candides Augen in einem unablässigen Kommen und Gehen die Schiffe treiben, welche die in Ungnade gefallenen »Effendis«, »Paschas« und »Kadis« mit abgeschnittenen Köpfen wegschaffen. Eine lächerliche Verkettung, ein sinnloser Kreislauf, in dem sich die tyrannische Willkür unbegrenzt reproduziert.

Angesichts dieses Schauspiels (»es gibt gräßlich viel Übel auf der Welt«) verweigert der letzte Repräsentant religiöser Autorität, der Derwisch, jede Antwort; er befiehlt dem System (in der Person von Pangloss), zu schweigen ... Der letzte äußere *Herr* dankt ab oder verzichtet zumindest darauf, den Willen Gottes auszulegen. Nun zieht Gott sich in eine unergründliche Ferne zurück, und der Mensch bleibt sich selbst überlassen, allein, ohne den Trost einer universalen Ordnung, den »Zuckungen der Unruhe« oder der »Lethargie der Langeweile« anheimgegeben. Die Welt wird nicht mehr von einer leitenden Vernunft regiert, ein gnadenloses Gesetz bestimmt die Regelmäßigkeit der natürlichen Wirkungen. Was bleibt? Es bleibt, dieses Gesetz zu *erkennen*, nicht um es resigniert zu feiern, sondern um ihm, nach Bacons Rat, zu befehlen, indem man ihm gehorcht. Die Individuen entdecken in ihrem begrenzten Raum, in ihrem kleinen Garten in sich selbst und im Blick auf das bezifferbare Ergebnis ihrer produktiven Anstrengung die neue Autorität, die den freigewordenen Platz der alten einnimmt. »Das kleine Grundstück brachte viel ein.« Als Martin ausruft: »Arbeiten wir, ohne zu vernünfteln«, spricht er das Gesetz der neuen menschlichen Ordnung aus und verbindet sie mit der Abwehr der vernünftelnden (und so wenig vernünftigen) Tätigkeit, die zuvor ein unserer zustimmenden Kontemplation angebotenes Bild der Welt zu konstruieren bestrebt war. Die Autorität ist von jetzt an nichts dem Menschen Äußeres; sie beschränkt sich auf das *Man muß*, das der mühsamen Arbeit absoluten Vorrang einräumt. Es gibt keine Ordnung mehr besinnlich zu betrachten; ein Boden ist zu bearbeiten.

Handelt es sich lediglich um das symbolische Erscheinen der bürgerlichen Moral der Arbeit und der Rendite? Die Dinge sind nicht so einfach, wie es die geläufige Literatursoziologie gern hätte. Im Imperativ der Arbeit, so wie Candide ihn formuliert, erkennt man noch eine der großen Vorschriften, welche die christlichen Moralisten predigten, um den Lebensüberdruß der Klausner zu kurieren: Handarbeit ist unerläßlich für den, der *acedia* empfindet, das *taedium vitae.* Und das ist der Seelenzustand der auf das türkische Landgut Entkommenen: »Wenn man nicht disputierte, wäre die Langeweile so groß« ... Die Arbeit am Ende des *Candide* ist ein psychologisches Heilmittel.

Es ergibt sich, daß sie auch einer ökonomischen Notwendigkeit entgegenkommt. Voltaire macht sich das Vergnügen, Candide nacheinander die äußerste Mittellosigkeit (beim Ausgang aus dem ersten »Paradies«) und extremen Reichtum (bei der Abreise aus Eldorado) zu verordnen. Candide hat alle seine Schätze verloren, teils durch die Gaunerei der Menschen, teils durch die eigene Großzügigkeit, mit der er fast alle seine Gefährten aus der Sklaverei freikaufte. Der Augenblick kommt, da sich die Reserve des »gelben Schmutzes« und der mühelos aufgesammelten Kiesel erschöpft. Man muß leben.

In der äußersten Mittellosigkeit hatte Candide festgestellt, daß es auf der Erde nicht zum besten bestellt ist; in dem Augenblick, da er sich maßlos reich geworden sieht, beginnt er eine andere Frage zu stellen: Wer ist glücklich? Wie wird man glücklich? Denn das Geld ohne Kunigunde bringt noch kein Glück. Und Kunigunde, zu spät erlangt, bringt noch weniger Glück. Die Arbeit verbirgt als letztes Mittel das abwesende Glück und ersetzt es durch andere Güter – minder kostbare gewiß, ohne die aber die Leere herrschte: »Kunigunde war wirklich sehr häßlich, aber sie wurde eine ausgezeichnete Konditorin.«

Man könnte die *Autoritätsübertragung* noch präziser beobachten, glaube ich, wenn man ins Auge faßt, wie im *Candide* der zunächst auf die Frage der *Ordnung* der Welt gesetzte Akzent sich verlagert auf die Frage nach dem *Glück* des Menschen. Durch das Band, das Voltaire um Glück und Arbeit schlingt, skizziert er bereits mit leichten Zügen Goethes Lehre am Ende des *Zweiten Faust.* Man bestimmt die da beginnende Epoche unzureichend, wenn man auf den geläufigen Begriff des »Bürgertums« zurückgreift; denn in der Tat sieht man den Augenblick anbrechen und sich behaupten, in dem der Mensch aufhört, bewundernder Betrachter der ihn umgebenden Welt zu sein, und sich zum Erzeuger seiner eigenen Welt macht, einer Welt, die partiell, punktuell und provisorisch ist.

Aber noch nichts deutet auf die industrielle Revolution und die technische Beherrschung der Natur voraus. Das, was Voltaire als Miniatur zeichnet, ist eine Agrargesellschaft, die ihre wesentlichen Einkünfte aus Grund und Boden zieht, und dazu kommt der bescheidene Luxus der Stickerei. Handelt es sich übrigens um eine *Gesellschaft*? Haben wir da nicht vielmehr das Beispiel des Rückzugs auf die private Existenz? Die Gruppe um Candide bildet keinen Staat, ja, nicht einmal eine Familie; wenn es hoch kommt, ist es eine kleine Enklave in einer dem Übel preisgegebenen Welt, ein Refugium, eine »Freistatt« (Asylum, wie man damals sagte) für Beschädigte, die der Zufall und die Schicksalsschläge zusammengebracht haben. Keiner der Bewohner des Meierhofes ist dort geboren; eine winzige Heimat bildet sich da, wo man gut lebt, und man lebt da gut, wo man nicht unmittelbar von religiöser und politischer Macht abhängt. Es ist nicht unwichtig zu bemerken, daß die Gruppe der Exilierten kosmopolitisch ist: den Westfalen (Candide, Kunigunde, Pangloss und Paquette) gesellen sich Italiener zu (die Alte, Bruder Giroflée), ein Holländer oder einer, der so tut (Martin), sowie der Mestize Cacambo. Wenig fehlt, und es wäre ein Gleichnis der gesamten Menschheit, mit den individuellen *Nuancen* der Farben und Meinungen, die Voltaire teuer sind und die er in allen seinen Toleranzappellen zu bewahren sucht. Die Gruppe ist marginal; sie ist so klein, daß sich ihr die Probleme politischer Organisation nicht stellen. Auch zügelt Voltaire allen »Utopismus« durch die Beschwörung produktiver Arbeit. Die kleine Gesellschaft hat nichts von einem Modell. »Das kleine

Grundstück brachte viel ein!« Das ist alles. Das ist wenig, werden manche denken. Doch Voltaire braucht nicht mehr. (Rousseau bietet im Bild von Clarens größeren Reichtum der Gefühle und gesellschaftlichen Probleme.) Die Variationen über das Thema Utopie hat Voltaire dem Königreich Eldorado vorbehalten, vielleicht um anzudeuten, daß die beste aller politischen Organisationen einzig als Attribut eines nichtexistierenden Ortes denkbar ist. Am Bosporus ist man am Ende der enttäuschenden Odyssee fern von jeder Vollkommenheit. Dort nehmen ein Wechselbalg mit einer Hure, einem abtrünnigen Priester, einem syphilitischen Pedanten, einer geschändeten und verunstalteten Baronesse und einem Mestizendiener – kurz, *unreine* Wesen, schuldige, verdorbene oder die die überkommene Moral dafür hält – ihr Schicksal in die Hand und versuchen, mit dem, was sie unternehmen, was sie mit ihrer Hände Arbeit *tun*, am Ende weniger unglücklich zu sein. Sie finden sich ab mit einem Schlimmstenfalls, das ihnen kein Verschleiß des Lebens zunichte machen kann. Eine politische Lektüre des *Candide* mag schließlich fragen, ob das winzige Territorium des Meierhofes auf die Dauer besser gesichert sei als die winzige westfälische Herrschaft – dieses Eden im Taschenformat, das zu Beginn der Erzählung von der Gewalt weggefegt wurde. Wenn schon die kleinen Feudalbesitze im Konflikt der Staats-Nationen verschluckt werden, was soll man dann von dem Schicksal eines privaten Landguts in einem despotischen Staate halten? Hat das Schlimmstenfalls selbst eine Zukunft? Vielleicht will uns Voltaire auf die Brüchigkeit, die konstitutive *Überspanntheit* dessen hinweisen, was den Anschein wiedergefundener Stabilität erweckt.

Zweifellos ist das zu viel »Vernünfteln« um einen Text, der vom Übermaß unproduktiven Vernunftgebrauchs abrät. Man kann den Parabelcharakter des *Candide* kommentieren. Aber dieses Buch ist nur in seiner allgemeinen Linie eine Parabel, sowie in einigen Fragen und Sentenzen, die zuspitzen.

Ringsum wuchern die Laune und die *Narrheit*, nicht ohne manch geheimen Bezug zur zentralen Lehre. Wie soll man, unter anderem, die paarweisen Figuren deuten, das Ballett der Komparsen, die zu *zweit* auftreten und verschwinden? Das Spiel der Paare wiederholt sich unbegrenzt: zwei Werber, zwei feindliche Könige (der Aware und der Bulgare), der Vertraute der Inquisition und sein Bote, der Großinquisitor und Don Issachar, Kunigunde und die Alte, zwei Mädchen, von zwei Affen verfolgt, Giroflée und Paquette, zwei Mädchen im Dienst Pococurantes, der junge Baron in Ketten zusammen mit Pangloss, die beiden Söhne und die beiden Töchter des »guten Alten« usw. Das ist nur das summarische Inventar der *gleichzeitigen* Zweiheit; man könnte sie ebenso in sukzessiver Ordnung ausfindig machen: der protestantische Prediger, dann der gute Jacques; das spanische Königreich, dann das Reich der Jesuiten; die Pariser Erfahrung, dann die englische Erfahrung; der Derwisch, dann der »gute Alte« ... Die Spiele mit Paaren gestatten es Voltaire, bald komische Wirkungen der *Symmetrie* (bei den Komparsen) zu erzeugen, bald verwirrende Effekte der *Verschiedenheit* (bei wichtigeren Personen und in der Folge der Episoden). Und die Verschiedenheit, der Kontrast, die Abweichung, derart zu Figurenpaaren montiert, lassen das Bild einer in ihrer Regelmäßigkeit irregulären Welt vorherrschen (man denkt an den einäugigen Pangloss, an die fehlende Hinterbacke der Alten), die dem geometrischen Gesetz ausgeliefert ist und zugleich dagegen rebelliert; nichts paßt zusammen, nichts verwirklicht die harmonische *Anordnung*, von der die Metaphysiker und die Theologen sprechen. Um das ersichtlich zu machen, muß Voltaire sich dem Exzeß, dem Taumel überlassen: der Großinquisitor, der die Marranen auf den Scheiterhaufen schickt, teilt seine Mätresse mit einem Juden; die Priester albern mit Mädchen und Knaben; keine Frau, die nicht aus Laune oder durch Gewalt Nutte wäre. Nein, *Candide* ist nicht und nicht einmal von weitem eine *Darstellung* der Welt. Die Elemente von »Wirklichkeit«, die er enthält, haben Züge einer Karikatur, die jedes gemeinsame Maß ausschließen. Aber hier tritt erneut das *Prinzip der Verschiedenheit* ein: der *Candide* hat Sinn in dem Paar, das er mit der Welt bildet – ein entschieden asymmetrisches Paar, worin das fiktive Bild, gedrängt und närrisch, dazu nötigt, den falschen Ernst, die Starrköpfigkeit, die boshafte Schwerfälligkeit und die dogmatische Intoleranz, welche die Menschen als zwangsläufige Ordnung ihrer Existenz anerkennen, schärfer zu sehen.

2. Das Naturkind am Strande

Leo Spitzer zum Gedenken

Der Hurone war zu der, die er liebt, gelaufen. Er hat treuherzig versucht, sich mit der »schönen Saint-Yves« zu vermählen, in der physischen Bedeutung des Begriffs. Eine Befriedigung, welche die Institutionen der zivilisierten Welt so leicht nicht gestatten. Obwohl sie in das Naturkind verliebt ist, sträubt Fräulein von Saint-Yves sich »mit der ganzen Ehrbarkeit einer Frau, die Erziehung hat«. Ein weiteres Hindernis: sie war bei der jüngstverflossenen Taufe des Huronen seine Patin. Nun ist es »verboten, seine Taufpatin zu heiraten«, zumindest ohne »Dispens unseres Heiligen Vaters, des Papstes«. Um die »schöne Saint-Yves« vor den Unternehmungen des Huronen zu schützen, ließ ihr älterer Bruder, »der zugleich ihr Vormund war«, sie in ein Kloster sperren. Das Naturkind ist verzweifelt.

> »Das Naturkind, das in eine düstere und tiefe Melancholie getaucht war, wandelte zum Meeresufer, seine Doppelflinte über der Schulter, den Hirschfänger an der Seite, schoß ab und zu ein paar Vögel und war oft versucht, sich selbst zu erschießen; aber noch liebte er das Leben wegen

Fräulein von Saint-Yves. Bald verfluchte er Onkel, Tante und die ganze Nieder-Bretagne samt seiner Taufe. Bald segnete er sie, denn sie hatten ihn ja die kennenlernen lassen, die er liebte. Er entschloß sich, das Kloster anzuzünden, und stand wieder davon ab aus Angst, seine Herrin mitzuverbrennen. Die Wellen des Ärmelkanals werden nicht heftiger von Ost- und Westwinden bewegt als sein Herz von entgegengesetzten Bewegungen.
Mit großen Schritten ging er, ohne zu wissen wohin, als er den Ton von Trommeln hörte. Er sah in der Ferne ein ganzes Volk, dessen eine Hälfte zum Strand lief, während die andere floh.
Tausend Schreie erhoben sich von allen Seiten; die Neugier und der Mut stürzten ihn im Augenblick zu dem Ort, von dem das Geschrei ausging; mit vier Sätzen ist er da. Der Kommandant der Miliz, mit dem er beim Prior gespeist hatte, erkannte ihn sogleich; er läuft ihm mit offenen Armen entgegen: Ach, da ist das Naturkind, er wird für uns kämpfen. Und die Milizsoldaten, die vor Angst starben, faßten wieder Mut und schrien auch: Da ist das Naturkind, da ist das Naturkind.«

»L'Ingénu plongé dans une sombre et profonde mélancolie se promena vers le bord de la mer, son fusil à deux coups sur l'épaule, son grand coutelas au côté, tirant de temps en temps sur quelques oiseaux, et souvent tenté de tirer sur lui-même; mais il aimait encore la vie à cause de Mlle de Saint-Yves. Tantôt il maudissait son oncle, sa tante, et toute la basse Bretagne et son baptême. Tantôt il les bénissait, puisqu'ils lui avaient fait connaître celle qu'il aimait. Il prenait sa résolution d'aller brûler le couvent, et il s'arrêtait tout court de peur de brûler sa maîtresse. Les flots de la Manche ne sont pas plus agités par les vents d'Est et d'Ouest que son cœur l'était par tant de mouvements contraires.
Il marchait à grands pas sans savoir où, lorsqu'il entendit le

son du tambour. Il vit de loin tout un peuple dont une moitié courait au rivage, et l'autre s'enfuyait.

Mille cris s'élèvent de tous côtés; la curiosité et le courage le précipitent à l'instant vers l'endroit d'où partaient ces clameurs; il y vole en quatre bonds. Le Commandant de la milice qui avait soupé avec lui chez le Prieur, le reconnut aussitôt; il court à lui les bras ouverts: Ah! c'est l'Ingénu, il combattra pour nous. Et les milices qui mouraient de peur se rassurèrent, et crièrent aussi: C'est l'Ingénu, c'est l'Ingénu.«

Diese drei Absätze, die das Kapitel VII eröffnen, bieten so klare stilistische Züge, eine so typische Linienführung und eine so bedeutungsreiche Form, daß es hilfreich scheint, ihnen die größte Aufmerksamkeit zu widmen: *L'Ingénu* ist Voltaires letzte Erzählung, und man kann erwarten, darin die Quintessenz seines Geistes, den endgültigen Stand seiner Philosophie zu entdecken.

Der erste Satz wird asymmetrisch geschnitten. Der erste Teil entwickelt sich in aufeinanderfolgenden Schüben von wachsendem Ausmaß, als ahmte er die Bewegung des erwähnten Spaziergangs nach. Der zweite Teil ist von überraschender Einfachheit: keine innere Abteilung, außer der leichten »Atem«-Pause (ohne Satzzeichen) nach dem Wort *Leben*. Man bemerkt übrigens, daß in diesem zweiten Teil das Benennen der Ursache (Fräulein von Saint-Yves) nach dem der Wirkung kommt (er liebte das Leben). Wir werden später sehen, bei deutlicheren Beispielen, welche Bedeutung diese Umstellung von Ursache und Wirkung hat.

Die Asymmetrie in der Morphologie des Satzes entspricht einem Unterschied des Inhalts. In der Mannigfaltigkeit seiner Elemente ist der erste Teil zum Tode orientiert durch eine Steigerung, die von einem verworrenen Gefühl aus über das Nennen der beiden sehr genau spezifizierten Mordwaffen geht und in der Versuchung des Selbstmords sowie der sehr genauen Erwähnung der Handlung, die diesen Plan ausführen könnte, kulminiert. Der zweite Teil unterbindet in seiner Kürze den finsteren Plan und bestärkt die Anhänglichkeit an das Leben. Die Bedeutung des Fräulein von Saint-Yves ist so groß für das Naturkind, daß die bloße Vorstellung genügt, um den Todeswunsch auszulöschen oder doch zumindest vorläufig zu ersetzen. In der Asymmetrie, die wir betont haben, findet ein Gleichgewicht das Mittel, sich herzustellen; ab dem »aber« bildet die kurze Aussage ein Gegengewicht. Die Knappheit beweist die Intensität der Gefühlsenergie, die sich mit der Erinnerung an Fräulein von Saint-Yves verbindet. Das Ohr bemerkt in der Silbe *Yves* das Spiegelbild der Silbe *vie* (Leben). Das sind die geheimen Synonyme, die einander bestärken. Die asymmetrische Beziehung beider Teile des Satzes ist ein stilistisches Mittel, mit dem Voltaire zu verstehen gibt, daß die schöne Gefangene nach und nach zum Vorwand einer *Reihe* verzweifelter Bewegungen wird und des Naturkinds *einziger* Grund ist, dem Leben verbunden zu bleiben. Der Schnitt ist überaus klar, die Wendung erfolgt schroff und zu heftig, um nicht als mechanisch zu erscheinen. Der Satz ist plötzlich gekippt, er hat flink mit der Antithese von Tod und Leben gespielt. Wenn wir den Anfang des folgenden Satzes lesen, dann verfallen wir wieder in die anfängliche Melancholie: *Bald verfluchte er*... Dann kommt der Segen. Wir sind in einem Hin und Her mitgerissen, das keinerlei Grund zum Innehalten hat.

Kehren wir zum ersten Teil des ersten Satzes zurück. Er teilt sich in verschiedene Elemente. Wir bemerken Verdoppelungen unterschiedlicher Art: Wörter, die auf derselben syntaktischen Ebene verbunden sind, Wiederholungen von Begriffen, parallele syntaktische Strukturen; im semantischen Bereich drückt die Verdoppelung nacheinander Identität, Differenz und Widerspruch aus: die Kontrastfunktion nimmt zu.

Zunächst fällt ein redundantes Verdoppeln voreinandergesetzter Eigenschaftswörter auf (*düstere und tiefe* Melancholie): die verbundenen Bestimmungswörter sind eine feststehende Formel. In fast gleichen Segmenten (9 bzw. 8 Silben) benennt Voltaire symmetrisch die beiden Waffen des Huronen: die Doppelflinte (*fusil à deux coups*) und den Hirschfänger (*grand coutelas*). Es folgen zwei Segmente zu je 11 Silben, worin das gleiche Wort (tirer) sich verschieden gebraucht findet, einmal auf die Handlung gemünzt (schoß, *tirant*), das andere Mal auf die Absicht (sich zu erschießen, *tenté de tirer*); jedes ist von einem Adverb oder einer adverbialen Bestimmung begleitet, eines nachgestellt (ab und zu, *de temps en temps*), das andere vorgezogen (oft, *souvent*), die Ergänzungen des Verbs sind symmetrisch an das Ende der Aussage gerückt (ein paar Vögel, *sur quelques oiseaux* . . ., sich selbst, *sur lui-même*).

Erzeugen die verbundenen Adjektive keinen semantischen Kontrast, so ist es bei den Namen der Waffen anders. Die Doppelflinte ist die Waffe des »zivilisierten« Menschen, der Hirschfänger die des »Wilden«. Die auf gleicher grammatischer Ebene plazierten Namen der beiden Gegenstände kontrastieren einzig durch ihre Konnotationen. Die Verknüpfung der Flinte und des Hirschfängers mit der Person des Naturkindes ist das Symbol seiner doppelten Zugehörigkeit – das Naturkind stammt von einem nieder-bretonischen Elternpaar, ist aber unter Wilden aufgewachsen; es ist ein Hurone, aber getauft. Doch Flinte und Hirschfänger sind zwei Arten *einer* Gattung: Mordwaffen. Die Zivilisierten machen Krieg, aber auch die Wilden haben ihre kriegerische Grausamkeit, nur die technischen Mittel unterscheiden sich. Voltaire glaubt, wie man weiß, nicht daran, daß der Wilde friedliebend ist; er spottet über Rousseau, der im Kriegszustand eine Folge des Lebens in der Gesellschaft sieht. Die beiden, in syntaktischen Segmenten gleicher Funktion benannten Waffen beweisen die Komik des Paares, das kein Paar ergibt, der Verschiedenheit, die hinter einer anscheinend unschuldigen

Wiederholung verborgen ist. Aber sie läßt uns auch hinter ihren verschiedenen kulturellen Ausdrucksformen die Identität der menschlichen Natur ahnen – die dem Menschen wesentliche Gewalt . . . Bei den beiden folgenden Partizipialsätzen (*tirant de temps en temps*, schoß ab und zu . . . *et souvent tenté de tirer*, und war oft versucht, sich selbst . . .) wird die metrische Gleichheit, die offensichtliche, durch die Wiederholung von *tirer* bezeichnete Äquivalenz zerstört durch den Gegensatz der äußeren Handlung (*tirant*) und der innen verbleibenden Absicht (*tenté de* . . .); der Gegensatz wird erst recht durch den radikalen qualitativen Unterschied der symmetrisch ans Ende der Aussage gestellten Ergänzungen markiert (*sur quelques oiseaux,* einige Vögel . . . *sur lui-même*, sich selbst); Voltaire hält solange wie möglich die Gleichheit der Wörter und der grammatischen Funktionen aufrecht, um im letzten Moment das Fehlen eines gemeinsamen Maßes zwischen den wirklichen Zielen (*quelques oiseaux*, einige Vögel) und dem Subjekt, das versucht ist, sich selbst zum Ziel zu erklären, deutlich zu machen. Die Richtung des Schusses kehrt sich um, und das Verb *tirer* (schießen) dreht sich sozusagen um einhundertundachtzig Grad durch Änderung der Ergänzung . . . So hat Voltaire im ersten Teil des Satzes die paarweisen Strukturen vervielfältigt, indem er sie zu einem Faktor veränderlicher und zunehmend steigender Antinomie machte. Nach der selbstmörderischen Umkehrung der möglichen Schußrichtung erleben wir eine neuerliche Umkehrung: das Umschlagen in Liebe zum Leben, ein lebhafteres und heftigeres Umschlagen, da es vom äußersten Punkt, zu dem die Verzweiflung das Naturkind gebracht hatte, ausgeht. Dieses Mal ist die Antinomie der Bedeutung nicht mehr in die täuschende Symmetrie der Ausdrücke geschmuggelt; sie gibt sich *offen* und verursacht den morphologischen Gegensatz, die eine und kurze Aussage, die der ganzen vorausgegangenen Darlegung die Waage hält. Die Asymmetrie macht sozusagen den Widerspruch explizit, der sich bis dahin in die *falsche Symmetrie* eingetragen hatte. Zugleich genügt Voltaire der ästhetischen Forderung der Abwechslung – nach so viel formaler Regelmäßigkeit brauchte es ein Stück von offen unterschiedlicher Art, das den ganzen Satz in eine definitive Asymmetrie bringt. Man staune nicht, daß Voltaire fast aus Instinkt einem der »Gesetze« des Rokoko-Stils folgt. Unser Vergnügen fordert, daß das Gleichgewicht sich für einen kurzen Augenblick unter dem Anschein des Unausgeglichenen wiederherstellt.

Nichts ist gewisser: die Zweiheit herrscht unter allen Formen, in denen sie sich offenbaren kann, und in allen Kombinationen, für die sich die verschiedenen Schichten der Sprache anbieten (Form, Bedeutung usw.). Wir werden uns hier nicht an einer systematischen Klassifizierung von Voltaires Kunstmitteln versuchen. Es genüge zu betonen, daß die Zweiheit sich nicht auf die paarweisen Spiele morphologischer Gleichheit oder Ungleichheit begrenzt und auch nicht auf die semantischen Binome, die nach den Graden variabler Kontraste verbunden sind (vom Pleonasmus bis zur Antithese). Wir können auch von Zweiheit sprechen, wenn sich Implizites und Explizites, die Litotes und die Hyperbel so klar entgegensetzen. Sie herrscht ebenfalls im Gegensatz von Innen (Melancholie) und Außen (Meeresufer, Ausrüstung, Vögel); der Landschaft »en gros« (Meeresufer) und des kleinen Details (Flinte, Hirschfänger); der Handlung (schießen) und der Absicht (erschießen) sowie des unbestimmten Plural (einige Vögel) und des bestimmten Singular (sich selbst).

Ein so klar konstruierter Text böte sich unschwer für ein Diagramm an, das im Sinne strukturaler Analyse dem, was sich im Laufe der Lektüre wahrnehmen läßt, eine klare räumliche Struktur gibt. (Die Versuchung der Tafel ist verführerisch; aber es wäre lediglich wiederholende Ausflucht.)

Welche Folgen hat der Gebrauch der Doppelformen? Bekanntlich haben parallele Aussagen, die symmetrisch in ihrer

Anordnung, aber entgegengesetzt in ihrer Bedeutung sind, eine sichere komische Wirkung, vor allem dann, wenn einzelne Wörter wie ein Echo in verschiedenen Bedeutungen aufgenommen werden. Jedoch sind Ausdrücke wie »in eine düstere und tiefe Melancholie getaucht«, »versucht, sich selbst zu erschießen« von unleugbarem Pathos. Für sich gestellt, erregen sie kein Lächeln (zumindest bei Lesern des 18. Jahrhunderts; *sombre et profonde melancholie* hat später den Charakter eines Klischees; aber sind wir sicher, daß Voltaire uns durch die Redundanz der Eigenschaftswörter erheitern will?). Einmal »parallel« gesetzt und in paarweise Systeme eingeführt, werden diese Sätze vergnüglich; ihre pathetische Bedeutung ist zwar nicht beseitigt, aber sie ist wie mit Beschlag belegt durch die aus der Verdoppelung resultierende Komik. Genauer, das Pathos kühlt sich ab durch die Ungleichheit der ungehörigen Verkoppelung. So kommt es zu einer Schwingung zwischen dem Pathos einiger Elemente und dem Scherz, der sie umhüllt und leichter macht. Das ist das Ergebnis des Rhythmus, den Voltaire der Erzählung verleiht, des kontrastreichen Tempos, worin sich der Geist des Erzählers gefällt. Die momentane Tragik einiger Aussagen ist unleugbar, doch dieser Aufschwung des Mitgefühls ist auf einen kurzen Augenblick begrenzt und wird sogleich in der freien Ironie einer Komposition verflüchtigt, die mit allen Mitteln des *binären Systems* spielt. Was die Zeugen uns von der außerordentlichen psychischen Mobilität Voltaires zu der Zeit, als er *L'Ingénu* schrieb, berichten – von tränenreicher Rührung zur Empörung, von der Empörung zum Sarkasmus –, mag dieses ständige Schwingen zwischen Anwandlungen von Rührung und den Spielzügen der Ironie bestätigen.

Allgemeiner gefaßt, bewirkt dieser Rhythmus einen ständigen Wechsel zwischen unserem Interesse an den Mißgeschicken des Helden und unserer Aufmerksamkeit für die Wendungen des Schriftstellers. Der Erzähler läßt sich nie zugunsten seiner Personen vergessen. Voltaire drängt uns überall seine Gegenwart auf; wir sind viel mehr in seiner Gesellschaft als in der des Huronen. Die Erzählung mag sich noch so sehr mit dem Naturkind und der schönen Saint-Yves beschäftigen, die wohlregulierte Mechanik der Schreibweise führt uns immer wieder zurück zu dem Uhrmacher-Gott, der sie in Gang gesetzt hat. Denn es ist die wachsame Erfindungskraft des Schriftstellers, welche die semantischen Kontraste in den parallelen grammatischen oder syntaktischen Positionen verteilt. Der Erzähler sucht keine Täuschung zu erzeugen; die komischen Wechselsprünge sind ein Spiel seiner Feder und keine Bewegungen, die in dem Bewußtsein seines unwahrscheinlichen Helden vor sich gehen. Der Schematismus der Kontraste zeigt deutlich Voltaires Indifferenz gegenüber psychologischer Wahrscheinlichkeit. Ein Beispiel, immer noch aus dem ersten Satz, beweist das sofort: »aber noch liebte er das Leben wegen Fräulein von Saint-Yves«. Gibt sich der Held diese Erklärung? Oder ist es vielmehr eine Erklärung, die Voltaire uns einflüstert? Wir zögern, und dieses Zögern ist bezeichnend. Wenn die Liebe zum Leben ohne Zweifel dem Bewußtsein des Huronen zugeschrieben werden kann, so nähert uns die knappe Angabe des Grundes Voltaire (der ebenso allwissend wie allgegenwärtig ist) mehr als seinem Helden. Es ist nicht mehr der leidende Hurone, es ist Voltaire, der kommentiert. Die Doppelheit entwickelt sich als Spiel des Schriftstellers und seiner Person zwischen der Erzählung (wo wir auf das Geschick des Helden achten) und der Schreibweise (wo wir die Gewandtheit des Schriftstellers bewundern). Diese Doppelheit prägt die ganze Erzählung. Das ist in der Tat eines der Gesetze der philosophischen Erzählung.

Der Text bestätigt in seiner Folge das, was wir am ersten Satz ermittelt haben. Die Doppelheit wird aufgenommen im zeitlichen Modus des Wechsels und des morphologischen Parallelismus (*tantôt il maudissait*, bald verfluchte er ... *tantôt il bénissait*, bald segnete er) sowie der durch die Gegenbegriffe (*maudissait* ... *bénissait*) vollkommen ausgedrückten Antithese. Die beiden Sätze von entgegengesetzter Bedeutung sind von fast gleicher Länge (23 und 21 Silben). Wir finden dann die Doppelheit innerhalb eines einzigen Satzes, der durch das Komma in zwei gleiche Teile von fünfzehn Silben zerlegt wird (*il prenait sa résolution d'aller brûler le couvent*, er entschloß sich, das Kloster anzuzünden – *et il s'arrêtait tout court de peur de brûler sa maîtresse*, und stand wieder davon ab aus Angst, seine Herrin mitzuverbrennen). Offensichtlich sind die beiden Phasen nicht alternativ, sondern sukzessiv. Der Gebrauch des Imperfekt bezeichnet jedenfalls eine unbegrenzte Wiederholung der beiden sukzessiven Momente und verwandelt heimlich die Sukzession in Wechslung. Wir stellen erneut den Gegensatz fest zwischen Denken (il prenait sa *résolution*, er entschloß sich ...) und Handeln (il s'*arrêtait*, er stand wieder davon ab), zwischen der Feindseligkeit der *Dinge* (das *Kloster* ist ein Gefängnis) und der einzigen *Person*, die zählt (seine *Herrin*, Gefangene des Klosters). Die Wiederholung des Wortes »brûler« (anzünden, verbrennen) läßt die widersprüchliche Natur des heroischen Aktes und seiner katastrophalen Folgen (das Kloster anzuzünden, seine Herrin mitzuverbrennen) hervortreten, d. h. das Mißverhältnis von vorgestelltem Mittel und zerstörerischem Resultat. Wir haben hier ein vollkommenes Beispiel von Ungleichheit in der Symmetrie, einer Ungleichheit, deren ganze Inkonsequenz uns erst am Ende des Satzes deutlich wird. Voltaire neigt dazu, die Konjunktion »und« in ihrer Funktion der Entgegensetzung zu verwenden; die ironische Wirkung wird durch diesen Dämpfereffekt vorbereitet. Gewiß hat der adversative Gebrauch der Konjunktion »und« nichts Außergewöhnliches: Voltaire benutzt mit Vorbedacht ein Mittel, das ihm erlaubt, die Verschiedenheit von Entschluß und Ergebnis (verbranntes Kloster und im Brand umkommende Herrin) zu betonen.

Der Absatz endet mit den beiden Gliedern eines Vergleichs zwischen dem *Herzen* des Naturkindes und den *Wellen des Ärmelkanals*: ein Vergleich, der eine leichte quantitative Ungleichheit enthält; mit dem *nicht heftiger* . . . *als* gibt Voltaire zu verstehen, daß die Bewegung des Herzens der Bewegung der Wellen an Intensität überlegen sein könnte. Wir finden, als *Figur* entwickelt und infolge einer Anordnung übers Kreuz verkehrt, die beiden Momente des Anfangssatzes dieses Abschnitts der Dynamik der *entgegengesetzten Bewegungen* gemäß:

A	»L'Ingénu plongé dans une sombre et profonde melancholie«	»se promena vers le bord de la mer«	B
'B	»Les flots de la Manche ne sont pas plus agités par les vents d'Est et d'Ouest«	»que son cœur l'était par tant de mouvements contraires«	A'

Die Reihenfolge der psychologischen und geographischen Begriffe wurde umgestellt, so daß der Absatz mit der Beschwörung der wechselnden Gefühle und der Gemütsbewegungen des Naturkindes beginnt und endet. Im letzten Satz haben Haupt- und Nebensatz ein gemeinsames Zeitwort im Passiv (*être agité*, bewegt werden), das ein und dieselbe Leidenschaft der physischen Welt und dem Herzen des Helden zuschreibt. Man braucht den komischen Eindruck gar nicht zu unterstreichen, der sich aus der Projektion des geometrischen und abstrakten Gegensatzes der Himmelsrichtungen in das Seelenleben ergibt (Ost und West). Wenn es in der klassischen Tradition häufig vorkommt, daß die Dichter die inneren Konflikte mit den Naturgewalten vergleichen, so fügt Voltaire der Metapher eine kartographische Schematisierung hinzu – er beschwört den meßbaren Raum, nicht den lebendigen Eindruck einer stürmischen See.

Eine neue Tatsache fällt uns auf, wenn wir den ersten Absatz noch einmal lesen: die Begriffe an den Satzenden. Der Ausdruck am Schluß (*mouvements contraires*, entgegengesetzte Bewegungen) nimmt die auf verschiedenen Ebenen herrschende Doppelheit auf und erläutert sie in einem Bild aus dem dynamischen Bereich. Die vier vorhergehenden Sätze enden sämtlich sei es mit dem Namen des Fräulein von Saint-Yves, sei es mit einer ziemlich direkten Anspielung auf ihre Person.

1. Satz: »... Mlle de Saint-Yves.«
2. Satz: »... son baptême.« (Als Taufpatin darf sie nicht die Gattin des Huronen werden.)
3. Satz: »... celle qu'il aimait.«
4. Satz: »... sa maîtresse.«

Werfen wir einen Blick auf die letzten Worte des Kapitels. Wir finden: ... *et se recommandant à sa maîtresse* (und empfahl sich seiner Herrin).

Mit insistierender Wiederholung, die etwas Mechanisches hat, verbindet Voltaire eine *Obsession* mit dem System der Doppelheit. Eine einzige Vorstellung, eine fixe Idee, bindet sich an die enttäuschte Begierde und durchquert den ganzen Abschnitt. Die Doppelheit des Triebes ist das Ergebnis einer Situation absurden Zwanges, in der die Begierde wegen der Bosheit der Menschen und der religiösen Gebote auf ihre Befriedigung verzichten mußte. Die Begierde war zunächst eine *einfache* Regung der Natur; die innere Aufteilung kam für den Huronen erst nach der Begegnung mit den Widerständen der Gesellschaft. Es ist wahr, daß diese Aufteilung nur eine Verinnerlichung der Tatsache ist, die den Ausgangspunkt des Romans bildet: die Anwesenheit eines Menschen (bretonischer Herkunft!) auf *französischem* Boden, erzogen nach den Gebräuchen der *Huronen*. Der ganze Roman gründet auf dem Kontrast eines *isolierten* Individuums und einer *Gemeinschaft*, die einander fremd sind; die Nichtübereinstimmung wird für den Helden zur Quelle von Konflikten, aber auch mit dem Blick des Autors zur Quelle des Nachdenkens über den Menschen im allgemeinen, über den Wilden und über die Mißstände der gegenwärtigen Gesellschaft.

Der binäre Rhythmus, die Bewegung in zwei Phasen sind nicht allein auf die Beschwörung der Seelenschwankungen des Huronen beschränkt. Die Folge des Textes zeigt, daß die Dichotomien und die Gegensätze, die uns zunächst als schematische Formalisierung der gegensätzlichen Gefühle des Helden hätten erscheinen können, in der Tat einer Sicht der Welt entsprechen, die Voltaire nahelegen will.

Mit großen Schritten ging er, ohne zu wissen wohin, als er den Ton von Trommeln hörte. Die Handlung kommt wieder in Gang mit einem in zwei gleiche Teile zerlegten Satz (von je 10 Silben im französischen Text), deren Symmetrie noch durch eine Reimassonanz markiert ist . . . *où, -our.* Am *selben* Strand spielt sich eine *andere* Handlung ab, sie betrifft aber nicht mehr das *Individuum*, sondern *ein ganzes Volk*. Dieses Volk ist in Bewegung, und weil die freie Ironie des Schriftstellers es so bestimmt hat, teilt sich die Menschenmenge in *zwei* gleiche *Hälften*, die sich in entgegengesetzte Richtungen bewegen. In dieser neuen Handlung finden wir die exakte Wiederholung der *entgegengesetzten Bewegungen*, die zuvor benannt waren; es ist das gleiche dynamische Schema, in ein anderes Register versetzt – ein *Echo* oder ein *formaler* Reflex, dessen *Inhalt* jedenfalls gewechselt hat.

Die Forderung eines raschen Fortgangs der Erzählung nötigt Voltaire, die Sätze in Binomen aufzugeben. Er setzt in der Diskontinuität vom Gang der Erzählung abgehobene Momente nebeneinander. Die Intervalle werden munter übersprungen: *Tausend Schreie erhoben sich von allen Seiten . . .* Aber schon ist das Naturkind da: *mit vier Sätzen ist er da.* Schon unterliegt er anderen Mächten als denen der Melancholie;

diese Mächte werden durch ein Paar abstrakter Begriffe genannt: *die Neugier und der Mut.* Voltaire bemüht sich nicht, die Gefühlsübergänge zu bezeichnen ... Wir wollen nicht so weit gehen zu vermuten, daß Voltaire in der doppelten Hyperbel 1. *voler*, fliegen 2. *en quatre bonds*, mit vier Sätzen, die Zahl vier gewählt habe, weil es zwei hoch zwei ist. Es genüge, die Wiederholung des Ausrufs: *Ach, da ist das Naturkind* zu betonen: die Milizen, wie eine Hammelherde, machen das Echo zu ihrem Kommandanten und noch einmal zu sich selbst. Dieser Refrain begleitet die plötzliche und vollständige Kehrtwendung in der Moral der Milizen, sie gehen in der Tat unvermittelt von einem Gefühl zu seinem Gegenteil, von der Angst zum Selbstvertrauen. Voltaire drückt diese Wendung in einer schwindelerregenden Wortfolge aus (*... qui mouraient de peur se rassurèrent, et crièrent* ..., die vor Angst starben, faßten wieder Mut und schrien). Das Prinzip des *durch ein unerwartetes Gegengewicht wiederhergestellten Gleichgewichts* (das Prinzip der Äquivalenz in der Asymmetrie) wird ebenfalls nicht vergessen. So wie das Bild allein von Fräulein von Saint-Yves die Menge melancholischer Bewegungen des Naturkindes ausglich, so genügt einzig die Gegenwart des jungen Wilden, die Flucht der Hälfte dieses Volks aufzuhalten und der gesamten Miliz unbegreiflicherweise wieder Mut zu machen. Der *Ausländer* wird die *Heimat* retten. Deren Regenten (die Menschen vom *Schloß*!) werden den tapferen Huronen verfolgen.

Es ist an der Zeit, eine andere Dichotomie aufmerksam zu betrachten: den Schnitt, den Voltaire zwischen der Angabe der Ursache und der der Wirkung eintreten läßt. Eines der beständigen Mittel Voltaires, um das Lächerliche und Absurde der menschlichen Angelegenheiten evident zu machen, besteht darin, erst die Wirkung (die besondere, bizarre, manchmal winzige und vor allem ungerechtfertigte) zu nennen: unerklärt wahrgenommen, ist die Wirkung eine rohe, lächerliche und eitle Erscheinung, wie hier die Agitation einer Menge. Die Ursache des Tumults wird uns später geliefert: »Seht ihr nicht die Engländer landen.« Durch das Vorziehen der lächerlichen Wirkung wird aber die nachträglich genannte Ursache durch die Absurdität dessen, was wir gerade gesehen haben, kompromittiert. Wie Sartre es (in seiner Studie zu Camus' *Der Fremde*) bemerkenswert hervorgehoben hat, arbeitet der Humor in der philosophischen Erzählung an der Zerlegung einer globalen Situation in eine Reihe von »diskreten«, in der Zeit getrennten Handlungen oder Zuständen. Die Bedeutung des gesamten Ereignisses ist wie »atomisiert« in eine Folge kleiner konkreter Fakten, die einzeln genommen völlig grotesk sind. Erstaunliche Wirkung des Asyndeton? Wir sehen nur noch eine Staubwolke von Momenten, die kein Vektor der Bedeutung und keine rationale Kohärenz mitzuziehen oder zu verbinden scheint. Jeder Augenblick isoliert sich wie eine kleine geschlossene Welt. Wir haben eine Absurdität aus lauter Staubkörnchen vor uns. Gewiß werden die Wirkungen von der späten Angabe ihrer Ursache her verständlich, alles klärt sich auf, aber es ist eine nachträgliche Verständlichkeit, welche die zerstörerische Rolle der Auflösung der logischen Sequenz nicht ausgleicht. In unserem Text macht diese Auflösung eine *Pluralität* von Folgen offensichtlich, während die Ursache (die Engländer landen) vergleichsweise *einfach* bleibt. Die Diskontinuität der abgeschlossenen Momente ist der Ausdruck eines Gegensatzes von einfach und mannigfaltig, um eine Umstellung der logischen Folge verdoppelt. Bei Voltaire ist dieses Chassé-Croisé von Ursache und Folgen üblich. Er möchte das Gefühl eines Mißverhältnisses hervorrufen, einer Dissonanz zwischen den Ereignissen, die wohl von ihrer Kausalkette abhängen und sie ganz am Ende auch sehen lassen, aber die Inkohärenz der bestehenden Welt bezeugen. Voltaire nimmt sich im übrigen jede Freiheit bei der Darstellung des Verhältnisses von Ursache und Wirkung. Ist der

Kontrast von Ursache und Wirkung an sich schon relativ beträchtlich, so verzichtet er auf die Umstellung der logischen Folge. Der Gegensatz des Einfachen und Mannigfaltigen kann sich auch verlagern; Voltaire legt uns nahe, daß eine beträchtliche Wirkung aus dem Zusammentreffen einer Vielzahl kleiner Umstände resultieren kann oder daß die unmittelbare Ursache selbst der groteske Effekt einer älteren Ursache ist.

Kehren wir zur Umstellung von Ursache und Wirkungen in der Erzählung der Landung der Engländer zurück. Obschon das erzählerische Verfahren die einsichtige Ordnung der Ereignisse umkehrt, respektiert es die Zeitordnung ihrer offensichtlichen Aufeinanderfolge. Das Naturkind nimmt gelegentlich eher wahr als es begreift. Es hört den Ton von Trommeln, es sieht ein ganzes Volk von »entgegengesetzten Bewegungen« erregt, und es nähert sich. Voltaire fingiert, in jedem Augenblick nicht mehr als sein einsamer Spaziergänger zu wissen. Alles stimmt überein mit der sensualistischen Theorie, die Perzeption geht der Apperzeption voraus und diese wiederum der Reflexion und dem Verstehen. Voltaire schematisiert die »natürliche« Erfahrung seines Helden. Stellt er die logische Folge um, so zugunsten der empirischen Folge und der gemäß den Etappen der sinnlichen Erfahrung befolgten Ordnung. Aber Voltaires Ironie gefällt sich darin, den Raum auszudehnen, der den Augenblick der ersten Wahrnehmung von dem des Verstehens trennt. Die Ereignisse, die Zug um Zug am Strande stattfinden, vervielfältigen sich, um die Enthüllung ihrer Ursache aufzuschieben. Nicht allein der »Grund der Wirkungen« wird nachträglich angegeben, sondern das Naturkind muß es sich *zweimal* erklären lassen. 1. *Seht Ihr nicht die Engländer landen?* Das Naturkind, das nicht gelernt hat, die Engländer als Feinde zu betrachten, erblickt darin nichts Beunruhigendes und antwortet: *Das sind brave Leute ...* So muß ihm der Kommandant ein zweites Mal die Bedeutung der Landung erläutern. 2. *Der Kommandant gibt ihm zu verstehen, daß die Engländer die Abtei vom Berge plündern wollten, den Wein seines Onkels trinken und vielleicht Fräulein von Saint-Yves entführen* ... Die Ursache muß, wie man sieht, durch eine Vielzahl *konkreter* kurzfristiger Wirkungen erläutert werden. Das Ereignis wird durch punktuelle Motive erklärt, jedoch innerhalb der Grenzen, in denen das Naturkind das, was ihm teuer ist, verlieren könnte. Das Naturkind antwortet mit einem *abstrakten* Prinzip: *Ja, wenn es so ist, dann verletzen sie das Naturgesetz; laßt mich nur machen; ich habe lange unter ihnen gelebt, ich kenne ihre Sprache, ich will mit ihnen reden.* Wenn zwei Erklärungen nötig waren, um die Absicht der Angreifer verständlich zu machen, dann reagiert das Naturkind auf zwei Arten nacheinander und beweist *dieselbe* Tapferkeit bei zwei radikal entgegengesetzten Handlungen: dem Wort und der Gewalt. Der junge Wilde, der die Prinzipien der Rechtsphilosophie wörtlich nimmt, glaubt sich auf sie berufen zu können, indem er mit denen *redet*, die sie ihn gelehrt haben. Er ist so naiv zu vermuten, die Engländer verhielten sich den Theorien gemäß, die sie in ihren Büchern verkünden. Aber es ist weit von den Prinzipien zu den Taten. Als er auf das Admiralsschiff steigt, um den Angreifern die Sache auszureden, lacht man ihm ins Gesicht oder hält ihn für einen ungefährlichen Narren: *Der Admiral und seine ganze Mannschaft brachen in großes Gelächter aus, gaben ihm Punsch zu trinken und schickten ihn zurück.* Neue Umkehrung der Haltungen: der Wilde glaubt als guter Schüler an die Macht des Wortes; die Engländer als Lehrer politischer Moral machen Krieg, ohne ihn zu erklären. Es bleibt dem Huronen nichts anderes übrig, als zu den bretonischen Milizen zurückzukehren und in einer zweiten Phase die Engländer erfolgreich zurückzuschlagen. Das Gesetz der zwei Phasen (oder, wenn man Voltaires eigenes Bild bevorzugt, das Gesetz der Doppelflinte) findet vollständige Anwendung: das Wort scheitert, die Gewalt siegt.

Dieses Gesetz wird uns noch einleuchtender, wenn wir das

siebente Kapitel des *Ingénu* in seiner Gesamtheit betrachten. Zwischen einem *verzweifelten* Vorspiel (der einsame Spaziergang am Strand) und einem *hoffnungsvollen* Schluß (der Plan der Reise nach Versailles, die chimärische Vorstellung von einer Belohnung und einer Unterredung mit dem König) erzählt das Kapitel zwei Handlungen. Die erste ist triumphal: der Kampf gegen die Engländer. Die zweite, die so leicht scheint, ist ein erbärmlicher Fehlschlag: der Versuch, Fräulein von Saint-Yves zu befreien.

> »Der Schultheiß, der sich während des Kampfes in seinem Keller versteckt hielt, machte ihm sein Kompliment wie die anderen. Aber er war sehr überrascht, als er Herkules-Naturkind zu einem Dutzend gutwilliger junger Leute, die ihn umgaben, sagen hörte, ›Meine Freunde, das ist nichts, die Abtei vom Berge befreit zu haben, man muß ein Mädchen befreien.‹ Diese ganze hitzige Jugend war Feuer und Flamme bei seinen Worten. Man folgte ihm schon in Menge, man lief zum Kloster. Wenn der Schultheiß nicht stehenden Fußes den Kommandanten gewarnt hätte, wenn man nicht der fröhlichen Truppe hinterhergelaufen wäre, so wäre es geschehen.«

Mit den Engländern zu *reden* war nutzlos für das Naturkind; genötigt, der Gewalt mit Gewalt zu begegnen, hatte es leicht gesiegt. Jetzt ist umgekehrt das Wort eines Feigen, der aber den Rang des Schultheißen einnimmt, von außerordentlicher Wirkung. Das Wort des Schultheißen zum Kommandanten genügt, um die ganze Mannschaft anzuhalten; in den beiden so klar bezeichneten Phasen ist der Unterschied vollkommen. Nicht nur ist die Episode der mißglückten Befreiung kürzer, sondern man entdeckt auch, daß der Sieg auf dem Schlachtfeld unendlich weniger schwierig ist als der Versuch, ein Opfer der sozialen und religiösen Vorurteile dem Kloster zu entreißen.

Die besondere Struktur, die den Stil der ersten Sätze charakterisierte, findet sich somit in der Komposition des Kapitels wieder. Sie erscheint erneut im folgenden Kapitel (VIII): das Naturkind macht auf dem Wege nach Versailles in Saumur Station; es unterhält sich frei und naiv mit Hugenotten, die Frankreich verlassen (erste Phase, fünf Absätze); *aber* in der Gesellschaft ist ein spionierender Jesuit, der einen Denunziationsbrief nach Versailles schickt (zweite Phase, ein einziger Absatz und der kürzeste von allen). Das in der zweiten Phase berichtete Ereignis wiegt am schwersten: *Das Naturkind und der Brief kamen zur gleichen Zeit nach Versailles.* Doppelte Reise, parallele Strecke eines naiven Helden und eines bösartigen Stücks Papier – diese Doppelheit bestimmt die Komposition des folgenden Kapitels (IX). Sein ironischer Titel teilt sich in zwei Sätze: *Ankunft des Naturkinds in Versailles. Sein Empfang bei Hofe.* Sein Inhalt bietet zwei fast gleiche Teile (vier und fünf Absätze). Der erste Teil skizziert die fruchtlosen Bemühungen des Naturkindes, das weder vom König noch von Herrn von Louvois, noch vom ersten Bediensteten, sondern vom Bediensteten des ersten Bediensteten empfangen wird; der zweite Teil berichtet die raschen und einschneidenden Wirkungen des vom Beichtvater des Königs empfangenen Briefs. Dabei erfährt man, daß nicht ein, sondern *zwei* Briefe gleichzeitig in Versailles ankamen: der Schultheiß hat seinerseits geschrieben, um dem Naturkind zu schaden. Die doppelte Denunziation bringt das Naturkind in die Bastille.

Man muß damit rechnen: die Bastille behält dem Naturkind die Gelegenheit eines asymmetrischen Dialogs vor. Es hat in seiner Zelle einen Schicksalsgefährten: den Jansenisten Gordon. Der Naturmensch teilt die Gefangenschaft mit einem Theologen, der die Natur verwirft und ihr die Wirkung der Gnade entgegensetzt. Kein anderer Kontrast wäre schärfer. Aber diese Antithese enthält die Möglichkeit einer Vertauschung. Gordon hat Bücher um sich und macht sich an die intellektuelle Erziehung des jungen Wilden. Dieser gelangt von instinktiver Spontaneität zu reflektierter Erkenntnis und von unwissender Eigenheit zu vernünftiger Universalität. Aber während der Wilde so zu den Quellen der Kultur Zutritt erlangt, vollzieht sich bei seinem Erzieher eine umgekehrte Konversion. Das pädagogische Gespräch verwandelt auch den Pädagogen, vom fanatischen Theologen wird er zum Adepten der natürlichen Philosophie. Man wohnt einer *doppelten* Entwicklung bei, und die Gefangenschaft gewinnt die *doppelte* Bedeutung des durch die Macht ausgeübten tyrannischen Zwanges und der für die eifrige Eroberung des Wissens benutzten Ruhe. Durch eine Ironie, die nur die Karikatur eines fundamentalen Prozesses ist, wird der *Erwerb* der Aufklärung die Gegenleistung für den *Raub* der Bewegungsfreiheit. Für die beiden Gefangenen der Bastille ist das Gespräch mithin die Gelegenheit, von einer ersten zu einer zweiten Ansicht der Realität überzugehen; dergestalt nimmt das Gefängnis, indem es die schlimmste *Trennung* auferlegt, den umgekehrten Wert einer Erfahrung freundschaftlicher *Gemeinschaft* an.

Betrachten wir nun den Roman in seiner Gesamtheit, um das »Gesetz der Doppelflinte« zu erkennen, das wir zuerst in einem Satz, dann in einem Abschnitt, schließlich in der Architektur einer Reihe von Kapiteln am Werke sahen. Fräulein von Saint-Yves ist zunächst *eingesperrt* im Kloster, wie das Naturkind es in der Folge in der Bastille sein wird. Das Naturkind sucht Fräulein von Saint-Yves zu befreien. Es *scheitert* bei seinem Versuch, aber es bricht voller Hoffnung nach Versailles auf. Fräulein von Saint-Yves *gelingt* es, freilich um den Preis ihrer Ehre, und sie stirbt aus Verzweiflung. Analoge und umgekehrte Situationen, die nicht gewisse Invarianten ausschließen: die gegenseitige und unveränderliche Liebe der beiden jungen Menschen, die Schurkenhaftigkeit der Amtsträger. Das Herzzerreißende für die Heldin ist, daß sie nicht ohne Zeremonie geheiratet (zu verstehen: vergewaltigt) wurde von dem Huronen, den sie liebt; und daß sie sich schmählich dem sehr zivilisierten Minister hingeben mußte, den sie nicht liebt.

Gewiß könnten wir in einer Gesamtansicht des Romans auch eine *Reihe* kleinerer Schwingungen aufzeigen, in denen sich Gut und Böse, Glück und Unglück, die hellen und die finsteren Motive entgegensetzen. Der Naturmensch wird von seinen Verwandten anerkannt, *aber* wegen seiner Taufe wird ihm die verwehrt, die er liebt. Er hat die Engländer besiegt, *aber* wegen der Denunzierung des Jesuiten und des Schultheißen wird er ins Gefängnis geworfen. Er wird von der schönen Saint-Yves befreit, *aber* auf den Ratschlag des Pater Tout-à-tous (»Allenalles«, der Name wird durch eine einzigartige Verdoppelung gebildet) gibt sie sich dem Minister Saint-Pouange hin (dessen Name *pou*, Laus, und *ange*, Engel, nebeneinandersetzt) und stirbt, weil sie in ihre Unehre einwilligte. Jedesmal kentert das Glück, welches das Naturkind gewiß glaubte, und das Unheil siegt durch den Fehler der Religion oder eines Priesters – eine *Obsession*, die sich zwischen die beiden Phasen schiebt. Oder das Unglück scheint zu triumphieren ...

Ist *L'Ingénu* ein pessimistischer Roman? Nicht mehr als *Zadig* ein optimistischer Roman ist. Gewiß scheint im Wechsel der beiden Phasen Zadig vom scheinbaren Unglück mit einem Schlage zum wirklichen Glück fortzuschreiten; doch sofern das Unglück die notwendige Bedingung des Glückes ist, ist für das Glücklichsein ein ziemlich hoher Preis zu erlegen. Näher besehen, enthält *L'Ingénu* diese Lehre auch. Die Eltern des Naturkindes wurden von den Wilden getötet, *aber* dieselben Wilden haben das Kind mit Liebe aufgezogen. Fräulein von Saint-Yves ist eingesperrt, das Naturkind spaziert melancholisch, *aber* dieser Umstand bietet ihm die Gelegenheit, seine Tapferkeit zu beweisen. Es ist in der Bastille eingekerkert, *aber* es trifft dort einen Jansenisten (den »guten Gordon«, der auf seinen Fanatismus zu verzichten bereit ist), in dessen Gesellschaft es sich vollends unterrichten und »sein

Genie entwickeln« kann (Kapitel IX). Fräulein von Saint-Yves stirbt, *aber* der Zufall läßt am Tage des Begräbnisses Saint-Pouange erscheinen, in dem die Liebe erwacht ist und der gerührt ist: er beschäftigt sich künftig damit, das Unglück zu beheben, das er verursacht hat. Das Naturkind, endlich Offizier geworden, wird »zugleich ein Krieger und ein furchtloser Philosoph« sein. Ist das Übel das Werk der Religion, der Vorurteile, der Willkür, kurz, der Mißstände der Institutionen, so erscheint das Gute im Gegenzug als das stets mögliche Werk des Menschen, der sich entschlossen darum bemüht – es kann sich dem Unglück zum Trotze vollenden. Daß man den Roman zugleich in beiden Richtungen lesen kann, gibt Voltaire mit den beiden Schlußsätzen zu verstehen, die ein letztes Mal dem Gesetz der Doppelflinte gehorchen:

> »Er [der gute Gordon] nahm als Devise *Unglück ist immer zu etwas gut*. Wie viele ehrliche Leute in der Welt konnten sagen: *Unglück ist zu nichts gut*.«

Die Asymmetrie begleitet noch hier die Doppelheit. Der gute Gordon gibt einen *einmaligen* Rat; die gegenteilige Behauptung wird dafür einer unbegrenzten Zahl ehrlicher Leute zugeschrieben. Quantitativ zumindest herrscht das Übel vor. Das relative Glück, das der Weise akzeptiert, bietet keinen Ausgleich für das absolute Glück der anderen. Man kann alles verlieren. Man kann spielen ›Wer verliert, der gewinnt‹.

Das Gesetz der Doppelflinte ist, wie man sieht, Ausdruck einer Vision der Welt. Es gibt kein Gutes ohne Übel und kein Übles ohne Gutes, und das in ungleichem Verhältnis. Die Welt hinkt. Weil die Institutionen unsinnig sind, scheint sich das Übel durchzusetzen. Aber dieser Sieg, der unvermeidlich scheint, ist revidierbar. Der Beweis liegt darin, daß schon im gegenwärtigen Zustand der Dinge ein Ausgleich für die Philosophen gegeben ist. Was ist daran zu ändern? Die Mißgeschicke des Naturkindes und der schönen Saint-Yves stammten aus brüchigen und abgeschmackten Ursachen: ein Artikel des kanonischen Rechts, der Brief eines Spions, die sinnliche Laune eines Staatssekretärs. »Ecrasez l'infâme«, zerschmettert die Schändliche, verringert die Willkür der Regierenden; vielleicht neigt sich die Waage auf die Seite des Glücks. Gewiß nicht, ohne daß auf der anderen Seite viele Ungerechtigkeiten bleiben. Das Glück der Menschen selbst fordert Institutionen, und es ist keine darunter, die sich nicht zu Mißständen hergibt. Eines ist sicher: Candide und das Naturkind werden ihr Glück nicht in der Liebe gefunden haben.

Die Logik kommt dabei nicht auf ihre Rechnung. Es ist wahr, daß die Menschen nicht häufig glücklich sind. Es ist nicht weniger wahr, daß die Menschen glücklich sein können. Die Beweglichkeit von Voltaires Denken hat ihre vor- und rückstoßende Kraft im Adversativum »aber« ... Saint-Pouange führt sich auf wie ein Monstrum, aber »er war nicht bösartig zur Welt gekommen«. Gordon ist fanatisch, aber er ist fähig, sich vernünftigere Ideen zu eigen zu machen als die Theorie der Wirkung allein durch die Gnade. Es gibt bösartige Priester, und es gibt gute. Fräulein von Saint-Yves stirbt vor Pein, weil sie sich schuldig glaubt; aber der Hurone hätte ihre Handlung nicht als Fehler angesehen. Dieses rührende Opfer ist vielleicht ein Dummerchen ... Die Gegensätze sind so gute Gegensätze, daß sie, wenn sie einander widersprechen, auch der Regel vom *ausgeschlossenen Dritten* widersprechen. So wird durch Erschöpfung der kontrastierten Doppelungen gerade das *Dritte* wichtig. Die widersprüchlichen Aussagen sind nacheinander oder gleichzeitig wahr. Im binären Rhythmus dieser Welt, die hinkt und in der der vollkommene Zusammenhang auf immer unmöglich ist, gibt weder die erste noch die zweite Phase die endgültige Wahrheit wieder. Die philosophische Ironie bemerkt, daß eines nicht ohne das andere geht, und wenn die Welt nicht hinkte, dann bliebe sie stehen. Man verachte nicht das kleine Glück, das sich anstelle des großen anbietet. Voltaires Erzählungen geben uns von dieser unablässigen Bewegung ein überspitztes und karikiertes Bild, das von der Natur zur Kultur weist, vom Laster zur Tugend, vom Lachen zum Weinen und vom Pessimismus zum Optimismus – um uns einem doppelten Gefühl allgemeiner Verwirrung und der Klarheit des disparaten Details zu überlassen. Und wenn – als letzte Doppelheit – Voltaires Ironie uns den Eindruck macht, die Welt zu beherrschen und mit ihr nach Laune zu verfahren – seine Leidenschaft, seine unruhige Raserei lassen sich mitreißen und reißen uns mit sich fort. Das ist der Lauf der Welt, sagt das ironische Bewußtsein – frei, spielerisch und gelöst. Das ist unser Lauf, denn wir sind auf der Welt, und das ironische Bewußtsein entrinnt dem Lauf der Welt nicht.

V
Das Rettende in der Gefahr: Rousseaus Denken

1. Die Lanze des Achill

Wenn Rousseau von seiner Kindheit spricht, entdeckt er dort seine ursprüngliche Krankheit: »Schwach und kränklich kam ich auf die Welt; meine Mutter kostete ich das Leben, und die Geburt wurde das erste meiner Mißgeschicke.«[1] Diese anfängliche Verletzung (oder, wenn man will, die Überzeugung und das Erzählen davon) ruft alle heilenden Kräfte, alle ausgleichenden Fähigkeiten hervor und setzt sie in Bewegung. Das ganze Leben ist kaum genug für den Versuch, die Heilung zu finden, wenn auf die Welt zu kommen schon unauflöslich mit dem Übel verbunden ist, dem Übel, das Rousseau erleidet, dem Übel, das er herausfordert – aber ohne es verschuldet oder gewollt zu haben ... Wenn er sein Leben erzählt und dabei »alles sagen« möchte, macht er es sofort abhängig von der ersten Verletzung, die immer, sei es durch ihre Verstärkung, sei es durch unverhofftes Schwinden in Zwischenzeiten der Gesundheit, ihre vorrangige Gegenwart spüren lassen wird. Der Leser soll einen Menschen beklagen, auf den das Unglück von Beginn an niederprasselt, aber er soll auch staunen, was trotz des Übels ruhmreich vollbracht wurde und gegen ein Mißgeschick, das Jean-Jacques' irdisches Dasein von seinem Ursprung an gezeichnet hat.

Fast unvermittelt verbindet sich in der Erzählung der *Bekenntnisse* das Thema der ersten Verletzung mit dem des Heilverfahrens. Das Übel und die angewandten Gegenmittel tre-

1 Jean-Jacques Rousseau, *Œuvres complètes*, Paris (Pléiade) 1959–1969, Bd. 1, S. 7.

ten in Beziehung; die Überlebensmöglichkeit selbst wurde durch einen rettenden Eingriff bewirkt – der zugleich die Fortsetzung des Übels bedeutete. In seiner Erzählung verbindet Rousseau sogleich die Gegensätze und verknüpft sie unauflöslich: Tante Suzons Fürsorge hat ihn gerettet, aber das anfängliche Übel wurde nur verstärkt. Jean-Jacques entging mit knapper Not dem Tode, und ein Wunder ist es, daß er überlebte; aber andererseits verschlimmerte sich seine Krankheit (Doppelmotiv von Erstaunen und Mitleid):

> »Ich kam fast für tot auf die Welt; man hatte wenig Hoffnung mich zu retten. Ich trug den Keim zu Beschwerden, die die Jahre noch verstärkt haben und die sich jetzt manchmal vermindern, um mich auf eine andere Weise nur um so grausamer leiden zu lassen. Eine Schwester meines Vaters, die ein liebes und kluges Mädchen war, kümmerte sich so sehr um mich, daß sie mich rettete.«[2]

Es kommt Rousseau darauf an, in einem Atemzug von der anfänglichen Rettung und dem unerbittlichen Fortgang des Leidens, das er sich bei der Geburt zugezogen hatte, sprechen zu können. Rousseau scheint es uns zu verwehren, die Bilder des Übels und die der Heilung oder Heilversuche gesondert zu ergründen. Wir müssen daher versuchen, die Weise, wie er sie aneinanderfügt, sie gegeneinanderstellt und vermischt, zu begreifen in seinem Werk, das eines der erstaunlichsten Zeugnisse zum Thema des ›Heilbaren‹ und ›Unheilbaren‹ darstellt.

Die Übel der Zivilisation

Die *Abhandlung über die Wissenschaften und die Künste*, die Rousseaus Einstieg in die literarische Laufbahn war, ist eine Anklage des Übels – eines Giftes –, das die zivilisierten Ge-

2 *O.C.*, I, S. 7–8.

sellschaften ergreift in dem Maße, in dem die »heillose Aufklärung«, die »unnützen Wissenschaften« fortschreiten. Ist das Vordringen des Übels unwiderruflich? Rousseau läßt uns lange in diesem Glauben, freilich um einen Schlußeffekt vorzubereiten: am Ende beschwört er die Möglichkeit, aus dem Übel selbst ein Prinzip der Heilung zu gewinnen, und da er sich um den von der Akademie zu Dijon ausgesetzten Preis bewirbt, benutzt er dieses Argument, um die Akademien zu rechtfertigen. Die Form des Kompliments darf aber nicht den Gehalt des Arguments verdecken, das Rousseau noch oft aufnehmen wird, um alles andere als die Akademien zu rechtfertigen:

> »Ich gestehe jedoch, daß das Übel nicht so groß ist, wie es hätte werden können. Die ewige Vorsehung, die neben die giftigen Pflanzen Heilkräuter gesetzt hat und in den Körper schädlicher Tiere das Mittel gegen ihre Verwundungen, lehrte die Herrscher, die ihre Werkzeuge sind, ihre Weisheit nachzuahmen.«[3]

Der Gedanke ist großzügig formuliert: das Heilmittel kann sich neben der Giftpflanze oder in dem gefährlichen Tier selbst befinden. Im ersten Fall zieht das Übel das Heilmittel an, im zweiten ist es selbst darin enthalten. Überdies muß jemand eingreifen – bei dieser Gelegenheit: Ludwig XIV. –, der das Heilmittel aus dem Übel gewinnen kann. Nach dem Beispiel der Vorsehung, behauptet Rousseau, habe »dieser große Monarch aus den Wissenschaften und Künsten selbst, dieser Quelle von tausenderlei Unordnung [...] diese würdigen Gesellschaften geschaffen, die zugleich mit der gefährlichen Aufbewahrung des menschlichen Wissens und der heiligen Aufbewahrung der Sitten betraut sind«.[4] Das Bild des Heilmittels stimmt überein mit dem Bild einer begrenzten

3 *O.C.*, III, S. 26.
4 Ebd.

Gesellschaft, die durch wechselseitige Forderung der Sitten reinheit und durch die Aufgabe, ein gefährliches Gut[5] aufzubewahren, verbunden ist; das Heilmittel besteht darin, das zweideutige Privileg des Wissens einer kleinen Zahl von Menschen anzuvertrauen, die für dessen Bestand und sogar Zuwachs sorgen, während sie seine Verbreitung verhindern. Hier ist Rousseaus Ideal einer geschlossenen Gemeinschaft wiederzuerkennen, die sich zuweilen bis zum Ausmaß eines Stadtstaates auszudehnen vermag, sich aber ebensowohl in den engen Grenzen einer kleinen erwählten Schar schöner Seelen halten kann. Das Heilmittel erscheint hier als das Übel selbst, das jedoch von außergewöhnlichen Wesen verwahrt wird, die sich von seiner schädlichen Kraft nicht beeinflussen lassen. Ebenso wird es in der Gesellschaft von Clarens gehen . . .

Das Übel, das Rousseau den Wissenschaften und Künsten zum Vorwurf macht, besteht vor allem darin, die ›Wahrheit‹ der menschlichen Beziehungen zu zerstören. Daß eine Gesellschaft gleicher und tugendhafter Wesen, die sich im geschlossenen Kreis der Pflege der Wissenschaften widmete, daß vor allem jedes Mitglied dieser Gesellschaft ein echter Gelehrter wäre, das schüfe bei dem allgemeinen Verfall immerhin eine Insel der Klarheit. So wie er sie im Ideal darstellt, besitzen die Akademiemitglieder ein authentisches und volles Wissen, das von Grund auf verschieden ist von der »unnützen Wissenschaft«, die er anklagt und die die »Scharlatane« betreiben; trügerisch und anmaßend wie sie ist, hat sie vom Wissen nur den Schein und verbreitet um sich wie eine Krankheit die Trennung zwischen Sein und Scheinen. Die wahre Wissenschaft der Akademiemitglieder schließt, wenigstens bei ihnen, den ontologischen Riß, überwindet die Entfremdung und stellt die Einheit von äußerem Schein und innerer Wirklichkeit wieder her.

5 Vgl. F. Baker, »Remarques sur la notion de dépôt«, in: *Annales Jean-Jacques Rousseau*, 1966–1968, Bd. 37, S. 57–93.

Aber ist es denn ein sicheres Mittel? Hat es die Kraft, das Übel zu beseitigen? Rousseau, der die leidenschaftliche Wirkung seiner anklagenden Schrift nicht schwächen will, stellt das Ergebnis als ungewiß und begrenzt hin. Zu einer Zeit, in der die ärztliche Kunst kaum über wirkungsvolle Mittel verfügte, überließ die Metapher des Heilmittels der Skepsis das Feld:

> »Alle Vorkehrungen beweisen nur, wie nötig sie sind, und man sucht keine Mittel gegen nicht vorhandene Übel. Warum müssen diese noch durch ihre Unzulänglichkeit den üblichen Heilmitteln gleichen?«[6]

Das Ansehen der Akademien läuft in der Tat Gefahr, die Wissenschaften verführerisch zu machen, und statt sie im Innern eines geschützten Bereichs zu halten, trägt es dazu bei, sie zu verbreiten. Daher der Rückfall.

Rousseau verzichtet weder auf die finsteren Perspektiven, die er entwerfen kann, wenn er das Übel für unheilbar erklärt, noch auf die Herrschaft über den Leser, den er, nachdem er ihn schuldig gesprochen hat, den schwierigen Weg einer möglichen Rettung lehrt und den Preis, den sie kostet. Während der langen Auseinandersetzung, die auf Rousseaus erste Abhandlung folgte, kam er immer wieder auf die Heilmetapher zurück. Aber er hat sie in jedem Sinn gebraucht, als wollte er alle ihre Möglichkeiten erproben. In einer dieser Schriften erklärt er zunächst, daß »man keine Heilmittel erhoffen dürfe«[7], läßt die Frage aber schließlich offen und reicht sie anderen weiter: »Ich habe das Übel gesehen und versucht, seine Ursachen zu finden: Kühnere oder Närrischere als ich mögen das Heilmittel suchen.«[8]

In den *Bemerkungen* (die Rousseau an den König von Polen

6 *O.C.*, III, S. 27.
7 *O.C.*, III, S. 76.
8 *O.C.*, III, S. 95.

richtet, der sich in die Auseinandersetzung gemischt hatte), später im Vorwort zu *Narcisse* ist das Heilmittel zu einem bloßen Linderungsmittel abgeschwächt. Es bleibt einzig die Hoffnung auf einen Vergleich mit dem Übel:

> »Ich habe die Akademien und ihre glanzvollen Gründer gerühmt, und ich wiederhole gern deren Lob. Ist das Übel unheilbar, greift der Arzt zu Linderungsmitteln und dosiert die Medikamente nicht nach dem Bedürfnis des Kranken, sondern nach seinem Temperament.«[9]
>
> »Die gleichen Ursachen, welche die Völker verdorben haben, vermögen manchmal einer noch weiteren Verderbnis vorzugreifen; so ist einer, der sich durch maßlosen Gebrauch von Medikamenten ruiniert hat, gezwungen, noch einmal Medikamente zu nehmen, um sich am Leben zu erhalten; so braucht man auch die Künste und Wissenschaften, nachdem sie einmal die Laster ausgebrütet haben, um zu verhindern, daß Verbrechen aus ihnen werden; sie bedecken sie zumindest mit einem Firnis, der das Gift nicht frei ausdünsten läßt. [...] Meiner Ansicht nach soll man deshalb Akademien, Hochschulen, Universitäten, Bibliotheken, Theater und all die anderen Vergnügungen, die der Schlechtigkeit der Menschen einige Ablenkung verschaffen, bestehen lassen und sogar unterstützen.«[10]

Man wird bemerkt haben, daß das Übel dem Rückgriff auf die Medizin (und mithin auf die Medikamente) so gut angepaßt wurde, daß das aus dem ursprünglichen Übel gewonnene Linderungsmittel eine Verstärkung der Dosis bedeutet. In einer anderen Inszenierung der Beziehung zwischen dem Übel und seinem Heilmittel gestaltet sich die Alternative jedoch dramatischer zwischen einem unheilbar gewordenen Übel und einem heroischen Mittel – hier heißt es »Revolu-

9 *O.C.*, III, S. 56.
10 *O.C.*, II, S. 972.

tion« –, das Gefahr läuft, das Übel in ein noch schwereres Übel zu verwandeln. Ist das eine Aussicht auf Heilung? Oder die Überbietung des Pessimismus, wenn das Scheitern eines heroischen Heilmittels das Übel auf die Spitze treibt?

> »Nie sah man ein Volk, das einmal verdorben war, zur Tugend zurückkehren. Vergeblich maßt ihr euch an, die Quellen des Übels zu vernichten [...] vergeblich führt ihr die Menschen zu dieser ursprünglichen Gleichheit [...] ihre einmal verdorbenen Herzen werden es immer bleiben; es gibt kein Mittel mehr, abgesehen von jener großen Revolution, die fast ebenso zu fürchten ist wie das Übel, das sie heilen könnte, und die zu ersehnen tadelnswert, sie vorauszusehen unmöglich ist.«[11]

Welche rhetorischen Vorkehrungen, um hypothetisch ein Mittel zu beschwören, das man unmöglich anders als durch die zweideutigen Gefühle, die es erweckt, bezeichnen kann! Nun sagt uns Rousseau aber in der Hypothese einer ›Revolution‹, die im besonderen Falle heilen könnte, nicht, ob das Mittel aus dem Übel selbst gewonnen würde; vielmehr handelt es sich um eine jener Umwälzungen, die sich ereignen können, wenn die Dinge am schlimmsten stehen – eine durch das Übel hervorgerufene Umkehrung, die allerdings nicht von gleicher Art ist. Darauf kommt es ihm nicht an. Rousseau sieht, wie das Übel sich in der ›Revolution‹ wieder einschleicht, so daß eine innige Beziehung besteht zwischen dem Übel und dem, was den Gegenschlag führt.

Es ist jedenfalls nicht gleichgültig, ob das Heilmittel homöopathisch *im* Übel gedacht ist oder sich *von außen*, allopathisch, ereignet, um das Übel anzugreifen und sich an dessen Stelle zu setzen. Denn im bevorzugten Fall, in dem das Übel selbst verwendet wird, um das Übel zu heilen, ist der Weg für eine große Versöhnung offen, und nichts von dem, was die

11 *O.C.*, III, S. 56.

Menschen im Verlauf ihrer Geschichte erworben haben, muß verworfen werden; im umgekehrten Fall muß das Übel sein Höchstmaß erreichen, damit ein befreiender Bruch geschehen kann und eine neue Ordnung der Dinge sich anstelle derjenigen begründet, welche die äußersten Grenzen der Verdorbenheit erreicht hatte. In beiden Möglichkeiten nützt das Übel, aber im ersten Fall erweist es sich als fähig, sich zum Heil zu verwandeln; im zweiten ruft es durch sein Übermaß seine Zerstörung hervor und wird durch eine andere Epoche des Daseins ersetzt, indem es alles hinter sich und außerhalb seiner läßt, was vom Gift verseucht war.

Die gerechtfertigte Literatur

Einer der ersten Einwände, den Rousseaus Gegner formulierten – die simpelste Figur der forensischen Rhetorik: die Retourkutsche –, war die Frage, wie er, der Künste und Wissenschaften verdamme, denn dazu komme, eine Abhandlung und noch dazu mit solcher Beredsamkeit zu schreiben. Und Rousseau verteidigt sich, indem er sich des Bildes bedient, daß man das Übel ergreife, um es zu bekämpfen – wobei er die Metaphern dieses Kampfes vervielfältigt:

> »Ich könnte in dieser Sache anführen, was die Kirchenväter über die weltlichen Wissenschaften sagten, die sie verachteten und deren sie sich doch bedienten, um die heidnischen Philosophen zu bekämpfen. Ich könnte ihren Vergleich zitieren von den Gefäßen der Ägypter, welche die Kinder Israels gestohlen hatten: aber meine letzte Antwort soll nur diese Frage sein: wenn einer mich töten wollte und es gelänge mir, mich seiner Waffe zu bemächtigen, wäre es denn sträflich, wenn ich sie, ehe ich sie wegwürfe, dazu verwendete, um ihn davonzujagen?«[12]

12 *O.C.*, III, S. 39.

Als er sein Lustspiel *Narcisse* veröffentlicht, fühlt Rousseau sich mehr denn je zuvor verpflichtet, die Art und Weise zu verteidigen, wie er eine von ihm so glühend verdammte Tätigkeit betreibt. Von den angeführten Motiven gehören zumindest zwei auf unsere Liste. Zunächst handelt es sich nur um Ablenkung, um Linderungsmittel. Um das auszusprechen, verzichtet Rousseau einmal auf ärztliche Metaphern: »Es geht nicht mehr darum, die Völker dazu zu bringen, gut zu handeln; es reicht, wenn man sie vom schlechten Tun ablenkt; man muß sie mit Nichtigkeiten beschäftigen, um sie von bösen Taten abzubringen; zerstreuen muß man sie, statt ihnen zu predigen.«[13] Aber wir werden das Gleichnis vom Übel als Wunde und Gift, das auch die entsprechende therapeutische Antwort hervorruft, wieder auftreten sehen:

> »Obwohl diese Dinge der Gesellschaft sehr geschadet haben, ist es entscheidend, sich ihrer heute als Heilmittel für ein Übel, das sie verursacht haben, zu bedienen oder wie jener schädlichen Tiere, die man über der Bißwunde zerquetschen muß.«[14]

Und an Voltaire gerichtet:

> »Aber es kommt eine Zeit, wo das Übel so groß ist, daß man das, was es entstehen ließ, gebrauchen muß, um es am Wachsen zu hindern; wie man das Schwert in der Wunde

13 *O.C.*, II, S. 972.

14 *O.C.*, II, S. 974; vgl. Plinius d. Ä., *Naturalis historia*, XXIX, 32. Im medizinischen Bereich war das homöopathische Mittel jahrhundertelang geläufig. Montaigne ist es zuwider: »Ich mag nicht das Übel mit dem Übel heilen« (*Essais*, III, 13). Der moderne Theoretiker der Homöopathie, Hahnemann, entwickelt ein altes Prinzip: *Organon* (1810), § 132, nach der ersten Dosis erzeige sich eine »homöopathische Erschwerung der Krankheit«, denn »die durch das Medikament verursachte Krankheit muß naturgemäß, in einem gewissen Grade stärker sein als das Übel, das man heilen möchte, wenn man es durch dieses Mittel überstimmen und auslöschen will.«

lassen muß, damit der Verletzte nicht daran stirbt, daß man es herausreißt. Was mich betrifft, so wäre ich zweifellos glücklicher gewesen, wenn ich meiner ursprünglichen Bestimmung gefolgt wäre und weder gelesen noch geschrieben hätte. Doch wenn die Literatur jetzt vernichtet würde, wäre ich der einzigen mir verbliebenen Freude beraubt [...].«[15]

In dem als Dialog geschriebenen (2.) Vorwort zur *Nouvelle Héloïse* läßt Rousseau seinen Gesprächspartner fragen: »Genügt es, wenn [die Moral des Buches] den Ursprung des Übels aufdeckt? Fürchten Sie nicht, daß sie auch welches verursacht?« Und Rousseau antwortet: »Übel? Für wen? Zur Zeit einer Epidemie und der Ansteckung sollte man die Heilmittel zurückhalten, unter dem Vorwand, daß sie den Gesunden schaden könnten?«[16] Der Roman ist in der Tat ein Übel; im ersten Vorwort hieß es: »Nie hat eine keusche junge Frau Romane gelesen. [...] Und die trotzdem eine einzige Seite zu lesen wagt, ist verloren.«[17] Doch Saint-Preux wird an Julie schreiben: »Romane sind die letzte Unterweisung für ein Volk, das so verdorben ist, daß ihm nichts anderes mehr helfen kann.«[18]

Eine Kasuistik gleicher Art entwickelt Rousseau, wenn er den Wert des Theaters für die verschiedenen Entwicklungsstufen der Gesellschaft untersucht.

Während sie bei einem noch einigermaßen gesunden Zustand schädlich sind, erweisen sich die Schauspiele in den

15 *O.C.*, III, S. 227.

16 *O.C.*, II, S. 25. Rousseau hofft dort Erfolg zu haben, wo er Richardson scheitern sieht. Im Brief an Duclos (19. 9. 1760) sagt er: »Ich glaube fest daran, daß diese Lektüre für Mädchen sehr gefährlich ist. Ich denke sogar, daß Richardson sich schwer getäuscht hat, als er sie durch Romane bilden wollte; das heißt das Haus in Brand stecken, um die Pumpen laufen zu lassen.«

17 *O.C.*, II, S. 6.

18 *O.C.*, II, S. 227.

großen Städten als Unterbrechung des ganzen üblen Treibens als nützlich:

> »Die Vernunft gebietet, daß man bei Leuten mit schädlichen Tätigkeiten die Zerstreuungen begünstigt, und daß man Menschen mit nützlicher Beschäftigung vor den gleichen Zerstreuungen bewahrt. Eine weitere allgemeine Erwägung spricht dagegen, trägen und verdorbenen Menschen die Wahl ihrer Zerstreuungen zu überlassen, weil sie diese ihren lasterhaften Neigungen entsprechend ersinnen würden und bei ihrem Vergnügen ebensoviel Schaden anrichten könnten wie bei ihren Geschäften.«[19]

Augenscheinlich bedient sich Rousseau hier einer voluntaristischen und »dirigistischen« Vorstellung von dem, was wir heute Kulturpolitik nennen würden. Diese voluntaristische Vorstellung indes ist selbst wiederum die Folge (oder Begleiterscheinung) einer Auffassung des geschichtlichen Verlaufs als Alterungsprozeß oder als Fortschritt zum Schlechten. Die (mehr oder weniger konstante) Heilmetapher verbindet sich mit der Metapher, die den gesellschaftlichen Wandel vergleicht mit dem Niedergang und der Hinfälligkeit, die ein lebender Körper erleidet. Die »Sitten« eines Volkes unterliegen »unausweichlichen Krankheitserscheinungen, die sie befallen«, und einem »natürlichen Hang, der sie verwandelt«.[20] Die Therapie kann, wenn überhaupt, im wesentlichen nur verbieten und aufschieben: »Menschliche Weisheit kann allenfalls den Veränderungen zuvorkommen und alles, was sie herbeiführen würde, von weitem schon aufhalten.«[21] Ist das Übel noch nicht zu weit fortgeschritten, empfehlen sich vorbeugende Maßnahmen. Doch wenn das Verderben in den »großen Städten« schon fortgeschritten ist, dann bleibt kein anderes Mittel als die Ablen-

19 *Lettre à d'Alembert*, Paris 1967, S. 130.
20 Ebd., S. 155.
21 Ebd.

kung, die von einer klugen Regierung wohlüberlegt beaufsichtigt wird:

»Die Obrigkeit sollte die erlaubten Vergnügungen nicht zu zahlreich machen und auch nicht zu verführerisch, um die Privatpersonen vor der Versuchung zu bewahren, gefährlichere aufzusuchen.«[22]

»An manchen Orten werden [die Schauspiele] nützlich sein, um Fremde anzuziehen, Devisen in Umlauf zu bringen, die Künstler anzuspornen, die Moden zu verändern, um Menschen, die zu reich sind oder es scheinen wollen, zu beschäftigen, um sie weniger schlecht zu machen, um das Volk von seinem Elend abzulenken, um es seine Führer vergessen zu lassen, wenn es seine Possenreißer sieht, um Geschmack zu bilden und zu vervollkommnen, wenn die Ehrbarkeit einmal verloren ist, um die Häßlichkeit des Lasters zu übertünchen, mit einem Wort, um zu verhindern, daß die schlechten Sitten nicht in offenes Verbrechen ausarten.«[23]

So gelangt Rousseau nach der Erklärung, daß die »moralische Wirkung der Schaubühne an sich niemals gut oder heilsam« wäre, zu dem Zugeständnis, daß die »Schauspiele gut für das Volk sind, wenn es verdorben ist«.[24] Am Ende des *Briefs an d'Alembert* kommt er zunächst für Genf zu einer anscheinend letztinstanzlichen Verurteilung: »Alles was Theaterstücke Nützliches haben können für diejenigen, für die sie geschrieben wurden, wird uns zum Nachteil ausschlagen.«[25] Aber wenn wir glauben, daß Rousseau die Schaubühne für das Genfer Volk unwiderruflich ausschließt (das, da es noch über »Sitten« verfügt, sich zugrunde richtete, duldete es dieses Ferment der Verderbnis),

22 Ebd., S. 131.
23 Ebd., S. 139.
24 Ebd., S. 140.
25 Ebd., S. 223.

wird uns ein überraschendes Heilmittel angeboten, das sich auf die Dramaturgie, d. h. auf das Übel selbst bezieht. Das Heilverfahren besteht darin, das dem Theater eigentümliche Übel in Kauf zu nehmen (die Veränderung, Entfremdung und Spaltung des Bewußtseins), um es für eine Rückkehr zu sich selbst zu verwenden:

> »Ich sehe nur ein Heilmittel gegen so viel Unzuträglichkeiten: um uns der Stücke unseres Theaters zu bemächtigen, schreiben wir sie selber und haben Autoren, ehe wir Schauspieler haben. Denn es wäre nicht gut, uns Nachahmungen aller Art zu zeigen, sondern nur von ehrbaren Dingen, die freier Menschen würdig sind. Gewiß können Schauspiele, die wie die der Griechen früheres Unheil des Vaterlandes oder gegenwärtige Fehler des Volkes behandeln, den Zuschauern nützliche Lehren erteilen.«[26]

Es wird freilich schwierig sein, gesteht Rousseau, ein großes nationales Theater zu begründen, da dessen Helden geringe Leute wären, die »gemeine Namen« trügen . . . Und er geht so weit, sich an Voltaire zu wenden (der, wie wir wissen, der ungenannte Gegner des *Briefs an d'Alembert* ist), um neue Tragödien mit römischen und republikanischen Themen von ihm zu fordern. Voltaire (oder zumindest ein Aspekt seiner dramatischen Produktion) wird somit gegen Voltaire selbst beschworen. Die folgenden Zeilen sollen nicht nur auf die Empfindlichkeit des großen Mannes Rücksicht nehmen; sie wenden die Regel des Heilmittels im Übel an:

> »Möge doch Herr von Voltaire so gütig sein, uns Tragödien nach dem Muster von *Cäsars Tod* und dem ersten Akt des *Brutus* zu schreiben, und wenn wir unbedingt ein Theater haben sollen, so möge er sich verpflichten, es stets

26 Ebd., S. 225.

mit seinem Genie zu erfüllen und seinen Stücken gemäß zu leben.«[27]

Schließlich spricht Rousseau sich für andere Schauspiele aus: Volksfeste im Freien (für den Sommer), Bälle (für den Winter), wobei man fragen kann, ob das Fest wirklich die Verneinung des Theaters bedeute. Ist es nicht vielmehr dessen Verallgemeinerung und Ausdehnung auf die gesamte Gemeinschaft? Versucht man nicht auf diese Weise, das Übel exklusiver Schauspiele zu bannen, nicht durch Unterdrükkung des Schauspiels, sondern durch seine Verwandlung, die es allumfassend macht? Es ergreift so die gesamte Bevölkerung der Stadt, und jeder wird gleichzeitig Schauspieler und Zuschauer. Das Fest ist die zur Schaustellung gewordene Version jener von der Gesamtheit der Vertragschließenden im *Gesellschaftsvertrag* vollzogenen Geste der freiwilligen Entäußerung: Gehorsam und Unterwerfung, die partiell vom Übel sind, werden zur Grundlage der Legitimität, wenn sie nicht einen einzigen ausschließen. Ebenso kann man das trennende Element des Theaters beseitigen, indem man das Theater in der Gemeinschaft verwirklicht. Das Spiel des äußeren Scheins und der Nachahmung könnte als verderblich bezeichnet werden, solange es nicht auf der Gegenseitigkeit der Bewußtseine beruht. Aber wie von einem Zauberstab berührt, wird der Schein zur Wohltat, wenn er von der umfassenden Gegenseitigkeit der Blicke begleitet wird.

Man könnte glauben, daß die Grenzen des Problems sich nur verschoben haben und das Übel – das wirkliche Übel – in der Gestalt fehlender Gegenseitigkeit besser zu erkennen wäre. In der Tat verschwindet in der Bewegung von Rous-

27 Ebd., S. 227. Zur Geschichte der Beziehungen zwischen Rousseau und Voltaire vgl. Henri Gouhier, *Rousseau et Voltaire. Portraits dans deux miroirs*, Paris 1983; Jean Starobinski, »Rousseau et Voltaire«, in: *Critique* Nr. 449, Paris 1984.

seaus Denken die fehlende Gegenseitigkeit in dem Augenblick, da das zunächst als lasterhafte Zerstreuung gebrandmarkte Theater sich in der umfassenden Verteilung verallgemeinert. Mit anderen Worten, der therapeutische Wert des Heilmittels liegt in der Bewegung der Rückkehr zu sich selbst (die Rousseau treffend bezeichnet mit »uns die Stücke unseres Theaters anzueignen«) und in der egalitären Verallgemeinerung. Damit öffnet sich die Perspektive einer vollständigen Beseitigung des Übels. Man lese den berühmten Aufruf (der Robespierre und manch anderen in geringerer zeitlicher Ferne inspirieren wird): »Macht es noch besser: stellt die Zuschauer zur Schau, macht sie selbst zu Darstellern, schafft, daß jeder sich in den anderen sehe und liebe, damit alle vereinigt seien. [...] Alle Gesellschaften werden zu einer einzigen und alles wird allen gemeinschaftlich.«[28] Hier ließe sich der Vergleich mit bestimmten gnostischen Lehren ziehen, die dazu auffordern, das Übel zu vermehren und auf die Spitze zu treiben, um sich davon zu befreien. Man liest bei Tertullian (*De pudicitia* I, 16): »Ausschweifung ist nötig zur Enthaltsamkeit, der Brand wird mit dem Feuer gelöscht.«

Erweiterung des Systems

Es erstaunt daher nicht, wenn Rousseau zweimal mit fast den gleichen Worten – in den *Politischen Fragmenten* und im Genfer Manuskript des *Gesellschaftsvertrags* – die Metapher vom Heil im Übel aufnimmt, um die Grundeinsicht seiner politischen Philosophie zu formulieren:

> »Bemühen wir uns, aus dem Übel selbst das Mittel zu gewinnen, das es heilen soll. Durch neue gesellschaftliche Vereinigungen wollen wir, wenn möglich, den Fehler der gesellschaftlichen Vereinigung beheben [...] In der zuen-

28 Ebd., S. 234.

degeführten Kunst zeigen wir die Beseitigung der Schäden auf, die die Kunst in ihrem Anfang der Natur zugefügt hat.«[29]

Nachdem Rousseau die trennenden Kräfte, die sich im Menschen im Verlauf seiner Geschichte entfaltet haben, angeklagt hat – Reflexion, Eigenliebe, Abstraktionsvermögen, Einbildungskraft, Abhängigkeit und Entäußerung des Bewußtseins –, schreckt er ausdrücklich jeden Versuch, zurückzuschreiten, ab. Die Entwicklung, die uns unglücklich gemacht hat, muß man vielmehr weitertreiben: die Reflexion vervollkommnen, Eigenliebe gebrauchen, die Einbildungskraft leiten und die Entäußerung gegenseitig und vollständig machen. Darin besteht die einzige Chance, in einer neuen (politischen, moralischen) Form wieder die (natürliche, animalische) Vollkommenheit zu erwerben, welche das eingeschlichene Übel zerstört hatte. Im *Émile* heißt es: »Man muß viel Kunst aufwenden, um den gesellschaftlichen Menschen davor zu bewahren, ganz künstlich zu werden«[30], und: »Leidenschaften bezwingt man nur durch Leidenschaften; mit der Herrschaft über sie muß man ihre Tyrannei bekämpfen.«[31] Der Name des Übels ist wiederholt auch der Name der gegnerischen Macht.

Die Einbildungskraft, deren Eindringen in einem zu frühen Alter gefürchtet ist, ändert ihren Wert in dem Augenblick, da sie dazu dienen kann, Émile von »wirklichen Ge-

29 *O.C.*, III, S. 288 und 479.

30 *O.C.*, IV, S. 640.

31 *O.C.*, IV, S. 654. Mme de Staël erweist sich 1798 als gute Schülerin Rousseaus: »Das gleiche Wesen, derselbe Baum trägt oft das Gift und sein Heilmittel, und um den Charakter eines Menschen zu verbessern, findet man in der Leidenschaft, die ihn in die Irre führt, die Mittel, um ihn zu leiten, und Moralisten wie Gesetzgeber täuschen sich stets, wenn sie im Gegensatz die Heilmittel suchen, statt sie in dem Prinzip selbst zu suchen, das durch die Umstände entartet wurde« G. de Staël, *Des circonstances*, Genf 1979, S. 273.

genständen«, d. h. von »in der Welt« angetroffenen Frauen abzulenken. Im 4. Buch des *Émile* empfiehlt Rousseau zunächst, »das erste Feuer der Einbildungskraft« zu ersticken; aber damit der heranwachsende Zögling nicht den verderblichen Verführungen folgt, appelliert er an die Einbildungskraft, um ein ideales »Modell« zu erfinden. Der Einbildungskraft, gegen die man sich geschützt hatte, weil sie »die Sinne weckt«, wird die Kraft zugeschrieben, »die Sinne in Schranken zu halten«. Das ist keineswegs ein Widerspruch – nach einem weitgehend dem therapeutischen Modell entlehnten Argument hört eine aktive Substanz auf, gefährlich zu sein, entsprechend der Person, der Zeit, den zu begegnenden Gefahren usw.

Aus der Nähe besehen geht das ganze sittliche Programm, das im 4. Buch des *Émile* unmittelbar der religiösen Erziehung vorangestellt ist, darauf aus, der *Eigenliebe* die positive Funktion zu übertragen, die ihr zu Beginn eben dieses 4. Buches aberkannt wurde. Dort hatte man gelesen: »Die Eigenliebe, die nur auf uns blickt, ist zufrieden, wenn unsere wahren Bedürfnisse gestillt sind; aber die Eigenliebe, die sich vergleicht, ist niemals zufrieden und könnte es auch nicht sein, weil dieses Gefühl, das uns den anderen vorzieht, auch verlangt, daß diese sich selbst uns gegenüber vorziehen, was unmöglich ist. So entstehen sanfte und liebevolle Leidenschaften aus der Liebe zu sich selbst und gehässige und jähzornige aus der Eigenliebe.«[32] Man kann aber nicht vermeiden, daß Émile sich vergleicht und daß die Eigenliebe in ihm entsteht. Der Leser erfährt nun, nicht ohne Überraschung, daß die Leidenschaften, die zur Eigenliebe gehören, nicht alle gehässig und jähzornig sind; es sind darunter solche, die »menschlich und sanft« sein können und die sich zu »Wohltun« und »Mitleid« entwickeln.[33] Es ist mithin eine neue

32 *Émile*, Buch 4, in: *O.C.*, IV, S. 493.
33 Ebd., S. 523.

Phase der Erziehung, die die Eigenliebe herausfordert, um sie günstig zu orientieren. Und jetzt kann eine Tätigkeit, die zu einer früheren Zeit als unheilvoll dargestellt wurde, auf nützliche Weise eingreifen: sich auf die »Erfahrung des anderen«[34] berufen durch die Lektüre der Historiker; Émile sich den ersten Platz geben lassen, sich vorziehen und so den Schmeichlern aussetzen (das rechtfertigt jetzt die Lektüre der Fabeln, die im 2. Buch als unnütz und schädlich angesehen wurde). Émile wird Mitleid beweisen, nicht mehr durch spontane Identifikation mit den leidenden Wesen, wie es der Mensch der Natur tat, sondern nun, indem er Abstand nimmt und von oben und von weitem das Schauspiel der menschlichen Existenz denkend betrachtet. Indem er in bestimmter Hinsicht ein »Wilder« bleibt, gebraucht Émile Wissen und Urteilskraft, um sich »an die Stelle« der anderen zu versetzen; er bedarf der Reflexion, die schädlich ist, wenn sie vorzeitig eintritt, um Mitgefühl mit dem Elend anderer zu empfinden. So wie es mit dem Zauber des theatralischen Scheinens ist, so verliert auch die Eigenliebe durch *Verallgemeinerung* ihre unheilvollen Wesenszüge:

> »[...] Diejenigen, die immer nur ihre eigenen Angelegenheiten behandeln, sind zu leidenschaftlich, um ein gesundes Urteil über die Dinge zu haben. Indem sie alles auf sich selbst beziehen und die Vorstellungen von Gut und Böse nach ihrem Vorteil einrichten, füllen sie sich den Kopf mit tausend lächerlichen Vorstellungen, und sie sehen in allem, was ihren geringsten Gewinn beeinträchtigt, gleich die Umwälzung des ganzen Universums.
> *Dehnen wir die Eigenliebe auf die anderen Wesen aus und wir verwandeln sie in eine Tugend*, und es gibt kein Menschenherz, worin diese Tugend nicht ihre Wurzel hätte. Je weniger der Gegenstand unserer Sorgen uns unmittelbar selbst

34 Ebd., S. 535.

betrifft, desto weniger ist die Illusion des besonderen Vorteils zu fürchten, und je mehr man dieses Interesse verallgemeinert, desto gerechter wird es [. . .].«[35]

Die Wandlung des Übels zum Heilmittel, der Quelle der Laster und Konflikte zur »Tugend« geschieht dank einer Verlagerung des Anwendungspunktes, dank einem Wechsel, der die Einrichtung und Umverteilung desselben Gefühls betrifft.

Im gesellschaftlich-politischen Bereich ruft die (mit einem Krankheitszustand verglichene) Metapher des Übels oft den Begriff des Heilmittels hervor. Soll das Heilmittel aber in irgendeiner Weise mit dem Übel identisch sein, so verschmilzt es gemäß dem von Hippokrates stammenden medizinischen Modell mit dem Ereignis, wo das Übel, an seiner natürlichen Grenze angelangt, sich entscheidet, ob es sich zum Tode oder zur Heilung bewegt: die heilende Kraft offenbart sich während des Kampfes zwischen der Natur und der Krankheit, das heißt im Augenblick der Krise. Die Krise ist aber stets eine Alternative, die wiedergewonnene Gesundheit ist nur die günstigere von zwei Möglichkeiten. Vom lexikalischen und semantischen Gesichtspunkt aus bemerkt man die Nähe des Begriffs der Krise zum Begriff der *Revolution*, die manchmal gemeinsam auftreten.[36]

Wo Rousseau das Fortschreiten der Ungleichheit erwähnt, beschreibt er die Entwicklung der Gesellschaften bis zu jener »Grenze«, an der »neue Revolutionen die Regierung völlig auflösen oder sie einer gesetzmäßigen Einrichtung annähern«. Diese Alternative ist eine Krise analog jener, die der *Gesellschaftsvertrag* beschwört, der dieses Mal die beiden sich entsprechenden Begriffe strikt und offen verbindet:

35 Ebd., S. 547.
36 *Émile*, Buch 3, *O.C.*, IV, S. 187. Der Begriff der *Krise* geht bekanntlich auf die Sprache des Hippokrates zurück.

»Genau so wie manche Krankheiten den Menschen den Kopf verdrehen und ihnen die Erinnerung an Vergangenes nehmen, so gibt es auch in der Geschichte der Staaten gewaltsame Epochen, wo Revolutionen das bei den Völkern bewirken, was bestimmte Krisen bei Individuen erreichen, wo der Schrecken des Vergangenen dem Vergessen anheimfällt und der Staat, von Bürgerkriegen in Brand gesteckt, sozusagen neu aus der Asche ersteht und den Armen des Todes entronnen, wieder Jugendkraft gewinnt.«[37]

Die gleiche Vorstellung findet sich im *Jugement sur la polysynodie*, wo Rousseau von »dem Augenblick der Anarchie und Krise« spricht, »der einer neuen Ordnung notwendig vorhergeht«.[38] Im neunten der *Briefe vom Berge* vergleicht er die legitime Regierung Genfs mit der Willkürherrschaft einer Patrizieroligarchie:

»Vergleichen Sie, so finden Sie einerseits gewisse und schreckliche Übel ohne Maß und Ziel, und auf der anderen Seite sogar den Mißbrauch schwierig, der, wenn er groß ist, vorübergeht und, wenn er eingerissen ist, immer sein Gegenmittel bei sich führt [...] Immer wird es diesen Unterschied zwischen beiden geben, daß der Mißbrauch der Freiheit dem Volk, das sie mißbraucht, zum Schaden gereicht und dadurch, daß er es bestraft, es zwingt, das Heilmittel darin zu suchen. Somit ist dort das Übel immer nur Krise und kann kein dauernder Zustand werden.«[39]

Wie grauenhaft aber auch immer die Übel einer Willkürherrschaft sein mögen – Rousseau stellt sie von der schlimmsten Seite dar –, es bleibt gerade im Übermaß des Übels ein Grund zur Hoffnung: »Dieser Zustand – und es ist der schlimmste – hat nur einen Vorteil: daß es sich nur zum Besseren wenden

37 *Contrat social*, II 8, *O.C.*, III, S. 385.
38 *O.C.*, III, S. 638.
39 *O.C.*, III, S. 891.

kann. Es ist dies das einzige Mittel bei äußerstem Übel.«[40] (Rousseau wird am Ende seines Lebens mit diesen Worten seine eigene Lage beschreiben.) Eine Seite der *Bemerkungen zur Regierung Polens* bezeugt die Fortdauer dieses Denkmusters:

»Nur äußerste Übel machen gewaltsame Heilmittel notwendig und sie muß man auch um jeden Preis zu heilen versuchen [. . .]. Jeder freie Staat, bei dem die großen Krisen nicht vorhergesehen werden konnten, ist bei jedem Sturm in höchster Gefahr. Nur die Polen können aus diesen Krisen selbst ein neues Mittel gewinnen, um die Verfassung aufrechtzuerhalten.«[41]

Bis zum orientalischen Despotismus sogar geht es, der in sich das Mittel zur Heilung seines Fehlers trage: »Der orientalische Despotismus erhält sich, weil er mit den Großen viel strenger umgeht als mit dem Volk: so gewinnt er aus sich selbst sein eigenes Heilmittel.«[42] Solcherlei Behauptungen herrschen jedoch nicht vor, obwohl sie auffällig sind. Sie mäßigen nur die bei Rousseau überwiegende pessimistische Ansicht der Entwicklung menschlicher Gesellschaften. Auch Krisen und Revolutionen tragen ein tödliches Risiko in sich. Und der politische Bereich ist für Rousseau häufig der, in dem man die Dinge zu ihrem Verderben umstürzt, wenn man glaubt, sie heilen zu können:

»Wann werden die Menschen merken, daß keine Unordnung so heillos ist wie die willkürliche Gewalt, mit der sie sie beseitigen wollen? Diese Gewalt ist selbst die schlimmste Unordnung: ein solches Mittel zu ihrer Verhütung zu nehmen hieße, die Menschen zu töten, damit sie kein Fieber bekommen.«[43]

40 *O.C.*, III, S. 895.
41 *O.C.*, II, S. 998.
42 *O.C.*, III, S. 843.
43 *O.C.*, III, S. 828.

Hier begegnet Rousseau wieder der antimedizinischen Tradition, auf die er sich mehrfach beruft: das schlimmste Übel besteht im Gebrauch der Medikamente. Das Heilmittel im Übel bietet die Natur an, und dann ist sie die vollkommene Kunst. Die unvollkommene Kunst vermag mit allen Mitteln nur zu schaden.

Erdachte Heilungen

Der *Émile* und der *Gesellschaftsvertrag* sind die großen theoretischen Entwürfe, welche die Prinzipien aufstellen, die dazu auffordern, das Übel gegen sich selbst zu kehren. Man muß aber auch sehen, daß es diese Prinzipien sind, die Rousseaus affektive Einbildungskraft und, wie wir sehen werden, sogar sein Verhalten bestimmen. Es lohnt deshalb die Mühe, einige der Dichtungen zu untersuchen, mit denen er sich ein Vergnügen bereitete.

Narcisse ist ein kleiner Herr, der zu viel Zeit vor seinem Spiegel verbringt. An seinem Hochzeitstag möchte ihn seine Schwester »heilen von einer Schwäche, die ihn lächerlich macht«.[44] Wie geht sie dabei vor? Sie läßt das Bild ihres Bruders in weiblichem Putz malen, indem sie das Bild »als Frau« verkleidet. Narcisse verliebt sich in die Unbekannte und will seine Heirat aufschieben. Damit ist das Übel auf die Spitze getrieben. Eines Besseren belehrt, sieht sich Narcisse »geheilt von einer Lächerlichkeit, die seiner Jugend Schande machte«.[45]

Der *Devin du Village* ist im Grunde ebenfalls die Geschichte einer Heilung. Die Methode des Wahrsagers besteht nach überkommenem Komödienrezept darin, Colette zu raten, die Unbeständige zu spielen: sie soll erklären, sie liebe »einen Herrn aus der Stadt«. Der wankelmütige Colin wird

44 *O.C.*, II, S. 980.
45 *O.C.*, II, S. 1018.

eifersüchtig, verläßt die »Dame vom Schloß« und bittet um Verzeihung. Colette begreift sofort: »Ich täusche vor, sein Beispiel nachzuahmen.« Die beinahe symmetrischen und umgekehrten Treulosigkeiten heben einander auf, und die Hochzeit kann beginnen ...

König Phönix erhält, um Königin Grille zu heilen, folgenden Rat, wohlgemerkt von einer Fee: »Das beste Mittel, eure Frau von ihren Extravaganzen zu heilen, besteht darin, sie mit ihr zu begehen.«[46] Rousseau erteilt den Erziehern den gleichen oder doch fast den gleichen Rat: »Zeigt eurem Zögling eure Schwächen, wenn ihr ihn von seinen heilen wollt. Er soll bei euch seine eigenen Kämpfe sehen.«[47]

Die *Nouvelle Héloïse,* in weiter phantastischer Entfaltung, ist der Roman, in dem die niemals ganz von ihrer Qual geheilten Gewissen sich nahe beieinander dem Ersinnen anderer Heilmittel weihen – besserer Mittel. Jede Heilung, die man nahe oder sicher glaubt, ist in der Tat trügerisch, unvollständig und vorläufig. Julie kündigt Saint-Preux geheimnisvoll ihre Schwangerschaft mit diesen Worten an: »Die Liebe, die unsere Leiden schuf, soll uns dafür ein Heilmittel geben.« (Brief 33 des I. Teils) Diese Hoffnung ist zum Verschwinden verurteilt. Die Wiederherstellung wäre zu billig erlangt: Rousseaus Phantasie fordert größere Opfer und verstärkt die Figur des Verbots.

Unter den Romanfiguren stellt Herr von Wolmar die Vernunft dar, die sich selbst beherrscht und andere zu ihrem Wohl zu leiten versteht; er ist der weitblickende Therapeut (mit Ausnahme des religiösen Bereichs) und hat die Funktion des fordernden Über-Ichs. Nachdem er Julies Gatte geworden ist, empfängt er in Clarens den Mann, den sie einige Jahre zuvor leidenschaftlich liebte. Wolmars Plan ist es, die ehemaligen Geliebten völlig zu heilen. Er hat bemerkt, daß sie »ver-

46 *O.C.*, II, S. 1181.
47 *O.C.*, IV, S. 664.

liebter als je«[48] sind und doch »völlig geheilt«. Eine widersprüchliche Situation, die er wandeln will, indem er die verbliebene Liebe zum Verschwinden bringt. Denn für Wolmars scharfes Auge ist es klar, daß Saint-Preux Julie »in der Vergangenheit« liebt. Und er präzisiert das: »Ihre lebhaft erregte Einbildungskraft stellte sie einander unablässig so dar, wie sie während ihrer Trennung waren.« Folglich muß man ihnen die Vorstellung, die sie unterjocht, durch die gegenwärtige Wirklichkeit ersetzen. (Wobei wir festhalten, daß diese »Methode« das Gegenteil von Rousseaus üblichem Verfahren ist, eine vorgestellte Welt zu erfinden, um die Mängel der wirklichen Gegenstände zu ergänzen; so versucht er, seinen Geist mit den objektiven Einzelheiten der Pflanzenwelt[49] zu beschäftigen, wenn seine Einbildungskraft versiegt ist, aber dann hat die Rückkehr zum Wirklichen den Zweck, ihm ein Tätigkeitsfeld zu bewahren, eine für unschuldig gehaltene geistige Beschäftigung fortzusetzen und nicht, eine schuldhafte Wahnvorstellung zu bannen.)

Saint-Preux läßt sich überzeugen: »Die Erklärungen des Herrn von Wolmar haben mich vollständig des Zustandes meines eigenen Herzens versichert. Dieses schwache Herz ist geheilt, so sehr es das überhaupt zu sein vermag... Der Frieden ist auf dem Grund meiner Seele, wie in dem Hause, das ich bewohne... Wenn ich hier nicht völlig die Autorität eines Herrn annehme, so empfinde ich noch mehr Vergnügen daran, mich als Kind des Hauses zu betrachten« (V, 2).

Wolmar unternimmt es, Saint-Preux' Einbildungskraft zu

48 *O.C.*, II, S. 508 (Brief 14 des IV. Teils). Étienne Gilson hat ihn genau kommentiert: »La méthode de M. de Wolmar«, in: *Les idées et les lettres,* Paris 1955, S. 275–298.

49 »Je tiefer die Einsamkeit ist, darin ich lebe, desto nötiger ist ein Gegenstand, der die Leere füllt, und die, die meine Einbildungskraft verweigert oder mein Gedächtnis zurückweist, werden ersetzt durch die spontanen Erzeugnisse, die eine nicht von den Menschen bezwungene Erde meinen Augen überall darbietet.« 7. *Rêverie*, *O.C.*, I, S. 1070.

verwandeln: »Ich nötige ihn, statt seiner Geliebten stets die Gattin eines ehrbaren Mannes und die Mutter meiner Kinder zu sehen; ich lösche ein Bild aus durch ein anderes und verdecke das Vergangene durch die Gegenwart.« Wolmar beschließt, sich zu entfernen, um nicht länger zwischen den beiden früheren Geliebten zu stehen. »Je öfter sie sich allein sehen, desto leichter werden sie ihren Irrtum einsehen, wenn sie ihre jetzigen Gefühle vergleichen mit dem, was sie einst in einer ähnlichen Lage empfunden haben.« Das bedeutet, die Gefahr zu verstärken, um sie desto besser zu überwinden. Bestand das Übel (in der Sicht der konventionellen Moral) zuvor in dem Treffen Julies mit Saint-Preux, so wird das von Wolmar gewählte Heilmittel dieses Treffen wiederholen, um seine leidenschaftlichen Wirkungen aufzuheben: Wolmar entfernt sich, damit die früheren Geliebten sein Bild verinnerlichen und die Wirklichkeit einer Gegenwart anerkennen, in der sie einander nicht mehr angehören ... Aber hier befinden wir uns in der Welt der Liebesleidenschaft, und es hieße ihren Zauberkreis zu verlassen, wollte man den Versuch einer rationalen Heilung für gelungen halten. Denn in der Liebe bezaubert uns das Unheilbare. Bis ans Ende des Romans wird Julie »tugendhaft« bleiben, jedoch nicht »geheilt« sein.[50] An der Schwelle des Todes gesteht sie das Fortdauern der Liebe in einem Augenblick, da das Geständnis keine Folgen mehr nach sich ziehen kann: »Lange habe ich mich getäuscht. Diese Täuschung war heilsam für mich, aber sie löst sich augenblicklich auf, sobald ich ihrer nicht mehr bedarf. Sie hielten mich für geheilt, und auch ich hielt mich dafür. Danken wir jenem, der diesem Irrtum Dauer verlieh, solange

50 Rousseau erwähnt gern die unvollkommenen Heilungen. Er selbst konnte sich nie »ganz heilen« von der Versuchung kleiner Diebereien (*O.C.*, I, S. 32) und auch nicht von der Masturbation (*O.C.*, I, S. 594–595, sowie die Variante S. 1569). Der tugendhafte savoyische Landpfarrer ist »nicht allzugut gesichert« vor den Versuchungen des Fleisches (*O.C.*, IV, S. 563).

er sich als nützlich erwies. Denn wer weiß, ob ich so nahe am Abgrund nicht schwankend geworden wäre?«[51] In dem Augenblick aber, da der drohende Tod das Scheitern des Willenskampfes gegen die Leidenschaft sichtbar macht, enthüllt er eine höhere Ordnung, in der das Gesetz der sublimierten Leidenschaft herrscht und das Übel, das die Trennung der Geliebten bedeutete, seine endgültige Heilung findet. So kann die mißlingende Heilung einer (nach dem Gesetz der Vernunft und der Gesellschaft) illegitimen Liebe der Heilung der Trennung (nach dem Gesetz der Leidenschaft) entsprechen. Und die Tugend, die auf dieser Welt dem gesellschaftlichen Verbot zu Hilfe kommt, das Prinzip der Trennung, wird in jener Welt Prinzip einer ewigen Vereinigung sein: »Die Tugend, die uns auf Erden trennt, wird uns in der Ewigkeit vereinen.«[52] Die von Wolmar vorgenommene und halb verfehlte Heilung ließ das Übel bestehen (die von der Tugend verdrängte, jedoch nicht beseitigte schuldhafte Leidenschaft), aber jetzt werden die Rollen vertauscht, das Übel der Liebe wird zum höchsten Gut und läßt die Grenzen des Daseins überschreiten. In dem vielfältigen Spiel von Rousseaus Einbildungskraft verwandelt sich die Gewalt der Versagung in heilende Kräfte. Tugend und Tod sind nicht länger Verneinung des Genusses, sondern vielmehr seine Bedingungen. Das schlimmste Mißgeschick, das einem Verlangen widerfahren kann, erlangt die Wirkungskraft eines Heilmittels. Wir gehen dabei so weit zu behaupten, daß der Glaube an ein Jenseits bei Rousseau weniger ein ursprünglicher Akt des Glaubens ist als vielmehr die Öffnung eines Raumes, außerhalb dessen die Verwandlung des Übels in ein Heilmittel nicht gelingen könnte. Den Vorrang hat der Wille zu trösten, er erfordert ein Jenseits.

51 *O.C.*, II, S. 740.
52 *O.C.*, II, S. 743.

Eine Unbekannte, die mit Henriette unterzeichnet, schreibt wie viele andere an Rousseau, um ihm ihr Leid anzuvertrauen und seinen Rat zu erbitten. Rousseau ist, wie man weiß, nach dem Erfolg seiner großen Werke in die Rolle eines Beichtvaters und geistlichen Führers geschlüpft; er tut sein Möglichstes, um die Erwartung zahlloser Leser zu erfüllen, die ihm schreiben, weil sie das Glück nicht gefunden haben.[53] Nicht ohne Ungeduld und manchesmal voller Mißtrauen spielt Rousseau die Rolle, Meister des Glücks, Seelenarzt und Spender wahrer Heilmittel zu sein. Wenn man seine Antworten liest, bemerkt man, daß er sich als Therapeut wohl befand. Instinktiv, so scheint es, schützt er eigene Leiden vor, um sich gegen lästige Bittsteller zu wehren und um seine charismatische Macht zu vergrößern. Die großen Vorbilder aus Mythos und Religion sind ihm so gegenwärtig, daß er den Nimbus nicht verkennt, der die Gestalt des leidenden Heilbringers umgibt. Der Heilende wird die Heilung um so gewisser bringen, als das Übel ihn selbst betroffen hat. Mit anderen Worten, er kann Führer sein, weil er selbst geirrt hat. (Seinem Patienten hat er eine Analyse voraus . . .)

Henriette beginnt ihren Brief mit einem feministischen Protest. Sie vermag Rousseaus Sarkasmen gegen Frauen, die sich literarisch beschäftigen, nicht zu billigen. Denn für sie ist, älterwerdend, verarmt und von Kummer geplagt, die Literatur der einzig verbliebene Trost. Und es ist das beste Mittel, ihren Leiden zu entgehen. Hört man, wie sie ihr Erwachen beschreibt (mit ganz eigenen Worten), so wird man ihr Leid nicht in Zweifel ziehen:

53 Wir haben diesen Aspekt erörtert in »Rousseau en 1764«, in: *Écriture* 13, Vevey 1977, S. 123–131. Nachgedruckt in: *Questions sur l'autorité*, Lausanne 1989.

»Schon lange kenne ich das Glück nicht mehr, in jener süßen Ruhe zu erwachen, die aus der Befriedigung kommt, mit der Aussicht auf einen friedlichen und angenehmen Tag zu leben, der vor einem liegt. Der Augenblick des Erwachens ist der grausigste Augenblick meines Daseins: ich spüre, daß eine starke Beklemmung meines Herzens mich aus dem Schlaf reißt, daß der durchdringende Pfeil des Schmerzes die Betäubung meiner Sinne auflöst und daß die Angst und der Schrecken des Erwachens das Werk vollenden. Dem Tag und dem Leben durch derart quälende Empfindungen wiedergegeben, finde ich mich abgesondert von der ganzen Natur, tausend traurige und verworrene Gedanken sammeln sich und bilden eine dichte Wolke, die mich einzuhüllen scheint: sie suche ich zu zerstreuen, schelte mich, blicke um mich, betrachte alles, was mich umgibt, sehe nichts, was mich trösten könnte, rufe die Vernunft an, sehe sie, vernehme sie, aber nichts spricht zu meinem Herzen, und das Bedauern, den Schlaf nicht über meine ganze traurige Lebenszeit hin ausdehnen zu können, vermehrt meine Leiden noch. Welche Mühe, mein Herr, Tage, die in solcher Düsternis beginnen, mit größerer Ruhe zu endigen! [. . .]
Das Beste, was ich tun kann, ist versuchen, es einzuschläfern, indem ich den Geist auf Gegenstände richte, die am ehesten seine Aufmerksamkeit fesseln können. Das Interesse mag zunächst schwach sein, aber die Gewohnheit, die Neugierde, die allmählich geweckt wird, und die Eitelkeit, die sich einmischt, all dies kann mit der Zeit zu einer Leidenschaft werden, die ihre Wirkung tun wird, und ich werde nur zu glücklich sein, wenn ich einige Ruhe finde, selbst um den Preis der Lächerlichkeit.«

Und welche Erleichterung liegt schon in der bloßen Tatsache, zur Feder gegriffen, alles zu Papier gebracht zu haben!

»Seit ich dem Wunsch nachgegeben habe, Ihnen zu schreiben, und zur Feder griff, die mir so fremd ist, habe ich gespürt, daß ich angenehmere Stunden verbrachte. Immer mit dem beschäftigt, was ich Ihnen sagen möchte, in dem Wunsch, genug zu sagen, und in der Sorge, zuviel zu sagen, beunruhigt durch den Eindruck, den dieser Schritt Ihnen von mir geben wird, gespalten zwischen der Angst, Ihnen lächerlich zu erscheinen, und der Hoffnung, eine sichere und nachsichtige Leitung zu finden, wagemutig und mutlos, beständig in dem Gefühl der Achtung und Bewunderung, das die Lektüre Ihrer Schriften mir einflößt, wechselt meine Einbildungskraft die Gestalt, die sie Ihnen leiht: läßt sie mich nur den Philosophen erblicken, erschrecke ich und zerreiße und verbrenne alles; läßt sie mich alle liebenswerten Züge der Güte und Menschlichkeit sehen, fasse ich wieder Zutrauen, finde mein Behagen wieder und schreibe. Endlich ist all dies mir zu einer Beschäftigung geworden, die lebhaft und stark genug war, um mich von meinen gewöhnlichen Gedanken und jener inneren Empfindung abzulenken, die zu verlieren mich so sehr beglücken würde.«[54]

Rousseaus Antwort ist einzigartig. Den Tonfall melancholischen Leidens konnte er nicht überhören, doch er ist seltsamerweise davon überzeugt, daß die Schreiberin des Briefes sich ihm in einer Verkleidung darstellt und daß er es mit Suzanne Curchod zu tun habe (einer »schönen Denkerin«, einer »Frau, die sich zur Schau stellt«[55]; sie wurde von Gibbon verehrt, wird Necker heiraten und einen Salon in Paris unterhalten). Und man sieht, wie Rousseau von Beginn seines Briefes

54 Es ist der Brief Nr. 3192 in Bd. 19 der *Correspondance complète de Rousseau* (éd. crit. R. A. Leigh), Genf, Oxford 1965–1989.

55 Diese Ausdrücke gebraucht Rousseau in seiner Antwort vom 7. Mai 1764. *Correspondance complète*, 20, S. 18–24. Der Herausgeber R. A. Leigh verweist auf die Nähe zu den Analysen im zweiten *Discours* (über die Ungleichheit).

an die Haltung eines Mannes einnimmt, der sich nicht täuschen und nicht irreführen läßt. Deshalb klagt er die Eigenliebe, Eitelkeit und Schöngeisterei an; aber trotz seines Irrtums über die Person mag dieser rauhe Ton ganz und gar nicht unangemessen sein. Mit einer Technik, die an übliche psychoanalytische Verfahren erinnert, will Rousseau von den ausgesprochenen Worten auf die verborgene Absicht schließen:

»Über jede Ihrer Zeilen sehe ich in großen Buchstaben geschrieben: ›Wollen wir sehen, ob Sie die Stirn haben, jemanden, der so denkt und schreibt, dazu zu verdammen, nicht mehr zu denken und zu lesen.‹ Diese Deutung ist gewiß kein Tadel, und ich kann Ihnen nur dafür danken, daß Sie mich zu denen zählen, deren Urteil Ihnen etwas bedeutet.«

Im wesentlichen wiederholt Rousseau – bei dem Versuch individueller Seelenleitung – all jene Argumente, die er in seiner Geschichtsphilosophie entwickelt hat:

»Man kann ebensowenig zur Einfalt zurückkehren wie zur Kindheit; der Geist, der einmal in Wallung geraten ist, bleibt es immer, und wer einmal gedacht hat, denkt sein ganzes Leben lang. Dies ist das größte Elend des Reflexionszustandes: je mehr man sein Elend fühlt, desto mehr vergrößert man es, und alle unsere Anstrengungen, aus ihm herauszukommen, verstricken uns nur tiefer in ihn hinein.
Reden wir also nicht davon, den Zustand zu verändern, sondern nur davon, zu welchem Entschluß der Ihrige Sie führen kann. Dieser Zustand ist unglückselig, er muß es immer sein. Ihr Elend ist groß und ohne Heilmittel; Sie fühlen das und Sie seufzen darunter, und um es erträglich zu machen, suchen Sie wenigstens ein Linderungsmittel.

Ist das nicht die Absicht, die Sie mit den Plänen Ihrer Studien und Beschäftigungen verfolgen?«

Rousseau stellt zunächst fest, daß das gegenwärtige Übel nicht rückgängig zu machen ist; es gibt kein Zurück. Er verschärft den Befund des Übels, ohne den geringsten Grund zur Hoffnung zu bieten – als wüßte er instinktiv, daß man mit Depressiven streng sein müsse und daß die Beantwortung des Bittbriefes als Gabe schon genügt. Er verfolgt jedoch den Verlauf des Übels bis an seinen Ursprung (freilich blind, da er sich vorstellt, er schreibe an Suzanne Curchod): »Aber was ist schließlich diese so viel gerühmte Empfindsamkeit? Wollen Sie es wissen, Henriette? Im tiefsten Grunde ist es immer die Eigenliebe, die sich vergleicht. Ich habe den Finger auf die schmerzende Stelle gelegt.« Rousseau wählt die Taktik, die er seit der ersten Abhandlung gebraucht – das von Henriette gewählte Heilmittel ist, wie er zunächst sagt, nur eine heftigere Form des Übels:

»Unter dem Vorwand, für die Unabhängigkeit zu arbeiten, arbeiten Sie für die Herrschaft. So kommt es, daß Sie, statt das Gewicht der Meinung, die Sie unglücklich macht, zu vermindern, ihr Joch noch drückender machen. Das ist nicht das Mittel, Ihnen ein froheres Erwachen zu bereiten.«

Bei einem zweiten Schritt, auf den er warten ließ, bestätigt Rousseau dann Henriettes Entschluß. Das Studium, welches das Übel ist, kann zum Heilmittel werden. Allerdings unter einer Bedingung: nicht Zerstreuung oder Ablenkung darf es sein, sondern Rückkehr zu sich selbst.

»Obgleich meine Vorstellungen hiervon sehr von den Ihrigen abweichen, sind wir doch nahezu einer Meinung darüber, was Sie tun sollten. Das Studium ist fortan die Lanze des Achill, welche die Wunde heilen soll, die sie geschlagen hat. Doch Sie wollen nur den Schmerz betäuben, während ich lieber die Ursache des Übels beseitigen möchte. Sie wollen sich durch Philosophie von sich selbst ablenken, ich wünschte, daß die Philosophie Sie von allem lösen und sich selbst wiedergeben könnte. [...] dann werden Sie, zufrieden mit sich und ohne mit den anderen unzufrieden sein zu können, einen ruhigen Schlaf und ein köstliches Erwachen finden.«

Die Lanze des Achill oder Einführung des Telephismus

Ovid spielt zu Beginn der ›Heilmittel gegen die Liebe‹ mit der gleichen mythischen Vorstellung:

»Zu lieben habe ich euch schon gelehrt; jetzt lernt von mir die Kunst, nicht mehr zu lieben. Die Hand, die euch die Wunde schlug, vermag sie auch zu heilen. Oft läßt dieselbe Erde Heilkräuter und Giftpflanzen wachsen; neben der Rose sprießt die Brennessel, und die Lanze Achills heilt die Wunde, die sie dem Sohn des Herakles schlug.«[56]

In Ovids *Metamorphosen* sagt Achill:

»Zweimal hat Telephos die Kraft meiner Lanze gefühlt.«[57]

56 Ovid, *Remedia amoris*, V. 43–48; *Amores* IX. Horaz, *Ep*. 17,8; Properz II 1, 63–64. Telephos tritt in Tragödien des Aischylos, Euripides, Ennius usw. auf, die verloren sind. In der Renaissance war seine Legende bekannt. Bis ins 19. Jahrhundert ist die Formel sprichwörtlich. Ich zitiere ein paar zufällige Beispiele: »Das große Heilmittel für die Dreistigkeit der Presse ist die Freiheit der Presse; das ist die Lanze des Achill, die die Wunden heilt, die sie schlägt« (Camille Desmoulins, *Le Vieux Cordelier*, Nr. 7, éd. P. Pachet, Paris 1987, S. 131). Dachte Balzac an den Text Desmoulins, als er Lucien de Rubempré in den *Illusions perdues* sagen ließ: »Die Zeitung ist entschieden wie die Lanze des Achill, die die Wunden heilt, die sie geschlagen hat«? (Balzac, *La Comédie humaine*, Paris (Pléiade), Bd. 5, 1977, S. 462) Benjamin Constant schreibt 1815 in einem Artikel: »Die Gewalt ist nicht wie die Lanze des Achill; sie heilt nicht die Übel, die sie bewirkt hat.« (B. Constant, *Recueil d'articles, 1795–1817*, éd. E. Harpaz, Genf 1978)

57 *Metamorphosen* XII, 112.

Und in den *Tristien* erwähnt er den Helden noch einmal:

> »Telephos wäre an unheilbaren Schwären zugrunde gegangen, hätte ihn nicht die Hand, die ihn verwundete, auch geheilt.«[58]

Telephos, den die Lanze heilt, die ihn verwundete, war in der antiken Welt die fast sprichwörtliche Mythe für diese Vorstellung geworden, einer »Heilung durch die Waffe, welche die Wunde geschlagen hat«. Und leicht lassen sich Anwendungen im Bereich der Erotik denken – der Gegenstand der Begierde schlägt eine Wunde, die nur durch den Besitz eben dieses Gegenstandes behoben werden kann. Als Beispiel zwei Epigramme aus der *Anthologia graeca:*

> »Ich trage meine Liebe wie eine Wunde; aus meiner blutigen Wunde fließen meine Tränen und so wird sie nie trokken. So läßt das Übel mich ohne Mittel, und Machaon selbst hat für meine Not keinen beruhigenden Balsam. Telephos bin ich, o Mädchen; sei du mir ein treuer Achill: deine Schönheit stille mein Verlangen so wie sie mich verwundet hat.«[59]
>
> »Wenn das Geschenk, das du mir machtest [ein Paar von Äpfeln], ein Sinnbild deiner Brüste ist, so schätze ich diese Gunst; aber wenn du es dabei beläßt, wie unrecht, ein so gewaltiges Feuer in mir zu entzünden und dich zu weigern, es zu löschen! Wer den Telephos verwundet, heilt ihn auch: drum sei, meine Kleine, ja nicht grausamer zu mir als ein Feind.«[60]

Aber der Gebrauch des Mythos zur Bezeichnung der Ambiguität der literarischen Sprache ist noch erstaunlicher. Wir haben gesehen, wie Ovid damit die doppelte – erotische und

58 *Tristia* V 2, 15.
59 *Anthologia graeca* V 225.
60 Ebd., V 291.

anti-erotische – Macht seiner Poesie bezeichnet. In einem eher erbaulichen Sinn nimmt Plutarch das Bild des Telephos auf, um die Wirkung des philosophischen Wortes zu bestimmen:

»Warum wollt ihr, wenn ein weises Wort euch verletzt hat und euch leiden macht, nicht den Nutzen daraus ziehen, den es enthält? Das ist nicht nur die Wunde des Telephos, wie beim Euripides, ›die der Eisenspan heilt, der von der Lanze fällt‹; die Verwundungen, die die einschneidende Rede der Philosophie den begabten jungen Leuten beibringt, muß das Wort selbst, wie es sie geschlagen hat, auch heilen. Man muß diese Leiden, diese Bißwunden annehmen, ohne daß Vorwürfe uns niederschmettern und entmutigen [. . .]. Ertragen wir die ersten Reinigungen, die ersten Verwirrungen in der Hoffnung, daß diese Quellen und Prüfungen ebenso süße wie ruhmreiche Entschädigungen herbeiführen.«[61]

Es ist indes daran zu erinnern, welche Rolle – die keineswegs indifferent ist – die Telephos-Legende bei den Mythographen und durch die überlieferten Fragmente der Tragödie des Euripides spielt. Die Kindheit des Telephos liest sich wie eine Variante des Ödipus-Mythos (Rank hat sie in seiner Sammlung[62]), bei der allerdings der göttliche Eingriff die inzestuöse Vereinigung im letzten Augenblick verhindert. Die Geschichte läßt sich so zusammenfassen:

»Telephos, der Sohn des Herakles und der Auge, war gleich nach seiner Geburt ausgesetzt und von einer Hirschkuh ernährt worden [. . .]. Als er erwachsen war, ging er auf Befehl des Orakels an den Hof von Mysien, um dort seine Eltern zu suchen. Teuthras, der König von Mysien,

61 Plutarch, *Wie man hören muß*, 16.
62 Otto Rank, *Der Mythos von der Geburt des Helden*, 1909, S. 21 f. Vgl. Carl Robert, *Die griechische Heldensage*, Berlin 1923, S. 1138–1160.

hatte sich gerade in einen auswärtigen Krieg eingelassen, der unangenehm für ihn geworden war: er ließ kundtun, daß er seine Adoptivtochter Auge und seine Krone dem gäbe, der ihn von den Feinden befreit. Telephos stellte sich an die Spitze der Mysier und wurde nach einem vollständigen Sieg als Erbe des Reiches von Mysien anerkannt.[63] Teuthras übergab ihm Auge; aber als er ihr Gemach betrat, drohte sie, ihn zu töten, wenn er sich nicht sofort zurückzöge. Als Telephos Gewalt anwenden wollte, sandten die Götter einen Drachen, der die beiden trennte und Auge eine solche Angst einjagte, daß sie das Schwert aus ihrer Hand fallen ließ. Telephos bestand erneut auf seinem Recht; Auge rief Herakles um Hilfe, ihren Geliebten, wodurch sie sich wiedererkannten [...].«[64]

Es ist schwer festzumachen, daß ein notwendiges Band zwischen der Legende der Kindheit des Telephos und der Geschichte des erwachsenen Helden besteht. Aber man kann offensichtlich träumen von der Intervention des Drachens, der Erscheinung des kraftvollen Vaters vor der Geschichte einer Verwundung, die zur Heilung Zeit brauchen wird.

Die Geschichte geht, nach der verbreiteten Fassung, wie Chompré sie aufgezeichnet hat, so weiter:

»Als die Griechen nach Troja zogen und die Staaten des Telephos betreten wollten, setzte er ihnen Waffengewalt entgegen: es kam zu einem hartnäckigen Kampf [...]. Telephos wurde an der Hüfte von Achill verwundet [...]. Das Orakel, das man befragte, hatte geantwortet, daß er nur von derselben Hand geheilt werden könne, die ihn verwundet hat. Da es nicht den Anschein hatte, daß sein Feind Achill ihm diesen Dienst erweisen wolle, riet Klytemnästra ihm, nach Hygin den Orest zu entführen, um

63 F. Noel, *Dictionnaire de la Fable*, Paris [3]1810.
64 Chompré, *Dictionnaire portatif de la Fable*, Paris 1801 (nouv. éd.).

> Agamemnos zu zwingen, Achill in seine Heilung einwilligen zu lassen; aber da dieser Held unerbittlich blieb, sagte Odysseus, der Sinn des Orakels sei, daß die Lanze, die das Übel bereitet hat, als Heilmittel dienen solle. So nahm er Rost von der Lanzenspitze, machte ein Pflaster daraus und schickte es Telephos, der bald geheilt wurde [. . .].«[65]

Der Rost von der Lanze! Plinius der Ältere sieht darin, ganz wörtlich, ein Beispiel für die blutstillenden und heilenden Kräfte von Metallspänen. Man könnte auch (im allegorischen Sinne) darüber nachdenken, daß die heilende Substanz nicht gänzlich mit der verwundenden identisch ist – in der Zwischenzeit hat das Metall sich verwandelt, die Zeit hat gearbeitet, und bei der zweiten Anwendung ist das Eisen nur noch Staub. Die Wiederholung ist nur deshalb heilkräftig, weil die Waffe ihrerseits von einem Übel befallen wurde. Der Mythos bietet sich weiterer Arbeit des Gedankens an. Könnte der Telephismus nicht eine ambivalente Verdoppelung, ein zusätzliches Oxymoron innerhalb der sadomasochistischen Konstitution bedeuten? In aller Kürze unterscheiden wir unter Benutzung des von Freud vorgeschlagenen Schemas des Sadomasochismus[66] drei Varianten des Telephismus:

a) die aktive, sadistische Variante (die des Achill): verwunden und dann der Heilung zustimmen; deutlicher: man investiert eine intensive libidinöse Energie in die Pflege eines Objektes, das man zuvor verwundet hat. Schlagen und dann liebkosen; in Brand setzen und dann, mit Rousseaus Worten, »die Pumpen spielen lassen«. Melanie Kleins Begriff der ›réparation‹ entspricht dieser Verhaltensfolge.

b) die medial konjugierte, reflexive Variante: man fügt sich ein Leiden zu, um sich in der Folge mit der wiedergutmachenden Tröstung seiner selbst zu beschäftigen, der nar-

65 Ebd.

66 Freud, *Gesammelte Werke*, Bd. 10. *Triebe und Triebschicksale*, S. 210–232.

zißtischen Wiederherstellung des verwundeten Ichs. Die Zwangsvorstellung hat hier Gelegenheit, sich in doppelter Weise zu manifestieren, erst beim Erkunden des Leidens und dann bei der wiedergutmachenden Arbeit.

c) die passive Variante: man setzt sich einer Verwundung aus, um danach verhätschelt zu werden. Man läßt sich schlagen, um das aktive Mitleid gerade des Verfolgers auf sich zu ziehen. Man fordert den Haß des anderen heraus, wobei man jedoch verlangt, daß er sich in Liebe verwandele.

Der Mythos von Telephos erscheint mir wichtig, weil er ein psychologisches Schema zu entwerfen erlaubt, das bestimmten (gnostischen, christlichen, revolutionären) theologisch-kosmologischen Themen entspricht, wo die dem Übel zugeschriebene Ursache sich wiederum als Ursache eines künftigen Heils deuten läßt, wo die angetane (oder erlittene) Gewalt sich als die Heilung verkündend versteht. Felix culpa! Glückliches Übel, aus dem die umfassende Heilung hervorgeht.[67] Das Blut des Gral, das von dem Speer fließt, der Christi Seite geöffnet hat, wird den König Méhaigné heilen. Die unterschiedlichsten Theodizeen können sich auf die Worte des Orakels berufen, das Telephos verkündete, daß der ihn heilen werde, der ihn verwundet hat: ho trôsas iasetai. Rousseau bietet uns zweifellos das vollkommene Beispiel einer telephianischen Geschichtsphilosophie und einer Telephos-Deutung der individuellen Existenz, die spontane Erfahrung und zugleich klares Bekenntnis ist. Das macht den Brief-

67 Augustinus, *De doctrina christiana*, sieht in der göttlichen Weisheit eine Heilkraft, die bald durch das Gegenteil, bald durch das Ähnliche auf das Ähnliche wirkt... Morte mortuos liberavit (I, XIV, 13). Pascal macht daraus ein Argument der *Prière pour le bon usage des maladies*. Fénelon schreibt in einer Aschermittwochspredigt: »Diese Asche [...], obwohl sie den Tod darstellt, [...] ist ein Heilmittel, das Unsterblichkeit gewährt.« Baudelaire fügt der Übersetzung von De Quincey (*Un mangeur d'opium*) einen Satz über die Qualen des »bad trip« hinzu: »Bis die menschliche Natur ein Heilmittel in der Intensität des Schmerzes selbst findet und in einem großen Schrei explodiert« (Kap. 2).

wechsel zwischen Henriette und Rousseau ungewöhnlich aufschlußreich. Man sieht, wie dabei Rousseaus Philosophie für die unbekannte Adressatin therapeutisch wird: Rousseau spricht hier mit dieser fernen Brieffreundin, wie er später in den *Rêveries* mit sich selbst sprechen wird. Wir beobachten, wie Lehrschriften und autobiographische Schriften sich herausbilden. (Und wir dürfen nicht vergessen, daß Rousseau sein philosophisches Werk gelegentlich wie ein Übel ansieht, zu dem er sich hinreißen ließ, ein Übel, dessen Folgen er für den Rest seines Lebens zu tragen hat, wobei er es zu heilen versucht.)

Henriette hat zweimal geschrieben, und Rousseau hat ihr jedesmal geantwortet. Dieses umfangreiche Material erlaubt uns einen doppelten Telephismus zu erkennen: einen intellektuellen, der die Gefahren und heilenden Kräfte des Studiums betrifft, und einen anderen in einem tiefergreifenden Sinne.

Wenn Rousseau Henriette schreibt, daß »wer einmal gedacht hat, sein ganzes Leben denken wird«, daß das Studium »von nun an die Lanze des Achill« sei, dann wendet er auf ein individuelles Schicksal an, was er von der allgemeinen Geschichte behauptet hat und was er von den guten gesellschaftlichen Einrichtungen sagte, »die den Menschen am besten seiner Natur entfremden können«.[68] Das bis zu seiner Vollendung getriebene Übel wird zum neuen Gut, zur Heilung.

Rousseau sagt aber noch etwas, das unmittelbar das Gefühl betrifft. Henriette soll einverstanden sein, die anderen zu verlieren, mit ihnen zu brechen, ihrer nicht mehr zu bedürfen. Sie soll sich selbst genügen:

> »Sie geben zu, daß Sie sehr angenehme Stunden verbracht haben, als Sie mir schrieben und über sich sprachen. Es ist erstaunlich, daß diese Erfahrung Sie nicht auf den richtigen

68 *O.C.*, VI, S. 249.

Weg leitet und Sie nicht lehrt, wo Sie, wenn nicht das Glück, so doch den Frieden suchen sollen.«[69]

Das rettende Mittel ist in Rousseaus Augen das Selbstgespräch der Seele, die alle äußeren Bindungen zerbricht und sich im Innern mit sich selbst unterhält. Das ist nicht das, was Henriette sagen wollte; sie hatte auf die Verbindung mit anderen nicht verzichtet und diese Hoffnung nicht aufgegeben. Deshalb widersetzt sie sich in ihrem zweiten Brief Rousseaus Deutung: nicht um sich zu beobachten und sich selbst zu trösten, habe sie ihm geschrieben, sondern um seine Anteilnahme zu erwecken, um gehört zu werden. Warum waren die mit dem Schreiben verbrachten Stunden so angenehm? »Nicht deshalb, wie Sie glauben, weil ich von mir sprach, sondern weil ich zu Ihnen sprach und ganz damit beschäftigt war, was ich Ihnen sagte.«[70] Der Wunsch, ein Gegenüber zu finden, läßt sich kaum besser ausdrücken. Es ist ihr übrigens gelungen, denn Rousseau beendet seinen ersten Brief mit den Worten: »Nötig vor allem anderen wäre, daß Sie fühlen, wieviel Anteil ich an Ihnen nehme.«[71] Und später: »Was ich versprechen kann und was ich halten werde, ist, daß ich mich eingehend mit Ihnen beschäftigen will und Sie in meinem Leben nicht vergessen werde.«[72] Henriette spricht aber ihr Verlangen nach Verbindung aus als ein Verlangen, sich zu entfliehen, sich zu vergessen, und damit setzt sie sich Rousseaus Widerspruch aus. Sie erklärte, »sich von dieser schmerzlichen und tiefen Empfindung ablenken zu wollen, die ihr immer folge«, sie fürchtete alles, was sie »zu sehr zu sich selbst« bringe, sie wollte sich von sich selbst »losreißen, diese innere Empfindung betäuben, sich davon zerstreuen«. Rousseau antwortet, daß man sich nicht losreißen, sondern

69 *Correspondance complète*, Bd. 20, S. 21.
70 Ebd., Bd. 21, S. 123.
71 Ebd., Bd. 20, S. 22.
72 Ebd., Bd. 22, S. 10.

sich an sich binden müsse, indem man sich von den Dingen und Wesen losreiße. Dem zentrifugalen Schwung einer Seele, die nach außen flieht, sich abwendet, hält er die überlieferte (stoische und christliche) Lehre des ›redi in te ipsum‹ entgegen. Beobachten wir sein Verfahren. Zunächst beschwört er das Gefühl der Ausweglosigkeit, des Scheiterns der therapeutischen Beziehung, der Unheilbarkeit:

> »[. . .] für diesen Zustand glaubte ich einen Plan zu entdekken, wie ich Sie von den Ängsten befreien könnte, die Sie mir beschrieben, ohne auf die Ablenkungen zurückzugreifen, die Sie für das einzige Heilmittel halten, die meiner Meinung nach nur ein Linderungsmittel sind. Sie belehrten mich, daß ich mich getäuscht habe und daß ich nichts von dem sah, was ich zu sehen glaubte. Wie sollte ich ein Heilmittel für Ihren Zustand finden, da dieser Zustand mir unbegreiflich ist? Sie sind für mich ein Rätsel, das mich betrübt und demütigt. Ich glaubte, das menschliche Herz zu kennen, und ich wußte nichts von dem Ihrigen. Sie leiden und ich kann Sie nicht trösten.«[73]

Dieser ersten Ablehnung der Behandlung (die man als Aggression, als Wille zu verletzen deuten kann) folgt, zunächst in Frageform, die Darlegung des von Rousseau gebilligten Heilmittels. Noch deutlicher ließe sich das erkennen, wenn man andere ähnliche Beispiele hinzufügen könnte: Rousseaus therapeutisches Verfahren beginnt mit dem Verwunden, dem Enttäuschen, um danach den heilsamen Rat anzubieten. Mehr noch, der Rat, wenn Rousseau einmal willens ist, ihn zu gewähren, ist eine Empfehlung der neutralen (oder z. T. passiven) Form des Telephismus: mit den anderen zu brechen oder die betrübliche Tatsache ihrer Gefühllosigkeit anzuerkennen, um in sich selbst, von sich aus das Vergnügen des Ausgleichs zu genießen.

73 Ebd., Bd. 22, S. 8–9.

»Weil nichts, was Ihnen fremd ist, Sie befriedigt, wollen Sie vor sich selbst fliehen! Und weil Sie sich über die anderen zu beklagen haben, weil Sie sie verachten, da Sie Ihnen das Recht dazu gegeben haben, und weil Sie in sich eine Seele fühlen, die Achtung verdient, wollen Sie sich mit Ihrer Seele nicht über die Verachtung trösten, die Ihnen die Seelen einflößen, die ihr so wenig gleichen? Nein, diese Sonderbarkeit begreife ich nicht, sie entzieht sich meinem Verständnis.

Diese Empfindsamkeit, die Sie unzufrieden mit allem macht, sollte sich nicht in sich zurückziehen können? Kann sie Ihr Herz nicht mit einem erhebenden und köstlichen Gefühl der Eigenliebe nähren? Hat man in sich selbst nicht immer ein Mittel gegen die Ungerechtigkeit und eine Entschädigung für die Gefühllosigkeit? Es ist so selten, sagen Sie, daß man eine Seele findet. Das ist wahr; aber wie kann man eine Seele haben und kein Wohlgefallen an ihr finden? Wenn man tastend spürt, daß die anderen eng und zusammengezogen sind, so schrickt man zurück und wendet sich ab, aber ist man, wenn man sich bei den anderen so übel befunden hat, nicht froh, wieder nach Hause zurückzukehren? Ich weiß, wie schmerzlich das Bedürfnis nach einer Bindung sich empfindlichen Herzen fühlbar macht, wenn es unmöglich erfüllt werden kann; ich weiß, wie traurig dieser Zustand ist, aber ich weiß auch, welche Köstlichkeiten er enthält; er läßt uns Ströme von Tränen vergießen; er gibt uns eine Melancholie, die uns Zeugnis von uns selbst ablegt und die man nicht missen möchte; er läßt uns die Einsamkeit aufsuchen als die einzige Zuflucht, in der man sich mit allem wiederfindet, was man mit Grund liebt. Ich kann Ihnen nicht genug wiederholen, daß ich von keinem Glück und keiner Ruhe weiß, die man in der Entfernung von sich selbst finden könnte, im Gegenteil, von Tag zu Tag spüre ich mehr, daß man auf

Erden nur in dem Maße glücklich sein kann, wie man sich von den Dingen entfernt und sich selbst näherkommt.«[74]

Rousseau geht seiner Briefpartnerin mit gutem Beispiel voran, wie er es später in den *Rêveries* der Nachwelt gegenüber tun wird... Eine Frage ist schwer zu entscheiden: soll man die durch die Gefühllosigkeit der anderen zugefügte Wunde hinnehmen? Oder soll man sich selbst verwunden, indem man mit den Dingen bricht? Es kommt Rousseau darauf an, die Unklarheit in diesem Punkte beizubehalten. Gewiß ist aber, daß von diesem Verlust an es das einzige Mittel ist, sich liebend auf sich selbst zu beziehen und den Trost zu schaffen, den man bei sich selbst findet, die größtmögliche libidinöse Energie aufzuwenden zur Heilung einer Wunde, die man gleichzeitig offen hält. Besteht das Heilmittel in der Ausübung unserer Empfindsamkeit, so zieht es seine besänftigende Kraft daraus, daß es das Übel als notwendige Folge der Überlegenheit der empfindsamen Seele deuten kann. Das Übel entsteht aus der Verständnislosigkeit der anderen, aus ihrer Feindseligkeit, doch diese Haßgefühle lassen sich durch tröstliche und schmeichelhafte Gründe erklären. Durch eine solche Erklärung empfängt das Opfer sogleich den Beweis seiner Überlegenheit. Das Übel wird als Beweis eines Unterschiedes aufgefaßt, der das Individuum auszeichnet. Die Maßlosigkeit des Übels wird damit zur notwendigen Bedingung dafür, daß das Subjekt sich selbst genießen kann als Ausnahme von einem allgemein gewordenen Übel. Dabei wird Rousseau, wie wir gesehen haben, gern die Augen davor verschließen, daß er selbst ein Werkzeug des Übels gewesen sein und ihm die Hand gereicht haben könnte. Im reflexiven Modus verwundet Telephos sich selbst, um sich selbst schadlos zu halten. Wer aber die tiefen Wunden liebt, der wird zu der List greifen, sich einzureden, daß Achill die

74 Ebd.

Wunde geschlagen habe. Erinnern wir uns daran, daß Rousseau das Bedürfnis hat, eine äußere, entschuldigende Genealogie des Übels zu konstruieren.[75] Deshalb bedarf er der Überzeugung, daß die heilende Arbeit der *Rêverie* das Gegenteil des Übels ist. Selbst wenn das träumende Bewußtsein nicht verkennt, daß es sich auf das Übel und die Finsternis stützt, um die Gewißheit seiner eigenen Transparenz zu erzeugen, betrachtet es sich selbst nicht als in das Übel verstrickt, auf welches es antwortet. Die Projektion verläuft derart, daß es sich von den anderen verwundet und durch sich selbst geheilt glaubt. Die Verletzung wird angeklagt als von außen kommend, die Heilung begrüßt als aus dem Inneren entstanden. Wie könnte es auch anders sein? Die ausgleichende Tätigkeit kann ihre lindernde Kraft nur dann entfalten, wenn sie überzeugt ist, sich einer unbekannten Macht widersetzt zu haben. Erführe sie, daß die Verletzung vom Subjekt selbst herrührt, so fände sich die heilende Arbeit schon bei ihrem Ausgangspunkt behindert. Das erlaubt, die unablässig wiederholte Versicherung vom »Glück ihnen zum Trotz«, mit welcher Rousseau versucht, sich selbst vom gänzlichen Erfolg des Ausgleichs, der Ergänzung, der substituierenden Tätigkeit zu überzeugen, besser zu verstehen.

Belege

Rousseau gebraucht zweimal in den *Confessions* den gleichen Ausdruck: »Was mich zugrunde richten sollte, hat mich gerettet« (oder »bewahrt«). Die Stellen sind bemerkenswert.

Das erste Mal ist es, wenn Fräulein Lambercier ihn übers Knie legt und er die masochistische Lust entdeckt:

75 Das haben wir erörtert in »Le dîner de Turin«, in: *La Relation critique*, Paris 1970.

> »Aber als endlich der Fortgang der Jahre mich zum Manne machte, bewahrte mich das, was mich zugrunde richten sollte. Mein früherer Kindergeschmack verband sich, statt zu verschwinden, dergestalt mit dem anderen, daß ich nie einem von meinen Sinnen entflammten Verlangen ausweichen konnte.«[76]

In der ersten Fassung des Textes lautete es so:

> »Was mich zugrunde richten sollte, rettete mich lange vor mir selbst. In der Pubertät lenkte ein Gegenstand, der mich beschäftigte, mich von dem ab, den ich fürchtete. Eine Vorstellung täuschte die andere und erregte mich, ohne mich zu verderben [...].«[77]

Der gleiche Ausdruck erscheint fast wörtlich, wenn Rousseau den Beginn seines Aufenthaltes im Haus der Frau de Warens erzählt, als er zu »jenem gefährlichen Ersatz, der die Natur betrügt«, griff:

> »Welche Reize! Ein Leser, der sie sich vorstellt, wird mich schon halb für tot ansehen. Aber im Gegenteil: was mich zugrunde richten sollte, rettete mich, zumindest für eine Zeitlang.«[78]

Das Übel (Hang zur Perversion, Selbstbefriedigung) wird mithin zum Träger heilender Wirkkräfte: ein Oxymoron, worin sich die Entwicklung eines inneren Gegengifts erweist – nach einer vom Über-Ich diktierten Deutung, die den Geschlechtsverkehr als schlimmstes Übel brandmarkt, ange-

76 *O.C.*, I, S. 17.

77 *O.C.*, I, S. 1156. Vgl. Philippe Lejeune, »La punition des enfants, lecture d'un aveu de Rousseau«, in: *Le pacte autobiographique*, Paris, S. 49–85, und »Le peigne cassé«, in: *Poétique*, 25, 1976, S. 1–30.

78 *O.C.*, I, S. 109; vgl. Ph. Lejeune, »Le dangereux supplément, lecture d'un aveu de Rousseau«, in: *Annales Économies, Sociétés, Civilisations*, 1974, 4, S. 1009–1022, und J. Derrida, *De la grammatologie*, Paris 1967, S. 203–234, »Ce dangereux supplément«.

sichts dessen jede Ablenkung, jede auf das Ich gewendete Perversion wohltätig ist.

Die Erinnerung an Fräulein Lambercier ist genau mit dem Begriff verbunden, den wir hier hervorheben wollen. Die Episode des zerbrochenen Kamms führt die »heilsame« Wirkung zu Ende, die Rousseau der Erfahrung des Prügelns beimißt: »Wer würde zum Beispiel glauben, daß eine der kräftigsten Triebfedern meiner Seele gestählt wurde in derselben Quelle, aus welcher Sinnlichkeit und Verweichlichung in mein Blut flossen?« Und als er von der dieses Mal von Onkel Bernhard verabreichten »Exekution« spricht, fügt er hinzu: »Sie war schrecklich. Denn da man das Heilmittel im Übel selbst suchte, wollte man meine verderbten Sinne ein für allemal abtöten und man hätte es nicht besser tun können.«

Bisweilen, wenn er das Aufwallen der Liebe mit einer Krankheit vergleicht, wird die heilende Kraft paradoxerweise den daraus entspringenden Mißgeschicken zugeschrieben. Welch wunderliche Beziehung wird zwischen Unglück und Heilung gestiftet in den Zeilen, die von der Entstehung der *Nouvelle Héloïse* sprechen: »Der Rausch, von welchem ich ergriffen wurde, sollte sich, obwohl er so rasch und toll kam, als so dauerhaft und stark erweisen, daß es zu meiner Heilung nicht weniger bedurfte als der unvorhergesehenen und schrecklichen Krise des Elends, in das er mich gestürzt hat.«[79]

Auf den ersten Blick nehmen die frühen, in Chambéry geschriebenen Verse nur einen Gemeinplatz auf: der geistige Gewinn, den die Seele aus dem Widerstand gegen die Krankheit ziehen kann.

»Et le mal dont mon corps se sent presque abattu
N'est pour moi qu'un sujet d'affermir ma vertu.«[80]

79 *Confessions* IX, *O.C.*, I, S. 427.
80 *O.C.*, II, S. 1129.

Die Wonne der Tränen – als Jean-Jacques Fieber bekommt, zieht er sich in das Zimmer der Frau de Warens zurück – wird mit der gleichen therapeutischen Wirkung bezeichnet: »Als wären die Tränen meine Nahrung und mein Heilmittel, stärkte ich mich an jenen, die ich bei ihr, mit ihr, auf ihrem Bette sitzend und ihre Hände in den meinen haltend vergossen habe.«[81]

Man lese wieder einmal, wie Rousseau im 6. Buch der *Bekenntnisse* den Zustand der Krankheit und Angst beschreibt, der mit dem plötzlichen Ausbruch eines Gehörleidens endet:

> »Man kann sich meine Überraschung und meinen Schrekken denken. Ich hielt mich für tot, ich legte mich zu Bett, der Arzt wurde gerufen, ich berichtete ihm meinen Fall unter Zittern und ihn für unheilbar haltend. [...] Dieser Unglücksfall, der meinen Körper töten sollte, tötete nur meine Leidenschaften, und ich danke dem Himmel täglich für die glückliche Wirkung, die er auf meine Seele ausgeübt hat. Ich könnte sagen, daß ich erst zu leben begann, als ich mich für tot hielt. [...] Endlich fühlte ich mich trotz meines Zustandes oder vielmehr durch meinen Zustand mit unwiderstehlicher Kraft zum Studium angetrieben, und während ich jeden Tag für meinen letzten hielt, studierte ich mit einem Eifer, als hätte ich ein ewiges Leben. Man sagte, daß mir das zum Übel ausschlug, ich glaube jedoch, daß mir das wohltat.«[82]

Es ist auffällig, Rousseau hier zwischen zwei Ausdrücken schwanken zu sehen – »trotz meines Zustands«, »durch meinen Zustand« –, wo die Wohltaten des zunächst im Gegen-

81 *Confessions* V, *O.C.*, I, S. 222.
82 *O.C.*, I, S. 227–232. Zu dieser Episode und den vorher erwähnten Problemen siehe den ausgezeichneten Kommentar von Pierre-Paul Clement, *Jean-Jacques Rousseau, de l'éros coupable à l'éros glorieux*, Neuchâtel 1976, bes. S. 188–202.

satz zum Übel betrachteten Studiums nach unmittelbarer Berichtigung als direkte und paradoxe Wirkung des Übels aufgeführt werden. Dazu kommt das Indiz des passiven Wortgebrauchs – »getrieben« –, das zunächst das Studium wie eine Leidenschaft bezeichnet, der man ebenso erliegt wie der Krankheit, die ihm vorhergeht. Aber darauf folgt ein intransitives Aktiv: »Ich studierte« ... Hier stößt man auf eine jener Umkehrungen, auf die J.-B. Pontalis hinweist, mit denen Rousseau eine Lage der Verlassenheit oder Abweisung als willentliche Handlung berichtigt. Man kann Rousseaus Haltung dem vermeintlich drohenden Tod gegenüber mit jener vergleichen, die er am Abend seiner endgültigen Flucht annimmt, als sich die Tore von Genf schließen: »Sofort geschieht die Umkehrung: er ist es, der geht, die Abweisung vorwegnimmt und sie gleichsam beschwört.«[83] Zum Beweis dient jener einzigartige Satz, in dem der Tod, die Abweisung über das Leben hinaus in dem Augenblick, da die Zugbrükken zur irdischen Existenz sich heben, wie eine Reise erscheinen: »Sei es, daß ich es für schön hielt, bis zur letzten Stunde zu lernen, sei es, daß ein Fünkchen Lebenshoffnung sich im Grunde meines Herzens verbarg, so schien die Aussicht auf den Tod, weit davon entfernt, meine Lust aufs Studieren zu mäßigen, sie eher noch zu beleben, und ich beeilte mich, ein wenig Wissen für jene Welt zu sammeln, als glaubte ich, nur das zu haben, was ich mitgenommen hätte.«[84] Das Gefühl des nahen Todes (welches das Bedürfnis nach Strafe befriedigt) setzt eine intensive Tätigkeit narzißtischer Bereicherung in einer entsexualisierten und daher weniger angstbesetzten Sphäre frei. Der Dienst, den die Überzeugung von seinem nahen Tode für die intellektuelle Lehrzeit Jean-Jacques' leistet, findet sein Gegenüber in dem Dienst, den die Überzeugung von der universellen Verschwörung seiner heilenden

83 J.-B. Pontalis, *Entre le rêve et la douleur*, Paris 1977, S. 150.
84 *O.C.*, I, S. 232–233.

Träumerei leisten wird. Noch einmal wird das äußerste Übel zum Anlaß einer glücklichen »Durcharbeitung«: das Übermaß des Unglücks setzt Rousseau in die Lage, keine Verschlimmerung seines Zustandes mehr zu befürchten, so daß er sich ganz der Arbeit der *Entschädigung* widmen kann. Das Wort kehrt fast auf jeder Seite der *Rêveries* wieder, nicht mehr im religiösen Sinn, wie Rousseau es zunächst im *Émile* als von Gott zugestandene Vergeltung gebrauchte, sondern im Sinne einer Ersetzung, einer »Ergänzung«, die das Ich aus seiner eigenen Substanz hervorbringt. Die Politik des Schlimmsten ist bei Rousseau oft eine bewußte Haltung. Im Vorwort zur *Nouvelle Héloïse* hatte er geschrieben: »Ich habe mich im voraus stärker angeklagt, als mich vielleicht je einer anklagen wird.«[85] In einem Brief an seinen Verleger hatte er bekannt: »Ich fühle wohl, daß ich in allem dazu neige, die Dinge am schlimmsten zu nehmen« (13. September 1758).

In den *Dialogen* sagt Rousseau durch den Mund des Franzosen das Schlimmste, was sich sagen läßt. Er senkt die spitzeste Waffe in sein Fleisch. Mit welchem Ziel? Er sagt es in dem einleitenden Text: »Ich habe die einzige Partei ergriffen, die mir zu meiner Erklärung blieb: das hieß, unter allen möglichen Voraussetzungen die schlimmste für mich und die beste für meine Gegner zu wählen [. . .]. Alles, was sich zu ihren Gunsten sagen ließe, auszuschöpfen, war für mich das einzige Mittel, um herauszufinden, was sie in der Tat sagen.«[86] In diesem zu selten gelesenen Text sieht man Rousseau zu seinem eigenen Henker werden, um so gerecht wie möglich die Anklage darzustellen, die er nicht kennt, die ihm aber alle Zeichen, die er auf den Gesichtern liest, geheimnisvoll verkünden. Es eilt ihm, erklären zu können, daß das Übel auf dem Höhepunkt ist, und daß er in der Folge nichts mehr zu verlieren und nichts mehr zu befürchten hat. Und die Folge-

85 *O.C.*, II, S. 27.
86 *O.C.*, I, S. 662–663.

rung, die er daraus zieht, ist noch einmal zweideutig: seine Verfolger, die ihm Übel zu tun glaubten, haben ihm Gutes erwiesen. Die Form des Dialoges erlaubt es, die verletzende Rede (des Franzosen) und die heilende Rede (Rousseaus) abwechseln zu lassen.

Manchmal handelt es sich nur um eine Deutung, die Rousseau modifiziert. Das Ereignis erhält nacheinander zwei Bedeutungen. An dem Tag, an welchem er das Manuskript der *Dialoge* auf dem Altar von Notre-Dame niederlegen wollte, glaubte er, »den Himmel selbst am Werk der Ungerechtigkeit der Menschen mitwirken« zu sehen.[87] Aber die dem Ereignis zugeschriebene Bedeutung kann sich umkehren: »Als ich nach und nach von diesem ersten Schrecken wieder zu mir kam und ruhiger zu überlegen begann, was mir zugestoßen war, zögerte ich nicht, mit diesem Zug des Geistes, der mir eigen ist, mich ebenso schnell über ein Unglück zu trösten, das mir zugestoßen ist, wie mich über eines zu erschrekken, das zu befürchten ist, den schlechten Erfolg meiner Unternehmung mit anderen Augen zu betrachten. [. . .] Schließlich erschien mir der schlechte Erfolg meiner Absicht, der mich so sehr berührte, weil ich darüber nachdachte, als ein Segen des Himmels, der mich gehindert hatte, ein meinen Interessen so gegensätzliches Ziel zu verfolgen.«[88]

Auf systematische Weise akzeptiert Rousseau das Übel als unwiderruflich, um die daraus resultierenden Wohltaten zu berechnen; man hat ihn »der Unruhe der Hoffnung ausgeliefert«[89], man hat ihn darauf reduziert, sich selbst zu genügen, und nichts anderes wollte er ja; in der Einsamkeit, auf die er sich beschränkt findet, kann nichts mehr seine Ruhe stören, er kann »sich Tröstungen schmieden«[90], ohne damit aufzuhören. Indem er die Abweisung vollendet, als deren Gegen-

87 *O.C.*, S. 980.
88 *O.C.*, I, S. 981.
89 *O.C.*, I, S. 986, wiederholt S. 997.
90 *O.C.*, I, S. 132.

stand er sich fühlt, setzt er sich in die Lage, die vollständige narzißtische Rache zu nehmen. Umgäbe ihn das »Gebäude der Finsternis« nicht, so könnte er sich nicht »die Transparenz eines Kristalls« zuschreiben. Der Ausschluß durch die Bösen wird zum unwiderleglichen Beweis einer angeborenen und nicht verlorenen Güte:

> »Was habe ich denn noch von ihnen zu fürchten, da alles geschehen ist? Da sie meinen Zustand nicht schlimmer machen können, vermögen sie mir keinen Schrecken mehr einzuflößen. Die Unruhe und das Entsetzen sind Übel, von denen sie mich auf immer befreit haben [...]. Das ist das Gute, das mir meine Verfolger erweisen, indem sie ohne Maß alle Streiche ihrer Feindseligkeit erschöpft haben. Sie haben sich aller Herrschaft über mich entledigt, und ich kann nun über sie spotten [...].«[91] »Lernen wir nun, diese Vorzüge als Ausgleich für die Übel zu nehmen, die sie mir antun. Indem sie mich unempfindlich für das Mißgeschick machten, haben sie mir mehr Gutes getan, als wenn sie mir ihre Angriffe erspart hätten. [...] Durch meine Neigung ganz der zärtlichen Liebe ausgeliefert, die mich anzieht, nährt sich mein Herz noch von den Gefühlen, für die ich geboren bin und die ich mit imaginären Wesen genieße, die sie erzeugten und die sie teilen, als wären es wirklich existierende Wesen.«[92]

In dem einführenden Text zu den *Dialogues* entschloß sich Rousseau, wie wir gesehen haben, »alles *auszuschöpfen*, was sich sagen ließ« zugunsten seiner Verfolger. Jetzt versichert er, daß *sie* »ohne Maß alle Streiche ihrer Feindseligkeiten« erschöpft haben. Diese feindseligen Streiche sind der erste Lanzenstoß des Achill. Aber der Rousseau der *Rêveries* weiß nicht (oder fingiert, nicht zu wissen), was der Rousseau der

91 *O.C.*, I, S. 997.
92 *O.C.*, I, S. 1081.

Dialogues wußte: daß er die Streiche angezettelt und geführt hat, die ihn niederschmettern; daß er diese Anklagerede ausgedacht hat, um auf die wahrscheinliche Ursache der Zeichen der Feindseligkeit, die sich auf seinem Wege häufen, zu kommen. »Man lehre mich, welches meine Verbrechen sind und wie und durch wen ich gerichtet wurde!«[93] Rousseau schreibt das in einem »Rundbrief«, den er auf der Straße zu verteilen versucht hat, nachdem er die *Dialogues* beendet hat. Alles spielt sich ab, als hätte er vergessen, daß er selbst die vorgebliche Rede der Ankläger rekonstruiert und dargestellt hat. Aber dieses paranoische Vergessen, welches das sich selbst beigebrachte Übel in eines verwandelt, das von anderen angetan wurde, gehört zweifellos zum Heilverfahren. Er öffnet dem Schreiben einen Raum, worin dieses sich rein an der Behebung des Übels zu arbeiten wähnen kann, während es selbst, mit einem nunmehr verborgenen ersten Stoß der Lanze, die Wunde geöffnet hat.

Im 2. Buch des *Émile* erwähnt Rousseau seine kindliche Angst vor dem Dunkel. Es versteht sich, daß Émile durch Übung und Gewohnheit sich davon befreit. »Die gefundene Ursache des Übels gibt das *Heilmittel* an [. . .]. Argumentiert deshalb nicht mit dem, den ihr von der Furcht vor dem Dunkeln *heilen* wollt; führt ihn oft ins Dunkle und seid gewiß, daß alle Gründe der Philosophie nicht soviel wie diese Übung wert sind.«[94] Gegenüber der Finsternis der Verschwörung geht Rousseau auf die gleiche Weise vor, freilich ohne sich je daran zu gewöhnen.

In der zehnten *Rêverie* unterbricht ein verwundeter und durch sich selbst geheilter Telephos die kaum begonnene Beschwörung der Begegnung mit Frau de Warens. Das letzte, rein elegische Bild ist das »der einmaligen und kurzen Zeit« seines Lebens, als er »von einer Frau voller Gefälligkeit und

93 *O.C.*, I, S. 990.
94 *O.C.*, IV, S. 384.

Sanftmut geliebt« wurde. Eine der leitenden Vorstellungen, die den Gedanken bei jener Stelle bestimmen, ist die der Fülle – einer gewiß begrenzten, vom Ungenügen bedrohten und bald durch Unruhe gestörten Fülle, die aber die Erinnerung vollständig wiederfindet.

Die *Rêverie* zu Pfingsten des Jahres 1778, die von der Gegenwart der »Maman« beherrscht ist, spricht nicht mehr von einem Übel und rühmt keinen Ausgleich mehr. Rousseau wird wenige Wochen danach sterben. Erinnern wir uns: »Ich kam fast für tot auf die Welt.« Man ist versucht, die Umkehrung zu vollziehen und zu sagen: er stirbt fast geheilt, er stirbt in der Wiedererweckung seines ersten großen Glücks. Bedarf es einer Verbindung zwischen diesem endlich friedvollen Selbstgespräch (und nicht nur, wie die vorhergehenden, dem Plan, Frieden zu finden, gewidmet) und dem bald darauf folgenden Tod? Wenn es einen Sinn gibt, dann wäre es dieser: Verblassen das Übel und die Suche nach dem Heilmittel, so sind die Lebensenergien nahezu erschöpft. Diese Heiterkeit, dieser Friede, diese offensichtliche Heilung sind Zeichen, die den Tod ankündigen.

2. Der gesellschaftliche Charakter der Musik

Für Jacek Woźniakowski

»Alle Materie ist farbig; aber die Töne künden Bewegung an, die Stimme ein fühlendes Wesen; nur belebte Körper singen.« Diese Bemerkung, unter anderen, ist enthüllend. Die Unterscheidung zwischen Farben, Tönen und Stimme im Kapitel XVI des *Versuchs über den Ursprung der Sprachen* zeigt, daß Rousseau die Musik zu einer Kunst des Ausdrucks und der lebendigen Mitteilung macht. Die Implikationen sind beträchtlich, die musikalische Theorie erweitert sich, um alle anderen Modalitäten mitteilenden Austauschs in Betrachtung zu ziehen: Rede, Organisation der Familien, der Völker und der Regierungen. Das zusammenhängende System, das sich aus Rousseaus Schriften löst, setzt die Musik, die Politik und die Geschichte der Sprache in enge Wechselbeziehungen zueinander. Man kann deren Entwicklung verfolgen, indem man die Bilder der *Ansammlung* von Individuen untersucht, die Rousseau in seinem Werk verstreut gebraucht.

Die *Abhandlung über die Ungleichheit* bietet zu dem genannten Problem wichtige Belege. Alles beginnt in Einsamkeit und Schweigen im Schoße der schützenden Natur. Die anfängliche Zerstreuung, die Rousseau sich vorstellt, bildet das genaue Gegenteil der Ansammlung. Aber der Mensch der Natur ist nicht zur absoluten Einsamkeit verurteilt; er begegnet gelegentlich seinesgleichen zu kurzem Kampfe oder rascher Liebe. Diesen Augenblicks-Begegnungen entspricht ein gleichfalls momentanes und punktuelles Lautzeichen: der Schrei, der das ursprüngliche Schweigen unterbricht. Indem Rousseau davon spricht, will er zugleich dessen Vorläuferrolle bezeichnen, die dem Augenblick vorangeht, in dem die artikulierte Rede nötig wird, um eine unvermeidlich gewordene soziale Funktion zu erfüllen:

> »Die erste Sprache des Menschen, die universalste, die energischste und einzige, die er brauchte, bevor er versammelte Menschen überreden mußte, ist der Schrei der Natur. Da dieser Schrei sich nur durch eine Art Instinkt bei drängenden Gelegenheiten löste, um Hilfe in großer Gefahr oder Erleichterung bei gewaltigem Übel zu erflehen, wurde er im gewöhnlichen Leben, wo maßvollere Gefühle herrschen, kaum gebraucht.«[1]

Der Kontrast ist so deutlich wie möglich zwischen einer passiven und leidenschaftlichen Vorsprache (le cri *arraché*) und

1 *Discours de l'inégalité*, in: *Œuvres complètes*, Paris (Pléiade), Bd. 3, S. 148.

einer ausgebildeten Sprache, die ihre Macht im Akt der Rede, d. h. im politischen Akt par excellence (»versammelte Menschen *überreden*«) offenbart. Im weiteren erörtert der Text in einer Reihe von Vermutungen die Widerstände, die den Aufschwung der artikulierten Sprache verzögern. Doch Rousseau gibt zu verstehen, daß die Sprache im Laufe der Jahrhunderte das wird, was sie, wie wir wohl wissen, ist: ein Zeichensystem von »beständiger Form«, das »öffentlich zu reden« und die »Gesellschaft zu beeinflussen« erlaubt.

Nachdem die Fortschritte des Lebens in Gemeinschaft und der Sprache skizziert sind, läßt der zweite Fall der *Abhandlung über die Ungleichheit* den Gesang entstehen bei den Festen, in denen sich das Glück des »anfänglichen Gesellschaftszustands« verwirklicht. Diese Feste enthalten im Keim die künftigen Übel, denn sie erlauben das Spiel der Vergleiche und Vorzüge, das Erwachen der Eigenliebe, woraus die »abstoßenden und grausamen« Leidenschaften hervorgehen, und der Ungleichheit unter ihrem ersten Aspekt:

> »Im Maße wie die Vorstellungen und Gefühle einander folgen, Geist und Herz sich üben, das Menschengeschlecht geselliger wird, dehnen die Verbindungen sich aus und die Bande werden enger. Man macht es sich zur Gewohnheit, sich vor den Hütten und unter einem großen Baume zu versammeln: Gesang und Tanz, die echten Kinder der Liebe und der Muße, werden zum Vergnügen oder vielmehr zur Beschäftigung der Männer und Frauen, die untätig zusammengekommen sind. Jeder beginnt, die anderen anzusehen, und möchte selber gesehen werden, und die öffentliche Wertschätzung erhielt ihren Preis. Wer am besten sang oder tanzte, der Schönste, der Stärkste, der Gewandteste oder Beredteste wurde am meisten geachtet, und das wurde der erste Schritt zur Ungleichheit.«[2]

2 *Œuvres*, Bd. 3, S. 169.

Der *Versuch über den Ursprung der Sprachen* bietet die gleiche Festszene, aber nach einer anderen Beweisstrategie. Es geht um den »Ursprung der Gesellschaften und der Sprachen in den warmen Ländern«.[3] Man sieht dort gleichzeitig Gesang, Akzent, Rede, liebevolle Gefühle und exogame Familienbande entstehen. Kein verdächtiger Schatten, anders als wir es in der *Abhandlung über die Ungleichheit* gelesen haben, schleicht sich in diese Pastorale im Stil Claude Lorrains. Die Begegnung der Hirten und der jungen Mädchen an den Wasserplätzen bildet in einer Prosa, die sich zu lyrischer Musikalität erhebt, einen mehrfachen Ausgangspunkt:

> »Dort bildeten sich die ersten Familienbande; dort gab es die ersten Stelldicheins beider Geschlechter. Die jungen Mädchen holten Wasser fürs Haus, die jungen Männer kamen ihre Herden zu tränken. Die von Kindheit an aneinander gewöhnten Augen begannen sich dort zärtlicher anzusehen. Das Herz war bewegt über die veränderten Wesen, ein unbekannter Reiz machte es weniger wild, und es fühlte das Vergnügen, nicht allein zu sein. Das Wasser wurde unmerklich mehr benötigt, das Vieh bekam öfter Durst; man langte eilends an und ging nur ungern. In dieser glücklichen Zeit, als nichts die Stunden bezeichnete, verpflichtete auch nichts dazu, sie zu zählen. Die Zeit besaß kein anderes Maß als das Vergnügen und die Langeweile. Unter alten Eichen, die den Jahren widerstanden hatten, vergaß eine glühende Jugend schrittweise ihre Wildheit, man wurde nach und nach umgänglicher miteinander, und indem man sich bemühte, sich verständlicher zu machen, lernte man sich zu erklären.«[4]

3 *Essai sur l'origine des langues*, Kap. IX, in: *Ecrits sur la musique*, Paris 1979, S. 211–212. Die Sprachen des Nordens haben einen anderen Ursprung (Kap. X).

4 Ebd., S. 212.

Wir unterbrechen einen langen Absatz in einem Fluß, worin die anaphorische Wiederkehr das *là* (dort) mit Nachdruck einen Ort des Glücks bezeichnet (wie ein Fuß, der sich vom Boden abstößt) und eine unbegrenzt wiederholte Zeit. Wie lang ist hier das Vorspiel, das zunächst nur die stumme Pantomime des Ankommens, der Blicke, der Aufbrüche und Wiederkehr enthält! Rousseau hat sorgfältig den Auftritt des Bedürfnisses, »sich zu erklären«, verzögert. Damit läßt sich die Gleichzeitigkeit der Gefühle – ein »zugleich« – besser anschaulich machen, da alle Gewalten des Ausdrucks hervorbrechen, die alsbald durch ein Vergnügen gekrönt werden, das nicht, wie bei den Zivilisierten und Verdorbenen, den Tod der Begierde herbeiführt. Der Absatz schließt damit, daß sich das Wasser in Feuer, die Arbeit ins Fest verwandelt:

> »Dort entstanden die ersten Feste, die Füße sprangen vor Freude, die geschäftige Gebärde genügte sich nicht mehr, die Stimme begleitete sie mit leidenschaftlichen Klängen, Vergnügen und Begierde verschmolzen und ließen sich zugleich vernehmen. Dort endlich stand die erste Wiege der Völker, und aus dem reinen Kristall der Quellen entsprangen die ersten Feuer der Liebe.«[5]

Diese oft zitierte Seite verdiente es, näher nach ihrer rhythmischen, ihrer Laut- und Akzentstruktur betrachtet zu werden; nach ihrer geschickten Dosierung incohativer Vergangenheitsformen und der iterativen Imperfekte, welche die Sprache und ihre lange Geschichte in erweiterten Augenblicken, in denen die Zeit nicht gezählt wird, beginnen lassen.

Damit ist das Modell einer primitiven Rede gegeben, die zugleich eine erste und reine Melodie ist. »Die ersten Sprachen waren singend und leidenschaftlich, ehe sie einfach und methodisch wurden.« Rousseau wiederholt es in einer

5 *Essai*..., Kap. II, l.c., S. 169.

Variante: »Man sang statt zu sprechen.«[6] Eine ungeteilte Sang-Sprache mit Zeichen, die sich von den Gefühlen, die sie ausdrücken, nicht unterscheiden, eine Mitteilung, die dem anderen unfehlbar die Botschaft eindrücklich macht, die für ihn bestimmt ist – die Einheit und die herzliche Verschmelzung bekunden sich auf allen Ebenen.

Aber die Einheit ist brüchig. Die spätere Geschichte sieht sie in dem gleichen Maße verschwinden, wie sich der Akzent, die Melodie und die leidenschaftliche Wärme abschwächen. Ist die Einheit einmal zerbrochen, so werden Musik und Rede in ihrem Niedergang einander fremd. Von Kälte erfaßt, dient die Sprache nur noch zu Akten tyrannischer Gewalt und indirekter Mitteilung. Die *Rede* der zivilisierten Nationen macht sich taub in dem Maße, wie sie den »Artikulationen« (d. h. den Konsonanten) mehr Platz einräumt, und beraubt sich damit des Akzents und der Sonorität, die allein gestatteten, »ein versammeltes Volk zu überreden«. Irregeleitet von den Künsten der Harmonie und ihrer melodischen Fülle entledigt, vermag die *Musik*, obschon sie noch oberflächlich den Ohren schmeichelt, nicht mehr die Herzen zu erreichen. So verschwinden die »moralischen Wirkungen« der einstigen ersten Sprache – das Erkalten der Sprache geht einher mit dem Verlust der Freiheit, und das Eindringen des »Lärms« in die Musik läßt jede Mitteilung von Gefühlen scheitern.

In seiner Auseinandersetzung mit Rameau hat Rousseau bekanntlich fortschreitend seine Argumente gegen den Vorrang der Harmonie zugespitzt – die er als eine »barbarische« Erfindung ansieht. Rousseau wurde während seiner Pariser Anfänge und seiner ersten musikalischen Versuche 1744 von dem Komponisten, den er bis dahin bewundert und dessen theoretische Schriften er aufmerksam gelesen hatte, ziemlich »brutal« behandelt. Gewiß hatte er Anlaß, Ressentiment zu bekunden. Und dieses Ressentiment verstärkte sich, indem

6 *Essai* . . ., Kap. IV, l.c., S. 172.

es sich um einen theoretischen Gegensatz verdoppelte. Rousseau wird Gelegenheit finden, seine anti-ramistischen Prinzipien zu formulieren, als er gegen das »Getöse« der französischen Musik die Partei der italienischen Buffonen ergreift, oder als er Rameau in den Artikeln attackiert, die Diderot ihn für die *Encyclopédie* zu schreiben bittet; er kommt darauf in der *Nouvelle Héloïse* und dann in dem *Versuch über den Ursprung der Sprachen* (für die postume Veröffentlichung vorbehalten) zurück, und schließlich im *Wörterbuch der Musik*. Aber obwohl der persönliche Kummer eine beträchtliche Rolle gespielt hat, so muß man doch fragen, was bei dem Unrecht im Spiele war, das Rousseau erlitten zu haben glaubte. Dadurch, daß er seiner Musik die Originalität und den Wert absprach, versperrte Rameau Rousseau den Zutritt zur Pariser Gesellschaft, in der dieser »sich einen Namen zu machen« versuchte. Rameau kam in eben dem Augenblick dazwischen, als Rousseau gerade aus seiner Randstellung herauszutreten und gesellschaftlich zu reüssieren wähnte. Jean-Jacques hoffte, die Zustimmung der Kenner zu erlangen und sich gleichwohl seine »Unabhängigkeit« zu bewahren. Für Ruhm und Ansehen spielte er 1744 mit vollem Einsatz, als er die Annahme seiner Oper *Les Muses galantes* zu erwirken suchte: »Ist meine Oper fertig, so handelt es sich darum, Nutzen daraus zu ziehen: das ist eine viel schwierigere Oper. Man kommt mit nichts zum Ziel in Paris, wenn man allein lebt. Ich dachte daran, bei Herrn de la Poplinière vorzusprechen [...]. Herr de la Poplinière war Rameaus Maecen.«[7] Man wird nicht erstaunt sein, daß in den Augen Rousseaus der Rivale, der ihn in seine Isolierung zurückgeschickt hatte, der Verfechter einer Kunst der Nicht-Mitteilung, die Verkörperung einer Musik als Widerstand ist.

Rousseaus Rache ist im folgenden Buch der *Bekenntnisse* gut plaziert: in dem Bericht von der Aufführung des *Devin du*

7 *Confessions*, Buch VII, *Œuvres* Bd. 1, S. 333.

village in Fontainebleau vor dem König und dem Hof.[8] Er malt die ganze Genugtuung für die Zurückweisung, unter der er sich erniedrigt gefühlt hatte, aus. Diese Genugtuung, wie er sie in der autobiographischen Schreibweise darstellt, verschafft ihm das zustimmende Murmeln, das sich vom Saal aus zu ihm erhebt; ein einziges Murmeln setzt sich aus all den versammelten Gefühlen zusammen:

> »Von der ersten Szene an, die wirklich von rührender Naivität ist, hörte ich in den Logen ein Murmeln der Überraschung sich erheben und einen bisher bei dieser Art von Stücken unerhörten Beifall. Die wachsende Gärung ging bald so weit, daß sie in der ganzen Versammlung fühlbar wurde und, um mit Montesquieu zu sprechen, ihre Wirkung durch die Wirkung selbst vermehrt wurde. Bei der Szene der kleinen Biedermänner erreichte diese Wirkung ihren Gipfel. Man klatscht nicht in Anwesenheit des Königs; deshalb hörte man alles; das Stück und der Autor gewannen dabei. Ich hörte um mich ein Getuschel von Frauen, die mir schön wie Engel schienen und die halblaut zueinander sagten: das ist bezaubernd, das ist hinreißend; kein Ton, der nicht zum Herzen spräche. Das Vergnügen, so vielen liebenswürdigen Menschen Rührung bereitet zu haben, bewegte mich selbst zu Tränen, und beim ersten Duo konnte ich sie nicht mehr zurückhalten, wobei ich bemerkte, daß ich nicht allein weinte.
> Ich bin jedoch sicher, daß in diesem Augenblick die Lust des Geschlechts viel stärker dabei wirkte als die Eitelkeit des Autors, und wären nur Männer dagewesen, so wäre ich gewiß nicht, wie ich es unablässig wurde, verzehrt worden von der Begierde, mit meinen Lippen die köstlichen Tränen zu pflücken, die ich zum Fließen brachte. Ich sah Stücke lebhaftere Aufwallungen der Bewunderung er-

8 *Confessions*, Buch VIII, l.c., S. 378–379.

regen, aber niemals eine so völlige, so sanfte und so rührende Trunkenheit in einem Schauspiel herrschen, vor allem nicht bei Hofe am Tag der ersten Vorstellung. Wer diese sah, muß sich daran erinnern; denn die Wirkung war einzigartig.«[9]

Hier ist die Verschmelzung wiedergefunden, die das primitive Fest, der Tausch der Blicke, die Aufwallung der Liebe verwirklichten, wobei Vergnügen und Begierde sich in einer unschuldigen Schwebe frei entfalteten. Doch das Vergnügen ist nicht mehr das der ersten Begegnungen unter den alten Eichen: Rousseau kostet eine Freude, die er bewußt herbeigeführt hat, die Freude, mittelbar die Ursache einer »völligen und sanften Trunkenheit« zu sein. Dazu mußte die Arbeit der Kunst hinzukommen, und Rousseau mußte Autor werden, um – höchste Belohnung – seinen Autorenruhm zu vergessen, um nur noch die unsterbliche Begier, *in Tränen zu baden*, zu kennen – mit seinen Lippen die Tränen pflückend, den ursprünglichen Durst löschend, der Herden, Hirten und junge Mädchen anlockte, sich am Rande der Quellen zu treffen.

So gibt es unter gewissen Bedingungen eine mögliche Entschädigung für das Übel, das nicht aufgehört hat, im Verlauf der Geschichte immer bedrückender zu werden. Dem unentzifferbaren »Getöse« der französischen Oper, welche die Verderbnis einer dem Kunststück verfallenen Gesellschaft bezeugt, kann man also eine andere, dem Herzen entsprungene Musik von wahrem Geschmack entgegensetzen. An einem solchen Ort zivilisierter Perversion, wie es ein Hoftheater ist, vermag diese Musik durch geeignete Darsteller, indem sie dörfliche Liebhaber singen und sprechen läßt, die wahre Leidenschaft des Beginns der Zeiten wieder zu erwecken. Und selbst das Herz von Höflingen kann diese Offenbarung wahrnehmen.

9 Ebd.

Erinnern wir daran: Rousseau hat sich in seiner Philosophie der Kultur ebenso wie in seiner politischen Philosophie dagegen verwahrt, die reine und einfache »Rückkehr zur Natur« zu preisen. Um Émile zu erziehen, muß man ihn der Natur entfremden. Rousseau ist überzeugt, daß man »in der vollendeten Kunst die Behebung der Übel, welche die beginnende Kunst der Natur zufügte«, suchen muß.[10] Als die geheimnisvolle Korrespondentin, die mit Henriette unterzeichnet, Rousseau fragt, ob sie verdammenswert sei, weil sie den Trost für ihren Kummer von den Wissenschaften erhofft, antwortet er – wie wir sahen –, daß die Wissenschaften bei dem einmal eingetretenen Übel für sie »die Lanze des Achill«, d. h. das Heilmittel gegen das Übel, das Rettende in der Gefahr seien, »wie es bei Telephos gebraucht wurde, dem Helden, der durch Achill verwundet und durch das Eisen seiner Lanze geheilt wurde«.[11]

Gibt es nicht in Rousseaus Denken über Sprache und Musik eine analoge Bewegung? Wenn auch nicht eine vollständige Heilung des Übels, das sich in der Folge der Generationen eingeschlichen hat, so doch zumindest eine Versöhnung, die seine verlorene Fülle oder sein lebendigeres Bild wiederherstellte, ohne das Wissen, die Technik und die von der zivilisierten Vernunft entwickelten Instrumente zurückzuweisen? Ohne Zweifel kann man die Aufteilung der Künste – Musik und Sprache sind zweierlei – so wenig vergessen, wie man die nostalgische Erinnerung der ursprünglichen Einheit beschwichtigen kann. Aber man kann so handeln, daß der Konflikt sich vermindert, daß die getrennten Reiche sich nicht länger ignorieren oder bekämpfen. So kann die durch den Einfluß des Schreibens und das Taubwerden der entwikkelten Sprache verdorbene Sprache durch das Schreiben

10 »Fragments politiques«, in: *Œuvres* Bd. 3, S. 479. Die Formel findet sich auch in der ersten Fassung des *Contrat social*, S. 288.

11 Vgl. im ersten Teil dieses Kapitels S. 217 ff.

selbst oder durch die gründlich beweisende Abhandlung wiederbelebt werden: die Wirkung auf das Herz des Hörers ist jetzt die Gewähr einer wiedererlangten Macht, einer neu errichteten Verbindung. Man weiß, wie sehr Rousseau sich damit beschäftigte.

In der Musik ist es nicht anders. Sprache und Gesang, Melodie und Harmonie sind nicht dazu verdammt, sich unnachsichtig gegenüberzustehen. Der Beweis sind das vom Publikum geteilte Vergnügen und die Rührung bei der ersten Aufführung des *Devin*. Ein Beweis ist, in einer berühmten Anmerkung des *Briefs an d'Alembert*, das Fest im Bezirk Saint-Gervais in Genf, wo ein heiteres Volk sich im Tanz mit einem Regiment Soldaten mischt. Eine theoretische Begründung kann im einen oder anderen Fall das unvergeßliche Bild einer kollektiven Ergriffenheit bestärken: einfache Melodien, die das Herz zu rühren und es an seine wahre *Zuneigung* zu erinnern geeignet sind, lassen die Tränen kommen oder ziehen den ganzen Körper in eine fröhliche Bewegung.

Man kann nicht genug auf die Figuren der Regeneration verweisen, die in Rousseaus Denken der Hoffnung eine Bresche öffnen und den Weg nach Hause bezeichnen. Diese Figuren sind um so ergreifender, als sie sich auf dem Boden einer katastrophalen, von der radikalsten Verdammung betroffenen Gegenwart erheben. Am Ende des *Versuchs über den Ursprung der Sprachen* scheint es am schlimmsten zu stehen, nichts mehr von den Bindungen, die das Glück der ersten Gesellschaften und der tugendhaften Republiken bewirkten, dauert. In den Kapiteln XIX und XX beklagt Rousseau nacheinander den Tod der Musik und den der Beredsamkeit:

> »So wurde der Gesang gradweise eine völlig von der Sprache getrennte Kunst, aus der er doch entstanden war; wie ließen doch die Harmonien die Modulationen der Stimme

vergessen; und wie fand sich schließlich die Musik, auf einen rein physischen Effekt des Zusammentreffens von Vibrationen beschränkt, der sittlichen Wirkungen beraubt, die sie hervorgebracht hatte, als sie auf doppelte Weise die Stimme der Natur war.«[12]

»Die Gesellschaften haben ihre letzte Form angenommen: der Tausch geschieht nur noch mit Kanonen und mit Talern; und da man dem Volk nichts weiter zu sagen hat als *gebt Geld*, sagt man es mit Anschlägen an den Straßenecken oder mit Soldaten in den Häusern. Dazu braucht man niemanden zu versammeln: im Gegenteil, man muß die Untertanen getrennt halten; das ist der erste Grundsatz der modernen Politik.«[13]

Und dennoch, trotz allem, was als endgültiger Fall in die sittliche Auflösung und bürgerliche Knechtschaft ausgemalt wird, hält Rousseau Forderungen aufrecht, die durchaus Appelle zur Suche nach *Entschädigung* sind, um aus der Sprache und Musik, wie sie *geworden* sind, die Mittel zu machen, die Menschen in einer anderen Zeit und an anderem Ort und sei es in der Imagination aufs neue zu *versammeln*.

Es ist an der Zeit, einige Begriffe, die in Rousseaus Schriften zur Musik erscheinen, und die Entwicklungen, zu denen sie Anlaß geben, näher zu betrachten.

Le Devin du village ist eine Oper. Was ist eine Oper? Rousseau widmet ihrer Definition einen wichtigen Artikel des *Wörterbuchs der Musik*: »Die konstitutiven Teile einer Oper sind das Gedicht, die Musik und die Dekoration. Das Gedicht spricht zum Geist, die Musik zum Ohr, die Malerei zu den Augen: und alles muß sich *vereinigen*, um das Herz zu bewegen und ihm zugleich den gleichen Eindruck durch verschiedene Or-

12 *Essai*..., Kap. XIX, S. 248.
13 *Essai*..., Kap. XX, S. 249.

gane zuzuführen.«[14] Das Herz zu bewegen, das war das Hauptereignis der ersten Feste zur Zeit der Einheit von Sprache und Musik. Diese Ausdrucksmittel sind durch die getrennten Entwicklungen einander fremd geworden. Aber das Ziel der Oper ist genau das, sie *wieder zu vereinen* und in einem Meisterwerk der späten Zivilisation *auf einmal* diese einmütige Freude zu verwirklichen, die ursprünglich Tausch der Blicke, Schwung des Körpers, wahre Ergießung der liebevollen Stimme und Gleichzeitigkeit von Vergnügen und Begierde bildeten ... Rousseau zufolge vermochte das Theater der Griechen, das eine akzentuierte Sprache besaß (unsere ist es nicht mehr), etwas von der früheren Einheit zu bewahren: »Ihre ganze Poesie war musikalisch und ihre ganze Musik Deklamation [...]. Es scheint mir bewiesen, daß die griechische Musik nur ein wirkliches Rezitativ war.«[15] Jedenfalls müssen die Modernen andere Mittel finden, um Musik und Sprache im lyrischen Gedicht zu versöhnen. Die Einheit ist nicht mehr spontan gegeben; sie muß erschaffen werden; sie wird ein Erzeugnis der Kunst ebenso wie die politische Einheit das Ergebnis einer »gesellschaftlichen Kunst« sein muß. Kunst ist nichts anderes als die Erfindung von Ersatzmitteln, von »Ergänzungen«, die bestimmt sind, die Vorzüge der ersten menschlichen Verbindungen, die inzwischen unwiederbringlich verloren sind, zu ersetzen. Sind diese Ersatzmittel unvollkommen, so vergrößern sie nur den Mangel, den sie beheben sollten: »[...] Je weniger man das Herz zu rühren weiß, um so mehr muß man dem Ohr zu schmeicheln verstehen; und wir sind genötigt, in der Empfindung das Vergnügen zu suchen, welches das Gefühl uns verweigert. Da liegt der Ursprung der Arien, der Symphonie und dieser zauberi-

14 *Dictionnaire de musique*, Art. »Opéra«. (Es gibt nur Ausgaben des 18. und 19. Jahrhunderts oder photomechanische Reprints von diesem Werk. Wir geben deshalb keine Seitenzahlen.)

15 Ebd.

schen Melodie, mit der die moderne Musik sich oft auf Kosten der Poesie schmückt, die der Mann von Geschmack aber vom Theater verweist, wenn sie ihm schmeichelt ohne ihn zu bewegen.«[16] Ebenso wie die Oper Poesie, Musik und Malerei versöhnen soll, soll die Musik es selbst tun, so daß die Arien, Chöre, Symphonie und Melodie in einer gleichen Proportion zusammenwirken, um den Weg zu den »Herzen« zu finden. Wie viele Hindernisse liegen auf diesem Wege, wie viele »schlechte Ersatzmittel«! Während bei den primitiven Festen die »geschäftige Gebärde« der Stimme vorangeht und sie hervorlockt, fügt die moderne Oper Ballette hinzu. Die getanzte Gebärde und die Pantomime sind jedoch überflüssige Elemente in der Oper. Rousseau verwirft sie im Artikel »Opéra« im Namen der Einheit der Sprache. Die Feste, die man in die Opern einzuführen sich bemüht, zerbrechen fast immer die Einheit der Handlung. Es sind nur »Sprünge *ohne Verbindung*« und »Tänze ohne Gegenstand«. Die Gebärde, die zu einer getrennten Sprache geworden ist, soll für zusätzliche Unterhaltungen reserviert werden: »Es ist ein angenehmes Ende für ein Schauspiel, wenn man nach der Oper ein Ballett gibt wie eine Farce nach der Tragödie. Bei dem neuen Schauspiel, das nichts mit dem vorhergehenden verbindet, kann man auch eine andere Sprache wählen; damit erscheint eine andere Nation auf der Bühne.«[17] Rousseau ist nachsichtiger gegenüber dem mythologischen Wunderbaren, von dem die französische Oper von Lulli bis Rameau immer wieder Gebrauch gemacht hat; es ist einer dieser unglücklichen Notbehelfe, die mit dem Übermaß im Dekor und in den Maschinen einhergehen. Denn man braucht Ausflüchte, um die Aufmerksamkeit der Zuschauer zu erregen, wenn die Musik versucht, sich Sprachen »anzupassen«, die, wie das Französische, weder genügend Akzentuierung noch Modulation haben.

16 Ebd.
17 Ebd.

Um die Überbietung der Kunststücke zu vermeiden, müssen Sprachen und Musik übereinstimmen. Das ist unglücklicherweise mit dem Französischen nicht der Fall, das unerträgliche Zwänge auferlegt: »Wenn die Sprache weder Sanftheit noch Biegsamkeit hat, widersetzt sich die Härte der Poesie dem Gesang, und die Weichheit der Melodie selbst widersetzt sich der guten Rezitation der Verse, und man fühlt in der erzwungenen Verbindung der beiden Künste eine ewige Nötigung, die das Ohr verletzt und zugleich den Reiz der Melodie und die Wirkung der Deklamation zerstört.« Um seine Verurteilung der französischen Musik gewichtiger zu machen, fügt Rousseau hinzu: »Dieser Fehler ist ohne Heilmittel; und mit Gewalt die Musik einer Sprache anpassen zu wollen, die nicht musikalisch ist, heißt ihr mehr Rauheit zu geben, als sie ohnehin hat.«[18] Durch das Außergewöhnliche jedoch läßt sich die Lage ändern. Das ist das Vorrecht des Genies. Rousseau widmet dem Genie einen Eintrag seines *Wörterbuchs der Musik*. Diesmal wird die italienische Oper als Vorbild aufgeboten, das der französische Musiker nachahmen könnte, als sei es ihm erlaubt – mit Hilfe des Genies –, die Eigenschaften einer klangvolleren und der melodischen Erfindung günstigeren Sprache in seine eigene Sprache zu übertragen. Das gibt Rousseau die Gelegenheit, seine Lehre der mimetischen, expressiven und kommunikativen Wirkungen der Sprache zusammenzufassen. Wenn sie vom Genie aufgefaßt wird, besitzt die Musik die Macht, alle äußeren Gegenstände darzustellen und zu übersetzen, sowie diejenige, alle inneren Ereignisse zu verwandeln, indem sie sie zum höchsten Grad der Gefühlserregung führt. So gelangt die Musik, die ihre Mittel der sukzessiven Ordnung der Zeit weiht, in ihrer »sittlichen Wirkung« dazu, die Zeit aufzuheben und das augenblickliche Gefühl fast zu verewigen – ein ebenso überraschendes Oxymoron wie die dem »Reif« zugeschriebene »Wärme«:

18 Ebd.

»Das Genie des Musikers unterwirft die ganze Welt seiner Kunst; er malt alle Gemälde durch Töne; er läßt selbst das Schweigen sprechen; er gibt Vorstellungen durch Gefühle wieder, Gefühle durch Akzente, und die Leidenschaften, die er ausdrückt, erregt er auf dem Grund des Herzens; die Wollust nimmt für ihn neuen Zauber an; der Schmerz, den er stöhnen läßt, entreißt Schreie; er brennt ohne Unterlaß und verzehrt sich nie: er drückt mit Wärme Reif und Eis aus; selbst wenn er die Schrecken des Todes ausmalt, trägt er in der Seele das Gefühl des Lebens, das ihn nicht aufgibt und das er den Herzen mitteilt, die geschaffen sind, es zu fühlen; aber leider kann er denen nichts sagen, denen dieser Keim fehlt, und seine Wunder sind dem wenig fühlbar, der sie nicht nachzuahmen weiß. Willst du wissen, ob ein Funke dieses verzehrenden Feuers dich belebt, so laufe, fliege nach Neapel, um die Meisterwerke von Leo, Durante, Jomelli und Pergolesi zu hören. Wenn deine Augen sich mit Tränen füllen, wenn du dein Herz pochen hörst, wenn Schauder dich überfallen, wenn die Beklemmung in der Begeisterung dir den Atem benimmt, dann nimm den Metastasio und arbeite; sein *Genie* wird deines erhitzen, du schaffst nach seinem Beispiel; so entsteht ein *Genie*, und andere Augen werden dir bald die Tränen erstatten, welche die Meister dich haben vergießen lassen.«[19]

Das Vorrecht des Genies ist es, den ursprünglichen Schrei wiederzuerwecken, dieses Mal freilich dem Zuhörer durch die Vollendung eines nachgeahmten Stöhnens entrissen. Hier bildet sich aufs neue die Gemeinschaft in den Tränen, die Rousseau in den *Confessions* zum Höhepunkt, fast zur Epiphanie werden ließ bei der ersten Aufführung des *Devin*. Doch ist hier die Gemeinschaft noch größer, denn sie entfal-

19 *Dictionnaire de musique*, Art. »Génie«.

tet sich zunächst vom Vorbild zum Schüler, bevor sie sich auf ein ganzes Publikum ausdehnt. Das Kriterium des Genies beruht mehr als in der absoluten Originalität in der unwiderstehlichen »Begeisterung«, im »Taumel« und in der »Entzückung«, die von Paris nach Neapel, vom bewunderten Meister zum inspirierten Schüler und schließlich vom Italienischen ins Französische alle Grenzen überschreiten, um die Einheit der Herzen und die unsichtbare Gesellschaft derer triumphieren zu lassen, die sich über die »gemeinen Menschen« erheben.

Eine solche Gemeinschaft ist nur dank der vereinigenden Intuition realisierbar, welche die Hervorbringung selbst kleiner Geniestücke charakterisiert. Um diese Macht zu bezeichnen, gebraucht Rousseau einen italienischen Ausdruck, dem er einen Artikel in seinem *Wörterbuch der Musik* widmet: *Prima intenzione*. Ich habe absichtlich den Begriff Intuition verwendet im Blick auf die Fähigkeit, welche die Neo-Platoniker, Marsilio Ficino vor allem, der feinen Spitze der Seele (*mens*) zuschreiben; diese teilt mit den Engelsnaturen das Vorrecht, mit einem einzigen Blick (*uno intuitu*) die Gesamtheit der Wesen und der Zeiten zu umfassen (*totum simul*). Rousseau bietet uns eine gefühlvolle Fassung, d. h. er ästhetisiert und entintellektualisiert:

> »Eine Melodie, ein Stück *di prima intenzione* ist eines, das sich auf einen Schlag vollständig mit allen seinen Teilen im Geiste des Komponisten bildet, wie Pallas ganz bewaffnet dem Hirn des Jupiter entspringt. Die Stücke *di prima intenzione* sind jene seltenen Geniestreiche, deren Vorstellungen alle so eng miteinander verbunden sind, daß sie sozusagen nur eine einzige ausmachen und sich ohne einander dem Geiste nicht darstellen konnten. In der Musik sind die Stücke *di prima intenzione* die einzigen, welche die Ekstasen, die Entzückungen und die Seelenaufschwünge verursachen können, welche die Hörer außer sich bringen; man

fühlt, man rät es im ersten Augenblick; die Kenner täuschen sich darin nie.«[20]

Das Echo zu diesem Artikel bildet ein anderer, den Rousseau der »Einheit der Melodie« widmet; er ist einer seiner wichtigsten theoretischen Texte. Wenn Rousseau von der Einheit der Melodie spricht, dann will er sich nicht mit einem ästhetischen Postulat begnügen, das seine Zeitgenossen allgemein teilen und das er so definiert: »Es gibt in der Musik eine sukzessive Einheit, die sich auf das Thema bezieht und durch welche alle wohl verbundenen Teile ein einziges Ganzes bilden, das man im Ganzen und in der Beziehung aller Teile wahrnimmt.« Diese erste Einheit betrifft die globale Komposition des Werkes. Doch Rousseaus Nachdenken zielt weiter, auf eine andere Art von Einheit: »Eine feinere gleichzeitigere Einheit des Gegenstandes, aus der, ungeahnt, die Energie der Musik und die Kraft ihres Ausdrucks entsteht.« Es geht vielmehr um die konstitutiven Elemente der »modernen« Musik – Harmonie, Melodie –, deren konfliktreiche Beziehung Rousseau oft angeklagt hat. Es scheint jetzt so, als ob diese Opposition, wobei Rousseau die Partei der Melodie ergreift, nur vorläufig war. Zwischen dem von der Harmonie gelieferten, ganz »aus der Empfindung« stammenden und wenig dauerhaften Vergnügen und dem Vergnügen »aus dem Gefühl«, das die Melodie hervorbringt und das eine stets neue Aufmerksamkeit erregt, weiß das Genie eine Versöhnung herzustellen, eine glückliche Verschmelzung, die den zu einfachen Gleichklang (der in Volksmelodien so rührend ist) und die polyphonische Überladung, die Rousseau nicht billigt, vermeidet:

»Die Musik muß notwendig singen, um zu ergreifen, zu gefallen und das Interesse und die Aufmerksamkeit zu erhalten. Aber wie macht es die Musik, in unseren Systemen

20 *Dictionnaire de musique*, Art. »Prima intenzione«.

von Akkorden und Harmonie zu singen? Hat jeder Teil seinen eigenen Gesang, so zerstören sich alle diese Gesänge wechselseitig, wenn man sie auf einmal hört, und machen keinen Gesang mehr aus; wenn alle Teile den gleichen Gesang machen, hat man keine Harmonie mehr und der Einklang ist nur noch Gleichklang. Die Art und Weise, wie ein musikalischer Instinkt, ein gewisses dumpfes Gefühl des Genies diese Schwierigkeit, ohne sie zu sehen, behoben und sogar Vorteil daraus gezogen hat, ist bemerkenswert: die Harmonie, die die Melodie ersticken sollte, belebt, verstärkt und bestimmt sie; die verschiedenen Teile wirken, ohne sich zu verschmelzen, zu einem Effekt zusammen; und obwohl jede von ihnen ihren eigenen Gesang zu haben scheint, hört man aus allen diesen verschiedenen Teilen nur einen und denselben Gesang. Das nenne ich *Einheit der Melodie.*«[21]

Wie man sieht, schreibt Rousseau sich ein höheres Wissen zu, das fähig ist, die ohne unser Wissen – und selbst ohne Wissen des Genies – erzeugten Wirkungen zu erkennen. Ausdrücke wie »ungeahnt«, »ohne es zu sehen« entfalten eine Rhetorik der höheren Einsicht. Diese unbemerkten Bewegungen – die er aufgedeckt hat – sind gute Bewegungen, die zu einem Gewinn führen. Gewiß gebührt auch in dieser Hinsicht der Vorzug den Italienern: »In diesem Prinzip der Einheit der Melodie, das die Italiener, *ohne es zu kennen*, gefühlt und befolgt haben, das die Franzosen aber weder befolgt noch erkannt haben, darin, sage ich, in diesem großen Prinzip beruht der wesentliche Unterschied der beiden Musiken.«[22]

Rousseau stellt sich, noch einmal, als Ausnahmewesen vor. Das Prinzip, das unangewendet blieb oder das andere instinktiv befolgt haben, ist seinem Nachdenken nicht entgangen; er vermochte es klar zu erfassen. In der Folge dieses

21 *Dictionnaire de musique*, Art. »Unité de mélodie«.
22 Ebd.

Textes behauptet Rousseau, daß er nach der »Entdeckung« dieses Prinzips sogleich die Anwendung im *Devin du village* (1752) versucht und wenig später in seinem »Brief über die französische Musik« (1753) dessen Theorie formuliert habe. Die so in eine Reihe gebrachten Ereignisse gehorchen einer empirischen Ordnung – die erleuchtende Intuition geht voran; dann folgt der praktische Beweis, d. h. der Erfolg des *Devin*; die Theorie wird erst danach formuliert und von einer Evidenz gestützt, die sie unwiderleglich macht. Im »Brief über die französische Musik« erklärt Rousseau, daß die Einheit der Melodie ihm als eine »unumgängliche und für die Musik nicht weniger wichtige Regel als die Einheit der Handlung in der Tragödie« erscheint, »denn sie ist auf das gleiche Prinzip gegründet und auf den gleichen Gegenstand gerichtet«.[23]

Eine andere Erfindung, deren Vaterschaft Rousseau zumindest im französischen Bereich beansprucht und die er im *Devin* ausprobiert zu haben behauptet, ist die des obligaten Rezitativs. Das Rezitativ ist von seiner ersten Definition an »das Mittel der Einheit von Gesang und Sprache«[24], und dank dem Rezitativ kann der Akzent, der in den primitiven Sprachen vorherrschte, in der vervollkommneten Musik seinen Platz wiederfinden. Wenn das Rezitativ obligat, d. h. eng mit einer Instrumentalpartie *verbunden* ist, verfügt es über beträchtliche Macht. Es wird die Einheit stärker begünstigen in dem, was ein und derselbe Diskurs wird, aber diesmal zwischen dem Darsteller, der ihn vorträgt, und dem Orchester, das die Melodie liefert, aufgeteilt. Da das Übermaß des Gefühls den Darsteller hindert, sich vollständig auszudrücken, leistet ihm das Orchester Hilfe und ergänzt eine unsagbare Rede. Nun wird es möglich, »alles zu sagen« – durch die

23 Ebd., S. 283.

24 *Dictionnaire de musique*, Art. »Recitatif«. Bekanntlich hat Gluck und dann, genial, Mozart im *Idomeneo* davon Gebrauch gemacht.

Stimme, die sich unterbricht, und durch die Instrumente, die sie ergänzen:

> »*Obligates Rezitativ*. Das verpflichtet, von Ritornellen und symphonischen Zügen vermischt, sozusagen den Rezitierenden und das Orchester gegenseitig dergestalt, daß sie aufmerksam sein und aufeinander achten müssen.
> Diese zwischen Rezitativen und Melodie wechselnden, mit allem Glanz des Orchesters ausgestatteten Passagen sind das Rührendste, Hinreißendste und Energischste in der modernen Musik. Der erregte, von einer Leidenschaft, die ihm nicht alles zu sagen erlaubt, hingerissene Darsteller unterbricht sich, hält ein, macht Auslassungen, während derer das Orchester für ihn spricht, und dieses erfüllte Schweigen berührt den Hörer unendlich stärker, als wenn der Darsteller selbst sagte, was die Musik zu verstehen gibt. Bisher wußte die französische Musik keinerlei Gebrauch vom obligaten Rezitativ zu machen. Man hat versucht, eine gewisse Vorstellung davon in einer Szene des *Devin du Village* zu geben.«

Während die Einheit der Melodie, die Gesang und Harmonie eng verknüpft, die Einheit in einer »eher simultanen« Ordnung sichert, gewährleistet das obligate Rezitativ, das auf die wechselnde Verpflichtung von rezitierender Stimme und von Orchestermelodie gegründet ist, den Zusammenhang der Rede in der zeitlichen Folge, indem es die Momente des Schweigens ausfüllt, die das leidenschaftliche Übermaß der gesprochenen Stimme auferlegt. In beiden Fällen führt die Kunst eine Ergänzung, einen Zusatz ein – die Harmonie »kommt« zum Ausdruck des Gesanges »hinzu«, das Orchester »füllt« die Zeit des Innehaltens »aus«. (Im »Melodram« *Pygmalion* verfährt die Ergänzung von *gesprochener* Stimme und von orchestraler Musik nach dem gleichen Prinzip, um der Forderung der vollständigen Entwicklung des Pathos zu genügen.)

Prinzipien zu formulieren, die Bindungen und die »Verpflichtungen« zu bestimmen, welche die Einheit des Werkes gewährleisten können, und dadurch den Komponisten, die Ausführenden und das Publikum in Verbindung zu bringen, dieses Programm läßt unwiderstehlich an jenes andere denken, das Rousseau in seinen ›Prinzipien des politischen Rechts‹, im *Contrat social* formulieren wird.

Gewiß wurden seit alter Zeit musikalische Regeln und politische Strukturen als homolog wahrgenommen, und ein metaphorisches System bildete sich als Treuhänder dieser »Verwandtschaft«: das Glück, der innere Frieden einer Gesellschaft können Symmetrie, Harmonie, Akkord, Konzert (Einklang) usw. genannt werden. Rousseau macht Gebrauch von diesem metaphorischen System pythagoreisch-platonischer Herkunft, ohne es in jedem Falle seiner geschmeidigen Verwendung einer erläuternden Reflexion zu unterziehen. Bezeichnender ist, daß seine musikalischen Überzeugungen ebenso wie seine politischen Vorstellungen uns als das Ergebnis einer Bekehrung oder Erleuchtung dargestellt werden. Wenn man dem Bericht der *Bekenntnisse* glaubt, dann hatte Rousseau in Venedig die »erste Vorstellung von [seinen] *Politischen Institutionen*«; dann war es auf der Landstraße nach Vincennes, daß ihm in einem berühmten »Schwindelgefühl« sein ganzes »trauriges und großes System« erschien. Nun datiert von seinem Aufenthalt in Venedig gleichermaßen seine Bekehrung zur italienischen Musik. Den *Bekenntnissen* zufolge hat sich dieser Meinungswechsel in kurzer Zeit aufgrund der Wirkung einiger umstürzender Ereignisse zugetragen:

> »Ich hatte aus Paris das Vorurteil mitgebracht, das man in jenem Lande gegen die italienische Musik hegt; aber ich hatte von der Natur diese Taktempfindung, gegen die Vorurteile nicht standhalten. Ich faßte bald für diese Musik all die Leidenschaft, die sie in denen erregt, die über sie zu

urteilen gemacht sind. Als ich die Barkarolen hörte, fand ich, daß ich bisher nicht singen gehört hatte.«[25]

In der fiktiven Inszenierung der *Nouvelle Héloïse* ist die Bekehrung dagegen die Wirkung eines einzigen musikalischen Abends. Es genügte, daß Saint-Preux den Reggianino hörte; er ist augenblicklich von der Wahrheit überzeugt und verleugnet sofort seine früheren Illusionen:

»In welch befremdlichem Irrtum über die Erzeugnisse dieser bezaubernden Kunst habe ich bisher gelebt? Ich fühlte ihre geringe Wirkung und schrieb sie ihrer Schwäche zu. Ich sagte: die Musik ist nur ein eitler Klang, der dem Ohr zu schmeicheln vermag und nur mittelbar und leicht auf die Seele wirkt. Der Eindruck der Akkorde ist rein mechanisch und physisch; was hat das mit dem Gefühl zu schaffen, und warum sollte ich hoffen, von einer schönen Harmonie lebhafter berührt zu werden als von einem schönen Farbenakkord? Ich bemerkte in den auf die Akzente der Sprache angewendeten melodischen Akzenten nicht das mächtige und geheime Band der Leidenschaften mit den Tönen; ich sah nicht, daß die Nachahmung der verschiedenen Klänge, deren Gefühle die Sprechstimme beleben, ihrerseits der Singstimme die Macht verleiht, die Herzen zu bewegen, und daß das kraftvolle Bild der Seelenregungen dessen, der sich vernehmen läßt, den wahren Zauber der Zuhörer ausmacht.«[26]

Die entscheidende Erfahrung ist in der umstürzenden Folge aller seiner Überraschungen und seiner Entdeckungen beschrieben:

»Ich fühlte bald an den Erregungen, die sie mir verursachte, daß diese Kunst eine größere Macht besaß, als ich

25 *Confessions*, Buch VII, l.c., S. 313–314.
26 *La Nouvelle Héloïse*, I, Brief XLVIII, in: *Œuvres*, Bd. 2, S. 131–132.

mir eingebildet hatte. Ich weiß nicht, welch wollüstige Empfindung mich unmerklich überkam. Das war keine leere Folge von Tönen mehr wie in unseren Rezitativen. Bei jedem Satze drang ein Bild in mein Hirn oder ein Gefühl in mein Herz; das Vergnügen endete nicht im Ohr, es erfüllte die Seele, die Ausführung floß unangestrengt mit bezaubernder Leichtigkeit; alle Konzertierenden schienen vom gleichen Geist belebt zu sein.«[27]

Dem erfahrenen Leser drängt sich eine Analogie auf. Wie soll man in der Tat nicht in dem »*gleichen Geist*«, der die Konzertierenden belebt, eine Variante des *allgemeinen Willens* erkennen, des Schlußsteins des »Gesellschaftsvertrags«? Gewiß handelt es sich um einen Gemeinwillen von kurzer Dauer, der einen einzigen Abend lang die kleine Gesellschaft der Musiker inspiriert. Aber man kann nicht umhin, an die berühmte Formel des Vertrages und die daraus fließenden Folgen zu denken:

»Wenn man alles von dem gesellschaftlichen Vertrag fernhält, was nicht zu seinem Wesen gehört, findet man ihn auf die folgenden Begriffe reduziert. *Jeder von uns unterwirft gemeinsam seine Person und seine ganze Macht der höchsten Leitung des allgemeinen Willens, und wir erhalten als Körperschaft jedes Mitglied als unteilbares Glied des Ganzen.*

In diesem Augenblick erzeugt der Akt der Vergesellschaftung anstelle der besonderen Person jedes Vertragschließenden eine moralische und kollektive Körperschaft, die aus so vielen Gliedern besteht, wie die Versammlung Stimmen hat, und die durch eben diesen Akt seine Einheit, sein gemeinsames *Ich*, sein Leben und seinen Willen empfängt.«[28]

27 Ebd., S. 133.
28 *Contrat social*, I, Kap. VI, in: *Œuvres* Bd. 3, S. 361.

Bemerken wir, daß das Wort *Stimme*, das bei Gelegenheit des allgemeinen Stimmrechts auftritt, einer der vieldeutigen Begriffe ist, die in »eigentlicher« (linguistischer, musikalischer) ebenso wie in »übertragener« (politischer) Bedeutung verstanden werden können. Der Gebrauch des Wortes im politischen Wortschatz ist genügend eindeutig, um uns nicht in Versuchung zu führen, unsere Betrachtungen über den gesellschaftlichen Charakter der Musik um Bemerkungen über den musikalischen Charakter der Gesellschaft zu verdoppeln. Aber man kommt um den Gedanken nicht herum, daß der Begriff *Einheit*, der bei der sozialen Körperschaft auftritt, ein Band um Rousseaus Ästhetik und Politik schlingt, die, eine wie die andere, auf verschiedenen Ebenen eine präzise Antwort auf das grundlegende Problem der Mitteilung zwischen den Individuen liefern, so daß die Geschichte der Gesellschaften als Geschichte der Stimme gedeutet werden kann.

Der *Versuch über den Ursprung der Sprachen* behauptet, die »ersten Stimmen« hätten die Wirkung, »die Menschen anzunähern«. Bei den Völkern des Südens ist es die Leidenschaft, die durch musikalische und unartikulierte Stimmen die erste menschliche *Übereinkunft* begründet. Erinnern wir uns, daß das Fest am Rande der Quellen die »Wiege der Völker« bildete. Im Norden dagegen herrscht das Bedürfnis: es sind artikulierte Stimmen (rauher, mehr durch Konsonanten gegliedert), die um Hilfe rufen und dadurch die Formel des Vertrags aussprechen und den Willen zur politischen »Körperschaft« bekunden. Die vertragliche Übereinkunft (*concertation*) schafft Heilmittel und Ersatz; sie erzeugt die bürgerliche Freiheit anstelle der natürlichen Unabhängigkeit; sie schafft den Kampf aller gegen alle ab, der die ungleich gewordenen Individuen gegeneinander aufbrachte. Dergestalt stellt sie in der Form freiwilligen Wirkens die Einheit wieder her, welche die ersten »versammelten Menschen« in ihrem festlichen und spontanen Aufblühen gekostet hatten. Ein Abschnitt des *Gesellschaftsvertrags* hat exemplarischen Charakter:

»Je mehr die *Übereinstimmung* [concert] in den Versammlungen herrscht, d. h. je mehr sich die Ansichten der Einstimmigkeit nähern, desto mehr herrscht der allgemeine Wille; aber die langen Debatten, die Meinungsverschiedenheiten und der Tumult kündigen den Einfluß der Einzelinteressen und den Niedergang des Staates an.«[29]

Die Gefahr folgt aus der Vielheit der Stimmen, die jeweils ihr Einzelinteresse anstelle des allgemeinen Interesses äußern. Die erwünschte Einmütigkeit ist bedroht, wenn die Cliquen sich vervielfachen und man »die kleinen Gesellschaften Einfluß auf die große nehmen« sieht. Dann, fügt Rousseau hinzu, wird »der allgemeine Wille stumm«.[30]

Es ist bemerkenswert, daß Rousseau das Übel mit den Begriffen bestimmt, die dem nahekommen, wie er in der Musik die schlimmen Folgen des Primats der Harmonie und der Polyphonie anzeigt: »Jede Musik, bei der man mehrere verschiedene Gesänge gleichzeitig unterscheidet, ist schlecht, und [. . .] sie haben dieselbe Wirkung wie zwei zugleich im gleichen Ton gesprochene Reden. Durch dieses Urteil, das keine Ausnahme zuläßt, sieht man, was man von den wunderbaren Musiken zu halten hat, wo eine Melodie einer anderen zur Begleitung dient.«[31] Die Gefahr, analog zu der, die die Cliquen dem Staat bereiten, ist eben die der Zerstörung: »Wenn jede Stimme ihre eigene Melodie hat, zerstören sich alle diese gleichzeitig gehörten Melodien gegenseitig.«[32] Wenn Rousseau in den protestantischen Kirchen seiner Heimat »unsere vierstimmigen Psalmen« hört, so ist die Begeisterung, die er zunächst empfindet, bald vom entgegengesetzten Gefühl abgelöst: »Nach und nach betäubte mich der

29 *Contrat social*, IV, Kap. II, l.c., S. 439.

30 *Contrat social*, IV, Kap. I, l.c., S. 438, vgl. Anm. 3, S. 1491.

31 *Dictionnaire de musique*, Art. »Unité de mélodie«.

32 Ebd.

Lärm.«[33] Der Lärm, der dem von Rousseau im Staate befürchteten Tumult entspricht, war seine ständige Beschwerde gegen die französische Musik und die Opern Rameaus – diese Musik »spricht« nicht zum Herzen, das heißt soviel wie: sie wird »stumm« wie der allgemeine Wille in einem von Einzelinteressen zerrissenen Staate. Rousseau sagt, daß er mehr von dem für die Volkslieder typischen Gleichklang gerührt werde. Der Gleichklang sei, so versichert er, nicht ohne Harmonie, da jeder Klang seine Obertöne erzeuge. Wie also sollte man nicht bemerken, was den Gleichklang mit der vom gleichen patriotischen Schwung erregten Einstimmigkeit der Völker verbindet?

Eine weitere Beobachtung fügt sich den vorausgegangenen hinzu. Die Einheit der Melodie zu erfinden, die Harmonie und Melodie zusammenwirken läßt, und *di prima intenzione* komponieren zu können, das ist die Sache des Genies und des mächtigen Instinkts, der es beherrscht. Die Rolle des Genies in der Musik ist ihrerseits nicht ohne Analogie mit derjenigen, die Rousseau im *Contrat social* dem *Gesetzgeber* zuschreibt. Denn zu erreichen, daß die Individuen ihr Einzelinteresse dem Allgemeininteresse opfern, daß sie das Gesetz wollen und daß Menschen sich verbünden in der »Vereinigung von Verstand und Willen«, danach strebt unablässig »die große Seele des Gesetzgebers«.[34] In Rousseaus geschichtlicher Lage kann politische Einheit nur durch das Werk der Veränderung oder durch den Widerstand gegen die die Gesellschaft verderbenden Kräfte erlangt werden. Man braucht einen »Mechaniker, der die Maschine erfindet«.[35] Und so wie allein das musikalische Genie fähig ist, ein großes Ganzes zu schaffen, so muß bei der Entstehung einer politischen Körperschaft ein Mann eingreifen, der sich imstande fühlt, »die menschliche Natur sozusagen zu verändern, jedes Individuum, das für sich selbst ein

33 Ebd.
34 *Contrat social*, II, Kap. VII, S. 384.
35 Ebd., S. 381.

vollendetes und abgesondertes Ganzes ist, in einen Teil eines größeren Ganzen zu verwandeln, von dem dieses Individuum gewissermaßen sein Leben und Sein erhält«.[36]

Wir haben gesehen, daß der *Devin du village* Rousseau den Beweis der Fruchtbarkeit seiner Prinzipien liefert. Wie steht es damit bei der gesetzgeberischen Tätigkeit? Der Übergang zum Beweis, d. h. von den Prinzipien zum Werk, ist da weniger leicht. Rousseau wird nicht der Gesetzgeber der Korsen und Polen. Diesen »zu formierenden« Völkern gegenüber tritt er nicht aus der Rolle des Beraters heraus; er verharrt auf der Schwelle. Das Fest zu Beginn der Zeiten und die regenerierenden Gesellschaften bleiben Postulate der spekulativen Vernunft oder Appelle an die Einbildungskraft.

Während er die Einheit eines Volkes nicht begründen kann, steht es durchaus in Rousseaus Macht, durch seine musikalische Tätigkeit die Glieder einer »kleinen Gesellschaft« zu vereinen. Er genoß dieses Privileg seit seiner Jugend, in Annecy, in den Abendgesellschaften der Madame de Warens. Dazu ist es nicht nötig, bis zur Komposition von Opern zu schreiten. Für eine intime, auf eine Gruppe von Freunden begrenzte Gesellschaft genügt eine Melodie, ein Lied, um das Herz zu befriedigen und die Bindungen zu verstärken. Die glücklichen Tage, die Rousseau so wunderbar zu beschreiben vermochte, werden fast alle mit einem abendlichen Lied beschlossen. So der Tag auf der Sankt-Peters-Insel im Bieler See, wie ihn die fünfte *Rêverie* skizziert:

> »Nach dem Nachtmahl gingen wir, wenn der Abend schön war, noch einmal *alle zusammen* zu einem Gang auf die Terrasse hinaus, um dort die Seeluft und die Abendkühle zu atmen. Man ließ sich in dem Pavillon nieder, man lachte und schwatzte und sang irgendein altes Lied, das mehr als die modernen Verkünstelungen wert ist, und

36 Ebd.

schließlich ging man schlafen, mit seinem Tage zufrieden und mit keinem anderen Wunsche, als einem ähnlichen für den folgenden Tag.«[37]

Die »Seeluft« zu atmen – wieder erscheint das Wasser, das Rousseau leidenschaftlich geliebt zu haben gesteht. Er hatte es in dem *Versuch über den Ursprung der Sprachen* zum Treffpunkt der ersten exogamen Paare und zur Schaustätte der primitiven Feste erklärt. Doch jetzt ist es ein abschließendes Moment, fast ein Ende der Geschichte, die Rousseau auf eigene Rechnung genossen hat. Die Besänftigung nimmt die Stelle der Liebesleidenschaft einer »glühenden Jugend« ein. Das Abendlied, aus dem Gedächtnis gesungen (es ist ein »altes Lied«), tritt an die Stelle der großen Morgendämmerung der Sprache. In ruhiger Geselligkeit hat der Spaziergang die ersten Tänze ersetzt. Die Musik belebt auch jetzt das gemeinsame Leben, von »allen zusammen«; sie bezeugt die Vereinigung einer kleinen Gemeinschaft, die ihre Daseinsweise fortzusetzen wünscht: »Nach einem schönen Lied ist man befriedigt, das Ohr wünscht weiter nichts; es bleibt in der Vorstellung, man nimmt es mit sich und wiederholt es nach Laune [...]. Der wahre Liebhaber vergißt niemals die schönen Lieder, die er während seines Lebens gehört hat.«[38] Rousseau läßt uns damit an die Aufhebung der Zeit denken: an das wiedergefundene Paradies der Fülle und Wiederholung, das am Ende der Geschichte durch die Macht der Kunst ein Echo zu jener ungemessenen Zeit bildet, die, wie die alten Eichen, die den Jahren widerstehen, die natürliche Verschmelzung von Lust und Begierde in ihrem lichten Schatten birgt.

37 *Rêveries*, in: *Œuvres*, Bd. 1, S. 1045.

38 *Dictionnaire de musique*, Art. »Air«. – Diese Studie verdankt den Genfer Kollegen und Studenten eines Seminars über Rousseaus musikalische Schriften im Winter 1983–1984 viel. Ich danke Samuel Baud-Bovy, Alain Grosrichard und Jean-Jacques Eigeldinger für wertvolle Anregungen.

VI
Diderots Satire *Rameaus Neffe*

1. Das Gastmahl bei Bertin

1

Das Gelächter bricht aus an der Tafel Bertins, als Jean-François Rameau den Abbé de La Porte begrüßt (»der verfluchte Observateur littéraire«) und ihm seinen fortschreitenden Mißkredit und den unabwendbaren Verlust des ihm augenblicklich reservierten Ehrenplatzes vorhersagt: »Es wird aufgetragen, man erzeigt dem Abbé die Ehre, ihn obenan zu setzen. Ich trete hinein und werde ihn gewahr. – Wie, sagte ich, Abbé, Ihr präsidiert? Das ist gut für heute; aber morgen, wenn's Euch beliebt, rückt Ihr um einen Teller herunter, und so immer von Teller zu Teller, bis Ihr von dem Platz, den ich auch einmal eingenommen, Fréron einmal nach mir, Dorat einmal nach Fréron, Palissot einmal nach Dorat, bis Ihr endlich stationär werdet neben mir armen platten Schuft Euresgleichen, che siedo sempre come un maestoso cazzo fra duoi coglioni. – Der Abbé, ein guter Teufel, der alles leicht nimmt, lachte dazu, auch Mademoiselle, von der Wahrheit meiner Bemerkung und der Richtigkeit meiner Vergleichung durchdrungen, lachte gleichfalls. Alle, die neben ihm zur Rechten und Linken saßen oder die er um einen Kerbschnitt heruntergedrängt hatte, fingen an zu lachen. Alle Welt lacht [...].«[1] Aber bei diesem Lachen, so erfahren wir unverzüglich, gibt es eine Ausnahme: Bertin, der »Herr«, der »Patron«. Eine so beträchtliche Ausnahme und so folgenschwer, daß er unsere ganze Aufmerksamkeit erfordern wird.

1 Diderot, *Le Neveu de Rameau/Rameaus Neffe*, übers. v. Goethe, hg. v. Horst Günther, Frankfurt am Main 1984 (zweisprachig), S. 125.

Ein vierfaches, durch lexikalischen und syntaktischen Parallelismus rhythmisiertes Lachen (erweisen wir der Epipher und dem Polyptoton die Ehre) antwortet der Rede des Neffen. Er hat sich wichtig gemacht. Er hat sein Talent bewiesen; er hat sich nach Wunsch lächerlich gemacht. Das Lachen, wie es der Neffe mit offensichtlicher Genugtuung beschreibt, bricht mechanisch, regelmäßig, in Stößen aus, bis es »alle Welt« erfaßt – außer Bertin.

Worauf antwortet dieses Lachen? Auf das nicht weniger mechanische und regelmäßige Bild, das Jean-François Rameau – aus eigener Erfahrung sprechend – vom künftigen Niedergang dessen zeichnet, den man heute auf Händen trägt. Er hat (in einem Ton, der das Gebot parodiert) die Folge der kommenden Tage angekündigt: »morgen«, »übermorgen«. Eine einzige Bewegung, »herunterrücken«, vollzieht sich in dem durch die (viermal wiederholten) »Teller« markierten Raum. Der Tisch ist ein symbolischer Ort, der eine Hierarchie, Ränge und Rollen schafft. Aber er ist auch, in der Ansprache des Neffen, ein lächerlicher Ort, an dem das Nahrungsgeschirr, der für den Hunger leidenden Literaten so kostbare Teller nach seiner Lage zum Kennzeichen der Würde oder Unwürde wird. Der Abstieg erscheint als ein Naturgesetz, derartig gradweise und schicksalhaft geschieht er; doch er hängt tatsächlich vom bösen Willen Bertins ab, von der Willkür des »Patrons«: eine mitverstandene Wahrheit, die Rameau nicht offen zu erwähnen braucht.

Das künftige Herunterrücken von Teller zu Teller, das der Neffe dem Abbé ankündigt, hat seine vergangene Präfiguration im vierfachen Abstieg des Neffen, Frérons, Dorats, Palissots. Die Personennamen werden nach den Tellern erwähnt, was das Maß der geringen Bedeutung der Individuen und ihrer Unterordnung unter die Notwendigkeit des Essens markiert, das sie jede Beleidigung einstecken läßt. Das Defilé der Namen, die aufeinander folgen und einander verjagen, offenbart die ganze Unsicherheit der Ehre zu präsidieren, die es immer nur (viermal wiederholt) »einmal« gibt. Wer auch immer einen Tag gefeiert wurde, der sieht seinen Platz von einem »nach« ihm (dreimal wiederholt) gekommenen Gast eingenommen.

Das raum-zeitliche Ballett von Zukunft und Vergangenheit, Davor und Danach, ist nach einer unabwendbaren Richtung orientiert: nach unten. Dort angekommen, hält die Bewegung ein. Rameau definiert sich als den, der als erster am unteren Ende der Tafel angelangt ist; dort findet er sich »stationär«. Aber andere sind schon zu ihm gestoßen, und alle werden es tun. Die Regelmäßigkeit der Bewegung und die Ähnlichkeit im Herunterrücken nach »Kerbschnitten« sind Anzeichen einer grundlegenden Gleichheit. Indem der Neffe sich als »armen platten Schuft« qualifiziert, kann er sogleich hinzufügen: »Euresgleichen«. Der Schein der Auszeichnung, den die Ehren der Tafel für einen Augenblick den Neugekommenen erweisen, wird ohne Zaudern in der Gleichheit des Elends, der Erniedrigung und der Abhängigkeit zunichte. Rameau ist in einem seinen Tischgenossen überlegen: im Bewußtsein der eigenen Niedrigkeit, und dieses Bewußtsein will durch sein Geständnis die anderen zu einem gleichen Geständnis nötigen, sie in die Anerkennung eines gemeinsamen Leidens einschließen. »Alle Bettler versöhnen sich um den hölzernen Suppennapf«, erklärte Rameau mit einem Sprichwort zu Beginn seiner Tirade. Er verallgemeinert ohne Illusion oder Gefälligkeit das Urteil, das er über sich selbst fällt. Das Gelächter der anderen klingt wie erzwungene Zustimmung.

Tatsächlich ist der natürliche Ort, den der Neffe sich zuschreibt, immer unten: er kriecht, »c'est mon allure« (S. 92); er bäumt sich auf, um sich gleich wieder zu erniedrigen. Er wurde von der Natur unter die »Pagoden« (S. 193) *geworfen.* Sein Leben verläuft »von Stufe zu Stufe« (S. 205); um seine Ankunft bei Bertin zu erwähnen, sagt er: »Ich fiel dort hin«. Seine »Ungleichmäßigkeit« bestimmt ihn in allen Bereichen zu den Wechseln von Hoch und Tief: ob es sich um seine Kopfhaltung, um die Stimmlage seiner Sprache handelt, das Hohe ist nur augenblicklich, das Tiefe herrscht stets vor. Sein Gesetz ist der Abstieg, der Fall. »Am Glücksrade heute oben, morgen unten.« Es fehlt ihm nicht an Argumenten gegen den Philosophen, um die Höhen der Abstraktion zu verdammen und um die Rechte einer wahrheitsgemäßeren, unten erworbenen Erkenntnis zurückzufordern: »Ich bin zu schwer, um mich so hoch zu erheben. Ich überlasse den Kranichen den Aufenthalt in den Wolken. Ich gehe ganz gewöhnlich auf der Erde« (S. 206). Im übrigen liebt er es, die anderen fallen zu sehen. Mit welcher Freude stellt er sich nicht das *Bauz pardauz* des Ölgötzen vor, wenn dieser Ölgötze der Onkel Rameau und seine Musik ist.

Die Anrede an den Abbé de La Porte fügt sich der reichen Thematik des Abstiegs ein, die das ganze Werk vor uns entfaltet. Nach dem regelmäßigen Gesetz einer Steigerung entwickelt (durch ironische Umkehrung der Dynamik einer gewöhnlich zur Darstellung von Aufstieg, ascensus, climax, gebrauchten Figur), schließt der Satz mit dem Abstieg in das anstößige Reden und mit dem Nennen der tiefergelegenen Örtlichkeiten des männlichen Leibes. Am Satzende tritt das Italienische an die Stelle des Französischen, um in obszönen Begriffen ›ihn‹ und seine Umgebung zu bestimmen. Der Rückgriff auf eine andere Sprache ist hier das Zeichen einer Überschreitung, der sprachliche Grenzübergang signalisiert das Übertreten der Schwelle zwischen Schicklichem und Unschicklichem. Ein ungehöriger Ausdruck wird unterdrückt und zugleich mitgeteilt. Statt ihn durch Auslassen zu zensurieren, wird er übersetzt, entfernt und in eine andere Region der sprachlichen Welt verpflanzt. Dort läßt sich alles sagen. Durch Konvention setzt man voraus, daß die fremde Sprache den verletzbaren Leser oder Hörer nicht erreicht; sie wird damit für eine kleine Zahl Verstehender reserviert. Der Rückgriff auf die Fremdsprache begrenzt die Adressaten und umschreibt eine kleine Gruppe Verschworener, die kultivierter und weniger naiv sind und deren Sprachkenntnis mit einer größeren Sittenfreiheit einhergeht. Hier verbirgt die italienische Sprache nichts, die Tischgenossen Bertins sind vertraut mit den italienischen Buffonen und wissen sehr wohl, was die von Rameau gebrauchten Ausdrücke sagen wollen. Dieser tut mit seiner vorgetäuschten Verschleierung nichts anderes, als den entblößenden Charakter seiner Worte zu betonen. Der Scherz verleiht auf gröbste Weise dem Neffen eine lächerliche phallische Majestät und zieht für seine Nachbarn, kraft anatomischer Assoziation, eine groteske Rolle nach sich.

Die Selbstverspottung zeigt uns hier den Neffen in voller Ausübung der Narrenfunktion, die er sehr bewußt wählt (»Es gibt keine beßre Rolle bei den Großen als die Rolle des Narren«, S. 121). Man hat gelegentlich dem Narrenzepter die Bedeutung eines phallischen Emblems gegeben. Rameau trägt kein Narrenzepter, aber er definiert sich buchstäblich als das, was das archaische Narrenzepter symbolisch bezeichnete.

Die Komik der Rede des Neffen stammt großenteils aus dem Kontrast zwischen der Beschreibung des kulturellen Zeremoniells der Mahlzeit (deren Etikette dem natürlichen Akt des Essens eine gewiße Sublimierung auferlegt) und dem plötzlichen Zurschaustellen der unverhüllten Sexualität. Mit dem Ausdruck des Herunterrückens von Teller zu Teller zeigt der »stationäre« Gast seine eigene Lächerlichkeit an, um sie freigebig mit allen seinen Tischgenossen zu teilen. Die Bewegung, die von den kulturellen Würden (»Ihr präsidiert«) bis zur natürlichen Nichtswürdigkeit führt, enthält eine zu lebhafte Umkehrung, eine zu vollständige Entblößung, um nicht Gelächter hervorzurufen. Das vierfache Gelächter ertönt wie die Anerkennung der Wirksamkeit des Verfahrens – jede verkehrte Würde erregt Gelächter, jede verbale Entblößung der Naturalia ruft den gleichen Effekt hervor. Der

Neffe hat sich mit Meisterschaft der komischen Mittel bedient, die ebenso mit dem Bild der absteigenden Revolution (vom oberen Ende der Tafel nach unten) wie mit der Gebärde obszöner Entblößung verbunden sind, mit der das Unten seine wahre Natur enthüllt – seine Animalität.

An der Art, wie Rameau die Wirkung seiner Rede berichtet, muß man verstehen, daß der Narr dadurch, daß er sich selbst zum besten hat, ein Gelächter einleitet, das bei allen Gästen fröhliche Zustimmung zur gemeinsamen Erniedrigung und zum Vergessen des Streits um den Vorrang bedeutet. Um Freuds Ausdrucksweise zu verwenden, so ist das Lächerliche, das der Neffe unverschämt erregt, die »Lustprämie«, die das Hervortreten des Verdrängten ermöglicht; nun ist das Verdrängte für jeden der Gäste nichts anderes als der Vorrang des Hungers und die Nötigung, ihn um jeden Preis, und sei es auf Kosten aller Würde, zu befriedigen. Im Gelächter wird das Zeremoniell der Ehren der Tafel (und der Ehre überhaupt) als Täuschung angeklagt – als ein Vorwand, an den keiner glaubt.

Der epiphorische Rhythmus der mit »lachte« ... »fingen an zu lachen« endenden Halbsätze ist nicht frei von einem anstößigen Hintergedanken. Die italienische Pointe der italienischen Tirade des Neffen enthielt eine aggressive sadistische Komponente – das sukzessive Gelächter, das sie auslöst, bezeichnet den Erfolg. Die Gäste verteidigen sich nicht. Wenn man Rameau glauben darf, so weiß der Abbé de La Porte, »ein guter Teufel«, alles leicht zu *nehmen*; passiv akzeptiert er die Vorhersage seines Abstiegs und seiner Verweisung in den Rang eines »coglione«, er läßt sich erniedrigen. Mademoiselle ihrerseits sieht sich auf eine passive Rolle verpflichtet, deren schlüpfrige Natur die Zweideutigkeit offenbart, ein Wortspiel, das eine übertragene Bedeutung im eigentlichen Sinne gebraucht: »von der Wahrheit meiner Bemerkung und der Richtigkeit meiner Vergleichung durchdrungen«. Des sehr besonderen Gegenstandes der Bemerkung und Vergleichung wegen neigt das Wort »durchdrungen« dazu, seinen abstrakten (psychologischen und kognitiven) Gehalt loszulassen und zu seiner buchstäblichen (erotischen und fleischlichen) Bedeutung zurückzukehren; zumindest wird »Mademoiselle« für hinreichend erfahren in männlicher Anatomie gehalten, um die Angemessenheit der italienischen Pointe beurteilen zu können. Was »alle« die betrifft, die der Abbé »um einen Kerbschnitt heruntergedrängt hatte«, so bezeugt ihr Gelächter Anerkennung der Zurücksetzung, im Blick darauf, sich bald mit denen gleichgestellt zu sehen, die sie jetzt im Augenblick ersetzen. Für Rameau ist das vierfache Gelächter, das er auslöst, eine symbolische und lächerliche Weise, die anderen zu besitzen, zu »durchdringen«; er erobert das verlorene Privileg auf dem paradoxen Wege zurück, es alle seine Rivalen verlieren zu lassen; er rächt sich an ihnen, indem er sie nötigt, ihre gemeinsame Niedertracht anzuerkennen, deren er sich zunächst allein voll bewußt geworden war. Die Umkehrung, welche die Tirade des Neffen ausdrückt und das allgemeine Gelächter gegenzeichnet, verlagert den Ort der Wahrheit an das untere Ende der Tafel und in die niederen Regionen des Leibes. Auf obszöne Weise und durch verbalen Erfolg verkündet »Er« eine Herrschaft – eine Unabhängigkeit. Und deshalb lacht »der Herr« nicht.

2

Das Lachen hält ein: »Alle Welt lacht, ausgenommen der Herr, der böse wird und mir Reden hält, die nichts bedeutet hätten, wenn wir allein gewesen wären. – Rameau, Ihr seid ein impertinenter Bursche – Ich weiß es: denn auf diese Bedingung habt Ihr mich aufgenommen – Ein Schuft – Wie ein anderer – Ein Bettler – Wäre ich sonst hier? – Ich werde Euch hinauswerfen lassen – Nach Tische werde ich von selbst gehen – Das rat ich Euch ...« (S. 125 f.) Nach dem Triumph des

Unten ist dies die Stimme von oben. Und da es die Stimme des Herrn ist, reicht sie aus, um Rameau anzudeuten, daß er in Ungnade gefallen ist. Der Neffe hat die Grenzen seiner Funktion übertreten. Er hat den Herrn beleidigt, und der entzieht ihm seinen Schutz.

Ein Vertrag bricht. Rameau hat sich nicht damit begnügt, sich selbst lächerlich zu machen; er hat das Lächerliche auf die Literaten geworfen, aus denen Bertin seinen Hof gebildet hat. Statt das Monopol der Niedrigkeit und Verachtung für sich allein zu bewahren, zieht Rameau die anderen mit hinein. Plötzlich gibt er seine zugleich gemiedene und geduldete Partie des Originals, des Narren auf, im Verhältnis zu der Bertin und seine Freunde sich für die gute Gesellschaft halten können; er verläßt seine einsame Rolle des privilegierten Widersprechers, und als er zum Schuft gestempelt wird, pocht er darauf, »wie ein anderer« zu sein, und überschreitet eine Schwelle, die er hätte respektieren müssen und die ihm bedeutet, der einzige »Lächerliche« zu sein.

Gewiß hat der Narr früher in seiner traditionellen Rolle sich das Recht nicht nehmen lassen, die Damen und Herren für Narren gelten zu lassen; er konnte sie ungestraft an die gemeinsame Bedingung, an die natürliche Gleichheit, die Gleichheit in der allgemeinen Narrheit ist, erinnern. Aber die Zeiten haben sich geändert. Wenn der Narr Bertins dieses Spiel spielt, riskiert er seinen Untergang. Denn er fügt dem ihn protegierenden Neureichen eine narzißtische Kränkung zu; er gibt ihm zu verstehen, daß die Männer, die er zu Tisch lädt, allesamt »coglioni« sind, willens, jede Beleidigung zu schlucken, wenn nur das Gedeck sicher ist.

Narr, Schmeichler und Parasit: in diesem wie in allen anderen Bereichen ist Rameau ein *Hybride*. Er mischt in sich mehrere archetypische Funktionen; doch er mischt sie unvollkommen und ungleich. Während er sich in der Anrede an den Abbé als guter Narr erweist, kann er im Gegenzug sich bei Bertin nur als schlechten Schmeichler zeigen. Daher die

»Katastrophe«: nicht nur hat der Patron nicht gelacht, sondern er entläßt den Unverschämten.

Um das Ausmaß der Katastrophe zu ermessen (und sich über die geänderten Zeiten klarzuwerden), ist es hilfreich, auf den Eigenschaften zu insistieren, die aus Rameau einen Narren gemäß der Tradition machen. Er ist allgegenwärtig wie der archaische Narr; er führt sich überall ein: an der Tafel eines Ministers, in den Familien, in den Pferdeställen und bei den Kurtisanen; es gibt keinen Ort in Paris, den er nicht gekreuzt hätte. Er hat Beziehung zum Tierreich; er hat sogar, wie sein mythischer Vorläufer, Kontakte zum Reich der Toten – man sieht ihn in seinen Reden und Pantomimen dies Hin und Her vom Tod zum Leben vollziehen, das den Narren zum Erben eines antiken Fährmanns zwischen dem Land der Lebenden und dem Jenseits machte. Wenn der Narr seine Animalität gesteht, wenn er die Erweckung der Toten spielt (wie Rameau, als er die Gangart seiner verstorbenen Gattin nachahmt), fühlen sich seine Beschützer frei von jedem Schrecken; sie können die leichte und gereinigte Existenz der Leute von Geist führen. Fehlte ihnen der Narr, so liefen sie Gefahr, sich in ihrer Leere zu finden und auf ihre eigene Animalität zu stoßen. (Als Rameau das Haus Bertins verlassen hat, ist er davon überzeugt: »Jetzt, da sie mich nicht mehr haben, was machen sie? Sie haben Langeweile wie die Hunde«, S. 129 f.)

Der Narr bildete – in der Geschichte so gut wie in den literarischen Dokumenten – mit dem Fürsten ein Paar, und oft, bis in die Harlekinaden des italienischen Theaters, verausgabt er sich und grimassiert, um einen melancholischen Fürsten zu erheitern. Nun ahmt Bertin im Maßstab der Großfinanz die typischsten Züge des gelangweilten Fürsten nach. Das Porträt, das Diderot (der Rameau sprechen läßt) davon gibt, ist wert, in Erinnerung gerufen zu werden:

»Denkt Euch eine melancholische, verdrießliche Figur, von Grillen aufgefressen, den weiten Schlafrock zwei- oder dreimal umhergeschlagen, einen Mann, der sich selbst mißfällt, dem alles mißfällt, den man kaum zum Lachen brächte, wenn man sich Körper und Geist auf hundert verschiedene Weisen verrenkte, der mit Kälte die neckischen Gesichter betrachtet, die ich schneide, und die noch neckischern Sprünge meines Witzes. Denn unter uns, der Père Noël, der häßliche Benediktiner, so berühmt wegen seiner Grimassen, ist ohngeachtet seines Glücks bei Hofe, ohne mich und ihn zu rühmen, gegen mich nur ein hölzerner Pulcinell. Und doch muß ich mich plagen und quälen, um eine Tollhauserhabenheit zu erreichen, die nichts wirkt. Lacht er? Lacht er nicht? das muß ich mich mitten in meinen Verrenkungen fragen, und Ihr begreift, was eine solche Ungewißheit dem Talente hinderlich ist. Mein Hypochonder, den Kopf in die Nachtmütze gesteckt, die ihm die Augen überschattet, sieht völlig aus wie eine unbewegliche Pagode, mit einem Faden am Kinn, der bis auf den Sessel herunterhinge. Man paßt, der Faden soll gezogen werden, er wird nicht gezogen. Oder wenn die Kinnlade sich öffnet, so buchstabiert sie ein Wort, das Euch zur Verzweiflung bringt, ein Wort, das Euch lehrt, man habe Euch nicht bemerkt und alle Eure Affereien sein verloren. Dieses Wort ist eine Antwort auf eine Frage, die Ihr vor vier Tagen an ihn tatet. Es ist gesprochen, die Muskularfeder spannt sich ab, und die Kinnlade schließt sich.
Nun machte er seinen Mann nach. Er hatte sich auf einen Stuhl gesetzt, den Kopf unbeweglich, den Hut bis auf die Augenbrauen, die Augen halb geschlossen, die Arme hängend, die Kinnlade bewegend, wie ein Automat.« (S. 95)

Der »Hut bis auf die Augenbrauen« gehört zur traditionellen Charakteristik des Melancholikers; ebenso die Faust unter dem Kinn. Und das ist die Haltung, in der wir Bertin in der Szene von Rameaus Verweisung finden: »Aber der Patron, düstrer und schwärzer als Apollo beim Homer, da er seine Pfeile unter das Heer der Griechen schießt, die Mütze noch einmal so tief als gewöhnlich eingedrückt, ging im Zimmer hin und wieder, die Faust unter dem Kinn« (S. 127). Der Narr Rameau hat keinen Erfolg gehabt, während früher die – »natürlichen« wie die künstlichen (S. 91) – Narren leicht die Gunst ihrer Herren behielten. Die Bedingungen des Spiels haben gewechselt. Weder der Narr noch der Fürst genügt der archaischen Regel. Bertin ist Herr einzig kraft seines Geldes. Rameau gesteht, daß er sich aus *Interesse* lächerlich macht. Der Inhaber der Macht kann keinerlei Legitimität für sich beanspruchen. Und er sieht sich einem Geist des Widerspruchs gegenüber, der seine Rolle weniger in Funktion des ›Systems‹, wie sie ein sozialer Code vorschreibt, erfüllt denn als Notbehelf – um zu existieren. Das Scheitern des Narren folgt aus der Falschheit der Wiederaufnahme der alten Buffo-Rolle in einer Welt, in der die materielle Zufälligkeit der Quellen der Macht offensichtlich geworden ist. Nur eine unbestreitbare Macht kann die rituelle Aggression des Narren dulden. Die Autorität des Fürsten war im wesentlichen unangreifbar, und die Rede des Narren, so kühn sie sein mochte, konnte ihr nicht schaden. Die Autorität des Finanziers stützt sich allein auf die Reichtümer gewöhnlich zweifelhafter Herkunft; sie ist mithin verletzbar; sie fühlt sich angegriffen, sobald sie verspottet wird; sie wünscht eine Unterhaltung, die von Hohn frei ist. Rameaus Manövrierfeld ist entsprechend eng; obwohl er vorzüglich den Narren spielt, hat er nicht das Recht, sich aufzubäumen. Er genießt nicht die Immunität, die dem traditionellen Narren die Möglichkeit gab, als Macht die Macht des Prinzen anzutasten – im Spiel.

Die Regel, die Rameau respektieren muß, ist die der Schmeichelei, die den Tausch zwischen der dem Geschmeichelten gebotenen narzißtischen Gratifikation und den vom

Schmeichler dafür empfangenen nahrhaften Genugtuungen bewerkstelligt. Rameau hat sich als Meister in dieser Art von Transaktion zu erkennen gegeben; er weiß, daß die Schmeichelei dem Geschmeichelten erlauben muß, Wohlgefallen an seinem Bild zu haben; er weiß auch, daß Schmeichelei gleichbedeutend mit Zärtlichkeit ist, daß sie den Körper berührt und daß sie die, die sie einhüllt, insgeheim animalisiert. Den Talenten der Mademoiselle Hus zu schmeicheln, Rollen für sie zu erwirken, die Claque zu leiten, die ihr applaudiert, und ihre Tiere zu pflegen – das sind die wichtigsten Dienste, für welche Rameau »Tisch, Bett, Kleid, Weste und Hosen, Schuhe und eine Pistole monatlich« (S. 131) gewährt wurden. Man erfährt, daß die Gefälligkeiten Rameaus so weit gehen, der Katze Criquette den Bauch zu reiben, wenn sie »Kolik hat« (S. 133). Die Schmeichelei mündet ins Buchstäbliche ihrer etymologischen Bedeutung (mit der flachen Hand den Körper eines Tieres zu streicheln oder leicht zu klopfen): lauter »Lasten«, die Rameau, einmal weggeschickt, mit dem »Gewinn« in Vergleich setzt. Findet er die Lasten zu drükkend? Bedauert er den verlorenen Gewinn? Tatsächlich schwankt er zwischen dem Bedauern über die einem Witzwort aufgeopferte Bequemlichkeit und der Behauptung einer Würde oder Bedeutung, die er seinen Herren entgegensetzen muß. Eine neue Quelle der Komik: wir sehen Rameau bald seine Unterwerfung mißbilligen, bald die bejammernswerten Folgen seiner Rebellion beklagen. Eine ambivalente, widersprüchliche Reaktion, in der sich noch einmal die ganze *Ungleichmäßigkeit* Rameaus zeigt. Er hat das Recht beansprucht, sich »wie ein anderer« zu betragen; nun, in dem Augenblick, da man ihn davonjagt und wie einen anderen behandelt, erklärt er sich für einzig, unvergleichlich und unersetzlich. Originell und bizarr läßt Rameau nicht davon ab, in dem Gespräch mit dem Philosophen immer wieder zu bekunden, daß er entschlossen ist, unehrlich Erfolg zu haben »wie ein anderer« (S. 47), was ihn dazu bringt, zynisch den

Lauf der Welt zu beschreiben: als Beute der Gauner und der Kuppler. Aber er ist eine »Espèce« (S. 181) und kann nicht vermeiden, überall vertrieben zu werden – verbannt aus der Gesellschaft der Unehrlichen, ausgeschlossen aus der Gemeinschaft der anständigen Leute, zu faul oder ohne die nötige Faser, um Künstler zu sein, zu begabt, um in der Masse der gewöhnlichen Lumpen aufzugehen. Er trägt den Widerspruch in sich selbst. Und wenn er Lachen erregt, weil er Bertin mit Sarkasmen antwortet, dann erregt er erst recht Lachen, weil er sich selbst widerspricht, ohne aufzuhören, stets derselbe zu sein – das Original, das sich selber nicht gleicht.

3

So sind wir denn in der Welt des Tauschs, unter dem Zeichen des unbeständigen Vertumnus. Auf das Lachen aller folgt die Wut Bertins. In diesem Übergang von kollektiver Heiterkeit zur Empörung eines einzelnen folgen nicht nur entgegengesetzte Gefühle und Reaktionen aufeinander; es ist auch ein Übergang vom Plural zum Singular.

Rameau hielt seine Position für »stationär«, er wird das Lager räumen müssen. Er war intim, der, der alle Geheimnisse des Innern kannte: er wird hinausgesetzt.

Der Tausch nimmt jedesmal den Aspekt einer vollständigen Umkehrung an: Übergang von einem Gegensatz zum anderen in der Ordnung der erregten Leidenschaften (Lachen/Wut), in der Kategorie des Numerus (Plural/Singular) und räumlich (Drinnen/Draußen).

Wir haben soeben, in der Anrede an den Abbé gesehen, daß der Übergang von oben nach unten eher gradweise geschieht, in einer Reihe verketteter Substitutionen – wer die Ehren der Tafel erwiesen bekam, wird die Tafel entlang um *Kerbschnitte* herunterrücken bis an das untere Ende.

Das sind in unserem Text die beiden Arten des Tausches: eine vollzieht sich gradweise durch das Erscheinen einer stets erneuerten Reihe von *Neuankömmlingen*; die andere ersetzt ziemlich überraschend einen Gegensatz durch den anderen. In beiden Fällen scheint das Verfahren von einem einfachen, quasi mechanischen Gesetz beherrscht, das Bergsons Definition der Komik ziemlich genau entspricht.

Rameau erzählt seine Katastrophe mit wunderbarer Leichtigkeit, so sehr fast, daß die Freude am Erzählen dem Begriff der Katastrophe widerspricht. Für den Leser ist der Streit mit Bertin nicht weniger heiter als die Anrede, die das Gelächter des Publikums hervorgerufen hat. Vielleicht ist sie durch die Dynamik des Fortgangs der Erzählung noch komischer. Denn Rameaus Verve, wenn er die Szene dem Philosophen schildert, und die Lebhaftigkeit, mit der er die Gebärden des Patrons darstellt und die vielfachen Reden berichtet, die sich in dem Skandal vermischen, haben zum Anreiz eine Situation, in der sich alles umkehrt. Eben noch sprach Rameau lauthals vor der Gesellschaft und amüsierte sie mit den Wechselfällen der Ehren, die den sprunghaften Launen des »Patrons« unterworfen sind; jetzt ist er es, der die Umkehrung erleidet und sich genötigt sieht, den Ort zu räumen, wo er der vertraute Genius war. Das ist eine sehr viel gravierendere Revolution, als mit vollem Bauche die Vergünstigung des höheren Platzes zu verlieren – er wird wieder dem Hunger und der Not begegnen. Gerade derjenige, der eben noch sich bei der Aufzählung von Bertins Tischgenossen mit dem Hause identifizierend den Ton des Eigentümers annahm und fürstlich die erste Person Plural gebrauchte (»Wir haben, wie Ihr wißt, die zahlreichste, ausgesuchteste Gesellschaft ... Wir hatten Palissot ... Wir sind viele ... Manchmal findet sich auch bei uns der schwerfällige Abbé d'Olivet«, S. 113, 115), ist jetzt auf die Straße geworfen, einer Irrfahrt ausgeliefert und von der Gruppe ausgeschlossen. Dieser Kontrast belebt, obwohl er auf Rameaus Kosten geht, die Buffonnerie seiner Erzählung; nachdem er erklärt hat, daß er sein ganzes Verhalten nach den Imperativen des *Vorteils* einrichte, indem er den

Nutzen zum Kriterium der moralischen Tugenden erhebe, erkennt Rameau, daß er seine Prinzipien einem Bonmot aufgeopfert hat und vor der Lust zu amüsieren seine Berechnungen vergaß. Der Vorteil wurde ausgeschaltet durch das, was Rameau nacheinander und abwechselnd Menschenverstand und Narrheit nennt: »Alles habe ich verloren, weil ich einmal Menschenverstand hatte, ein einziges Mal in meinem Leben. Ach, wenn mir das jemals wieder begegnet! – ICH: Wovon war die Rede? – ER: Es ist eine unvergleichliche, unbegreifliche, unverzeihliche Narrheit« (S. 39). Wenn der Virtuose der Umkehrung selbst umgekehrt wird, dann ist der komische Effekt beträchtlich. Er bezeichnet die Rückwirkung der Rede auf den Sprecher, den Rückstoß der Worte auf das persönliche Schicksal. Diese Komik entspricht auf einem höheren Niveau der des begossenen Begießers, wo der ›Handelnde‹ plötzlich zum ›Leidenden‹ wird – derjenige, der gegen seine Absicht seine eigene, ursprünglich nach außen gewendete Handlung erleidet. Der Scherzredner Rameau sagt eine Wahrheit des »Menschenverstands«, die sich zur Narrheit umkehrt und ihn selbst umkehrt. Die verbale Überlegenheit wendet sich zur Katastrophe, und die Katastrophe kann nur durch die Verdoppelung der Ironie gegen sich selbst ausgeglichen werden.

4

Lachen und Wut: die wechselnden Wirkungen, die Rameau an Bertins Tafel hervorruft, werden dem »Philosophen« berichtet, der sie für den Leser aufschreibt. Die Reden Rameaus haben jedoch auch ihre Wirkung auf den »Philosophen«. Tatsächlich spielt Rameau dem »Philosophen« gegenüber die Rolle des Erzählers, die der »Philosoph« seinerseits dem Leser gegenüber wahrnimmt. Zwischen Bertin (den er verlassen hat) und den »Philosophen« gestellt, ist Rameau wahrhaftig eine doppelgesichtige Person (bifrons); er betreibt eine

Art moralische Mehrsprachigkeit gegenüber seinen Adressaten: die Sprache, die er zu Bertin spricht und von der er Auszüge mitteilt, ist nicht dieselbe, die er mit seinem Partner im Café de la Régence spricht. Die Regel der Schmeichelei und Heuchelei, die er bei Bertin (mit einer wahrhaft fatalen Ausnahme) befolgt, ist Gegenstand seiner freimütigsten Geständnisse gegenüber dem »Philosophen«. Ein neuer Kontrast und neuer Tausch: Rameau spricht ohne Rückhalt und Scham von der Strategie der Lüge, die er bis zur letzten Verfeinerung getrieben hat. Die Schande fällt, wohlverstanden, auf die zurück, die ohne Rameau und seinesgleichen nicht auskommen (während der »Philosoph« uns vorsichtshalber mitteilt: »Dergleichen Originale kann ich nicht schätzen«, S. 13). Die von Rameau systematisch geübte Schmeichelei bezeichnet ebenso die intellektuelle und moralische Nichtigkeit seiner reichen Beschützer, wie seine ungenierte Ironie der Wahrheitsforderung des »Philosophen« das Maß setzt: diesem bescheidenen Mann, der kein Vermögen gemacht hat, kann alles ungeschützt gesagt werden, und Rameau liefert ihm seine Gedanken und Hintergedanken bunt durcheinander.

Die Wirkung dieser Erklärungen Rameaus im Geiste des »Philosophen« ist auch das Lachen (aber ein anderes Lachen) und die Wut (aber eine andere Wut). Die von dem »Ich« verspürten Gefühle drücken sich bald in der Form des Chiasmus (oder, in der traditionellen Terminologie, der Stellung der *commutatio*) aus, bald in der Form der Alternative: »Zwanzigmal hinderte ein Gelächter meine Wut daran hochzukommen; und zwanzigmal endete meine Wut, die sich aus Herzensgrund erhob, in einem Gelächter« (S. 50). »Ich wußte nicht, sollte ich bleiben oder fliehen, lachen oder mich entrüsten« (S. 153). Hier noch einmal bricht das Lachen ab und räumt seinen Platz dem entgegengesetzten Gefühl – eine Konstellation des inneren »Streits«, wobei »Ich« leidet, »finster« wird; der Ausweg besteht darin, Rameau zu bitten,

»von etwas anderm zu reden«, »die Unterhaltung auf irgendeinen [anderen] Gegenstand zu lenken«, Rameau »auf sein Talent zurückzuführen« (S. 51 und 153). Rameaus doppelte Natur – ein Schurke, jedoch ein guter Musiker – macht den erforderlichen Wechsel – Substitution oder Permutation – möglich, um das moralische Unbehagen des »Philosophen« zu besänftigen. Die musikalische Begabung des Neffen erlaubt so eine *Verschiebung*, welche die im Bewußtsein des »Philosophen« durch den Konflikt der Gefühle erregte Spannung vermindert. Die Zweiheit Kunst/Moral bietet sich für ein Spiel der Abwechslungen an. Während die »Niedrigkeit« (S. 51) des Neffen die Grenzen des Erträglichen überschreitet, bereitet seine Unterhaltung über die Kunst der Musik und über die Oper eine Ablenkung, die es dem »Philosophen« gestattet, dem Wechsel von Lachen und Entrüstung zu entgehen.

Über die Oper zu sprechen führt Rameau dazu, die Oper darzustellen, eine Oper zu werden. Das Gelächter bricht von neuem aus. Zunächst das Gelächter der Gaffer: »Es war ein Gelächter, daß die Decke hätte bersten mögen« (S. 167). Dann bei dem »Philosophen« das Gefühl des Lächerlichen, ein konditionales Lachen, auch hier mit entgegengesetzten Eindrücken vermischt, die diesem verwehren, das Feld zu behaupten: »Bewunderte ich ihn? Ja, ich bewunderte. War ich gerührt und mitleidig? Ich war gerührt und mitleidig, doch ein lächerlicher Zug war in diese Gefühle verschmolzen und nahm ihnen ihre Natur. – Aber ihr wärt in Lachen ausgebrochen über die Art, wie er die verschiedenen Instrumente nachmachte« (S. 169). Der »Philosoph« lacht nicht; er beschwört die Möglichkeit unseres Lachens. Denn das Lächerliche ist für ihn nur eine »Färbung«, die mit anderen Gefühlen verschmilzt, es ist die Verwirrung, die die ernsthaften Empfindungen beeinflußt – Bewunderung und Mitleid. Das Lachen ist also hier reine Möglichkeit, angedeutete und nicht erreichte Grenze.

Übrigens lacht Rameau selbst fast niemals; er macht sich

lächerlich, und das ist etwas anderes. Er erzählt vom Lachen der Tischgenossen Bertins. Wenn er die Oper nachahmt, weint er und lacht – das ist die pantomimische Nachahmung der szenischen Nachahmung von Gefühlen. Rameau imitiert das Spiel von Schauspielern; sein Lachen ist das Trugbild eines fingierten Lachens. Unter den Gefühlen, die er dem »Philosophen« unmittelbar bekundet, erscheint sporadisch Kummer, niemals das Lachen. Auch hierin stimmt Rameau mit dem Bild des melancholischen Clowns überein, der die anderen zum Lachen bringt, ohne selbst zu lachen.

Am Ende des Dialogs wird man ihn »so neckisch und lächerlich als möglich« (S. 217) die koketten Haltungen seiner verstorbenen Frau nachahmen sehen; doch gleich darauf »schluchzt er, nun weint er« . . . Diese Tränen sind rasch vergessen, wenn die Glocke läutet, die Rameau zur Oper ruft. Die in die Zukunft gesetzte Vorstellung des Lachens kehrt in dem Sprichwort wieder, das in dem Munde des Neffen das Werk beschließt: »Der lacht wohl, der zuletzt lacht.« Ein Wort, das man in verschiedener Bedeutung lesen kann: Rameaus Hoffnung auf ein langes Leben (»Laßt mich das Unglück noch vierzig Jahre genießen.«); der unvermeidliche Triumph der italienischen Musik; die mögliche Rache Rameaus an Bertin; vielleicht der Sieg der unmoralischen Prinzipien des niederträchtigen Gewissens über die Moralität des anständigen Gewissens. Wie dem auch sei, das Lachen ist nicht gegenwärtig, es ist künftig. Die Gegenwart ist unbefriedigend, und alles heutige Lachen ist disqualifiziert, vorläufig oder für nichtig erklärt – im Namen einer noch unbekannten Zukunft.

5

Wie wir gesehen haben, kann man die souverän freie Art, mit der Rameau von seinen Erfolgen als Narr und von seinen Mißgeschicken als verstoßener Schmarotzer spricht, in einem schon fast ›romantischen‹ Sinne als ironisch charakterisieren. Glück und Unglück werden zum Gegenstand einer ungenierten Selbstverspottung. Der Geist des Spottes ist gewißlich, wenn er nur »immer derselbe« bleiben kann, »zuletzt zu lachen«. Und solange er auf die unbegrenzte Ressource in seinem Innern rechnen kann, braucht er nichts Äußeres zu respektieren. Er kann mit allem spielen. Sein Spiel geht über Lachen und Weinen hinaus; gelegentlich bedient er sich ihrer nach der Laune des Augenblicks. Das Komische ist für ihn nur eine Möglichkeit unter anderen, die er in einer Reflexion beherrscht, die man ebensowohl als metakomisch wie als metatragisch bezeichnen kann. Die ungleiche Person der klassischen Überlieferung (inaequalis), der nach dem Modell des Panurge geschnittene Schelm, gewinnt durch das Selbstbewußtsein eine unerwartete Würde.

Rameau hat aber seine Existenz nur vermittels des »Ich«, das hört und seine Worte und Gebärden berichtet, und »Ich« ist nur ein literarisches Double von Diderot, konstruiert zur Stützung der Hauptperson der Satire als Stimme des Erzähler-Anklägers. Es genügt, an die Definition der »satirischen« Gattung zu denken, wie sie zu der Zeit, als Diderot *Rameaus Neffe* schrieb, im Schwange war, um zu entdecken, daß die Reaktionen des »Philosophen« eben die Gefühle äußern, deren Vorherrschaft die Satire als literarische Gattung verlangt. Der Zorn ist die Gemütsbewegung, welche die Anzeige des *Lasters* hervorruft; das Lachen ist an das Auftreten des *Lächerlichen* gebunden: »Die Satire ist eine Art des Gedichtes, worin man die Laster und Lächerlichkeiten der Menschen unmittelbar angreift.«[2] Diese Definition verbindet das »facetum« der Horazischen Tradition mit der »indignatio« der Juvenalischen. Boileau schon hatte daraus seine Lehre gemacht: »Man wird lächerlich sein, und ich wagte nicht zu lachen?/[...] Der Zorn genügt und ist Apollo wert./[...] Die Satire [...]/ Geht

2 Ch. Batteux, *Principes de la littérature* (1774), Genf 1967, S. 297.

bis zum Thron und macht das Laster dort erbleichen.«[3] Tatsächlich beansprucht Rameau offen für sich die doppelte Qualifikation des Lasters und des Lächerlichen, das er mit dem Vorteil rechtfertigt, und dieser Vorteil ist selbst an die Laster der »Großen« gebunden. Mehrfach nennt Rameau Laster und Lächerliches gemeinsam, um auszudrücken, daß er mit Absicht gewählt habe, beide zu praktizieren. Daraus hofft er Gewinn zu ziehen: »Und eben weil ich mein Glück machen kann durch Laster, die mir natürlich sind, die ich ohne Arbeit erwarb, die ich ohne Anstrengung erhalte, die mit den Sitten meiner Nation zusammentreffen, die nach dem Geschmack meiner Beschützer sind, übereinstimmender mit ihren kleinen besondern Bedürfnissen als unbequeme Tugenden, die sie von Morgen bis Abend anklagen würden. Es wäre doch wunderlich, wenn ich mich wie eine verdammte Seele quälte, um mich zu verrenken, um mich anders zu machen als ich bin, um mir einen fremden Charakter aufzubinden [...]. Ich habe mit Leuten zu tun, denen die Zeit lang wird, und sie wollen lachen. Nun seht: die Torheit, das Lächerliche macht lachen, und also muß ich ein Tor, ich muß lächerlich sein. Und hätte mich die Natur nicht so geschaffen, so müßte ich kurz und gut so scheinen« (S. 89ff.). Bei Gelegenheit eröffnet die kombinierte Ausübung des Lasters und des Lächerlichen eine durchaus raffinierte Kasuistik: es gibt Lächerlichkeiten, die schaden und die man vermeiden muß; andere dagegen gefallen, und diese muß man anzunehmen wissen: »Ich sage mir, [...] behalte die Laster, die dir nützlich sind, aber bewahre dich vor dem Ton, vor den Äußerungen, die dich lächerlich machen würden. [...] Denn dieselbe Kunst, die mich lehrt, bei gewissen Gelegenheiten das Lächerliche zu vermeiden, lehrt mich bei andern, es glücklich erwischen. [...] Man hat mich lächerlich haben wollen, und

3 N. Boileau, *Satires*, in: *Œuvres complètes*, éd. F. Escal, Paris 1966, S. 53 bis S. 55.

dazu habe ich mich gebildet. Bin ich lasterhaft, so hat die Natur allein den Aufwand gemacht« (S. 119, 121, 123). Rameau erwartet, seinem Sohn diese Eigenschaften vererben zu können, konditioniert durch die »väterliche Faser« (S. 181). Mangelten sie, so machte er daraus ein bewußtes Erziehungsprinzip, das er nicht von dem verschieden glaubt, das man allerorten anwendet. Er fügt einige Fähigkeiten hinzu, die dazu bestimmt sind, den Anschein zu wahren und besser zu täuschen: »Der bedeutende, der schwere Punkt, bei dem ein guter Vater besonders verweilen soll, ist nicht etwa, daß er seinem Knaben die sämtlichen Laster überliefere, die ihn reich machen, die Lächerlichkeiten, wodurch er den Großen unschätzbar wird; das weiß die ganze Welt, wenn nicht systematisch wie ich, so doch nach Beispiel und einzelnem Unterricht. Nein, der Hauptpunkt ist, ihm das rechte Maß zu bezeichnen, die Kunst, sich der Schande, der Entehrung, den Gesetzen zu entziehen« (S. 187). Man sieht, mit welcher Insistenz das Paar *Laster–Lächerliches* im Rankenwerk des Rameau wiederkehrt. Diderot hat absichtsvoll eine Figur konstruiert, die zu ihrem Ruhme die Fehler auf sich nimmt, die Gegenstand der Satire sind; Rameau ist nicht nur lasterhaft und lächerlich, er will und erklärt sich so; er entwickelt eine ausdrückliche Theorie, die ihn dazu ermächtigt. Ebenso wie er sich zur Ironie erhebt, um von dem Gelächter und der Wut zu sprechen, die er bei Bertin herausfordert, gebraucht er eine nachdenkliche Freiheit, um sich schamlos die Fehler zuzuschreiben, die gewöhnlich nur in der Sprache der Anklage erwähnt werden. Das ist die Gewohnheit des satirischen Autors, im Ungestüm seiner Empörung das Laster und das Lächerliche zu benennen, um sie zu brandmarken. Selten geht das Objekt der Satire zu Geständnissen über; es verbirgt sein Laster und verkennt seine Lächerlichkeit. Rameau bildet im Personal der Satiren nicht nur durch seinen Freimut und seine ausdrückliche Ablehnung der Heuchelei eine Ausnahme. Wenn er sein Laster und sein Lächerliches offen verkündet, so deshalb, um sie den Zwängen der Gesellschaft und im besonderen den Forderungen des Haushalts Bertin–Hus anzukreiden. Und dadurch, daß er pausenlos behauptet, daß seine persönlichen Fehler durch die der Gesellschaft hervorgerufen werden, hört er auf, Objekt der Satire zu sein, und macht sich selbst zur Stimme der Satire; er enthüllt, warum und bei wem er den Vorzug hat, seine Laster und Lächerlichkeiten zu entwickeln. Er verschiebt damit die Verantwortung für die Fehler, die er anfangs für sich beansprucht hatte: »so sind die Sitten meiner Nation schuld daran, nicht ich« (S. 185). Es sind die Laster der »Großen«, welche die der ihnen aufwartenden Schmeichler entzünden. Es ist die Langeweile der »Großen« und der »Reichen«, die dem Narren, der sie zerstreut, seine lächerliche Haltung aufzwingt. Rameau entschuldigt sich, wie so viele andere es nach ihm tun werden, indem er sich auf seine Entfremdung beruft. Die lächerlichsten und lasterhaftesten sind diejenigen »Patrone«, welche Schmeichler, Kuppler und Narren um sich herum befördern.

Als Satiriker denunziert und geißelt Rameau *im Auftrag*. Er kolportiert die taktlosesten Geschichten. Er ist der Vollstrekker einer Rache, die Diderot an Palissot, Bertin und manch anderem nimmt.

Als Objekt der Satire wird Rameau verurteilt. Seine kühnen Reden, seine Obszönitäten und seine Unmoral erregen das Unbehagen des »Philosophen« – das Lachen wird von der Verachtung erstickt. Der »Philosoph« bezeichnet damit seine Distanz und weist jede Verantwortung für die Reden, die er doch so unklug ist mitzuteilen, von sich – um sie sogleich zu verdammen. Diderot kann Rameau die wesentliche Funktion der satirischen Stimme überlassen, die Laster und die Lächerlichkeiten anzugreifen. Aber indem Rameau die Laster der Welt verkündet, erklärt er sich gleichzeitig selbst für lasterhaft. Dergestalt macht er sich selbst zum Objekt der Satire. Daher braucht es unbedingt, nach dem Gesetz der Satire, Rameau gegenüber ein weiteres Bewußtsein, das unbeschädigt von Laster und Lächerlichem ist, um den Fehlern durch das ihnen *geschuldete* Lachen und die Verachtung zu antworten. Das Lachen und der Zorn des »Philosophen« zahlen Rameau seine eingestandene Gaunerei heim.

Zwischen dem bösen Gelächter des »Tiergartens«, dem Lachen, das »zerreißt« (S. 115), und dem berechtigten Lachen des »Philosophen« (dem Lachen, das die verletzte Schicklichkeit rächt) nimmt Rameau eine vermittelnde Stellung ein, deren Kompliziertheit uns jetzt klarer wird: er ist der geheime Helfershelfer Diderots beim Angriff gegen eine Gruppe verabscheuter Individuen; er ist daher mutiger und geht weiter als die Figur des »Philosophen«, der als Mann der theoretischen Meditation auf kluge Vorsicht beschränkt ist. Doch indem er sich systematisch zum Schmarotzer einer Gesellschaft, die er angreift, erklärt, d. h. indem er sein Begehren verkündet, gemäß dem Gesetz der Welt sein Glück zu machen, indem er gesteht, trotz seiner mimetischen Talente unfähig zu sein, etwas zu schaffen, das Bestand hat, wird er seinerseits Ziel der Satire – jetzt ist die Figur des »Philosophen« nötig, um das ehrliche Bewußtsein darzustellen und um Bertin und Rameau (letzterem wird der mildernde Umstand seines Freimuts angerechnet) gemeinsam zu verwerfen. Alles geschieht so, als ließe Diderot Rameau die ›schmutzige Arbeit‹ der gehässigsten Anklage verrichten, um sich selbst dadurch zu rechtfertigen, daß er seinen Helden durch die tugendhafte Empörung der mit dem Pronomen »Ich« bezeichneten Figur opfert.

Wenn »Ich« die Hände sauber behält und der wahrscheinliche Vertreter des Autors ist, dann müssen wir erkennen, daß »Er« auch eine Stimme Diderots ist, aber eine vollständig veräußerlichte, die in die Fremdheit und das offensichtliche Inkognito der dritten Person übertragen ist. Es ist vor allem die freieste Stimme: sie kann es sich erlauben, zugleich mit dem Haushalt Bertin–Hus und mit dem »Philosophen« in Meinungsverschiedenheiten zu sein. Es ist die Stimme, die am meisten Kraft des Widerspruchs besitzt und die nacheinander die ästhetischen Werturteile Bertins und die moralischen Auffassungen des »Philosophen« zurückzuweisen wagt. Jedem der beiden Antagonisten gegenüber ist Rameau der Verteidiger der Gegenbehauptung. Er ist, wie wir bereits gesehen haben, die chiastische Figur par excellence, die von ihrer eigenen Unbeständigkeit aus Verschiebungen in jeder Richtung provoziert. Er stiftet die Unsicherheit an. Die Bosheit des Chiasmus ist in Rameaus Reden dann am mächtigsten, wenn sie die vom »Philosophen« respektierte Wertehierarchie umzukehren beginnt – d. h., wenn sie die Namen vertauscht, die mit verschiedenen Verhaltensweisen verknüpft werden: »Denn wenn wir uns erklären wollten, so wäre wohl möglich, Ihr hießet Laster, was ich Tugend nenne, und was ich Laster nenne, Tugend« (S. 123). Auf diese Herausforderung antwortet der Philosoph-Satiriker, wenn sie ins Extrem getrieben wird, mit Zorn und Gelächter, oder, um es genauer zu sagen, er versichert sich seiner selbst und findet die Sicherheit wieder, indem er Rameau die von Anstand und Schicklichkeit befohlenen Gefühle entgegensetzt. Lachen und Zorn sind die Garanten der Fortdauer der moralischen Ordnung und ihres Triumphes über das, was sie einen Augenblick lang gefährdete. Als Gefühlsregungen und leidenschaftliche Bewegungen intervenieren sie wie höchstrichterliche Urteile; sie kommen aus einem redlichen Herzen und hören nur auf die Vernunft, die in einem spontanen Schwung spricht. Sie greifen ein, um das durch die Übertreibungen des Lasters und der Lächerlichkeit gestörte Gleichgewicht wiederherzustellen. Das Lachen und der Zorn sind der Gegenschlag, den das seines Rechts gewisse moralische Bewußtsein gegen die unerträglichen Überschreitungen führt. Das richtende Lachen des satirischen Schriftstellers (in diesem Fall: des »Philosophen«) hat eine berichtigende und wiederherstellende Funktion. Es annulliert, diskreditiert und erinnert daran, daß bestimmte Grenzen nicht ungestraft überschritten werden können. Um diese Wirkung zu erzielen, kann der Satiriker durchaus sparsam mit dem Lachen umgehen; es genügt, von einer Lust, zu lachen, zu *sprechen*, das *Wort* Lachen oder lächerlich zu nennen. Der Moralist bewahrt seinen Ernst, er begnügt sich damit, seine Absicht, zu lachen, zu bekunden, und alles kehrt zur Ordnung zurück. Er praktiziert im Namen der Unterscheidung von Gut und Böse eine Metakomik, die geeignet ist, die bedrohten Werte wieder in ihre Herrschaft einzusetzen.

Während Rameaus Ironie eine Metakomik entwickelt, die alle Werte verschmilzt und verwirrt, greift die ernste Moral des »Philosophen« auf Metakomik zurück, um das wieder richtigzustellen, was die spielerische Rede des Neffen umgekehrt hat. Man kommt auf diese Weise zu einer vielleicht unerwarteten neuen Definition der ›Dialektik‹ von *Rameaus Neffe*: die beiden Stimmen des Dialogs unterscheiden sich durch die Art, wie jede vom Lachen spricht und auf die Metakomik zurückgreift. Die eine, die des Neffen, erhebt sich über die schlechten Schwänke, welche die Reichen zerstreuen und die wilden Bestien des Tiergartens aufheulen lassen: die Metakomik ist ein Instrument der Befreiung; indem er seine eigene Knechtschaft als Spaßmacher ironisiert, sprengt Rameau die Fessel der Abhängigkeit, reißt er sich selbst aus der Erniedrigung los und ergreift Besitz von einer hemmungslosen Freiheit, der einzig die Fähigkeit mangelt, sich mit etwas anderem als den eigenen Kosten zu beschäftigen. Diese Freiheit bleibt ohne Gebrauch und Anwendung. Die Stimme des »Philosophen« ist vielleicht minder kühn, aber sie stellt kleine Fragen von großem Gewicht: »Was habt Ihr gemacht? [...] Sagt mir, wie kommt's [...], daß Ihr nichts gemacht habt, das etwas wert ist?« (S. 193) Indem er so die Forderung des *Machens* formuliert, setzt der »Philosoph« das Kriterium, das die Unterscheidung zwischen dem Ernsten und dem Unernsten gewährleistet. Nichts befriedigt weniger als die Pantomime Rameaus, Nachahmung einer Nachahmung,

Trugbild eines Trugbilds. Da genügt es dem Moralisten, das Lachen, das Mitleid und den Zorn zu nennen, es genügt ihm sogar, sich den Gedanken dieser Gefühle anzueignen, und schon hat die Wirklichkeit mit ihren Widerständen, Zwängen und Verpflichtungen ihre Rechte wiedererlangt und ihre Rache vollstreckt. Die Metakomik ist, so betrachtet, der aufmerksame Wächter des Ernsthaften. Die Stimme, die das Lachen sagt, ist nun zugleich diejenige, welche die Ordnung sagt, die man nicht übertreten kann, ohne zu fallen.

2. Diogenes in *Rameaus Neffe*

Zurück zu Diogenes?

Ein berühmter und legendärer Name – Diogenes – erscheint zu Beginn und am Ende des Gesprächs zwischen dem »Philosophen« und dem Neffen. Dieser Name errichtet eine Symmetrie und legt einen Rahmen nahe. (Das ist übrigens nicht das einzige Element, das auf diese Art eingreift.)

Am Anfang des Dialogs ist es Rameau, der Diogenes nennt. Am Ende ist es der »Philosoph«, der die Gestalt des großen Kynikers beschwört. In der Art, wie sie davon sprechen, ist es offensichtlich, daß einer wie der andere – und sei es nur flüchtig und im Spiel – sich mit ihm identifiziert. Die Motive der Identifikation sind gewiß unterschiedlich. Doch es ist offenkundig, daß Diogenes der geometrische Ort beider Figuren und der mögliche Fluchtpunkt ihrer Gedanken ist: die beispielhafte Autorität, auf die sie sich mit entgegengesetzten Ansprüchen berufen und um die sie implizit streiten. Da der Autor Diderot seine Rede zwischen dem »Philosophen«-Ich und dem Neffen-Er aufteilt, beanspruchen sie in ihren Worten eine gemeinsame fiktive und »kulturelle« Abstammung durch den Verweis auf dasselbe antike Vorbild. Im Austausch des Dialogs ist Diogenes der Inhaber der Autorität, d. h. des Anspruchs, ›auctor‹ zu sein, und ersetzt Diderot: die Gesprächspartner sprechen *im Namen* des Diogenes oder *wie* Diogenes gesprochen hätte, während es Diderot ist, der sie sprechen läßt. Diogenes nimmt auf phantastische Weise den Platz des Autors ein – eines gespaltenen Autors.

Der Diogenes des Neffen ist durch einen einzigen Charakterzug bestimmt: Unverschämtheit. Nachdem er in ein paar Sätzen sein Selbstporträt skizziert hat, fügt der Neffe hinzu: »Wißt Ihr wohl, dieses ungeheure Kinn, wäre es von einem langen Bart bedeckt, es würde sich in Erz oder Marmor recht gut ausnehmen.« Der »Philosoph« ironisiert: »Neben Cäsar, Marc Aurel, Sokrates.« Und Rameau berichtigt, indem er die Gesellschaft nach seiner Vorstellung bestimmt: »Nein, ich stünde lieber zwischen Diogenes und Phryne. Unverschämt bin ich wie der eine, und die andern besuch ich gern« (S. 19).[1] Diogenes ist hier als Meister freizügiger Rede gedacht. Und der Neffe, der sich *zwischen* den zynischen »Philosophen« und die Hetäre fügt, gibt sich die Rolle des Kupplers und zugleich des intervenierenden Rivalen (denn eine zähe Überlieferung, die der Neffe besonders schätzt, macht Diogenes

1 Man bemerke die Klangwirkung des Namens Phryné im französischen Text: die Anfangskonsonanten des Namens der Hetäre finden sich wie in »*effronté*« (unverfroren) und »*fré*quenter« (verkehren mit jdm.). Das é am Ende klingt als Echo wieder.
Rameaus Neffe/Le Neveu de Rameau wird in der Übersetzung von Goethe zitiert, zweisprachige Ausgabe hg. v. Horst Günther. Vgl. in der kritischen Ausgabe von Jean Fabre, *Le Neveu de Rameau*, Genf 1963, die Anm. 8 und 326 sowie die Seiten LVIII-LX und LXXIX der Einleitung mit genauer und reicher Information über Diogenes im 18. Jahrhundert. Jacques Chouillet entwickelt die Entgegensetzung von ›sokratischer‹ und ›zynischer‹ Funktion in *La Formation des idées esthétiques de Diderot*, Paris 1973, S. 542, vgl. das ganze Kapitel über die *Satire seconde*, S. 520–552. Zur Rezeption und Interpretation des Diogenes vgl. Heinrich Niehues-Pröbsting, *Der Kynismus des Diogenes und der Begriff des Zynismus*, München 1979. Die Arbeit von Jean Seznec, *Essais sur Diderot et l'antiquité*, Oxford 1957, ist vor allem der Gestalt des Sokrates gewidmet.

zum Vertrauten der großen Hetären). Rameau schreibt sich scherzhaft eine Statistenrolle zu, eines Standbilds zwischen dem Vertreter der ungefälligen Wahrheitsliebe und dem ruhmreichen Bild der Prostitution.

Für das »Philosophen«-Ich ist Diogenes am Ende des Dialogs die exemplarische Gestalt der Autarkie: seine Selbstgenügsamkeit wird beschworen, um den wahren Philosophen vom Bedürfnis auszunehmen und ihn also von der »elenden Pantomime« freizustellen, die alle Teilnehmer des gesellschaftlichen Spiels tanzen. Diogenes bildet für das »Philosophen«-Ich die Ausnahme und erlaubt diesem, durch Erweiterung sich selbst von der allgemeinen Entfremdung auszunehmen. Indem Diogenes sich selbst entäußerte, hat er das Recht philosophischer Gleichmut erobert. Zitieren wir die Seite, wo das »Philosophen«-Ich Rameau das Beispiel des Diogenes vorhält; man wird bemerken, daß es um die Definition des Philosophen selbst geht:

»ICH Das heißt vortrefflich ausführen, aber doch gibt es ein Wesen, das von der Pantomime freigesprochen ist, der Philosoph, der nichts hat und nichts verlangt.
ER Und wo ist denn das Tier? Hat er nichts, so leidet er, bemüht er sich um nichts, so erhält er nichts und wird immer leiden.
ICH Nein. Diogenes, der über die Bedürfnisse spottete.
ER Aber man will gekleidet sein!
ICH Nein. Er ging nackt.
ER Manchmal war es kalt in Athen.
ICH Weniger als hier.
ER Man speiste.
ICH Ganz gewiß.
ER Auf wessen Kosten?
ICH Der Natur. Zu wem wendet sich der Wilde? Zur Erde, zu den Tieren, den Fischen, den Bäumen, den Kräutern, den Wurzeln, den Bächen.

ER Schlechte Tafel.

ICH Sie ist groß.

ER Aber übel bedient.

ICH Und doch deckt man sie ab, um die unsrigen zu besetzen.

ER Aber bekennt nur, daß die Industrie unsrer Köche, Pastetenbäcker und Zuckerbäcker ein weniges von dem ihrigen hinzutut. Mit einer so strengen Diät mußte Euer Diogenes wohl keine störrischen Organe besitzen?

ICH Ihr irrt Euch. Des Zynikers Kleid war ehmals, was jetzt unsre Mönchskleidung, und mit derselben Kraft. Die Zyniker waren die Karmeliten und Kapuziner von Athen.

ER Da hab ich Euch! Diogenes hat also auch seine Pantomime getanzt, wenn auch nicht vor Perikles, wenigstens vor Lais oder Phryne.

ICH Da betrügt Ihr Euch wieder. Andre bezahlten sehr teuer die Schönheit, die sich ihm aus Vergnügen überließ.

ER Begab sich's aber, daß die Schönheit sonst beschäftigt war und der Zyniker nicht warten konnte –

ICH So ging er in sein Faß und suchte sie entbehrlich zu finden.

ER Und Ihr rietet mir, ihn nachzuahmen?

ICH Ich will sterben, wenn es nicht besser wäre, als zu kriechen, sich wegzuwerfen, sich zu beschimpfen.

ER Aber ich brauche ein gutes Bett, eine gute Tafel, ein warmes Kleid im Winter, ein kühles Kleid im Sommer und mehr andere Dinge, die ich lieber dem Wohlwollen schuldig sein als durch Arbeit erwerben mag.«

(*Rameaus Neffe*, S. 211, 213)

Das ist nicht mehr Freizügigkeit der Rede, sondern Frugalität, äußerste Beschränkung der Bedürfnisse, die hier als Zeuge angerufen werden. Nicht gänzlich ohne eine gewisse Ironie, die an der vom »Philosophen«-Ich hergestellten Identität zwischen Diogenes und dem Philosophen im allgemeinen zu zweifeln gestattet. Das Lob des Diogenes enthält eine restriktive Nuance: zunächst macht das Klima von Athen seine Nacktheit weniger hart, als sie es »hier« wäre. Das gibt zu verstehen, daß Diogenes in Paris nachzuahmen vielleicht minder leicht ist, als das »Philosophen«-Ich es zuzugestehen scheint. Auch erscheint die zynische Askese der christlichen Mönchsregel allzu verwandt, die Keuschheitsgelübde verschlimmern nur die Begierden. Man weiß, worin für Rabelais und für Diderot (der physiologische Erwägungen hinzufügt) die Mönchs-»Tugend« besteht, bei Karmelitern und Kapuzinern. Diogenes entgeht dem Gesetz nicht, wonach die ununterdrückbare Begierde sich in laszive Raserei verwandelt, sobald man sie zu leugnen sich bemüht. Diogenes entwindet sich deren Knechtschaft nur, indem er zur autarken Übung der Masturbation seine Zuflucht nimmt. Man muß die Bemerkung »Da ging er in sein Faß und suchte sie entbehrlich zu finden« als Ellipse oder Litotes lesen. Die Tonne als Bild des mütterlichen Leibes, die einsame Befriedigung bezeichnen das Maß einer durch den Verzicht auf jedes menschliche Engagement errungenen Unabhängigkeit. Die Freiheit gewinnt man bei Diogenes auf Kosten einer diesseits der gesellschaftlichen Bindungen geführten Existenz. Die Nacktheit und seine Existenzweise verbinden Diogenes – den legendären »Hund«[2] – mit dem Tier ebenso wie mit dem Wilden. (Vielleicht fragt Rameau nicht ohne Grund: »Und wo ist denn das Tier?«) Die auf eine Angelegenheit »störrischer« Organe reduzierte Sexualität geht weder Bindungen

2 Diderot vergißt das nicht in dem Art. »Cynique« der *Encyclopédie*: »Man setzte auf sein Grab eine Säule aus parischem Marmor, mit dem Hund als Wahrzeichen der Sekte.« (*Œuvres complètes*, éd. R. Lewinter, 1969–1973, Bd. 15, S. 79) In den *Œuvres complètes*, Paris 1976 (›DPV‹), Bd. 6, S. 547, erinnern die Herausgeber J. Lough und J. Proust an die Kritiken dieses Artikels von Chaumeix und von Barruel. Chaumeix enthüllt die Identifikation und klagt sie an: »Unsere Autoren [...] betrachten sich als Nachfolger dieser Philosophen. Man bemerkt sehr wohl, daß sie darauf rechnen, ihre eigene Sache zu vertreten, wenn sie die der Alten verteidigen.«

des Gefühls noch der Ehe ein; sie findet in der raschen Begegnung mit einem gefälligen Mädchen oder, unterschiedslos, in der Gebärde, womit das Individuum sich selbst seiner »überschüssigen Säfte« entledigt (nach dem physiologischen Ausdruck Bordeus in der *Suite de l'entretien* von *D'Alemberts Traum*), ihre Erfüllung. Das Modell, das der »Philosoph« anführt, sündigt durch ein Übermaß an Tugend, welche die Begierde anfacht, die sie außer Kraft zu setzen vorgibt: sie rettet sich aus der Abhängigkeit von anderen und der erniedrigenden Leidenschaft nur im äußersten Extrem, durch eine Erleichterung um geringeren Preis, wobei der eigene Körper die Stelle des Partners vertritt. Das »Philosophen«-Ich erblickt darin (ebenso wie Bordeu) kein großes Übel. Es handelt sich darum, der Natur »Hilfe zu leisten«.[3] Aber für Bordeu, der ebenso wie das »Philosophen«-Ich in *Rameaus Neffe* in Diderots Namen spricht, ist es eine Notlösung, ein Palliativ. Die Lösung des Diogenes ist, falls nötig und ohne Skandal zu machen, doch nicht die beste. Man sieht, die Gestalt des Diogenes erregt gleichzeitig die Bewunderung des »Philosophen«-Ich und einen Hauch von Spott. In mancher Hinsicht unterhält das »Philosophen«-Ich zu Diogenes die gleiche schiefe Beziehung, die Jean-François Rameau zu seinem geizigen und berühmten Onkel unterhält. Das »Philosophen«-Ich ist Diogenes' Neffe.

Diderot hat sich selbst wiederholt mit Diogenes identifiziert, freilich stets, indem er Diogenes im Stiche läßt und sich als Verräter der diogenischen Orthodoxie selbst anzeigt. Zitieren wir den Schluß eines Briefes an Sophie Volland:

> »Aber wenn man für die Töchter der Morphyse [Mme. Volland, die Mutter Sophies] ihrer würdige Gatten hätte finden müssen, so wären sie alle drei noch unverheiratet. Uranie [Mme. Le Gendre] müßte einen Sylphen bekom-

3 Diderot, *Œuvres philosophiques*, éd. P. Vernière, Paris 1964, S. 377.

men; und die älteste einen großen Engel, einen Verkündigungsengel; und Ihr den Freund Diogenes, aber mit einem wohl oder übel angebrachten Gewandzipfelchen, und Ihr habt in mir je nach dem Augenblick alle drei. Aber *der Diogenes verflüchtigt sich täglich*. In acht oder zehn Jahren wird nicht mehr die geringste Spur davon geblieben sein.«[4]

Die gleiche Anklage der Fahnenflucht in den »Klagen um meinen alten Schlafrock«:

»O Diogenes, wenn du deinen Schüler unter dem prunkvollen Mantel Aristipps sähest, wie würdest du lachen! O Aristipp, dieser prunkvolle Mantel wurde durch manche Niedrigkeit bezahlt! Welcher Vergleich deines weichen, kriecherischen und weibischen Lebens mit dem freien und starken Leben des zerlumpten Zynikers? Ich habe die Tonne verlassen, wo du herrschtest, um unter einem Tyrannen zu dienen.«[5]

4 *O. C.*, Bd. 5, S. 720. Die gleichen Zuweisungen erscheinen in der *Suite de l'entretien*. Mademoiselle de Lespinasse spricht: »Einer Eurer Freunde, der für mich und meine beiden Schwestern Gatten suchte, gab der jüngeren einen Sylphen, der älteren einen großen Verkündigungsengel und mir einen Schüler des Diogenes« (*O. C.*, Bd. 8, S. 153). Das zeigt an, daß die Gestalt der Julie de Lespinasse mit Zügen Sophie Vollands konstruiert ist. Bei anderer Gelegenheit, im Schwung der Sympathie für die in Langres wiedergefundene Schwester, schreibt er an Sophie Volland: »Schwesterchen ist lebhaft, betriebsam, munter, entschlossen [...], ohne sich um das Heute oder Morgen zu kümmern und ohne sich von den Dingen oder den Leuten etwas vorschreiben zu lassen; frei in ihren Handlungen, noch freier in ihren Reden, ist sie eine Art weiblicher Diogenes.« (*O. C.*, Bd. 3, S. 752)

5 *O. C.*, Bd. 8, S. 8. Aristipp wird in dem von Diderot verfaßten Art. »Cyrénaïque« der *Encyclopédie* dargestellt. Im Gegensatz zu Diogenes bezahlt Aristipp die Hetäre: »Er antwortete auf die ihm gemachten Vorwürfe, *er könne Laïs besitzen, ohne aufhören, Philosoph zu sein, wenn nur Laïs ihn nicht besitzt*; und als man seine Eigenliebe damit kränken wollte, daß man ihm nahebrachte, daß die Hetäre sich ihm verkaufe und Diogenes hingebe, sagte er: *Ich kaufe sie, damit sie mir dient, und nicht um zu verhindern, daß ein anderer sich ihrer bediene.*« Aristipp steht für die Anerkennung des Warentauschs, so wie er für die Unterwerfung unter Despoten und Hetären

In diesem Stück, das offenkundig gefallen möchte (nach Horazens Art), nimmt Diderot Abschied von der Armut, wobei er vorgibt, das zu bedauern, nicht ohne einiges schlechte Gewissen zu äußern vor der Preisgabe einer Position, die es ihm

steht, die er als Beschützer und Zuschauer des philosophischen Streits anerkennt: »Aristipp zeigte sich von selbst am Hofe des Dionys, wo er sehr viel mehr Erfolg als Platon hatte, den Dion dorthin berief. Keiner wußte so gut wie er, sich in die Zeiten, Orte und Personen zu schicken; niemals fehl am Platze, ob er nun mit Glanz im Purpur und in der Gesellschaft von Königen lebte, oder ob er unbekannt im Schatten und im Staube einer Schule unterrichtete. Ich werde mich hüten, diesen wandelbaren Philosophen zu tadeln.« Aber es ist ein Stück Verrat in Aristipps Verhalten. Was Diderot ihm vorwirft, läßt sich analog und antizipierend auf das anwenden, was die *Correspondance littéraire* für ihre fürstlichen Abonnenten bedeutet, und auf die Rolle, die Diderot am Hofe Rußlands spielt: »Es scheint mir nur, daß Aristipp Sokrates, Diogenes und Platon die schuldige Achtung verweigert und sich zu einer seiner unwürdigen Rolle erniedrigt, indem er diese achtenswerten Männer lächerlich machte vor den müßigen und verderbten Höflingen, die eine boshafte Freude empfanden, sie verachtet zu sehen, denn diese offensichtliche Entwürdigung tröstete sie ein wenig über ihre eigene wirkliche Kleinheit. Hat die Vorstellung nicht etwas Demütigendes, daß eine Art Amphitheater von dem Philosophen Aristipp aufgerichtet wurde, wo er sich mit den anderen Philosophen der Schule des Sokrates stritt und sie und sich zum Schauspiel für einen Tyrannen und seine Sklaven machte?« (*O. C.*, Bd. 15, S. 88–89) Dieses Schauspiel gegen die Prinzipien des Diogenes zögerte Grimm nicht zu geben und von seinen Freunden geben zu lassen. Als d'Alembert eine Einladung nach Rußland ausschlägt, schreibt Grimm: »Ist dieser Mann geschaffen, um neben Königen zu leben? – Es ist ein Diogenes, den man in seiner Tonne lassen muß.« (*O. C.*, Bd. 5, S. 815) Jean Fabre erinnert an die Anziehungskraft, die Diogenes auf d'Alembert ausübte. Dieser schrieb im *Essai sur la société des gens de lettres et des grands:* »Jedes Zeitalter und unseres besonders brauchte seinen Diogenes; die Schwierigkeit liegt aber darin, Menschen zu finden, die den Mut haben, es zu sein, und solche, die den Mut haben, es zu ertragen.« *Mélanges de littérature*, 5 Bde., 1759, Amsterdam 1763, Bd. 1, S. 379–80. Jean Fabre erinnert daran, daß Pierre Le Guai de Premontval diesen Wunsch mit einem Buch des Titels *Le Diogène de d'Alembert* erfüllt hat. 1770 erscheint ein *Diogène moderne ou le désapprobateur* von L. Castilhon. Sein Hauptinteresse besteht Grimm zufolge in einem Brief, der Rousseau anklagt, in seinem *Discours* einen Brief Giraldis an Pico della Mirandola plagiiert zu haben (*Correspondance littéraire*, 15. Juni 1770). Zu Diderots Interesse an Aristipp und seinem Vergleich mit Diogenes siehe Joseph L. Waldauer, »Society and the Freedom of Creative Man«, in: *Diderot Studies* 5 (1964), S. 60–65.

erlaubte, die anderen in voller Unabhängigkeit und ohne Kompromiß zu beurteilen. Im *Essai sur les règnes de Claude et de Néron* macht er den geschichtlichen Wandel geltend, der gegenwärtig den zivilisierten (mithin bürgerlichen) Komfort vorziehen läßt, um den Preis eines geringeren Heroismus: man findet keine Philosophen mehr, die mit der Vermessenheit eines Diogenes mit den Großen zu reden wagen. Diderot weiß das besser als jeder andere, da er im Kabinett Katharinas der Großen wohl die Rolle des freimütigen Sprechers hatte und gleichwohl dem Despoten den Hof machte:

»Warum sieht man niemanden mehr, der ihnen ähnlich wäre? Hat die Natur aufgehört, sie zu erzeugen? Nein, ich könnte welche nennen, die arm und unbekannt mit Erfolg Wissenschaften und Künste pflegten; sie waren ausgehungert und fast nackt, ohne zu klagen, ohne ihre Arbeiten auszusetzen. Wenn ihresgleichen selten sind, so deshalb, weil es noch schwieriger ist, der häuslichen Erziehung und dem Einfluß der allgemeinen Sitten zu widerstehen als dem Elend: das sind zwei Gußformen, die die ursprüngliche Form des Charakters beeinflussen. Wer wagte es heute, dem Lächerlichen und der Verachtung zu widerstehen? Diogenes hauste bei uns unter einem Dach und nicht in der Tonne; in keinem Lande spielte er die Rolle, die er einst in Athen hatte. Die unabhängige und starke Seele, die er erhalten hatte, hätte er sich vielleicht bewahrt, aber keineswegs würde er zu einem unserer kleinen Souveräne wie zu Alexander dem Großen sagen: *Geh' mir aus der Sonne.*«[6]

Der Mut des Diogenes hat in den modernen Gesellschaften keinen Kurswert mehr; der Fehler liegt bei den »allgemeinen Sitten« und der Erziehung. Damit rechtfertigt sich Diderot. Ungeschützt die Wahrheit zu sagen ist unmöglich. Man muß

6 *O. C.*, Bd. 13, S. 295.

Winkelzüge machen, zu heimlichen Strategien greifen und, um in Frieden zu leben, seine kühnsten Schriften der Nachwelt überlassen. Die Zyniker ebenso wie Sokrates fürchten weder Tod noch Sklaverei, noch Gefangenschaft.

Was bleibt von der Freiheit des Diogenes, wenn die unverschämte Offenheit gegenüber der Macht nicht zu praktizieren ist? Etwas minder Gefährliches: eine enthemmte Art, die körperliche Existenz anzuerkennen und einzugestehen sowie entschlossen die Konventionen der Scham zu verwerfen. Diderot war dazu nicht außerstande. Die (im *Salon* von 1767 erzählte) Episode, wo er sich vor Madame Therbouche, die sein Porträt malt, völlig entkleidet, ist dafür das treffende Beispiel:

> »Als der Kopf gemalt wurde, ergab sich die Frage nach dem Halse, und das Obere meines Anzuges verdeckte ihn, was die Künstlerin verdroß. Um diesen Verdruß zu beenden, ging ich hinter einen Vorhang, entkleidete mich und erschien vor ihr wie ein Modell in der Akademie. ›Ich hätte nicht gewagt, es Ihnen vorzuschlagen‹, sagte sie mir, ›aber Sie haben gut daran getan, und ich danke Ihnen dafür.‹ Ich war nackt, aber völlig nackt. Sie malte mich und wir plauderten mit einer Einfachheit und einer Unschuld wie in den frühesten Zeiten.
> Da man seit Adams Sünde nicht mehr allen Teilen seines Körpers so wie seinem Arm gebieten kann, und da es welche gibt, die wollen, wenn Adams Sohn nicht will, und die nicht wollen, wenn Adams Sohn gern möchte; im Falle mir dieses zugestoßen wäre, hätte ich mich des Wortes des Diogenes zu einem jungen Ringkämpfer erinnert: ›Mein Sohn, fürchte nichts; ich bin nicht so bösartig wie der da.‹«[7]

7 *Salon de 1767* (O. C., Bd. 7, S. 300). Sehr früh ruft der Name des Diogenes in Diderots Geist das Bild der Nacktheit hervor: für den Blinden von Puiseaux »hätte Diogenes kein Philosoph sein können« (»Brief über die Blinden«, in: *Lettre sur les aveugles*, O. C., Bd. 2, S. 173).

Diderot erinnert sich des Diogenes angesichts des »störrischen Organs« und der Unabhängigkeit, die ein vernünftiges Wesen (hier derjenige, der »ich« sagt) gegenüber der sexuellen Begierde und ihrer physiologischen Äußerung (die in der dritten Person in einer Personifikation des Phallus »der da« genannt wird) zu bewahren versteht. Um Bordeus Sprache zu sprechen: das *Zentrum* verteidigt sich dagegen, durch autonome Regungen der *Peripherie* in Mitleidenschaft gezogen zu werden.[8] Aber diese sind erwartet; sie gehören zur natürlichen Ordnung der Dinge. Es besteht kein Grund, sie zu verbergen, um so weniger, als das Individuum Herr dessen bleibt, was unmittelbar von seinem Willen abhängt. Die Tugend und die Schamlosigkeit des Diogenes finden in der Porträtsitzung eine vorzügliche Gelegenheit, sich zu beweisen. Halten wir jedoch fest, daß die Lektion antiken Zynismus sich hier auf das Privatleben beschränkt, auf das Auge in Auge von Modell und Malerin; der schließliche Einsatz betrifft nicht die moralische Korrektheit, sondern das ästhetische Gelingen des Porträts. Und weil das Porträt nicht schön sein könnte, ohne ähnlich zu sein, weil alle Teile des Körpers bei einem lebenden Individuum zusammenhängen, muß sich das Modell vollständig in der ganzen Wahrheit seiner Natur darstellen, ohne etwas zu verbergen. Diderot weiß wohl, Diogenes hätte gelacht über diese geduldige Anfertigung eines gemalten Trugbilds. Die schönen Künste waren in den Augen der Zyniker Athens oder Korinths eitle und verächtliche Dinge.[9] Wer sich darum sorgt, gemalt zu werden, hat aufgehört, in der durch Antisthenes und Diogenes bezeichne-

8 Diogenes' Wort über die Bosheit des Meister Iste, »der da«, erwähnt auch Bordeu in der *Suite de l'entretien* von *D'Alemberts Traum*. (*Œuvres philosophiques*, S. 378–79)

9 Artikel »Cynique« der *Encyclopédie*: »Die Zyniker verachteten die Pflege der schönen Künste. Sie hielten jeden der darauf verwendeten Augenblicke für einen Raub an der Übung der Tugend und dem Studium der Moral.« (*O. C.*, Bd. 14, S. 74)

ten geraden Linie zu leben. Selbst da, wo Diderot Diogenes' Lektion beschwört – in der bizarren Sitzung beim Malen –, hat er ihn bereits verraten. Er stellt sich bloß, damit sein äußerer Anschein besser imitiert, gründlicher dargestellt werden kann.

Wenn Diogenes nicht Objekt einer vollständigen Identifikation werden kann, dann hat Diderot zweifellos und ohne Mühe andere Modelle gefunden, denen er sich mehr oder weniger gleichartig gewünscht hätte: da ist stets Sokrates, ein schwer erreichbares Ideal des Ich; da wird Seneca in den letzten Jahren nach der Reise nach St. Petersburg sein. Aber etwas Verführerisches und zugleich Irritierendes bot sich in der Gestalt des Diogenes, und der Artikel »Cynique« der *Encyclopédie* zeugt davon.

»Mitten in die Gesellschaft hinein die Sitten des Naturzustandes zu versetzen« (*O. C.*, Bd. 14, S. 72) und dergestalt die Forderung der Natur als fundamentale Norm des sittlichen Lebens zu nehmen; nichts zu verbergen von einem Leben, das vollständig mit diesem Imperativ übereinstimmt, sich »besonders an den heiligen Orten und auf den öffentlichen Plätzen« (ebd.) zu zeigen, und folglich dem Bedürfnis der Zurschaustellung und Veräußerlichung, welche die erste Bewegung in Diderots Bewußtsein ist, freien Lauf zu lassen; »den Menschen Gutes und Schlechtes ohne Schmeichelei« (ebd., S. 73) zu sagen; »Salz und Ironie auf die Lasterhaften regnen« zu lassen (ebd., S. 78) und derart einen Kampf der Rache gegen die Heuchler und maskierten Betrüger zu führen; sich vom Enthusiasmus der Tugend mitreißen zu lassen – das sind die Aspekte des Zynismus, die Diderot in seinem Artikel ins Licht rückt und zu denen er eine um so intensivere Anziehung verspürt, weil sie einen systematischen Zusammenhang zwischen gewöhnlich als widersprüchlich geltenden Tendenzen errichten. Diogenes, definiert als »dieser unanständige, aber sehr tugendhafte Philosoph« (ebd., S. 74), kann sich für den Verfasser der *Bijoux indiscrets* und gleichzeitig für den des *Père de famille* verbürgen. Für Diderot bedeutet die Projektion auf Diogenes in einer ersten Phase, sich zu sammeln und mit sich selbst zu vereinigen, unter den gleichen Auspizien den Hang zur physiologischen Entblößung und den Geschmack an der Moralpredigt zu versöhnen. Der Artikel »Cynique« geht in seinem apologistischen Schwung so weit zugunsten des Diogenes, daß er mit Empörung die obszönen Vermutungen zurückweist, die in *Rameaus Neffe* das »Philosophen«-Ich nicht ausspart, wenn Rameau ihn daran erinnert: man wohnt einem beredten Plädoyer bei gegen das, was als Diffamierung angesehen wird. Wenn man dem Artikel »Cynique« glauben darf, war Diogenes keusch.

> »Seine Tonne stellt sich noch heute unserer voreingenommenen Phantasie nur mit einem Schwarm ehrloser Bilder dar: man wagt nicht auf den Grund zu sehen. Aber die guten Köpfe werden sich in der Geschichte weniger um das bemühen, was sie sagt, als was die Wahrheit ist, und werden finden, daß das, was man über seine *Sitten* verbreitet, kein anderes Fundament hat als die Freizügigkeit seiner *Prinzipien*. Die skandalöse Geschichte mit Lais wird durch tausend Umstände bestritten, und Diogenes führte ein so frugales und mühevolles Leben, daß er die Frauen leichtlich entbehren konnte, ohne schändliche Mittel zu gebrauchen.« (Ebd., S. 79)

»Die Frauen entbehrlich finden«, das bedeutet hier tugendhafte Enthaltsamkeit und nicht, wie im Gespräch mit dem Neffen, die Zuflucht zum »Handbetrieb« (»chirurgie«[10]) der Selbstbefriedigung. Diderot nimmt die Ehrbarkeit des Diogenes in Anspruch, wie er seine eigene beanspruchen wird, indem er Schreiben und Lesen unterscheidet. In *Jakob und*

10 Diesen euphemistischen Ausdruck gebraucht La Mothe Le Vayer in dem Diogenes gewidmeten Kapitel in *De la vertu des payens* (Paris 1642), S. 146. Das Wort ist die französische Umschreibung des Terminus bei Diogenes Laertius VI 2, 46.

sein Herr unterscheidet er (nachdem er Montaigne paraphrasiert hat, den er ebenfalls im Artikel »Cynique« zitierte – als Zeugen der Sittlichkeit) aufs neue die »Prinzipien« (oder den »Stil«) von den »Sitten«. Er ermahnt seinen Leser; Montaigne ist sein Alibi, und Montaigne ist ein ehrenwerter Mann:

> »Wieder höre ich dich schreien: ›*Pfui der Zyniker*! Pfui der Schamlose! Pfui, der Sophist! ...‹ Nur Mut, beschimpfe einen schätzbaren Autor, den ihr ohne Unterlaß in Händen habt und dessen Übersetzer ich hier nur bin. Die Freiheit *seines Stils* verbürgt mir beinahe schon die Reinheit *seiner Sitten*; es ist Montaigne. *Lasciva est nobis pagina, vita proba.*«[11]

Und wenn Diderot im Artikel »Cynique« Diogenes mit den »ersten Zönobiten«[12] oder den Mönchen vom Berg Athos vergleicht, so ist seine Absicht weniger Spott als die Rechtfertigung eines heidnischen Philosophen mit der Argumentation des Johannes Chrysostomos, der sich des Diogenes als Beispiel bediente, um die Gegner des Mönchtums anzugreifen. (Die Erinnerung des Johannes Chrysostomos, des Origenes und des Hieronymos hatte schon Justus Lipsius und La Mothe Le Vayer erlaubt, für Diogenes zu plädieren[13]; man erkennt darin eine Strategie des freien Den-

11 *Jacques le fataliste*, in: *Œuvres romanesques*, Paris 1962, S. 715; *Jakob und sein Herr*, übers. v. Mylius, hg. v. H. Günther, Frankfurt 1984, S. 239. Diderot benutzt Montaigne wie dieser die Autoren, die er in seinen Text integriert.

12 Art. »Cynique« (*O. C.*, Bd. 14, S. 77, 86–87). Über den Eifer der ersten Christen und Diderots Urteil: Franco Venturi, *La Jeunesse de Diderot*, übers. v. Bertrand, Genf 1939, S. 77–107.

13 La Mothe Le Vayer, *De la vertu des payens*. Pierre Bayle zitiert daraus reichlich in den Anmerkungen seines Artikels »Diogène« in seinem *Dictionnaire*. Bayle hat mit einem Galen-Zitat (*De locis affectis* VI) Diderot die Geschichte der beschäftigten Kurtisane und von Diogenes' Rückzug in sein Faß geliefert. Der Artikel Bayles beginnt folgendermaßen: »Diogenes der Zyniker war einer dieser außerordentlichen Menschen, die alles übertreiben, die Vernunft nicht ausgenommen,

kens, nämlich einen Wolf oder einen wilden Hund unter dem Deckmantel vollkommener Sittenreinheit in den Schafstall einzuschleusen.) Der Enthusiasmus ist ein zweideutiger Begriff und Gegenstand des Verdachts für Diderot, wenn er Pakomios und die ersten Eremiten inspiriert (*Pensées philosophiques* VII), erregt aber seine Bewunderung, wenn er aus der Tugend oder der Schönheit entsteht. Auf phantastische Weise gefällt Diderot sich darin, das Opfer für die großen Dinge unter gleichsam religiösem Aspekt zu betrachten. Außer der christlichen Disziplin reizt ihn der asketische Heroismus, wenn nicht gar das Martyrium. Er beharrt darauf, und trotz der religiösen Bedeutung des Begriffs, den er dabei verwendet, schreibt er am Ende seines Lebens: »In Athen hätte ich den Mantel des Aristoteles, des Platon genommen oder *die Kutte des Diogenes* angelegt.«[14] Aber diese Behauptung setzt eine unmögliche Prämisse voraus: wenn ich in Athen lebte... Nun ist, wie wir sahen, Diderot sich des Unterschieds der Zeiten und Orte durchaus bewußt. Und von dem Artikel »Cynique« (1754) an kann er auch sagen, was ihn von der vollständigen Identifikation mit dem zynischen Weisen zurückhält. Gewiß sagt er es bei Gelegenheit des Antisthenes, dessen grämlicher Humor nicht der Heiterkeit des Diogenes gleicht. Die Bemerkung gilt jedoch für die ganze Schule, und indem er unvermutet Cato beschwört, richtet er sich gegen alle zu

und die Maxime bewahrheiten, *daß es keinen großen Geist gibt, in dessen Charakter nicht ein wenig Narrheit gedrungen wäre.*« Rameaus Tirade über den Hofnarren (S. 121) und die Bemerkungen des »Philosophen«-Ich über die »Torheiten dieses Menschen« (S. 209) gehören zu einem thematischen Netz, worin Diogenes, wie man sieht, nicht fehlt. Nach Aelian (*Histoires diverses* XIV, 33) habe Platon oft gesagt, Diogenes sei Sokrates in der Raserei (*Socrates mainomenos*).

14 *Essai sur les règnes de Claude et de Néron* (*O. C.*, Bd. 13, S. 338). Diderot übersetzt mit *froc* (Kutte) das griechische *tribôn* (Mantel). Aus Verehrung, so kann man vermuten, ist Sokrates hier nicht genannt. Siehe R. Trousson, *Socrate devant Voltaire, Diderot et Rousseau*, Minard 1867.

strengen Tugendlektionen, die »zuviel von den Menschen« verlangen:

»Die Tugend des Antisthenes war grämlich. Das passiert stets, wenn man darauf beharrt, sich einen gekünstelten Charakter und gemachte Sitten zu bilden. Ich würde gern Cato sein, aber ich glaube, daß das mich und andere viel kosten würde, ehe ich es geworden wäre. Die zahlreichen Opfer, die ich der erhabenen Persönlichkeit darzubringen genötigt wäre, die ich mir zum Vorbild genommen hätte, erfüllten mich mit einer ätzenden und beißenden Galle, die sich in jedem Augenblick nach außen ergösse. Und vielleicht ist das der Grund, warum manche Weisen und gewisse strenge Fromme so sehr dem bösen Humor unterworfen sind. Sie spüren unablässig den Zwang einer Rolle, die sie sich auferlegt haben und für welche die Natur sie ganz und gar nicht geschaffen hat, und sie kühlen ihr Mütchen an anderen für die Qualen, die sie sich selbst bereiten. Jedoch ist es nicht jedermanns Sache, sich Cato zum Vorbild zu nehmen.«[15]

Hinter Diogenes: Rousseau

Cato ist hier nicht allein der römische und stoische Ersatz für Antisthenes. Sein überraschendes Erscheinen an diesem Punkt des Artikels »Cynique«, ebenso wie der plötzliche Eingriff eines Autors, der in der ersten Person spricht, um zu erklären, was ihn davon abhält, Cato zum Vorbild zu nehmen, ist meiner Auffassung nach eine versteckte, aber präzise Verweisung auf Jean-Jacques Rousseau. Ein anderer Text be-

15 Art. »Cynique« (*O. C.*, Bd. 14, S. 76). Diderot erklärt 1754 einer unbekannt gebliebenen Adressatin: »Ich bin weder in dem Alter noch aus dem Stoffe, einen Cato zu spielen.« (*O. C.*, Bd. 2, S. 902) In den Lieferungen der *Correspondance littéraire* von 1770, besonders am 15. Juni, kann Grimm sich nicht enthalten, vom »Cato Diderot« zu reden. Zuschreibungen von Beinamen sind, wie man sieht, relativ.

stätigt die Wahrscheinlichkeit der Anspielung. Als Diderot in den *Versuchen über die Malerei* Rousseaus »wohlgekleidetes, wohlgekämmtes, wohlgepudertes« Porträt von La Tour kritisiert, schreibt er: »Ich suche den Zensor der Wissenschaften, den Cato und Brutus unseres Zeitalters . . .«[16] Diderot konnte Rousseau aus guten Gründen mit Cato von Utica verbinden. Tatsächlich liest man im Artikel »Economie politique«, den Rousseau für die *Encyclopédie* geschrieben hat, einen Vergleich des Sokrates mit Cato, der zum Vorteil des stoischen Patrioten ausfällt: »Die Tugend des Sokrates ist die des weisesten der Menschen: aber zwischen Cäsar und Pompejus scheint Cato ein Gott unter Sterblichen zu sein.«[17] (Rousseau seinerseits wußte genau, daß Diderot sich beständig auf Sokrates berief und so weit ging, sich mit der Übersetzung der *Apologie* zu beschäftigen.) Besser noch, in der *Abhandlung über die Ungleichheit* hatte Rousseau Diogenes und Cato zusammen erwähnt und sie als die tugendhaften Seelen bestimmt, die in den Augenblicken der Geschichte, da sie vergeblich ihresgleichen suchen, exiliert werden. Angesichts des moralischen Verfalls der zivilisierten Gesellschaften konnten diese beiden Männer nur Opponenten sein, und Rousseau kann sich aus gutem Grunde zum Echo ihres Protests machen:

> »[Jeder aufmerksame Leser] fühlt, daß das Menschengeschlecht eines Zeitalters nicht das eines anderen sein kann, und das ist der Grund, warum Diogenes keinen Menschen fand, da er unter seinen Zeitgenossen den Menschen einer Zeit suchte, die nicht mehr war: Cato, sagt man, ging mit Rom und der Freiheit zugrunde, weil er in seinem Jahrhundert nicht am rechten Platze war, und der größte Mann

16 Diderot, »Essais sur la peinture«, in: *Œuvres esthétiques*, éd. P. Vernière, Paris 1959, S. 695.

17 J.-J. Rousseau, »Discours sur l'économie politique«, in: *Œuvres complètes*, Bd. 3 (Pléiade, 1964).

setzte nur eine Welt in Erstaunen, die er fünfhundert Jahre früher regiert hätte.«[18]

Für ein klassisch gebildetes Gehör kann der Akzent des Diogenes in der *Abhandlung über die Ungleichheit* nicht unbemerkt bleiben. Das Feiern des wilden Lebens, die Angriffe gegen das Eigentum berühren zunächst die Leser, die sich nicht der Mühe unterziehen, das Werk in der »heilenden« Perspektive zu lesen, die sich am Ende der *Abhandlung* ankündigt. In den Randbemerkungen zur *Abhandlung* fährt Voltaire 1755 Rousseau wütend an und nennt ihn einen »Affen des Diogenes«.[19] Der Verächter der Künste und Wissenschaften, der Feind des Theaters, der Gegner des Luxus und des Überflüssigen, das Voltaire in den leichten Versen des *Mondain* gefeiert hatte, verdient keinen anderen Spitznamen: Voltaire nimmt die beleidigende Formel in Briefen, Pamphleten auf und wandelt sie ab: »Bastard von Diogenes' Hund« ... Jean-Jacques »hat sich in eine Tonne gesetzt, die er für die des Diogenes hält und denkt dort das Recht zu haben, den Zyniker zu machen: er ruft den Passanten aus seiner Tonne zu: Bewundert meine Lumpen«.[20] Es erstaunt nicht, daß Friedrich II.

18 *Discours sur l'origine et les fondements de l'inégalité*, ebd., S. 192. Zu Rousseau und Cato: Denise Leduc-Fayette, *Rousseau et le mythe de l'antiquité*, Paris 1974. Die Verbindung des Diogenes mit einem Stoiker darf nicht überraschen. Als Leser Epiktets kannte Rousseau dessen Lob des Zynismus (*Discours* III, 22). Vgl. Edward E. Malkin, »Rousseau and Epictetus«, in: *Studies on Voltaire and the Eighteenth Century* 106 (1973), S. 113–55.

19 Rousseau, *O. C.*, Bd. 3, S. 189, und Anm. 2, S. 1358.

20 Henri Gouhier, *Rousseau et Voltaire: Portraits dans deux miroirs*, Paris 1983, S. 162 und passim. Bei dem Unfall von Ménilmontant 1776 (vgl. zweite *Rêverie*) spricht Voltaire von Wunden, die Rousseau »von seinem Kameraden, dem Hund« zugefügt wurden (Gouhier, S. 340). Der Brief Friedrichs II. an Lord Keith vom 1. 9. 1762 deutet Rousseaus Einsamkeit zugleich im mönchischen Sinne und in dem des Diogenes: »Ich glaube, Euer Rousseau hat seine Berufung verfehlt, ohne Zweifel ist er geboren, um ein berühmter Zönobit zu werden, ein Vater der Wüste, der für seine Strenge und Kasteiungen gefeiert wird, ein Säulenheiliger [...], aber gegenwärtig wird er nur als seltsamer Philosoph angesehen, der nach

und Voltaires Freunde den verächtlichen Scherz nach Laune wiederholen.

Auch Diderot erblickt in Rousseau ein Wesen des Widerspruchs, das in der Gesellschaft bewundert werden will, aber eine »alte aufgewärmte Streitfrage« (*O. C.*, Bd. 13, S. 357) aufnimmt und erklärt, daß es »den wilden Zustand dem zivilisierten Zustand vorziehe«.[21] Rousseau ist der Verfasser »vieler sehr beredter Sophismen, deren letzte Konsequenz es wäre, die Musikinstrumente zu zerbrechen, die Bilder zu verbrennen, die Statuen zu zertrümmern, vielleicht die Städte zu entvölkern und sich in die Wälder zu zerstreuen«.[22] Was ist nun, dem Artikel »Cynique« zufolge, die grundlegende Lehre der Schule des Antisthenes? Diderot läßt sie vom Beginn seines Aufsatzes an in Formeln, die nur wenig dem Werk Bruckers schulden, an dem er sich inspiriert hat, erkennen: in Lehre und Leben üben die Zyniker radikale Kritik an der städtischen Zivilisation im Namen der geschützten Unversehrtheit einer ersten Natur, die sie zur absoluten Norm erheben:

> »Wenn man die Wunderlichkeit der Zyniker aus der Nähe betrachtet, findet man, daß sie vor allem darin besteht, die Sitten des Naturzustands mitten in die Gesellschaft zu übertragen. Die Lächerlichkeit, unter verderbten und schwachen Menschen das Leben und die Reden der Unschuld der ersten Zeiten und die Derbheit der Jahrhunderte

zweitausend Jahren die Sekte des Diogenes neu belebt, das lohnt die Mühe nicht, Gras zu fressen, noch sich mit allen Philosophen seiner Zeit zu verfeinden.« J.-J. Rousseau, *Correspondance complète*, Bd. 13, éd. R. A. Leigh (1971), S. 5. Donald O'Gorman sammelt die Züge »zynischen« Denkens, die Diderot bei Rousseau beobachtet und dem Neffen zugeschrieben haben könnte: *Diderot the Satirist*, Toronto 1971, S. 136–84. Rousseau selbst vergleicht sich in den *Dialogues* implizit mit Diogenes, *O. C.*, Bd. 1, S. 792 und 1078; vgl. auch den Brief 6959 seiner *Correspondance*, l.c.

21 *Réfutation d'Helvétius*, *O. C.*, Bd. 2, S. 477.

22 *Leçons de clavecin*, *O. C.*, Bd. 9, S. 322.

> tierischen Wesens zur Schau zu tragen, bemerken sie entweder nicht oder sie kümmern sich nicht darum.«[23]

Welcher Unterschied besteht zwischen dieser Haltung und der, die Diderot Rousseau zuschreibt? Ein geringer. Die Werte sind die gleichen. Die Zyniker versteifen sich vielleicht heroischer (um den Preis des Lächerlichen) darauf, sie im Schoße der großen Stadt selbst zur Schau zu stellen, indem sie sie auf den öffentlichen Plätzen predigen. Rousseau dagegen lädt eher dazu ein – was unrealisierbar ist –, wieder im Urwald zusammenzukommen. Diderot neigt zu bestimmten Stunden ebenfalls dazu. Bei Gelegenheit zögert er nicht, sich seinerseits der »alten aufgewärmten Streitfrage« zuzuwenden, und es kann ihm passieren, daß er die Akzente Rousseaus wiederfindet: »Könnte der glückliche Tahitianer anhalten, da wo er ist! Ich sehe außer in diesem entlegenen Winkel unseres Erdballs keine Sitten, und es wird vielleicht nie irgendwo welche geben.«[24] Im »Supplément zu Bougainvilles Reise« gefällt sich der Unterredner, der Diderot »darstellt«, darin, »zu glauben, daß die Menschen um so bösartiger und unglücklicher sind, je zivilisierter sie sind«.[25] Die Behauptung fügt sich in den Stammbaum der zynischen Lehre und stimmt teilweise mit Rousseaus Theorie überein. Aber es geht nicht immer so, wenn Diderot Rousseau antwortet. Wenn er den Primitivismus zurückweist, den er ziemlich leichtfertig seinem ehemaligen Freund unterstellt, dann schreckt er nicht davor zurück, die Positionen Voltaires und die durch *Le Mondain* berühmte Verteidigung des Luxus aufzunehmen:

> »Ja, Herr Rousseau, ich liebe eher das verfeinerte Laster im Seidengewand als die wilde Dummheit unter einem Tier-

23 Art. »Cynique«, *O. C.*, Bd. 14, S. 72.
24 »Supplément au voyage de Bougainville«, in: *Œuvres philosophiques*, S. 504.
25 Ebd., S. 513.

fell. Ich ziehe die Wollust zwischen goldgetäfelten Wänden und auf den weichen Kissen eines Palastes dem bleichen, schmutzigen und abscheulichen Elend vor, das auf feuchter und ungesunder Erde ausgestreckt liegt und sich mit Schrecken in der Tiefe einer wilden Höhle verbirgt.«[26]

Diese Anrede, mitten im Kommentar zu Helvétius, scheint Diderots letzte Überzeugung anzuzeigen. Doch indem er dergestalt Rousseau den Rücken kehrt und erklärt, »das verfeinerte Laster« vorzuziehen, verrät Diderot zugleich Diogenes und verliert das Recht, die *Tugend* des Zynikers für sich zu reklamieren. Was er in den soeben zitierten Zeilen äußert, stimmt unmittelbar mit der Rede des Neffen überein: »Aber ich brauche ein gutes Bett, eine gute Tafel, ein warmes Kleid im Winter, ein kühles Kleid im Sommer.«[27] Ähnlich findet das Mißtrauen gegenüber Cato, das Diderot im Artikel »Cynique« ausdrückte, sein Echo im Munde des Neffen, wenn dieser sich weigert, »zu katonisieren« (S. 93). Man wird nicht erstaunt sein, daß der Enzyklopädist mehr als einmal auf die »Weichheit« des Neffen zurückkommt und die Strenge eines Menschen verachtet, »der sich manchmal damit begnügte, Grasspitzen zu fressen«.[28] Nimmt der verlorene Freund Jean-Jacques die Prinzipien und die Haltung des wahren Zynismus in Beschlag, so gibt sich Diderot damit zufrieden, ihm den Vorzug zu lassen, nicht ohne zu zeigen, daß es nicht der bessere Teil ist. Rousseau mache, was er wolle. Möge er die Rolle des Diogenes an Diderots Stelle wahrnehmen! Das ist nur eine Rolle, und er wird der »Heuchelei« nicht entgehen.

26 *Réfutation d'Helvétius*, *O. C.*, Bd. 2, S. 606. Über die Beziehungen zwischen Rousseau und Diderot vgl. Jean Fabre, »Deux frères ennemis: Diderot et Jean-Jacques«, in: *Lumières et romantisme*, Paris 1963, S. 19–65.

27 *Rameaus Neffe*, S. 213.

28 Art. »Cynique«, l.c., S. 77. »Man müßte kommen, um unser Gras zu fressen«: man erinnert sich, das ist Voltaires Einladung an Rousseau, am 30. 8. 1755 mit dem Dank für die Übersendung des zweiten *Discours* in einem »ostentativen« Brief.

Das Vorbild der Frugalität, die Existenz auf dem Minimum des elementaren Bedürfnisses sind als nicht zu verwirklichen und als inakzeptabel erkannt und werden erwähnt, um den »Philosophen« von der »elenden Pantomime« zu befreien. Aus Ärger über Rousseau nimmt Diderot Abschied von Diogenes.

Bleibt Diogenes ein Verteidiger? Ist der Neffe für diese Aufgabe qualifiziert? Die Ansprüche, die es dem Neffen gestatten würden, die Schutzherrschaft des Diogenes zu fordern, beschränken sich auf die Unverschämtheit, und das ist wenig. Er betreibt einen Pseudo-Zynismus, eine ständige Falschmünzerei mit dem Bild des Diogenes, während Diogenes, als er sich zur Philosophie bekehrt, eine zweifelhafte Jugend hinter sich läßt, da er »die Münzen beschnitten« hatte (*O. C.*, Bd. 14, S. 77).[29] Der Artikel »Cynique« hat vorweg den Betrug definiert, der darin besteht, *unverfroren* den Freimut der wahren Zyniker vorzutäuschen. Der Neffe stößt zu den unrechtmäßigen Besitzern, seine Unverfrorenheit ist die Parodie auf die Wahrhaftigkeit:

> »Alles, was es in den Städten Griechenlands und Italiens an Schelmen, Schamlosen, Bettlern, Schmarotzern, Vielfraßen und Taugenichtsen gab (und es gab dort viel von diesem Volk unter den Kaisern), nahm *unverfroren* den Namen des Zynikers an.«[30]

In seinen Maximen (von denen Diderot eine Sammlung bietet) hatte Diogenes die Hauptformel ausgesprochen, die Ver-

29 Die von dem Zyniker vor seiner plötzlichen Bekehrung im Kontakt mit Antisthenes geübte Falschmünzerei gab zu verschiedenen Deutungen Anlaß, die Brucker in Bd. 1 seiner *Historia critica philosophiae* berichtet. Wie H. Niehues-Pröbsting zeigt, konnte der griechische Ausdruck »paracharattein to nomisma« als Antizipation von Nietzsches Umwertung aller Werte gedeutet werden.

30 Ebd., S. 74. Die Anwendung auf J.-F. Rameau findet sich bei R. Desné in der Einleitung seiner Edition des *Neveu de Rameau*, 1963, S. XL.

leumdung und Schmeichelei mit tierischer Wildheit vergleicht:

> »Der Verleumder ist das grausamste der wilden Tiere, und der Schmeichler das gefährlichste unter den gezähmten.« (*O. C.*, Bd. 14, S. 81)

Das ist das Thema, welches das Bravourstück der »stillschweigenden Übereinkunft« (S. 135) variiert, wo der Neffe für sich und seine Artgenossen die natürliche Wildheit der Tiere beansprucht. Er übt das aus, was Diogenes verurteilt, und beweist dieselbe Wahrheit zustimmend.

Um nichts auf der Welt hat Diogenes eingewilligt, sich in der Schmeichelei zum Tier zu machen, obschon er sich in der Gestalt des Hundes animalisiert hat. Sein Verhalten gegenüber Alexander dem Großen hat die Gegen-Schmeichelei auf die Höhe eines spektakulären Emblems gehoben. Rameau dagegen vereinigt sich freiwillig mit dem »Tiergarten« Bertins; er ist Schmeichler, Verleumder, Kolporteur der »feinen Märchen« über seine Wohltäter. Er verkörpert zynisch (im niederen Sinne des Wortes) das, was der Zynismus (im heroischen Sinne) des Diogenes geißelt. Der usurpierte Zynismus, der Zynismus auf kleinem Fuße, begnügt sich damit, einen berühmten Namen zu zitieren – genau das zu tun, zögert der Neffe nicht, wenn er sich sein Standbild neben dem des Diogenes unter dem Vorwand gemeinsamer Unverfrorenheit vorstellt. Es reicht ihm nun, ohne Maske vorzugehen, die Begierde der Sinnenlust einzugestehen und folgerichtig zu verfahren. Und wenn er zum Erfolg eine Maske braucht, dann wird er sie nehmen, es sei denn, er will einem unbedeutenden Vertrauten ein Geständnis ablegen – einem wenig vom Glück begünstigten »Philosophen«, von dem man nichts erwarten kann außer einem Augenblick der Aufmerksamkeit im Café de la Régence.

Diderot erklärt, die Figur des Cato nicht *spielen* zu wollen, um nicht in die Lüge und das Gekünstelte einer erzwungenen Rolle zu verfallen. Der anmaßende Zynismus erscheint ihm ebenso wie der Stoizismus als ein Schwindel. Seine Aufrichtigkeit besteht darin, anzuerkennen, daß er den Anspruch herunterschrauben muß.

Der Neffe hat keinen Skrupel, den Zyniker nachzuäffen und alle Spiele zu spielen, dabei die Ohren vor der sittlichen Forderung zu verschließen und auf alle Vorzüge des zivilisierten Lebens lüstern zu sein; er schreckt nicht davor zurück, die Begier nach Luxus, die Kritik sozialer Mißstände (in dem Maße, als er selbst keinen Nutzen daraus zieht) und das Geständnis der Allmacht des animalischen Bedürfnisses zu vermischen. Er findet sich mit dem herabgewürdigten Zynismus ab und ergreift die Partei der allgemeinen Korruption, während er sie denunziert. Der Niederträchtigkeit, die den Lauf der Welt bestimmt, setzt er nur seine Ironie entgegen und seinen Wunsch, daraus »wie ein anderer« (ein obsessiv wiederholter Ausdruck) Nutzen zu ziehen.

Somit ist keiner der Gesprächspartner in *Rameaus Neffe* völlig solidarisch mit Diogenes: die tugendhafte Genügsamkeit gefällt weder dem Schmarotzer-Musikanten noch dem »Philosophen«-Ich. Warum beanspruchen ihn dann beide für sich? Vielleicht, weil sie, nach Diderots Willen, handelnde Personen einer Satire sind und weil Diogenes mit seinen starken Sprüchen die satirische Existenz verkörpert, wobei die satirisch geißelnde Macht des Wortes sich mit der gelebten Mißbilligung verbindet, die eine autarke Lebensführung vor den Augen der verdorbenen Menschen offenbart: »Seine natürliche Heiterkeit widersetzte sich beinahe der Strenge seines Lebens. Er war kurzweilig, lebhaft, einfallsreich und beredt. Niemand hat so viele starke Sprüche geprägt. Er ließ das Salz und die Ironie auf die Lasterhaften regnen. [...] Er erhob sich über jede Begebenheit, nahm alle Schrecken unter seine Füße und tummelte sich in allen Narrheiten« (*O. C.*, Bd. 14, S. 78). Diogenes, der geistig die Rolle des »Hundes« übernimmt, ist das Sinnbild einer Geistesgröße, der die politische Größe keinen Eindruck macht: »Kaum war der Erlaß veröffentlicht, der die Verehrung Alexanders unter dem Namen *Bacchos Indiens* befahl, so forderte er unter dem Namen *Serapis Griechenlands* verehrt zu werden« (ebd., S. 78–79).[31] Diogenes findet das Wort, das chiasmatisch (über Kreuz) die Anmaßung des stolzen Kriegers umkehrt. Er kann das tun, weil er der Furcht entgangen ist, weil es ihm gleichgültig ist, alles zu verlieren, das Leben eingeschlossen, während er selbst in einen nackten Leib und ein uneinnehmbares Gewissen zurückgezogen bleibt. Sein ganzes Leben ist eine lebendige Satire; die Überlieferung hält sie in einer Reihe von Anekdoten fest.

In dem Artikel »Cynique« hat Diderot – Menipp zitierend – deutlich gezeigt, was vom Zynismus übrigbleibt, wenn der tätige Mut verschwindet; es bleibt ein satirischer Autor, der Begründer einer Gattung – der *menippeischen* Satire –, die Varro und Lukian aufnehmen werden:

> »Menipp [...] war einer der letzten Zyniker der alten Schule; er hat sich mehr durch eine literarische Gattung, die seinen Namen trägt, als durch seine Sitten und seine Philosophie empfohlen. Lukian, der ihn zum *literarischen Vorbild* nimmt, macht aus ihm auch einen sittlichen Helden. Menipp trieb Handel, *schrieb Satiren* und lieh gegen Pfand. Verzehrt von dem Durst, seine Reichtümer zu vermehren, vertraute er alles, was er zusammengerafft hatte, Kaufleuten an, die ihn bestahlen. [...] Einer der frühen Schüler des Antisthenes hätte über den Verlust seines Ver-

31 Der Chiasmus besteht darin, griechische und orientalische Gottheiten zu vermischen: Bacchos (griech.) *Indiens*, Serapis (orientalisch) *Griechenlands*.

mögens gescherzt [...]; der wuchertreibende Zyniker verlor darüber den Kopf und hängte sich auf« (ebd., S. 84–85).

Sind die kühne Tugend und die kraftvolle Sittlichkeit einmal verloren, so bleibt die satirische Stimme, die Literatur nimmt trotz der geringeren Würde des Daseins oder gerade wegen deren Beschädigung ihren Aufstieg. Diogenes macht Sprüche und Worte auf sein Risiko und unter Gefahr; Menipp macht dergleichen auf dem Papier, ohne etwas zu wagen. Der Menipp des Lukian ist für Diderot kein Unbekannter. Er erscheint in den *Pensées philosophiques*. Er ist der Widerspruchsgeist, der argumentiert und sich mit dem höchsten Gott anlegt: »Du gebrauchst deinen Donner, statt zu antworten; du hast also unrecht?«[32] Geht man von Diogenes zu Menipp über, so bleibt ein »literarisches Vorbild«, und dieses Vorbild faßt sich zusammen in dem gegen die Gottheit gerichteten Angriff, die vorgeladen wird, um in vernünftiger Diskussion zu antworten.

Von den ersten und den letzten Seiten von *Rameaus Neffe* an hat der Name Diogenes zwei Fluchtlinien gezogen, die sich der Möglichkeit nach in einer imaginären Gestalt vereinigen, die freimütiges Reden und tugendhaftes Dasein, die Macht der Rede und die sittliche Macht verbindet. Aber keiner der beiden Unterredner will oder kann dem vollständigen Beispiel dieser Gestalt folgen: der Neffe nicht, weil er davon nur die sprachliche Unverschämtheit bewahrt, der »Philosoph« (das »Ich«) nicht, weil ihm die Tugend, die er bewundert, geschichtlich und existentiell unerreichbar erscheint. Diogenes ist also der Name, den die unmögliche Freiheit in der kulturellen Vergangenheit angenommen hat. Er ist der Zeuge einer heroischen Randexistenz, die der radi-

32 *Pensées philosophiques*, in: *Œuvres philosophiques*, hg. v. Vernière, S. 17. Der Herausgeber notiert, daß die Bezugnahme ungenau ist. Vgl. »Brief über die Taubstummen«, *O. C.*, Bd. 2, S. 555, mit der Anspielung auf Menipps pietätlose Anrede.

kalsten sittlichen *Norm* unterliegt. Aber er reduziert sich bald auf sein vorgeprägtes Profil und seine einfache Ikonographie. Und die in Diderots Satire ausgetauschten Reden finden ihren legitimen Schutzheiligen einzig in Menipp, dem unvollkommenen Schüler, dem spekulierenden Schriftsteller, der sarkastisch ist, aber unfähig zum Verzicht. Die *Sitten*, die seither problematisch wurden, folgen keiner Norm, und das Wort – unverschämt und schwermütig und voller Zweifel an der Wiederherstellbarkeit der verlorenen Norm – nimmt freien Lauf in zwei abwechselnden Stimmen.

VII
Fabel und Mythologie im 17. und 18. Jahrhundert

Sucht man die Rolle der antiken Mythen im 17. und 18. Jahrhundert zu bestimmen, so bieten sich zwei äußerst verschiedene Bereiche der Beobachtung an: alle Sparten der Kultur (Poesie, Theater, Ballett, Malerei, Skulptur und dekorative Künste), worin die mythologischen *Motive* aufzufinden sind, einerseits, die historischen, kritischen und spekulativen Texte insgesamt, die ein *Wissen* von den Mythen, eine Wissenschaft der Mythen zu begründen versuchen, andererseits. Diese Unterscheidung drückt sich zu jener Zeit in Begriffen aus, deren Bedeutung die ganze Verschiedenheit bezeichnet, welche die Zeitgenossen zwischen dem freien Gebrauch mythologischer Motive und der reflektierten Erkenntnis der Mythen wahrnahmen: *Fabel* und *Mythologie*.

Die Funktion der Fabel in der Kultur der klassischen Epoche

Die *Fabel* ist die Summe der üblichen Kenntnisse der heidnischen Götterwelt. Weithin auf Hesiod, Ovid, Apollodor und ihre neueren Verbreiter (Natale Conti) begründet, ist sie eine Sammlung von Stammbäumen, Abenteuern, Metamorphosen und allegorischen Bezügen. Und da die Motive der Fabel allgegenwärtig sind – bei den alten Autoren, die man in der Schule liest, in den Tragödien, die man im Theater sieht, auf den Historiengemälden, auf den Denkmälern, die man auf die Plätze stellt, und in der Innendekoration –, so ist die Fabel ein Pflichtfach in der Erziehung des »honnête Homme«. So bildet sich ein Zirkel: man muß die Fabel kennen, um die

Werke der antiken und modernen Kultur zu verstehen; und weil man die Fabel gelernt hat und das antike Vorbild lebendig bleibt, greifen die neuen Werke, die man schafft, auf die Fabel zurück, sei es, um ihr das Thema selbst zu entlehnen, sei es für das ornamentale Zubehör – Gestalten, Sinnbilder, Redeweisen.

Rollin erwähnt die Fabel und rechtfertigt ihr differenziertes Studium in Buch VI (4. Teil) seines *Traité des études* (1726), der über ein ganzes Jahrhundert hin Autorität genoß:

> »Es gibt kaum einen Gegenstand hinsichtlich des Studiums der schönen Literatur, der von größerem Nutzen wäre und mehr eines gründlichen Studiums fähig als der, von dem ich hier spreche [. . .].«

Ohne Kenntnis der Fabel keine Kenntnis der Literatur:

> »Das ist [ein Vorzug], der sich weit erstreckt beim Verständnis der Autoren, seien sie griechisch, lateinisch oder selbst französisch, bei deren Lektüre man einfach steckenbleibt, wenn man nicht eine Ahnung von der Fabel hat. Ich spreche nicht nur von den Dichtern, deren natürliche Sprache sie bekanntlich beinahe ist; auch die Redner verwenden sie oft; und in glücklicher Anwendung liefert sie manchmal sehr lebhafte Züge [. . .]. Es gibt andere Arten von Büchern, die vor den Augen von jedermann ausgestellt sind: Bilder, Stiche, Gobelins und Statuen. Das sind ebenso viele Rätsel für den, der die Fabel nicht kennt, die oft deren Erklärung und Auflösung bildet. Nicht selten spricht man auch in den Unterhaltungen von diesen Gegenständen. Es ist, wie mir scheint, nicht angenehm, dann stumm zu bleiben und dumm zu scheinen in der Gesellschaft, weil man in seiner Jugend in einer Sache nicht unterrichtet wurde, die nicht schwer zu lernen ist.«

Die Kenntnis der Fabel ist sogar die Bedingung der Lesbarkeit der gesamten kulturellen Welt. Unter diesem Anspruch ist sie eine der Voraussetzungen der Teilnahme an den »Unterhaltungen« (entretiens), in denen ein gebildeter Mann seine Rolle zu spielen berufen ist. Für Rollin ist die Fabel unerläßlich sowohl zum Verständnis der ästhetischen Umwelt wie dazu, in einer erlesenen »Gesellschaft« (compagnie) anerkannt zu werden. Mithin hat sie eine doppelte Funktion; sie ist eine bilderreiche Sprache, die zu einem bestimmten Typus der Organisation des Diskurses Zugang gewährt, und die Funktion dieser Sprache ist das soziale Zeichen der Anerkennung zwischen Individuen, die auf die gleiche Art die Welt der mythischen Fiktionen zu entschlüsseln vermögen.

Jaucourt pflichtet dem bei in seinem Artikel »Fable« der *Encyclopédie*:

> »[...] Deshalb ist die Kenntnis, zumindest eine oberflächliche Kenntnis der Fabel so verbreitet. Unsere Schauspiele in Oper und Drama und unsere Poesien in jeder Gattung spielen unaufhörlich darauf an; die Stiche, Gemälde und Statuen, die unsere Zimmer, Galerien, verzierten Decken und Gärten schmücken, sind fast stets der Fabel entnommen: schließlich wird sie so viel gebraucht in allen unseren Schriften, Romanen und Broschüren und selbst im gewöhnlichen Gespräch, daß man sie unmöglich bis zu einem Grade vernachlässigen kann, ohne über diesen Mangel an Erziehung erröten zu müssen.
> Die Fabel ist das Erbteil der Künste; es ist eine Quelle einfallsreicher Vorstellungen, heiterer Bilder, ergreifender Themen, Allegorien und Sinnbilder, deren Gebrauch mehr oder weniger glücklich dem Geschmack und dem Genie antwortet. Alles handelt, alles atmet in dieser verzauberten Welt, wo die Geisterwesen Körper haben, die materiellen Wesen belebt sind, wo Felder, Wälder und Flüsse ihre eigenen Gottheiten haben; chimärische Personen, ich weiß es wohl, aber ihre Rolle in Schriften der

alten Dichter und die häufigen Anspielungen bei den modernen Poeten haben sie für uns fast zur Wirklichkeit werden lassen. Unsere Augen sind so vertraut damit, daß wir Mühe haben, sie als Wesen bloßer Vorstellung anzusehen.«

Der Verfasser einer 1775 erschienenen *Encyclopédie élémentaire* läßt Ungeduld gegenüber der Fabel erkennen, hält sie aber dennoch für unerläßlich. Und seine Art, den *Dictionnaire de la fable* von Chompré (das schon Rollin begrüßt hatte) zu empfehlen, zeigt gut, wie dieses Werk, das eine allegorische Ikonologie und zugleich ein Verzeichnis der Helden der Fabel ist, weniger die Substanz der Mythen vertiefen als die von den Künstlern verwendeten *Attribute* entziffern will. Der Tendenz nach hat man es mit einem semiologischen Code zu tun, der dazu dient, in einer geweihten Sprache eine »Absicht« auszudrücken:

»Es ist eine Ansammlung kindlicher Märchen ohne jede Wahrscheinlichkeit, die wohl Verachtung verdiente, wenn diese Chimären nicht zum Verständnis der antiken Schriftsteller und um die Schönheiten der Poesie, der Bilder, der Allegorien zu fühlen und sogar, um sich einer Unzahl üblicher Ausdrücke wie: das ist eine *Megäre*, *Furie*, *Muse* zu bedienen, absolut notwendig wären [...]. Ich empfehle meinen Lesern, sich mit dem kleinen handlichen *Dictionnaire* von M. Chompré zu bewaffnen. Es ist von großem Nutzen für die jungen Leute, ja für jedermann. Wenn man zum Beispiel das Thema eines Gobelins, eines Bildes, eines allegorischen Stückes sucht, findet man es gewiß in diesem Werke.

Wenn es ein Adler ist, schlagt Ihr unter diesem Wort nach und findet Verweise auf *Jupiter*, auf *Periphas*, auf *Ganymed*. Wenn es eine Sichel ist, findet man *Saturn* oder die *Zeit*. Wenn eine Figur eine Trompete hält, so verweist das Wort Trompete auf den *Ruhm* [...]. Durch die Attribute lernt

Ihr die Themen kennen; und mit ein wenig Urteil erratet Ihr die Absicht des Zeichners.«[1]

Das Wörterbuch dient, wie man sieht, zum Übergang von einer Sprache in die andere; es ist ein Werkzeug der Übersetzung, das den Künstlern und Poeten erlaubt, die passenden »Figuren« zu finden, und, mehr noch, die Leser der Möglichkeit versichert, von der Figur auf die erste Vorstellung zurückzukommen. Der Rückgriff des Wörterbuchs postuliert eine Disjunktion von Erscheinung und Bedeutung, die sogleich durch ein System fester Entsprechungen aufgehoben wird, ein System, dank dessen die Fremdheit der Allegorie verschwindet. Dadurch reduziert sich der Gebrauch mythischer Figuren auf ein stilistisches Verfahren – der Leser und Betrachter soll das Bild *Trompete* durch den Begriff *Ruhm* übersetzen; und wenngleich ein solches Bild der Trompete uns einen Augenblick durch die Eleganz seiner Form oder den Glanz seines Kupfers fasziniert, so wird doch jede *gewitzigte* Lektüre es vermeiden, sich bei dieser Buchstäblichkeit aufzuhalten, die nur von vorläufigem Charakter ist als Anzeichen für das »erhabene« oder »edle« Register des Ausdrucks.

Auf diesen Typus des Wortschatzes reduziert, gewinnt die Fabel einen ahistorischen Aspekt, während sie doch auf eine fiktive und im griechisch-lateinischen Raum angesiedelte Vergangenheit verweist –: alles ist da gleichzeitig, sogar die Genealogien. Die Fabel entwickelt ihre Verflechtungen synchronisch, als wäre sie der Wortschatz ein und desselben Sprachzustandes. Die innere Chronologie der Fabel ist nicht der historischen Dauer einbeschrieben. Von dem Augenblick an, da die Götter, ihre Bezeichnungen, Kulte, Beziehun-

1 Der *Dictionnaire* von Chompré wird, durchgesehen, erweitert und verwandelt, zum *Dictionnaire de la fable* von F. Noël (1801), der von den Künstlern und Dichtern des 19. Jahrhunderts gebraucht wird, erweitert um die nordische und asiatische Mythologie usw., die griechisch-römische Welt bleibt vorherrschend, ist aber nicht mehr der einzige Bilderlieferant.

gen zu Orten und Völkern usw. Gegenstand historischer Forschung werden, wird die Fabel zum Gegenstand der *Gelehrsamkeit* und ist nicht länger das geschlossene und selbstgenügsame System, das wir beschrieben haben. Nun wird sie Sache der »Antiquare« (mit der Bestandsaufnahme der ausgegrabenen Dokumente: Statuen, Altäre, Medaillen in Konfrontation mit den schriftlichen Quellen: Inschriften, literarische Texte usw.) oder der *Mythologen* (mit den Thesen über den *Ursprung* der Fabeln, über die Unterschiede oder Ähnlichkeiten zwischen dem Glauben verschiedener Völker usw.). Ein schwieriges und gefährliches Terrain, an dessen Schwelle haltzumachen Rollin den Erziehern rät: »Gut wäre es, scheint mir, das zu vermeiden, was nur Bezug zur Gelehrsamkeit hat und das Studium der Fabel schwierig und weniger angenehm machen würde; oder zumindest in knappe Anmerkungen die Betrachtungen dieser Art zu verbannen.«

Jaucourt beschließt den Artikel »Fable« der *Encyclopédie* mit einem Programm mythologischen Wissens, das die schlichte Vertrautheit mit den Gestalten der Fabel überschreitet:

> »[...] Aber seine Neugier so weit zu treiben, bis zum Versuch, die verschiedenen Bedeutungen oder Mysterien der Fabel zu durchdringen, die verschiedenen Systeme der Theologie zu verstehen, die Kulte der Gottheiten des Heidentums zu kennen, das ist eine Wissenschaft, die einer kleinen Zahl von Gelehrten vorbehalten ist; und diese Wissenschaft, die einen sehr weiten Bereich der schönen Literatur umfaßt und die absolut unerläßlich ist, um die Denkmäler des Altertums zu verstehen, nennt man die *Mythologie*.«

Hier geht es darum, die Gestalten der Fabel gemäß der Forderung eines historischen, genetischen und systematischen Verstehens zu deuten. Während die Fabel selbst in vulgarisierter

Gestalt ein universales Mittel ist, alle Dinge zu »poetisieren«, fragt die »Mythologie« nach ihren Ursprüngen, nach ihrer intellektuellen Reichweite, ihrem Erkenntniswert und ihrem Verhältnis zu den Institutionen und den Gebräuchen. Kurz, die semantische Opposition zwischen der *Fabel* und der *Mythologie* kann als Unterschied zwischen einem verallgemeinerten und stabilisierten Interpretationssystem einerseits und einer rationalen Reflexion, die dieses Interpretationssystem zum Gegenstand einer Interpretation gemäß anderen Geltungsbedingungen macht, andererseits gefaßt werden.

Von nun an, so kann man sagen, entzündet sich die Erneuerung des Mythos am Ende des 18. Jahrhunderts aus dieser gelehrten Reflexion, die sich damit beschäftigt, die mythische Erfindung anders zu verstehen, während der vorgeprägte Rückgriff auf die Fabel sich als unfruchtbar und langweilig erweist. Bevor wir den Aufstieg mythologischer *Theorien* betrachten, müssen wir, genauer als wir es bisher getan haben, die Funktion der *Fabel* innerhalb der »klassischen« europäischen und vor allem französischen Kultur des 17. und 18. Jahrhunderts bestimmen.

In einer Kultur, die das Nebeneinander einer sakralen und einer profanen Sphäre duldet, nimmt die Fabel offensichtlich den profanen Ort ein – sie bevölkert die weltlichen Vergnügungen. Wir können sogar sagen, daß die Fabel durch ihren eingestandenen Mangel an Wahrheit selbst das Indiz der Nichtigkeit der weltlichen Existenz ist. Die Fabel will nur Fiktion und Ornament sein und, wenn es hoch kommt, gelehrte Erinnerung. Ihre Autorität ist von Anfang an gegenüber der religiösen Autorität für nichtig erklärt. Das ästhetisierte Heidentum, das auf den alleinigen Anspruch des Anmutigen oder des Schönen beschränkt ist, stellt für die christlichen Orthodoxien keinen gefährlichen Rivalen dar – außer wenn die Seelen sich dabei ungehörig festhalten lassen und sich an den unreinen Beispielen der heidnischen Götterwelt erfreuen.

Kehren wir noch einmal zu Rollin zurück, dem entschiedenen Fürsprecher der religiösen Erziehung zu Beginn des 18. Jahrhunderts. Wenn er die Fabel in sein Bildungsprogramm aufnimmt, dann will er nicht lediglich das Verständnis der literarischen oder bildnerischen Werke begünstigen. Sie soll auch, als Gegenbeweis der christlichen Wahrheit, zur Warnung dienen:

> »Dieses Studium kann, wenn es mit der Vorsicht und Weisheit betrieben wird, welche die Religion fordert und inspiriert, für die jungen Leute von großem Nutzen sein. Zuerst lehrt es sie, was sie ihrem Befreier Jesus Christus verdanken, der sie der Macht der Finsternis entrissen hat, um sie in das wunderbare Licht des Evangeliums zu führen. Was waren die Menschen vor ihm [...]? Die Fabel lehrt es uns. Es waren blinde Anbeter des Dämonen, die ihr Knie vor Gold, Silber und Marmor beugten; die tauben und stummen Standbildern Geld opferten; die Tiere, Reptilien und sogar Pflanzen als Götter anerkannten [...]. Jede Geschichte der Fabel, jeder Umstand aus dem Leben der Götter muß uns zugleich mit Verwirrung, Bewunderung und Dankbarkeit erfüllen [...]. Ein zweiter Vorzug der Fabel besteht darin, daß sie uns die absurden Zeremonien und die gottlosen Lebensregeln des Heidentums enthüllt und uns damit neue Achtung für die erhabene Majestät der christlichen Religion und für die Heiligkeit ihrer Moral einflößt.«

Der Glaube wird reserviert für die einzige legitime Autorität – das offenbarte Dogma –, während die Verdammung die heidnischen Gestalten trifft, deren stets erneuertes Bild uns jedoch – wie Rollin anerkennt – die Schmuckformen des täglichen Lebens vorführen. Zumindest läßt die Unwirklichkeit der Fabel trotz der von ihr angehäuften Verlockungen keinen Zweifel an der Eitelkeit des weltlichen Daseins. Sie ist durch ihre Gegenwart das sichere Kennzeichen, daß die profane Begier sich durch »falsche« Gegenstände verleiten läßt. Und das Gebot, die Liebe auf ihren wahren Gegenstand – Gott, Christus – zu lenken, wird dadurch nur noch kräftiger.

Aber die Abgrenzung zwischen dem Heiligen und dem Profanen hat ihre eigene Berechtigung; sie wird von der religiösen Autorität selbst gefordert. Die religiöse Autorität duldet, indem sie das Feld ihrer strikten Zuständigkeit bestimmt, die Existenz eines äußeren Bereichs, den sie zwar überwacht, aber nicht den strengsten Regeln unterwirft. Sofern die Bindungen mit der Ordnung des Heiligen nicht zerbrochen werden, kann das Leben der Menschen sich teilweise in einer profanen Zeit und einem profanen Raume abspielen. Und die ererbten Gestalten eines verflossenen und abgesetzten Heiligen – die des Heidentums – können schadlos dem Teil des Daseins als Schmuck dienen, der nicht unmittelbar von den Glaubenswahrheiten beherrscht wird. Gewiß ist die Vorstellungswelt gefährlich, und die Gestalten der Begierde bringen die Seelen in schwere Bedrängnis; doch die Orthodoxie gesteht in der Form eines Pantheons, mit dem sich kein ernster Glauben mehr verbindet, dem, was sonst die christliche Moral verdammt und verdrängt, eine Überlebenschance an der *Oberfläche* zu. So läßt das Christentum (und besonders der Katholizismus der Gegenreformation) in einem nahezu ausgewogenen Kompromiß, aber in der Art des zweckfreien Bildes und der entschärften Fiktion, die ganze Welt teilweiser, *polytheistischer* Antriebe, die es historisch ersetzt hat und die die wahren Gläubigen zu leugnen und zu übertreffen eingeladen sind, an seiner Seite bestehen. Dieser Kompromiß ermächtigt zu einer gewissen Doppelheit: die »Weltleute« (der König selbst) genießen die profanen Vergnügungen, umgeben sich mit heidnischen Szenen, werden selbst zu Darstellern in mythologischen Balletten, hören jedoch die Prediger und empfangen die Sakramente.

Die Liebe und der Ehrgeiz – die beiden großen Spielräume weltlicher Begier (libido sentiendi, libido dominandi) – feiern ihre Triumphe in der Verkleidung der Fabel. In der Liebesdichtung gehört der Rekurs auf den Code der Fabel zu einem System der *Entfernung*, welches das Gefühl in eine heroische oder pastorale Fiktion überträgt und dadurch die Begierde in einem ruhmreichen Ausdruck, gereinigt und von trivialer Zufälligkeit gelöst, zu offenbaren erlaubt. In dieser Bedeutung gewährleistet die Fabel eine *Verlagerung* aller Elemente des Diskurses auf ein zugleich *spielerisches* und »höfliches« Register, wodurch sich das Wesen der »galanten« Haltung bestimmt. Wenn man bedenkt, daß das Hauptkorpus der Mythen – die *Metamorphosen* Ovids – selbst einen starken spielerischen Anteil enthält, dann wird evident, daß die Künstler und Dichter sich genötigt fühlten, einander in diesem Spiel zu überbieten, um dem Geschmack der Neuheit, des »Pikanten«, der in den gebildeten Kreisen vorherrschte, zu genügen. Diese Überbietung ist besonders spürbar in der Kunst des europäischen Rokoko mit seiner dekorativen Wucherung, seiner weichen Linienführung und Verkleinerung. Aber dieses Element intellektuellen Spiels ist, manchmal mit authentischer bewährten Elementen vermischt, bereits im Manierismus und Concettismus sichtbar (es genügt, Marinis *Adone* zu nennen); es findet sich im preziösen Stil des französischen Grand Siècle und ist in der Tändelei am Ende des 18. Jahrhunderts nicht verschwunden. Benserade und seine *Métamorphoses d'Ovide mises en rondeaux* sind ein Beispiel für den preziösen Exzeß – das Werk erschien »pikant«, weil es eine geregelte, auf eine kleine *regelmäßige* Form gegründete Paraphrase war, die einen lateinischen Text, dessen mythischer Inhalt selbst schon Gegenstand spielerischer Erleichterung war, kürzte und bearbeitete. Das Spiel ist also verdoppelt. Das Rondeau ist eine *Miniatur* im Verhältnis zu dem nachgeahmten Vorbild: alles dreht sich im engen Kreis von zwölf Versen, deren vier erste Silben zweimal wiederkehren – das letzte Mal, um die Strophe zu schließen. Am Ende des Ancien Régime reduziert sich in den *Lettres à Émilie sur la*

Mythologie von C. A. Demoustier der mythologische Bericht auf ein mit Versen untermischtes Getändel; die versifizierten Teile sind bald Episoden oder Kommentare der Erzählung, bald galante Komplimente an die Adressatin. Diese vom 17. Jahrhundert ererbte Form erleichtert sich bis zur Bedeutungslosigkeit. Wiederum erleidet die von Brief zu Brief erzählte Mythologie eine Verkleinerung und Verminderung, die sie zum Minimalbestand einer Abenteuererzählung werden läßt und zum Vorwand leichter Erziehung, die darauf bedacht ist, zu *gefallen*. Ein Schritt weiter, und von den Göttern bleibt in einer Schrift unter der Protektion von Madame de Genlis einzig ihr *Name*, kalligraphisch im Modus von Sinnbildern ausgeführt . . .

Das mythische Repertoire, das geeignet war, die aktuellen Ereignisse oder Gefühle in ein fiktives Register einzutragen, kann jedoch auch dazu dienen, sie in triumphalem Ausmaß zu erhöhen und zu feiern. Die Verkleinerung ist nur eine der Neigungen der spielerischen Imagination: es ist die, welche das Spiel mit der Eroberung unschuldiger Leichtigkeit verbindet. Hat das Spiel dagegen glorifizierende Absichten, so erweitert es, ohne sich durch die Knechtschaften der wirklichen Welt nötigen zu lassen. Die mythologische Fiktion ermöglicht die lobende Hyperbel, die im Rahmen christlicher Regel nicht hätte ausgesprochen werden können. Bei einer gewonnenen Schlacht gipfelt das christliche Fest in der Verehrung des Herrn der Heerscharen: *Te Deum laudamus*. Aber das christliche Fest verdoppelt sich um ein profanes und mithin *mythologisches*, das den Fürsten selbst erhebt – er wird mit Mars oder Herkules verglichen, er ist der Günstling der Bellona usw. Bei einer fürstlichen Geburt wird die christliche Taufe verdoppelt um Zeremonien oder Gedichte, die sich an der Fabel inspirieren und die nichts Geringeres verkünden als die baldige Rückkehr Asträas oder des Goldenen Zeitalters . . . Die Apotheose des Fürsten gibt Anlaß zu einer *Darstellung* (représentation), die in einem System göttlicher

Gestalten, deren Geltung von Beginn des Spieles an als verflossen und bloß scheinhaft angesetzt ist, zulässig ist. Diese Scheinvergöttlichung erlaubt den Aufschwung feierlicher Energien, und diese gestatten sich, obwohl sie Gefangene des griechisch-lateinischen Vorbildes sind, alle Übertreibungen, da sie nach nichts anderem als einem Trugbild streben. Der Sonnenkönig kann im Gewande des Apoll tanzen; Jupiter kann in einer Opern-Bühnenmaschine vom Himmel herabsteigen, um den künftigen Zeiten eine illustre Nachkommenschaft des Souveräns anzukündigen.

Wenngleich das überkommene System des griechisch-lateinischen Mythos eine reinigende oder verherrlichende Verwandlung begünstigt, so ist es doch höchst verletzbar, denn die Autorität, die es beansprucht, ist lediglich eine ästhetische. Nichts schützt den Mythos gegen die Parodie oder den Rückstoß, der die mythischen Verschönerungen aufgibt, um der gewöhnlichen Realität der Begierde wieder zu ihrem Recht zu verhelfen.

Die Bewegung der Komödie und Satire des 17. Jahrhunderts ist es, die Masken wegzureißen, den Weg der reinigenden (Preziosität) oder verherrlichenden (Adelsideal) Unternehmungen rückwärts zu schreiten und alles, was der mythologische Code zuvor in die metaphorische Dimension transportiert hat, wieder auf die Buchstäblichkeit zu verpflichten. Angesichts der Gemälde, worin die Begierde sich erhebt und vergöttlicht, kehrt die Satire in die alltägliche Welt zurück und konfrontiert uns mit der Realität des Triebes im Rohzustand. In dieser Hinsicht finde ich folgende Episode aus dem *Discours sur le voyage de Saint-Germain-en-Laye* aufschlußreich, die sich im *Cabinet satyrique* (1618) findet. Der mythische Dekor wird als erotisches Stimulans *gelesen*:

»Durchstreifen wir, bitt ich, das Auge zu erquicken
Das Zimmer des Königs mit unseren Blicken.

Man sieht von Mars und Venus die Gestalten
Im Arme, schmachtend und ganz nackt sich halten;
Seht sie im Winkel hier in andrer Positur:
Wo sah man je solch geile Bilder nur?
Noch einmal seht, ein wenig weiter oben,
Wie sie es machen, überm Balkon droben;
Ganz nah sieht man gefangen sie zusammen.
Was! Lauter Putten und verliebte Flammen,
In diesem schönen Raum! Kommt, laßt den Ort uns meiden:
Bitte, hinaus, oder wir machen's wie die beiden!«

Man kann ungestraft Sakrilege am Pseudo-Sakralen begehen. Die Burleske spielt frei mit dieser Lizenz. Die großen mythischen Bilder zur Adelung der Umstände des öffentlichen und privaten Lebens sind Mittel der Verwandlung und Transvestierung. Wenn man sie verhunzt und karikiert, eröffnet man die Rückkehr zur trivialen Wirklichkeit. Die Travestie dessen, was Verkleidung war, vernichtet die Reinheit und den Ruhm der Bilder und läßt das echte Korn und den Geruch der Welt, wie sie ohne Illusion ist, wiederfinden. Der *Ovide en belle humeur* von Dassoucy, der *Virgile travesti* von Scarron, der *Homère travesti* des jungen Marivaux, die späte *Vergils Aeneis travestirt* von Blumauer (Wien 1782–1794) greifen nicht nur die geachteten literarischen Vorbilder an; sie zielen, durch sie hindurch, auf die *Tugenden*, welche die episch-mythische Tradition übermäßig pries: kriegerische Heldentaten, Opferung des Lebens für das Vaterland und für den Ruhm.

Der Spott auf die Helden und Götter des Altertums richtet sich allgemein auf das heroische Ideal. Das einfache Glück zu leben taugt mehr. Deshalb wird die fiktive Unsterblichkeit, der Markt der Narren und die Falschmünzerei denunziert, mit der die mythologische Verherrlichung diejenigen bezahlt, die ihr Blut auf dem Schlachtfeld vergießen. Nach den Kriegen Ludwigs XIV. erreicht die Parodie, wie Marivaux sie betreibt, nicht nur die Alten und ihre Parteigänger, sondern viel mehr noch die Illusionen des militärischen Ruhms. Verse wie diese, die Andromache zu Hektor spricht, sind »wehrkraftzersetzend«. Sie »entmystifizieren« den Gemeinplatz der unvergänglichen Erinnerung:

»O Götter, Fürst und Vaterland,
Wie traurig ist der Witwenstand,
Ein Bett ist wahrlich zum Erschrecken,
Wenn nicht mehr zweie darin stecken!
Den Vater mir erschlagen hat
Achill, der Bluthund, vor der Stadt . . .
Wie heißt sie? Denk ich hin und her,
Den Namen weiß ich schon nicht mehr.
Begraben hat er den Papa
Mit größtem Glanz und Gloria:
Doch liegt der Leib erst unterm Rasen,
Was nützt ihm das Trompeteblasen?
Wie glanzvoll man begraben werde,
Als Lager hat man doch nur Erde.«

Dieses entschlossen irdische Glaubensbekenntnis (das den Tod auf die Beerdigung zurücknimmt) verwirft ein »heidnisches«[2] Bild der Unsterblichkeit und schleppt zugleich den Unglauben an die christliche Unsterblichkeit heimlich mit ein. Man kann sogar sagen, daß die burleske Parodie der mythischen Erzählungen, der Hirten- oder Kriegerfabeln ihren destruktiven Effekt nicht auf das Ästhetische, auch nicht auf die Hierarchie nur der »offiziellen« Werte beschränkt – mittelbar tastet man die höchste *Autorität* an. Denn wiewohl fik-

2 Es handelt sich hier aber nicht um die Jenseitsvorstellungen der homerischen Gedichte, sondern vielmehr um die im 17. Jahrhundert geläufige mythologische Konvention.

tiv, bietet die Welt der Fabel durchaus die Bilder einer Souveränität, die zur herrschenden Souveränität, die sozusagen gesetzlichen Kurswert hat, homolog ist. Jupiter und die Götter der Fabel anzugreifen bedeutet, nach den hineingemischten Anspielungen, *in effigie* und ohne Risiko den König und die Großen oder die Heiligkeit Gottes oder des Papstes usw. anzugreifen. Da die Welt der Fabel durch Verfügung der geistlichen Gewalt eine profane Welt ohne wahren sakralen Gehalt ist, kann es bei ihrer Entstellung keine Blasphemie oder Gotteslästerung geben. Die *libertine* Kritik an der Religion oder an der zentralisierenden Monarchie kann also verdeckt geübt werden, ohne (dem Anschein nach) andere Mächte anzutasten als diejenigen, welche die am wenigsten verdächtige christliche Tradition unablässig verdammt hat. Wie man sieht, ist die Dualität des (christlichen) Heiligen und des (mit »mythologischem Dekor« umgebenen) Profanen so angeordnet, daß man bald mit ihrer Trennung und ihrem wechselseitigen Ausschluß, bald mit ihrem Parallelismus und ihrer Isomorphie spielen kann. Während die heidnische und die christliche Souveränität nach ihrer formalen Ähnlichkeit betrachtet werden (gleiche Struktur der allgemeinen Abhängigkeit von einer höchsten Gottheit, gleiche Anwesenheit der Wunder), kann sich die Polemik gegen das Christentum (oder gegen die abergläubischen Momente des Christentums) ungehindert entfalten, da sie ja auf den ersten Blick nur gegen die Götter des Heidentums zielt (Beispiel: der Artikel »Jupiter« des *Dictionnaire* von Bayle). Sind Christentum und Heidentum in ihrer Unvereinbarkeit gesehen, so offenbart sich die Feindschaft gegen das Christentum bedrohlicher durch eine entschiedene Stellungnahme zugunsten der Welt der Fabel. Verschanzt hinter den ästhetischen Traditionen, die die mythologische Fiktion eingeführt und ihre Adelstitel gesichert hat, proklamiert das rebellische Denken seine Bevorzugung der heidnischen Fabel gegenüber der von der Kirche auferlegten, nicht minder fabelhaften und erlogenen, jedoch tausendmal minder vergnüglichen Lehre. Das ist der Augenblick, in dem das antichristliche Gefühl sich mit offenem Visier zeigt. Man kann das in mehreren Runden seit der Renaissance, aber vor allem im 18. Jahrhundert beobachten. Bei Voltaire bezeugt die Option für das Heidentum – in der *Apologie de la fable* – weniger ein authentisch der Welt des Mythos zuneigendes Gefühl als vielmehr den Opportunismus einer Propagandamethode, die ihre Pfeile aus jedem Holz zu schnitzen weiß:

»Gelehrtes Altertum und stets erneute Schönheit,
Des Geistes Denkmal, glückliche Fiktionen,
  Umgebt mich mit den Strahlen
  Eures unsterblichen Lichtes:
Ihr haucht der Erde, Luft und Meeren
  Leben ein und macht die Welt so schön.
Der Baum mit langem Wipfel und immergrünen Zweigen
  Ist Atys, der Geliebte der Kybele;
Die frühe Hyazinthe ist der zarte Liebling
Apolls auf den beblümten Auen [...].«

Eine Reihe weiterer Beispiele folgt. Und Voltaire fährt fort:

»Verliebte Helden bevölkern den Olymp.
Ein Wunderbild! Verführende Magie!
Hesiod gefällt mir mit der Theologie,
Wo Amor, um das Chaos zu entwirren
Sich in die Lüfte schwingt und über Wolken schwebt!
Nun rühmt uns, selige Skribenten,
Antonius' Schwein, Sankt Rochus' Hund,
  Reliquien und Schulterknochen
Der Ursel Schleier und die schmutzige Kutte;
Vergleicht die Heiligen mit dem Homer:
Er lügt als großer Mann, lügt, zu gefallen;
  Ihr habt töricht nur gelogen:
  Durch ihn klärt sich der Menschen Geist [...].«

Voltaire scheint hier weniger geneigt, sich wirklich auf die Welt der Fabel einzulassen, als Bündnispartner in seinem Kampf für die *Aufklärung* und für eine Zivilisation des irdischen Glücks anzuwerben. Seine Apologie der Fabel verlangt von ihm keine Ortsveränderung; sie bestätigt nur die – in dem berühmten Gedicht des *Mondain* ausgesprochene – Wahl zugunsten der städtischen Zivilisation und der Vergnügungen, welche die Künste zu bieten vermögen. Der Homer Voltaires, durch den sich »der Menschen Geist aufklärt«, hat nichts »Primitives«. Die Fabel, wie Voltaire sie besingt, beschränkt sich auf ein *profanes Vergnügen*, ein modernes, das in klarem Gegensatz zur religiösen Praxis steht. Die Dichotomie des Profanen und des Heiligen, auf die wir zu Beginn hingewiesen haben, ist nirgends spürbarer als in den letzten Versen des Gedichts, die das, was sie trennen, gleichstellen:

»Wenn unsre Völker heute in der Messe Christen sind,
So sind sie Heiden in der Oper.
Mit heidnischem Kalender zählen wir die Tage
Nach Göttern Roms, die ihnen Namen gaben;
Mars, Jupiter und Venus und Saturn
Regieren Tage, leiten die Geschicke.
Unrein ist diese Mischung, unrecht, aber schließlich
Ähneln wir alle dem Abbé Pellegrin,
›Der Morgen ist katholisch, Abend heidnisch,
Ißt morgens beim Altar und abends beim Theater.‹«

Diese »unreine Mischung« wird ihre späte Apotheose in *La Guerre des Dieux* von Parny (1799) finden, einem zügellosen Gedicht, in dem die Götter des Olymp den »modernen Gottheiten« die ärgsten Verhöhnungen antun.

Wir haben uns bisher darauf beschränkt, den Mythos unter seinem allgemeinsten formalen Aspekt zu betrachten, d. h. als Agenten einer ästhetischen Transformation in das profane Register unter der Voraussetzung, daß der Anlaß dazu gewöhnlich durch einen Lebensumstand gegeben war, den man feiern, reinigen oder verherrlichen wollte. Aber der mythologische Code mit seinen Varianten und vielfachen Verzweigungen besteht auch für sich, unabhängig von den Verschönerungen, als deren Mittel er fungieren kann. Er ist ein weites »Gitternetz«, worin leidenschaftliche Beziehungen, extreme Situationen und monströse Handlungen wuchern. Auf dieses Material können Einbildungskraft und Begierde nach Wahl und wechselnden Ausschnitten ihre Energien projizieren. Manche Werke des 17. und 18. Jahrhunderts kann man als Neuinterpretationen der großen mythischen Themen lesen – wenn man davon absieht, daß es sich für die Künstler weniger darum handelt, die Deutung der Mythen zu verändern, als darum, in ihnen die Gelegenheit eines freien Gebrauchs ihrer Kräfte zu finden. Zweifellos verlangt der Mythos in seiner geläufigen Gestalt, ein »Thema« zu respektieren. Aber innerhalb einer Ästhetik, die im Gegensatz zu unserer nicht eine »Originalität« bevorzugte, die in der Lage ist, *ex nihilo* Stoff, Thema und Stil zu schaffen – d. h. die Gesamtheit der Elemente des Werkes –, war die dem Künstler überlassene Freiheit der Ausführung, um seinem Willen gemäß eine bekannte »Fabel« zu traktieren, genügend groß, um in manchen Fällen tiefliegende Energien freizusetzen. Das geht bis zur offensichtlichen Absichtslosigkeit einer Erzählung oder Tragödie, die erhebliche Verführungskraft mit einer Disposition verschleierter Bedeutung ausübt. So wie La Fontaine die Geschichte der Psyche erzählt, ist sie in ihrer spielerischen und freien Form gründlich mit Symbolen beladen, die um das Thema des Geheimnisses und der Erkenntnis durch den Blick dem Stoff hinzugefügt sind. *Andromaque*, *Iphigénie* und *Phèdre* sind Stücke, bei denen das psychologisierte mythische Element die Entfaltung der dunklen Mächte der Leidenschaft erlaubt. Die verlassene Ariadne oder Dido bieten dem Gesang und der Musik Gelegenheit, das melodische *Lamento*, die trostlose Klage auszubreiten. Verallgemeinern wir es: unter dem Deckmantel eines geläufigen Mythos, der ihr eine akzeptierte Form zur Verfügung stellt, kann die Begierde *unpersönlich* ihre imaginäre Befriedigung ausleben; die überlieferten mythischen Strukturen werden erst von dem Augenblick an als Hindernis empfunden, da die Forderung nach *persönlichem* Ausdruck sich durchsetzt... Die Rolle, welche die mythische Welt als Stütze und Empfänger der Projektionen des Begehrens spielen konnte, verdoppelt sich um eine eher intellektuelle Funktion: um das episch-mythische Schema herum wird eine ganze pädagogische, politische und moralisierende Konstruktion möglich. Der mythische Rahmen erlaubt es, die den jungen Fürsten bestimmte moralische Lektion zu verschönern, zu vergrößern und zu »entzeitlichen«. Fénelons *Télémaque* ist zugleich Prosagedicht, »Bildungsroman« und politische Utopie. Der Schauplatz der *Odyssee* mit schaumbedecktem Meer, den Erscheinungen der Amphitrite und ihrer Nymphen in grünenden Grotten gewährleistet eine harmonische Verschmelzung dieser vielfältigen Elemente. Mentor, worin sich Minerva verbirgt, spart unter dem Äußeren einer profanen Fabel nicht mit einer Lektion der Weisheit, worin die strengsten Vorschriften der christlichen Lehre bewahrt, abgeklärt, verallgemeinert und liebenswürdig gemacht wurden.

Wenn man übrigens die Wahl untersucht, welche die Schriftsteller und Künstler des 17. und 18. Jahrhunderts innerhalb des mythischen Geflechtes treffen, dann wird man, den Zeiten entsprechend, das Beharren auf bestimmten Themen bemerken, die eine gemeinsame Beunruhigung, oft im Verhältnis zu den wunden Punkten des Empfindungsvermögens, bezeugen. Man wagt sich nicht zu weit vor, wenn man sagt, daß das Barock, von der Beweglichkeit der Erscheinungen beunruhigt, sich in den Mythen der Metamorphose gefällt (Berninis *Apoll und Daphne* ist ein Beispiel unter vielen). Wenn im 18. Jahrhundert *Pygmalion* überhandnimmt, so nicht allein deshalb, weil dieses Jahrhundert die Frage beschäftigt, wie die Materie zu beleben sei, sondern weil seine Künstler von einer Vollkommenheit der Nachahmung träumen, für die sie durch eine von dem lebendig gewordenen Werk gewährte liebende Umarmung belohnt würden – nicht zufällig ist Rousseaus einziges mythisches Thema ausgerechnet ein *Pygmalion*, wobei sich der prägende Narzißmus des Autors freien Lauf läßt; die Begierde des Künstlers wird durch das Wesen belohnt, das er nach dem Bilde seines Ideals geschaffen hat. Man bemerkt die hier erreichte *Grenze*. Die Fabel des Pygmalion stellt in einer *noch* mythischen Sprache eine Forderung, sich selbst auszudrücken, deren nächste Manifestation darin besteht, jede Vermittlung durch den Mythos, jeden Rückgriff auf die schon bestehende Fabel zu verweigern. In einer späteren Phase (um 1800) werden bestimmte große heroische Mythen (Prometheus, Herakles, Ganymed) mit der Aufgabe betraut, Hoffnung und Revolte zu bekunden – die Vergöttlichung des menschlichen Helden läßt in die Zukunft blicken, da die Herrschaft der alten Götter gestürzt sein wird, um dem Menschen Platz zu machen. Hier noch strebt die mythische Sprache zu ihrer eigenen Abschaffung in dem Maße, wie das Verschwinden der Herrschaft der Götter zum Verlust der Bildersprache führt, die sich um sie herum entwickelt hatte. Man könnte so, bis zu Wagners *Götterdämmerung*, dem Rekurs auf einen vollständigen Mythos folgen, einem Rekurs, der sich im Sturz der mythischen Welt beschließt, die der Ausdruck eines alten *Gesetzes* der mittlerweile erbenlos gewordenen Welt ist.

Aber diese Tendenz ist bei weitem nicht die einzige, und sie wird, wie wir sehen werden, um eine entgegengesetzte Tendenz verdoppelt.

Das Aufkommen mythologischer Theorien

Die Fabel, die in der Form einer Sammlung von unbegrenzt wiederholbaren Erzählungen und festen Symbolen stabilisiert ist, kann günstigenfalls wiederbelebt werden, aufgefrischt, durch eine feurige Einbildungskraft vergegenwärtigt und fähig, einen Traum auf ein schon bestehendes Bild zu projizieren. Ein Komponist, ein Maler (eher als ein Dichter) verleihen im 18. Jahrhundert bisweilen einem Thema der Fabel neues Leben, das Beben der Leidenschaft und eine wie neu erfundene Fremdheit.

Die Renaissance des mythischen Stoffs vollzieht sich auf anderen Wegen. Und das Paradox ist, daß es auf Wegen geschieht, die auf den ersten Blick zum *Tode* der Fabel, zu ihrer endgültigen Ausstoßung führen. Die Mythologie – d. h. die *gelehrte* Beschäftigung mit den Mythen – hat die Welt der Fabel zerstört, ihr aber zugleich unerwarteterweise die Gründe für einen neuen Aufschwung in erweiterter und verjüngter Gestalt gegeben. Es handelt sich um einen fortschreitenden Prozeß, dessen Stadien nachzuzeichnen die Mühe lohnt.

Die Mythologie des 17. Jahrhunderts verbindet in variierenden Proportionen das Wissen der »Antiquare« (Attribute der Götter, Kultstätten, schriftliche Quellen, Münzen usw.) mit den Mutmaßungen der Theologen. Die bequeme, auf Clemens von Alexandrien zurückgehende Hypothese war, daß die heidnischen Götter ein vielfacher und verzerrter Reflex des wahren Gottes sind, von dem die Genesis spricht, oder von den Königen der Heiligen Schrift. Die ursprüngliche Offenbarung habe sich fortschreitend für die untreuen und sündigen Völker verdunkelt. Nach der Zerstreuung beim Turmbau zu Babel haben sie den ersten und einzigen Gott vergessen, und nichts hielt sie mehr zurück, ihre Fürsten, die Ströme und die wilden Tiere zu vergöttlichen. Aber ebenso wie ihre Sprachen in den Augen der Etymologen verderbte Ableitungen aus dem Hebräischen sind, lassen ihre Gottheiten die heilige Religion erraten, deren entstellte Spiegelung sie ist. Der Abbé Banier faßt die allgemeine Auffassung wunderbar zusammen:

»In den ersten Zeiten verehrten die Menschen nur einen einzigen Gott. Noah bewahrte in seiner Familie den Kult, den seine Väter dem Schöpfer erwiesen hatten; aber seine Nachkommen haben nicht lange darauf seine Reinheit verfälscht. Die Verbrechen, denen sie sich hingaben, ließen bald die Vorstellung von der Gottheit verblassen, und man begann, sich an sinnliche Gegenstände zu binden. Was in der Natur am glänzendsten und vollkommensten war, zog ihre Huldigungen an sich; und deshalb wurde die Sonne der erste Gegenstand ihres Aberglaubens. Von der Verehrung der Sonne schritt man zu der der anderen Sterne und Planeten, und die ganze Heerschar des Himmels [...] zog ebenso wie die Elemente, Flüsse und Berge einen religiösen Kult an: dabei blieb es nicht; die Natur selbst wurde als Gottheit angesehen, und unter verschiedenen Namen wurde sie Gegenstand des Kultes verschiedener Nationen. Endlich schienen die großen Männer entweder durch ihre Eroberungen oder durch die Erfindung der Künste Ehren zu verdienen, die nur dem Schöpfer der Welt geschuldet wurden: und das ist der Ursprung all der Götter, die das Heidentum verehrte.«

Ein derartiges System der Mythologie stellt die verschiedenen überlieferten Theorien des Ursprungs der Mythen (Euhemerismus, Gestirnsymbolik usw.) auf gleichen Fuß, um die falschen Religionen zu erklären, indem man sie anklagt und gleichzeitig die Autorität einer ersten Offenbarung unberührt läßt, deren Treuhänder die Kirche geblieben ist.

Aber diese orthodoxe Mythologie bereitete mit ihrer Entwicklung einer psychologischen Reflexion über den Grund der Verbrechen und der Gottlosigkeit der ungläubigen Völker einen kühneren Gedanken vor, der sich mit den Motiven jedes Glaubens und aller religiösen Verehrung beschäftigte; die Skeptiker bedienten sich seiner, um die Autorität, welche die Orthodoxie zu bewahren und zu stärken beanspruchte, gegen sie zu wenden. Die Waffen, die die Kirche gegen den Aberglauben gebrauchte, ließen sich bequem gegen den Glauben kehren, und die gewöhnlichste List bestand darin, das Dogma unter dem Deckmantel, die Verteidigung des Dogmas gegen den Götzendienst fortzusetzen, selbst anzugreifen. Fortan wurde der Gott Israels einer *kausalen* Deutung unterworfen, analog zu derjenigen, welche die Theologen den Heidengöttern vorbehalten hatten. Die Erklärung des Lukrez – insitus horror (*De rerum natura* V, 1160–1239) – sollte alle Kulte ohne Ausnahme umfassen. Die »libertine« Strömung des 17. Jahrhunderts hatte für diese Rückkehr zur Lehre Epikurs gearbeitet. Und die Fabel konnte nun, statt sekundär und abgeleitet zu erscheinen, als die *erste* Antwort der Menschen auf die Schrecken des Traumes, auf die großen Begebenheiten der Natur und auf all das gelten, was sie *erstaunt* . . .

Fontenelles kurze Abhandlung über den Ursprung der Fabeln bezieht die Mythen und den Polytheismus auf einfache Gründe: Unwissenheit, Verwunderung und Schrecken vor den überall empfundenen Gewalten der Natur, und die Neigung, das Unbekannte durch das Bekannte zu erklären. Die Fabeln versammeln die »Geschichte der Irrtümer des menschlichen Geistes«. Nun braucht man sich nicht mehr damit aufzuhalten, alle Gesichtspunkte der Fabel zu studieren; man muß Mythologie treiben, wie Fontenelle es tut, um uns eines Besseren zu belehren: »Das ist keine Wissenschaft, sich den Kopf mit allen Extravaganzen der Phönizier und der Griechen angefüllt zu haben, sondern vielmehr zu wissen, was die Phönizier und die Griechen zu diesen Extravaganzen getrieben hat. Alle Menschen ähneln sich so sehr, daß es kein Volk gibt, dessen Torheiten uns nicht zittern machen sollten.«

Man sieht, wie die Verachtung für die Fabel und die Behauptung des hohen Wertes der Reflexion über die Anfänge unserer Beziehung zur Welt und über die Irrtümer des seinen ersten Regungen ausgelieferten Geistes einander begegnen. Alles hat, für den Wilden wie für das Kind, damit angefangen, daß wir eine mißliche Neigung zu falschen Erklärungen hegen, bis zu dem Augenblick, da unsere langsam und fortschreitend einsichtiger werdende Intelligenz fähig geworden ist, über diesen Kinderglauben zu lachen und sogar zu wissen, *warum* sie sich zum Fabulieren hinreißen ließ. Der gebildete Geist findet darin zugleich eine Mahnung. Diese »primitiven« Irrtümer, die allen Völkern angehören, gehören auch allen Zeiten an, und nichts ist leichter, als wieder in sie zu verfallen. Man muß auf der Hut sein, um der stets erneuerten Versuchung des Mythos nicht nachzugeben. Unsere Einbildungskraft bleibt dafür stets empfänglich, obschon unsere Vernunft das abweist: »Obwohl wir unvergleichlich viel aufgeklärter sind als die, deren roher Geist guten Glaubens die Fabeln erfunden hat, so nehmen wir doch leicht die gleiche Wendung des Geistes wieder auf, welche die Fabeln für sie so angenehm machte; sie weideten sich daran, weil sie es glaubten, und wir weiden uns mit ebenso viel Vergnügen daran, ohne es zu glauben; und nichts beweist besser, daß die Einbildungskraft und die Vernunft beinahe keinen Verkehr miteinander haben und daß die Dinge, über welche die Vernunft sich zuerst belehrt hat, nichts von ihrer Annehmlichkeit für die Einbildungskraft verlieren.« Die Dichotomie von Heiligem und Profanem, die einst der Geschichte der Fabeln am Rande der heiligen Geschichte zu existieren ermöglicht hatte, wird nun ersetzt durch die Dichotomie von Vernunft und Einbildungskraft. Wiederum wird der Fabel jede Wahrheit und Autorität abgesprochen – die Vernunft (und nicht die Offenbarung) ist die Herrin. Aber die Vorstellungswelt und das Vergnügen, das sich daran heftet, unterliegen keinem moralischen Tadel, sie sind legitim, solange sie nicht die Vorrechte der Vernunft irgend beanspruchen. Die Täuschung hat das Recht, uns zu bezaubern, solange wir wissen, daß wir uns im Kreise der Poesie befinden und nicht in dem der Wissenschaft. Geben wir den Verführungen des Mythos statt, so bleiben wir im Spiel in einer Welt, die wir in Wirklichkeit verlassen haben. Die Dichter der Kindheit der Welt – Homer und Hesiod – sind gewiß bewundernswert; doch ihre großen Bilder sind nur die Kehrseite ihrer Unwissenheit. In der Perspektive eines progressiven Werdens, darin die Vernunft sich von Jahrhundert zu Jahrhundert vervollkommnet, ist der Mythos der naive Zeuge des ersten Stammelns des Geistes aus der Zeit, da die Seele bloß in Metaphern zu sprechen vermochte, um ihr Erschrecken auszudrücken und ihre Verwunderung mitzuteilen. Und diese allgemeine Theorie des Mythos setzt allen Glauben auf gleichen Fuß; sie macht aus Vorsicht und durch eine Stilklausel nur eine Ausnahme mit der »wahren Religion«. Die intellektuelle Erziehung soll die Menschen dazu bringen, sich von allen Vorurteilen, allen Irrtümern und allen Kulten freizumachen. Derart die Illusion zu nehmen führt zu einer Poesie, welche die Fabel kalt, geistreich und spöttisch benutzt, ohne zu glauben. Es ist das unpoetische 18. Jahrhundert, das sich so definiert.

Nicht alle jedoch bezeugen das gleiche Vertrauen in die Macht der gebildeten Vernunft. Hume, der die Entstehung der Fabeln beinahe wie Fontenelle deutet, gibt durchaus dem Zweifel an den Konstruktionen der Vernunft Raum. Vielleicht besitzen diese Konstruktionen nicht mehr Konsistenz als die polytheistischen Kosmogonien. In diesem Falle wäre unser »Fortschritt« ungewiß, und das Vergnügen, das wir an den alten Mythen genießen, wäre weniger kindlich, als es scheint. In der Ungewißheit über das Wahre, in der wir uns befinden, hat der Mythos den Vorzug der Schönheit für sich, ohne erlogener zu sein als das, was uns vernünftig erscheint. Die über sich selbst belehrte Vernunft vermag sich den ersten Schöpfungen der Einbildungskraft gegenüber nachsichtig zu zeigen.

Die vollständige Rehabilitierung des Mythos auf diesem Wege läßt nicht auf sich warten. Dafür wird es freilich nötig sein, daß die erste Erfahrung des Geistes, statt mit dem Zeichen der Unvollkommenheit versehen zu werden, im Gegenteil den Charakter der Fülle und das Vorrecht der Einheit zuerkannt bekommt. In dieser Umwertung des Mythos erkennt man mühelos eine Rückkehr des theologischen Denkens, die sich mit einer psychologischen Erklärung der Erzeugung der ersten Vorstellungen und der ersten Gefühle vermischt. Die *Genesis* erscheint wieder hinter (oder: in) den einfachen Bewegungen des Geistes, die das erste Stadium der *genetischen* Rekonstruktion der intellektuellen Fähigkeiten des Menschengeschlechts bilden. Das Kind, der Wilde und der Mensch zu Beginn der Zeiten, für wie beschränkt man sie auch halten mag, leben in unmittelbarer Berührung mit der Welt; sie sind wie Adam im Paradies. Die Offenbarung wird ihnen nicht von außen als Unterricht erteilt, sie herrscht innen. Ihr Wissen ist nicht Reflexion, sondern Partizipation; sie leben *in* der Vertrautheit mit der Welt und ihren Kräften. In diesem Bild der ursprünglichen Ungeteiltheit (das selbst dem Mythos entstammt) kommt der der ersten Sprache zuerkannten Macht eine wesentliche Rolle zu: sie ist *zugleich* Rede und Gesang (Strabon hatte das gesagt. Vossius und Vico nehmen es auf.[3] Rousseau und Herder entwickeln die theoretischen Konsequenzen). Sie trägt in sich den »fast unvermeidlichen Eindruck der Leidenschaft, die sich mitzuteilen strebt« (Rousseau); Rede und Gefühl sind nicht geschieden; die Ehrlichkeit des Ausdrucks ist absolut, es gibt noch keinen Platz für die Lüge und für die Abstraktion. Das Herz des Menschen und seine Rede sind noch nicht zweierlei. Die Götter, die er sich unter dem Eindruck des Schreckens oder im Geiste des

3 Vico schlägt eine falsche Etymologie vor: *mythos* aus *mutus*, stumm, weil die Fabel in stummen Zeiten entstand und sich als erste Rede den früheren Sprachen der Gebärden und der stummen Zeichen hinzufügte.

Spiels vorstellt, sind die Seite, die eine lebendige Natur ihm zukehrt – eine Natur, für die er kein Fremder ist. Unmittelbar zu sich selbst, unmittelbar zur Natur, äußert der Mensch im ersten Gesang und in den ersten großen Epen den Drang, der wahrhaftig die Größe und die Grenzen seiner sterblichen Existenz anzeigt. Das ist die neue Überzeugung, die den Mythen eine gleichzeitig ontologische und poetische Legitimität verleiht und den Zeugnissen aller primitiven Literaturen gleiche Aufmerksamkeit schenkt. Und so als antworteten sie dieser neuen Hörfähigkeit, werden vollständige Mythologien neu entdeckt oder bisweilen halb erfunden: die *Edda*, *Ossian*, die heiligen Schriften des Orients, die Gesänge der Indianer Amerikas. Man legt darin ein Bild der Kunst vor der Kunst, einer jeder Regel der Komposition vorausgehenden Poesie frei. In dieser »Barbarei« möchte man eine Größe und eine Energie erkennen, welche die zivilisierten Sprachen nicht mehr besitzen.

Daraus ergibt sich nicht allein die Erweiterung des Feldes mythologischer Kenntnis noch lediglich die schlichte Vergrößerung des Repertoires epischer oder naiver Texte, die den von den Frivolitäten ihres Jahrhunderts ermüdeten Menschen von Geschmack geboten werden. Wer die Gewalt dieser Werke gefühlt hat, dem wird die Vorstellung einer erneuerten Poesie und einer Sprache, die ihre frühere Kraft wiedererlangte, unwiderstehlich das Verlangen nach einer neuen Weise, zu leben und zu fühlen, einflößen. Im Heimweh nach der verlorenen hohen Sprache wendet der Geist sich zum Beginn der Gesellschaften, dort hofft er die Begeisterung zu schöpfen, woraus die Gesänge hervorgehen, die in der unmittelbaren Zukunft den Völkern den hinreißenden Schwung und die sie gemeinsam belebende Seele, die sie verlassen hat, zu gewähren in der Lage sind. Der erneuerte Begriff des *Genies* lädt dazu ein, die Stimme zu vernehmen, die im Untergrund der Natur und des kollektiven Bewußtseins spricht. Der Dichter, der erkannt hat, daß alle Völker der

Welt sich im Alter ihrer ersten Bestätigung in ihren Helden und Göttern verherrlichen, wird sich in einem Entwurf dieser Art von der Vergangenheit angezogen fühlen, die er seinen Mitbürgern zur Vereinigung im Gefühl wiedererschaffener Gemeinschaft vorschlagen kann. So wenden sich die französischen Dichter erneut den griechischen, römischen (und gelegentlich keltischen oder »gallischen«) Vorbildern zu, und die überlieferten Vorbilder selbst wechseln – nach der Entdeckung der nordischen und orientalischen Altertümer – das Aussehen: man trifft nun bei Homer, Aischylos, Pindar und selbst bei Virgil nicht mehr auf Verstöße gegen den Geschmack, sondern auf eine gigantische, wilde Erhabenheit, deren Berührung belebend wirkt. Das neo-klassische oder neu-antike System, das von einer idealistischen Überzeugung neuplatonischer Inspiration geprägt ist, strebt nicht lediglich danach, die zeitlosen Formen des *Schönen* zu versammeln, sondern es behauptet, mit Winckelmann, daß die Archetypen der »schönen Natur« sich nur dank der Blüte der politischen Freiheit in den griechischen Städten offenbaren konnten. Die Gottheiten der griechischen Plastik erscheinen um den Preis einiger Verlagerungen und Kondensierungen als das fleischgewordene, von griechischen Bürgern bearbeitete Ideal. Und gewiß verliert die primitive Welt in dieser Perspektive viel von ihrer Roheit und ihrem wilden Sträuben – die von Winckelmann ein wenig zu lieblich gefeierte Heiterkeit als Reflex eines verstehbaren Himmels liefert nicht die Energien, die aus dem geheimnisvollen Grund der lebenden Natur hervorströmen sollen. Aber für André Chénier z. B. gibt es in der hellenischen Vergangenheit keinen Widerspruch; sie ist zugleich formale Harmonie, Glut jugendlicher Begierde und vor allem großer Atem der Freiheit. So reduziert sich die Nachahmung der Alten nicht auf die schlichte Wiederholung von Bildern und Namen, sie wird zu einer Wiedereroberung des Feuers und zu einer Energieübertragung: »Entzünden wir unsere Fackeln an ihren poetischen

Feuern ...« Herder wünschte fast zur gleichen Zeit, daß die Poesie der Alten, ohne sklavische Nachahmung zu sein, für die Modernen zur Quelle einer »poetischen Heuristik« werde, die eine »ganz neue Mythologie« zu erfinden erlaubte. Aber er erkannte auch die Schwierigkeit, »den Geist der Reduktion und den Geist der Fiktion« zu versöhnen und das »Zergliedern des Philosophen« mit dem »geordneten Sammeln des Dichters« zu vereinen.

Die Herausforderung gilt dem Dichter, von dem man erwartet, daß er den gemeinsamen Schwung erweckt, indem er die Herzen erhebt und die Gegenwart der vergessenen göttlichen Kräfte wiederherstellt: der Einsatz betrifft die Gesellschaft und das erneuerte Bewußtsein, das die Menschen von dem Band, das sie vereinigt, zu gewinnen suchen. Die Gestalt der alten Götter wird mit politischer Bedeutung besetzt. Sie sind die Zeugen, deren die Seele des Volkes bedarf, um sich selbst zu erkennen; sie sollen wieder werden, was sie waren: Bürgen und Gewährsleute, welche die soziale Gruppe nach ihrem Bilde geschaffen hat und worin sie ihre Wahrheit und ihre eigene Natur erkennt. Die Rückkehr der Götter hat, wenn die Dichter sie beschwören, zum bevorzugten Schauplatz das menschliche Fest (nationales oder universales Fest, je nachdem, ob man die Reichweite partikularisiert oder generalisiert).

Man sieht, wie sich hier ein »Mythos der Mythologie« (Hans Blumenberg) bildet, der den ungewissen Ursprung der Mythen mit dem Ursprung der Nation (oder der Menschheit) zusammenfallen läßt und der den Menschen einer Welt in der Krise eine Pflicht daraus macht, sich unter der Drohung, andernfalls ihre Seele zu verlieren oder zugrundezugehen, neu mit ihren Ursprüngen (mit der verlorenen Natur) zu verknüpfen. Doch kaum ist dieser neue Mythos formuliert, die Pflicht ausgesprochen, da erheben sich die Fragen. Können die Menschen eines Zeitalters der Wissenschaft und der vernünftigen Reflexion das naive Erstaunen der jungen Menschheit wiederfinden, welche die Natur mit wandelbaren, nicht dem Prinzip der Identität unterworfenen Gottheiten bevölkerte (Karl Philipp Moritz)? In der Ode »Die Götter Griechenlands« beschwört Schiller den antiken Überfluß an Göttern; aber sie wurden verbannt und kehren nicht wieder; seitdem ist die Natur *entgöttert*. Unsere Poesie kann nur leben, indem sie Partei für die Abwesenden ergreift und sagt, daß sie uns fehlen: »Was unsterblich im Gesang soll leben, muß im Leben untergehn.« Die moderne Poesie ist außerstande, die *naive* Einfachheit wiederzugewinnen, und weiht sich *sentimentaler* Sehnsucht. Jean Paul wird es auf seine Weise wiederholen: »Die schöne, reiche Einfalt des Kindes bezaubert nicht das zweite Kind, sondern den, der sie verloren. [...] Die griechischen Götter sind uns nur flache Bilder und leere Kleider unserer Empfindungen, nicht lebendige Wesen. Ja anstatt daß es damals kaum falsche Götter auf der Erde gab – und jedes Volk in dem Tempel des andern ein Gast sein konnte –, so kennen wir jetzo fast nur falsche. [...] sonst war die Poesie Gegenstand des Volks, so wie das Volk Gegenstand der Poesie; jetzo singt man aus einer Studierstube in eine andere hinüber.«

Die Unmöglichkeit, die alte Mythologie wieder zum Leben zu erwecken (nicht, weil man sie nicht bewunderte, sondern weil man sie zu sehr bewundert und weil die gegenwärtige Welt unfähig geworden ist, sie aufzunehmen), verstärkt die gefährliche Begier, eine *neue Mythologie* einzuführen. Diesen Gedanken findet man im sogenannten »Ältesten Systemprogramm des deutschen Idealismus« (1796 von Hegels Hand geschrieben, aber vielleicht von Schelling stammend und gewiß unter dem Einfluß Hölderlins):

> »Wir müssen eine neue Mythologie haben, diese Mythologie aber muß im Dienste der Ideen stehen, sie muß eine Mythologie der *Vernunft* werden. Ehe wir die Ideen ästhetisch, d. h. mythologisch machen, haben sie für das *Volk*

kein Interesse; und umgekehrt, ehe die Mythologie vernünftig ist, muß sich der Philosoph ihrer schämen. So müssen endlich Aufgeklärte und Unaufgeklärte sich die Hand reichen, die Mythologie muß philosophisch werden, und das Volk vernünftig, und die Philosophie muß mythologisch werden, um die Philosophen sinnlich zu machen. Dann herrscht ewige Einheit unter uns.«

An vielen Stellen spricht Hölderlin (»Brot und Wein«, »Archipelagos« u. a.) von der Zwischenzeit, der Zeit ängstlicher Erwartung zwischen dem unwiederbringlichen Verschwinden der alten Götter und dem Erscheinen einer neuen Gottheit, eines Dionysos oder eines Christus der letzten Stunde. Friedrich Schlegel ruft 1800 seinerseits nach einer neuen Mythologie, die nicht wie die alte in der Berührung mit der sinnlichen Welt entsteht, sondern aus der »tiefsten Tiefe des Geistes«, und die ihre harmonische Ordnung entfaltet, »wenn das Chaos durch die Liebe berührt wird«.

Selbst wenn sie enttäuscht würde, gibt diese Erwartung eines neuen Aufschwungs des Mythos (eines Mythos, der *aufs neue* Herrschaft der vereinigenden Einbildungskraft, aber auch der Triumph einer sinnlichen Vernunft wäre und nicht mehr das Aussehen der alten Gottheiten entlehnte) der Zukunft und künftigen Geschichte eine Funktion, deren Äquivalent nur in den religiösen oder gnostischen Eschatologien zu finden ist. Und sogar wenn der Mythos noch zu fehlen scheint, wird die menschliche Zeit und die von Menschen gemachte Geschichte durch diese Hoffnung tiefgreifend mythisiert – indem es auf das Erscheinen einer neuen Mythologie lauert, als sollte es eine wahre Parousie werden, bestimmt dieses Denken die Gegenwart schon *mythisch* als dumpfe Schwangerschaft eines neuen Adam und als nächtliche Suche des Punktes, an dem die allgemeine Dämmerung anbrechen soll: Zeit der Arbeit und der Prüfungen, des Marsches voraus, der erzwungenen Halte und des neu zu beginnenden

Versuchs. Als Gegenstand der neuen Mythologie offenbart die menschliche Geschichte einen verstehbaren Sinn; sie ist unter einem noch unbekannten Gesichtspunkt die Rückgewinnung der verlorenen Fülle, die kollektive Wiederherstellung der Einheit und die Rückkehr zur ältesten Wahrheit um den Preis der Entstehung einer gänzlich neuen Welt. So begriffen, wird der Mythos, der zu Beginn des 18. Jahrhunderts rein *profanes* Ornament war, zum *Sakralen* par excellence, das als letzte Autorität sein Gesetz auferlegt und über die menschlichen Werte in letzter Instanz entscheidet. Solange er noch nicht gekommen ist, ist er der Richter über das, was kommt. Dieser Wechsel ist nur das Korollar zu einem anderen Wechsel. Was zu Beginn des 18. Jahrhunderts das *Sakrale* war – schriftliche Offenbarung, Überlieferung und Dogma –, wurde der »entmystifizierenden« Kritik ausgeliefert, die es auf Menschenwerk und fabelhafte Einbildung zurückführte. Damit war das *Sakrale* auf eine psychologische Funktion reduziert, und das hieß zugleich, bestimmten menschlichen Fähigkeiten (Gefühlen, Gewissen, Einbildungskraft) oder bestimmten kollektiven Handlungen (dem Willen der Gesamtheit) eine sakrale Funktion zuzuschreiben. In der intellektuellen Geschichte des Jahrhunderts ist die Sakralisierung des Mythos stark von der Humanisierung des Sakralen abhängig. Es genügt nicht, wie häufig getan, die Philosophie der Aufklärung als den Prozeß der »Säkularisation« zu entziffern, worin der Mensch für seine Vernunft die Vorrechte beansprucht, die der göttliche *Logos* besaß. Eine umgekehrte Bewegung ist ebenso offensichtlich, durch welche der zunächst beiseite gehaltene und für absurd angesehene Mythos einen fundamentalen Sinn annimmt, den Wert offenbarter Wahrheit (Schelling). Durch diese doppelte Verwandlung ordnet sich der Gegensatz von Profanem und Sakralem neu. Das alte Sakrale mausert sich, und die profane Ordnung wird mit einer mythischen Hoffnung auf befreienden Fortschritt belastet. In der Erwartung des souveränen Mythos, den der künftige Mensch erfindet, werden alte Mythen als Präfigurationen wieder aufgenommen – Prometheus, Herakles, Psyche, die Titanen –, um die Revolte, das Begehren und die Hoffnung des Menschen, der Meister seines Schicksals werden möchte, zu bezeichnen. Der künftige Mythos, so wie ihn vorweg eine diffuse Erwartung skizziert, wird nicht nur vom Menschen ersonnen (vom Dichter-Propheten, vom Dichter-Volk oder von der arbeitenden Menschheit), er wird den Menschen selbst als Heros haben. Der erwartete Mythos – der weder in der Wahrheit der Geschichte noch in der Wahrheit des Gedichtes entstehen wird – ist nicht mehr Theogonie, sondern Anthropogonie: ihn würde, die Völker zu versammeln, der Gott-Mensch singen, der sich selbst durch seinen Gesang oder durch das Werk seiner Hände erzeugt. Von diesem nicht eingetretenen Mythos jedoch sind alle Mythologien der modernen Welt nur Ersatz und Kleingeld.[4]

4 Zu Rate gezogene Schriften des 17. und 18. Jahrhunderts (in Auswahl und in chronologischer Folge):
G.-J. Vossius, *De gentili theologia* [...], Amsterdam 1668. A. van Dale, *Dissertationes de progressu idolatriae et superstitionum et de prophetia*, Amsterdam 1696; *De oraculis veterum ethnicorum*, Amsterdam 1770. P. Jurieu, *Histoire critique des dogmes et des cultes, depuis Adam à Jésus-Christ*, Amsterdam 1704. W. King, *A Discourse Concerning the Inventions of Men in the Worship of God*, London [5]1704. J. Toland, *Letters to Serena*, London 1704. J. Trenchard, *The Natural History of Superstition*, London 1709. B. le Bovier de Fontenelle, *De l'origine des fables*, Paris 1724. C. Rollin, *Traité des études*, 4 Bde., Paris 1726; *Histoire ancienne*, 13 Bde., Paris 1730–1738. S. Shuckford, *The Sacred and the Profane History of the World Connected* [...], 2 Bde., London 1728. A. Ramsay, *The Travels of Cyrus, to which is Annexed a Discourse upon Mythology of the Ancients*, London 1728. T. Blackwell, *An Enquiry into the Life and Writings of Homer*, London 1735. T. Broughton, *Biblioteca historico-sacra, or an Historical Library of the Principal Matters Relating to Religion Ancient and Modern, Pagan, Jewish, Christian and Mohammedan*, 2 Bde., London 1737–1739. A. Banier, *La Mythologie et les fables expliquées par l'histoire*, 3 Bde., Paris 1738. N. Pluche, *Histoire du ciel* [...], 2 Bde., Paris 1739. G. Vico, *La Scienza nuova*, Neapel, (3. Fassung) 1744. R. Lowth, *De sacra poesi Hebraeorum praelectiones*, London 1753. P. H. Mallet, *Introduction à l'histoire de Dannemarc* [...], Kopenhagen 1755; *Edda* [...], Genf [3]1787. D. Hume, *The Natural History of Religion*, London 1757. A. Pernety, *Les Fables égyptiennes et grecques dévoilées*, Paris 1758. P. Chompré, *Dictionnaire*

abrégé de la fable, Paris 1759. C. de Brosses, *Du culte des dieux fétiches* [...], o. O. 1760. A. Court de Gébelin, *Le Monde primitif* [...], 9 Bde., Paris 1773–1783. R. Wood, *An Essay on the Original Genius and Writings of Homer*, London 1775. J. Bryant, *A New System or an Analysis of Ancient Mythology*, London 1775–1776. J.-S. Bailly, *Lettres sur l'origine des sciences*, Paris 1777; *Lettre sur l'atlantide de Platon*, Paris 1779. J.-G. Lindemann, *Geschichte der Meinungen älterer und neuerer Völker im Stande der Roheit und Kultur, von Gott, Religion und Priestertum*, 2 Bde. in 1, Stendal 1784–1785. C. G. Heyne, *Opuscula academica*, Göttingen 1785–1812. C. A. Demoustier, *Lettres à Emilie sur la mythologie*, Paris 1786–1798. R. P. Knight, *A Discourse on the Workship of Priapus* [...], London 1786. J.-P. Rabaut de Saint-Etienne, *Lettres à M. Bailly sur l'histoire primitive de la Grèce*, Paris 1787. P. C. Reinhard, *Abriß einer Geschichte der Entstehung und Ausbildung der religiösen Ideen*, Jena 1794. C. E. Dupuis, *Origine de tous les cultes*, 12 Bde., Paris 1796. W. Jones, *The Works*, 6 Bde., London 1799. F. Noël, *Dictionnaire de la fable*, 2 Bde., Paris 1801. K. Ph. Moritz, *Götterlehre* [...], Berlin [3]1804 ([1]1791, zahlreiche Ausgaben, auch in den Werken, 3 Bde., Frankfurt 1981). J. A. Dulaure, *Des divinités génératrices, ou des cultes du phallus chez les anciens et les modernes*, Paris 1805. F. Creuzer, *Symbolik und Mythologie der alten Völker, besonders der Griechen*, Leipzig–Darmstadt 1810–1812. F. C. Baur, *Symbolik und Mythologie, oder die Naturreligion des Altertums*, 3 Bde., Stuttgart 1824–1825. J. G. Herder, *Sämtliche Werke*, 33 Bde., Berlin 1877–1913. W. Blake, *Complete Poetry and Prose*, London 1948. Jean Paul, *Vorschule der Ästhetik*, München 1963. Hölderlin, *Sämtliche Werke*, 6 Bde., Stuttgart 1943–1961. F. Schlegel, *Kritische Schriften*, München 1970.

An modernden Studien zur Mythologie seien erwähnt (in chronologischer Folge):
F. Strich, *Die Mythologie in der deutschen Literatur von Klopstock bis Wagner*, Halle 1910. Q. Gruppe, *Geschichte der klassischen Mythologie und Religionsgeschichte*, Leipzig 1921 (bedeutend). R. Schwab, *La Renaissance orientale*, Paris 1950. W. Rehm, *Götterstille und Göttertrauer*, Berlin 1951; *Griechentum und Goethezeit*, Bern 1952. F. E. Manuel, *The Eighteenth Century Confronts the Gods*, Cambridge, Mass. 1959. J. de Vries, *Forschungsgeschichte der Mythologie*, Freiburg, München 1961. R. Trousson, *Le Thème de Prométhée dans la littérature européenne*, Genf 1964. J. Baltrusaitis, *La Quête d'Isis*, Paris 1967. Y. F.-A. Giraud, *La Fable de Daphné*, Genf 1968. P. Albouy, *Mythes et Mythologies dans la littérature française*. M. Fuhrmann (Hg.), *Terror und Spiel. Probleme der Mythenrezeption* (*Poetik und Hermeneutik* IV), München 1971. B. Feldman und R. D. Richardson, *The Rise of Modern Mythology*, Bloomington, London 1972 (Dokumente, Kommentare, Bibliographien). K. Kerenyi, *Die Eröffnung des Zugangs zum Mythos. Ein Lesebuch*, Darmstadt 1976 (Sammlung von Texten über den Mythos von Vico bis zu W. F. Otto). H. Blumenberg, *Arbeit am Mythos*, Frankfurt 1979. M. Detienne, *L'Invention de la mythologie*, Paris 1981.

VIII
Statt eines Epilogs: »Verhaßt ist mir jener [. . .] wie des Hades Pforten«

Gründe, die Alten zu fragen

Fern liegt mir die Überzeugung, daß die archaische Rede das Wahre sagt, und daß es uns zukomme – mit neuen Mitteln der Exegese bewaffnet –, dahin zurückzukehren, um die bleibenden Geheimnisse des »menschlichen Herzens«, der »Menschennatur« oder des In-der-Welt-Seins zu entdecken. Weil sie ein erstes – einfacheres und kräftigeres – System der Darstellung geschaffen hat, genießt die archaische Rede, meiner Auffassung nach, kein anderes Privileg als das, zuerst gekommen zu sein und manchmal den späteren Zeiten auferlegt zu haben, sie im Gedächtnis zu behalten (bewußt oder unbewußt), um sie zu wiederholen, zu verändern oder ihr zu widersprechen. Der etymologische Wert, den man rechtens der archaischen Rede zuerkennt, impliziert nur ein Verhältnis der Herleitung – um ihr höhere Autorität zu geben, müßte man im Prinzip zugestehen, daß alles, was zu Beginn gesagt wurde, die höchste mögliche Gültigkeit bewahrt habe. Was in der entferntesten zeitlichen Tiefe geäußert, ersonnen oder erzählt wurde, gehört deswegen noch nicht zu den »tiefen« Schichten im Individuum. Auf geschichtliche Dauer oder lebendige Gefühle angewandt, haben die Raummetaphern nur annähernde Geltung.

Dennoch ist das *innen* bewahrte Bild der Vergangenheit verführerisch. Dieses Bild hat nicht aufgehört, uns in seinen Bann zu schlagen. Um es zu rechtfertigen, entlehnt man gewöhnlich der Biologie den Begriff phylogenetischer Erbschaft. Der Gebrauch, den Freud davon mit der Vorstellung des »ursprünglichen Phantasmas« usw. gemacht hat, ist bekannt. Mythen und Archetypen beanspruchen den gleichen Status, ihr Vorrang in der genetischen Ordnung scheint ihnen eine zentrale Position und Funktion in der strukturellen Ordnung sichern zu müssen. Man respektiert sie aufgrund ihrer Zugehörigkeit zur Vergangenheit der Spezies und hat daraus ausreichende Ansprüche gezogen, die Innerlichkeit (das *Innen*) des Individuums zu beschreiben. Wer immer von nun an auf die archaische Rede hörte, der unternähme eine Reise nach innen und orientierte sich zu dem Kernpunkt seiner selbst, wo der Ursprung fortdauere. Ein verführerischer Gedanke, dessen Verführungskraft an ein Postulat gebunden ist, das sich jedem Beweis entzieht. Das Postulat ist das des universalen und fortzeugenden Charakters der archaischen Rede (oder Begebenheit). Andernfalls wäre es unverständlich, wie seine Erbschaft sich schließlich bei allen Individuen finden sollte. (Meist ist es ja die gegenwärtige, bei jedem unserer Mitmenschen als wirksam vermutete Disposition, von der aus wir auf die Suche nach ihren mythischen Präfigurationen gehen, die ihre Objektivität und Dauer beweisen sollen. Die Fabel sendet uns unser Echo zurück. Ein Logiker fände hierin ein schönes Beispiel für den Zirkelschluß.)

Daß die fernste Vergangenheit unserem tiefsten Innern entspreche, das ist eine Art, Verlust und Verschiedenheit abzuweisen und im Vollen einer lückenlosen Geschichte alle durchmessenen Augenblicke wiederzugewinnen. Das Bild des Durchmessens selbst setzt die Produktivität der Vergangenheit voraus, ihre Wirksamkeit, die nicht nur der erlangte Vorsprung bezeugt, sondern das Wesen des Individuums selbst, das in sich die Summe seiner vorhergegangenen Erfahrungen trägt. Zu sagen, das Individuum konstruiere sich quer durch seine Geschichte, heißt auch, daß diese Geschichte kumulativ in ihm gegenwärtig ist und in dem Maße, in dem sie abgelaufen sei, zugleich *innere* Struktur würde. Von da an wird jede Selbsterkenntnis notwendig Anamnese, Rückerinnerung. Und umgekehrt entspricht jede Anamnese der Erkenntnis tiefer (oft mit den geologischen verglichenen) Schichten der gegenwärtigen Person. Bei einer Theorie dieses Typus, die sich nicht an die Geschichte des Individuums hält, sondern die gesamte Gattungsgeschichte in der der Person einbegreift, hat man es mit einem außerordentlich beruhigenden System zu tun – nichts gäbe es in der menschlichen Vergangenheit, das nicht mir gehörte, und kein Wort in der Tiefe der Zeiten, das nicht mich beträfe und erhellte. Nichts ist *draußen*, nichts gilt als fremd (Nihil humani . . .). Alles in der Geschichte hält uns den Spiegel vor.

Aber der Zweifel erhebt sich, sobald man das Bild einer Evolution, die alle durchschrittenen Erfahrungen bewahrte, überzieht. Der Zweifel verstärkt sich, wenn sich an die Stelle einer universalen, globalen und einheitlichen Geschichte eine vielfältige Geschichte setzt, die nichts mit der Gestalt eines werdenden Organismus zu tun hat.

Unser Interesse an der Vergangenheit der Kultur muß jedoch nicht geringer sein, wenn sie, statt ein Stück von uns selbst zu verkörpern, das wäre, was andere Menschen vollbracht haben, mit Gedanken, die nicht die unseren sind und es nie sein werden, und in einer Sprache, in der wir nichts von uns selbst vernehmen. Um von den Kulturen zu schweigen, die nichts zu dem, was wir sind, beigetragen haben, so ist es nicht sicher, ob die, deren Einfluß wir empfangen haben, nicht viel mehr Gegenstand einer ganzen Reihe von Verdrängungen waren als einer Assimilation. Nach dem von Goldstein vorgeschlagenen Modell – das dem psychoanalytischen Begriff »Verdrängung – unbewußte Konservierung« den des positiven Zutagetretens von »Wiederherstellungen«[1] entgegensetzt – ist es gestattet, in der archaischen Rede und im Mythos eine Ausdrucksweise zu sehen, die zwar nicht jede Chance[2],

1 K. Goldstein, *Der Aufbau des Organismus*, Den Haag 1934, S. 276.

2 Das Wiederauftreten eines Verhaltens wird von nun an nicht als *Wiederaufleben* einer »latenten«, »verdrängten« Tendenz begriffen, sondern als Rückkehr des Individuums zu einem anders organisierten Integrationsniveau.

wiederaufzutauchen, verloren hat, aber von anderen Typen des Diskurses ersetzt wurde: Vorläuferschaft bedeutet nicht verborgene Fortdauer. Wir haben es verlassen, wir beobachten es von *außen*. Die archaische Rede gehört einem vergangenen Augenblick an, und wir haben die Entfernung zu ermessen, die uns davon trennt, den Abstand, den wir genommen haben, und den Unterschied, der unsere Neugier belebt.

Erkennen wir es doch an: selbst wenn die Geschichte aus aufeinanderfolgenden Verdrängungen bestünde, so geht das Interesse, das wir an einen äußeren, fernen und verschiedenen Gegenstand heften, darauf, ihn in unseren gegenwärtigen Diskurs aufzunehmen, ihn uns zu eigen zu machen und ihn auf irgendeine Weise zu *verinnerlichen*. Und auch wenn die Erkundung der Erinnerung eine uns fremde Wirklichkeit erforscht, so ist doch jede Anamnese, jede »Archäologie«, die außerhalb von uns eine Dimension der Vergangenheit schafft, ein Überschreiten unserer selbst, ohne das wir keine Innerlichkeit hätten. Denn wenn der Begriff Innerlichkeit eine Bedeutung hat, dann nicht als Behältnis für Schätze, Monster und geheimnisvolle Spuren, sondern als das, was mit uns unsere stets veränderbare Beziehung zum anderen herstellt – unser Verhältnis zum *Außen*, zu dem, was wir nie gewesen sind, mit dem, was wir nicht mehr sind, oder mit den Worten, die vor uns in Umlauf waren.

Hier geht es nur darum, ein paar archaische Texte anzusehen: aus Homer und der Bibel. Ich beanspruche nicht, daß sie »figürlich« eine stets gültige Wahrheit verkünden; dennoch ist es, wie man sehen wird, möglich, aktuelle Dinge in gewisser Anzahl darin wahrzunehmen, wenn man die Anstrengung aufmerksamer Lektüre auf sich nimmt. Ich ziehe es vor, sie zunächst für Zeugnisse eines entfernten Denkens zu nehmen, das sich auf ein System einfacher und einleuchtender Bilder stützt, deren Implikationen wir herausheben müssen. Ich wünschte, daß diese Texte ihre Andersheit bewahren.

Warum diese Vorsichtsmaßnahmen? Diese Texte betreffen den Gegensatz von Reden und Gedanken, von Lippen und Herz, von Außen und Innen. Wir verstehen sie besser, wenn wir den Gegensatz zwischen ihnen und uns lebendig erhalten.

Ein homerisches Bild

Achill, der die von Odysseus überbrachten Angebote des Agamemnon ablehnt, ruft aus: »Denn mir verhaßt ist jener, so sehr wie des Aïdes Pforten,/ Wer ein andres im Herzen verbirgt und ein anderes redet« (*Ilias*, IX 312–313).[3] Das ist eines der ersten poetischen Dokumente, worin sich die Anklage der Doppelheit vollständig und stark ausspricht. Es sind die ersten Worte einer Anklage: Worte von einer Klarheit ohnegleichen. Nichts trifft mehr als der Gegensatz zwischen dem *Gesagten* und dem, was man in sich *verbirgt* (das Griechische sagt hier mit einem schwer übersetzbaren Ausdruck: ἐνᾷ φρεσᾷν). Die »poetische« Beschwörung der Pforten des Reiches des Hades (Aïdes), wäre sie auch nur eine Stilformel, um hyperbolisch das Allerverächtlichste zu bezeichnen, gibt den Worten eine einzigartige analoge Dimension.

Der Vorwurf des Achill bezieht sich auf die Verdoppelung, die Spaltung, die macht, daß *eine Sache* verborgen ist, während *eine andere* gesagt wird. Die Disjunktion ἕτερον–ἄλλο, die die Andersheit umfaßt, beherrscht die Konstruktion der Aussage. Die Andersheit bestimmt sich nicht einfach als Unterschied von Gesagtem und Nicht-Gesagtem. Sie verwendet eine räumliche Figur: was nicht gesagt wird, ist aktiv im Herzen *verborgen*. Der Raum des Innen – das Innere des Körpers – ist der Ort, wo der listige Mensch heimlich verbirgt (κεύθῃ), was er nicht sagt. Ein einfaches Bild, das einen

3 ἐχθρος γάρ μοι κεᾶνος ὁμῶς 'Αᾴδαο πύλῃσιν
ὃς χ' ἕτερον μὲν κεύθῃ ἐνὶ ρεσᾴν, ἄλλο δὲ εἴπῃ.

wirklichen, unsichtbaren und verbotenen *Ort* einem *anderen* zuschreibt, der nicht ausgesprochen ist. Gedanken? Reden? Das Neutrum (ἄλλο–ἕτερον) setzt die gesagte und die verborgene Sache im wesentlichen gleich: um derart entgegengesetzt zu werden, sind sie gleichen Wesens. Ihr Unterschied ergibt sich aus dem Abstand zwischen dem offenen Sagen und dem Akt des Verbergens.

Die Bedeutung wird hier nicht durch die substantivierten Adjektive erzeugt, die hier in der Allgemeinheit des Neutrums bleiben (sonst präzisieren sich die Substantive bei Homer: ἔπεα, die Reden; νόος, die Absicht, der Gedanke), sondern durch den Gegensatz der Verben: *sagen – verbergen*. Verbergen ist möglich, weil es einen Raum für das Zurücktreten und die Möglichkeit einer Zwischenstellung gibt. Im physischen Sinne bildet das Innere des Körpers diesen Raum – das bezeichnet φρένες in organischer, fleischlicher Bedeutung (Zwerchfell, praecordia).[4] Aber der Akt, einen Gedanken, einen Plan oder eine Rede zu verbergen, konstituiert die Dimension des Nicht-Gesagten und zugleich eine »Innerlichkeit«, eine abstrakte geistige Region, die zu dem Bild des fleischlichen Innern hinzukommt – sie wird auch Geist, Verstand und den »Grund des Herzens« bezeichnen. Weil es zuvor ein organisches *Inneres* gab, kann sich das Bild des Verbergens entwickeln. Und weil umgekehrt der Akt des Verbergens das Gesagte und das Nicht-Gesagte trennt und dann das Nicht-Gesagte im Körper vergräbt, kann sich ein geheimer Ort der Absicht, des uneingestandenen Gedankens bilden – die Geborgenheit des verhehlten Planes. Die Innerlichkeit ist das Ergebnis einer trennenden *Handlung*.

Achill sucht in der Vergangenheit die Rechtfertigung für seinen Argwohn. Hinter den großzügigen Versprechungen

4 Zu dieser ersten Bedeutung vgl. R. B. Onians, *The Origins of European Thought about the Body, the Mind, the Soul, the World Time and Fate*, Cambridge 1954, bes. S. 13–44.

von heute versteckt sich die Begier, zu besitzen und zu behalten, die unersättliche Gewinnsucht, die Agamemnon als höchster Feldherr unablässig bewiesen hat: »er ruhend indes bei den rüstigen Schiffen, / Nahm die Schätz' und verteilt' ein weniges, vieles behielt er« (*Ilias*, IX 332–333).[5] Das verborgene und im »Herzen« zurückbehaltene Geheimnis ist nichts anderes als das Zurückhalten selbst: die Weigerung zu geben, die hartnäckige Habsucht. Keines der Güter, die Agamemnon durch Odysseus' Vermittlung verspricht, wurde jemals gegeben. Agamemnon ändert sich nicht, davon ist Achill überzeugt, und von jetzt an ist er nicht mehr bereit zu glauben: »Einmal betrog er mich nun, und frevelte; immer hinfort wohl/ Täuscht sein tückisches Wort« (*Ilias*, IX 375–376). Die Bitterkeit Achills, seine Halsstarrigkeit sind die eines erfahrenen Mannes, der im voraus weiß, daß er niemals etwas bekommt. Der Beschwerdegrund dauert ewig, denn nach Achills Worten kann nichts das Verhalten des »Fürsten der Völker« verändern. Nur die Reden verändern sich, trügerisch. So drückt sich der Gegensatz zwischen »eine Sache in seinem Herzen verbergen« und »davon etwas anderes sagen« klar aus: sie betrifft die Stofflichkeit der *Gabe*. Die Worte zählen nur die Reichtümer und die glänzenden Vorrechte auf; doch nichts wurde und nichts wird je gegeben. Die Worte bleiben das Trugbild eines Anerbietens: bitterer Hohn für den, dem man die anmutige Briseis entrissen hat.

Unter dem Blick des Argwohns verbirgt der Sprecher der beredten Versprechungen ein *Inneres*, eine »Tiefe«, die nicht lediglich das ist, *was sich verbirgt*, die Weigerung, offen zu reden, sondern die Handlung des Betrügens selbst, die habsüchtige Gewalt, zu berauben und nicht jedem seinen rechtmäßigen Anteil zu gewähren.

Das Wesen, das sich im Herzen des anderen verbirgt, hin-

5 Der französische Text zitiert die Übersetzung von E. Lasserre, der deutsche die von Johann Heinrich Voß.

ter schmeichelhaftem Anschein, ist mithin durch geizige Halsstarrigkeit bestimmt. Das ist die Entscheidung des anklagenden Gedankens: die Innerlichkeit des anderen beraubt mich dessen, was mir rechtmäßig zusteht. Sie bedroht meinen Besitz, sie reißt ihn an sich. Da man dem anderen nicht mehr aufs Wort glaubt, entwickelt die Rhetorik des Verdachts eine doppelte Figur des Übels und spaltet den vermuteten Gegner in zwei unterschiedene »Regionen«: draußen eitle Worte, drinnen ein böses Herz. Dieses Schema umfaßt in unserer Kultur die gesamte Tradition der Bilder des Übels. Die moderne Denunziation der »Ideologien« ist nichts anderes; sie nimmt sich täuschende Reden vor, hinter denen sich die Interessen, die besondere Begierde und die Weigerung, noch einmal zu *teilen*, dem Blick entziehen.

Die Vergleichung mit den »Pforten des Hades« ist von wunderbarer poetischer Wirksamkeit; sie wiederholt und sie erweitert; sie schreibt das Verborgene in einen kosmischen Raum ein. Denn die Pforten des Hades, der verhaßteste Gegenstand, bezeichnen nicht nur ein Jenseits, einen verbotenen Raum, sondern sie charakterisieren eine geizige Macht, die für immer behält, was sie ergriffen hat: die festhaltende Macht par excellence. Der Mensch, der seine geheime Begierde versteckt, der Mensch, dessen Geheimnis die Leidenschaft zu behalten ist, versperrt den anderen den Zugang zu seinem Herzen und wird zum Bilde der anderen Welt – unter dem Blick des Verdachts ist das verborgene Innen eine Figur des Totenreichs.

Ich sagte: das verborgene Innen. Ist der Begriff exakt? Handelt es sich nicht um eine verdoppelte Äußerlichkeit? Die Pforten des Hades bezeichnen die Grenzen des äußersten Außen; sie beschließen einen unzugänglichen jenseitigen Raum für den, der sie fürchtet und übel von ihnen redet. Das *Innen*, das sie umschließen, gewinnt für Achill die Bedeutung seiner eigenen Verletzbarkeit, seiner möglichen Erniedrigung und der endgültigen Abwesenheit derer, die er der Erde anvertraut hat. Dieses Innen enthält alles, was er verloren hat, und alles, was er verlieren kann. Die Pforten des Hades halten das zurück, was nicht mehr ist, was kein Recht mehr auf das Licht der Sonne hat; sie bezeichnen auch die Grenze, welche zu überschreiten die Lebenden keine Macht haben. Ebenso steht es mit dem, was der Heuchler in seinem Herzen verbirgt; es ist der Ort, der sich dem Blick verweigert, der seine Umgebung beherrschen will, es ist ein zweites Außen, das nicht erzwungen werden kann und dessen Wesen, so wie der Verdacht es befürchtet und sich vorstellt, bestimmt ist durch den Willen, nichts herauszugeben – mich arm zu machen, mich zu vernichten. Wagen wir eine Verallgemeinerung: das *Innen*, das der anklagende Gedanke Achills denunziert, ist der Raum, der sich aus seinen möglichen Fehlschlägen zusammenfügt, aus seiner stets drohenden Enteignung und aus seiner Sterblichkeit – der Feind, der in dieser Welt des Jenseits herrscht, zielt darauf, seine Gewalt auszubeuten, sie in reinem Verlust zu verschwenden, ohne die geringste Gegenleistung an greifbarem Reichtum und Freuden. Was der Gegner in seinem Innern verbirgt, ist die Zerstörung meines eigenen Innern.

Ein biblisches Bild

Der Verfasser der *Sprüche* Salomos (*Proverbia*) warnt den jungen Mann:

> »Denn die Lippen der Hure sind süße wie Honigseim,
> und ihre Kehle ist glätter denn Öl;
> Aber hernach bitter wie Wermut,
> und scharf wie ein zweischneidig Schwert.
> Ihre Füße laufen zum Tod hinunter,
> ihre Gänge erlangen die Hölle.«
>
> (*Proverbia* 5, 3–5)[6]

6 Vgl. *Proverbia* 2,16–19.

Sprüche 7 gibt zu dieser Vorschrift eine ausführliche, fast romanhafte Ausmalung:

»[...]
Sie überredete ihn mit vielen Worten,
und gewann ihn ein mit ihrem glatten Munde.« (7, 21)
»[...]
Denn sie hat viele verwundet und gefället,
und sind allerlei Mächtige von ihr erwürget.
Ihr Haus sind Wege zur Hölle
da man hinunter fähret in des Todes Kammern.«
(7, 26–27)

Die Anklage ist hier noch einmal am Werke; sie gibt einen Unterschied an. Außen und in einer ersten Phase die völlig *äußere* Süße der Lippen und der Worte. Dann führt der Weg nach der Bewegung der Füße und im *Innern* des Hauses zum Tode. Der Unterschied ist der gleiche, den uns das Homer-Zitat feststellen ließ. Hier haben wir die offen sexualisierte Fassung. Die Lippen der Fremden verheißen Vergnügen:

»Ich habe mein Bette schön geschmückt
mit bunten Teppichen aus Ägypten.
Ich habe mein Lager mit Myrrhe,
Aloe und Zimmet besprengt.
Komm, laß uns genug buhlen bis an den Morgen,
und laß uns der Liebe pflegen.« (7, 16–18)

Das ist die wahrhaftige und gleichzeitig trügerische Beschreibung eines Innern, in dem alle Begierden befriedigt und alle Wonnen gewährt würden. So entfaltet sich in der Anrede das Bild eines unerwarteten Ortes, der seitab vom »rechten Wege« liegt, plötzlich offen für den Empfang des Körpers und die Lust der Sinne, der sich aber mit dem Tode schließen wird. Das Zimmer der Liebe wird zur Kammer des Todes.

Die Anklage sieht die fleischliche Verführung sich in Mord umkehren (7, 23), und die Schritte zum Bett führen in die Unterwelt. Als Abkömmling der Schlange verspricht das zerstörerische Weib (»Denn sie hat viele verwundet und gefället, und sind allerlei Mächtige von ihr erwürget«, 7, 26) den Rausch und liefert ihr Opfer dem Pfeil aus, der ihm die Leber durchbohrt (7, 23). In der Warnung, die der Vater dem Sohn gibt (»Mein Kind, behalte meine Rede ...«, 7, 1), klagt alles die Äußerlichkeit, die Verfälschung, das Außen an: eine *andere* Welt und *andere* Götter bedrohen den jungen Mann, sobald er in der *Nacht* die Worte der *Fremden* hört. Das verführerische Innere, wohin er seinen Gang überstürzt, ist in Wirklichkeit das grauenvolle Außen, daraus kein Wanderer wiederkehrt. Von der Straße, diesem ersten Außen, hat der junge Narr sich aus dem Leben gestürzt: das ist der Lohn dessen, der sich »abwendet« (7, 25) und sich »verirrt« (ebd.), der die Warnungen der Anklage vergißt. Gewiß wird es dem nicht so ergehen, der die Lehren des Vaters »auf die Tafel des Herzens« (7, 3) »geschrieben« hat und der in seinem eigenen Innern das väterliche Gesetz, das ihn schützen wird, zu wahren weiß.

Das Gehege der Zähne, das Hüten der Lippen

Was macht man, wenn die Gefahr angezeigt ist? Wie antwortet man ihr? Nicht auf die trügerische Stimme hören, sich gegen die erlogene Verführung wehren und das eigene Leben zu erhalten trachten ...

Achills Antwort ist eine Ablehnung der Angebote, die er für trügerisch hält, eine Weigerung, die eigene Kraft zu verausgaben und sein Leben der Gefahr auszusetzen. Bedroht, schließt er sich wieder auf das zusammen, was er nicht verlieren will. So denkt Achill daran, um der Habsucht des obersten Herrn Widerstand zu leisten, das Allerkostbarste zurückzuhalten: sein Leben. »Beutet man doch im Kriege gemästete Rinder und Schafe,/ Und gewinnt Dreifüß' und braungemähnete Rosse;/ Aber des Menschen Geist kehrt niemals, weder erbeutet,/ Noch erlangt, nachdem er des Sterblichen Lippen entflohn ist« (*Ilias*, IX 406–409). Der Plan, das Leben (oder den Geist, die Seele: ψυχή) klug zurückzuhalten, spricht als Antwort auf die trügerische Stimme, die glänzende Geschenke bietet und den hartnäckigen Geiz verdeckt: die offene Weigerung lehnt das hinterhältige Ansinnen ab. Den Atem zurückhalten, ihn zu hindern, auf immer das »Gehege der Zähne«, die Lippen zu fliehen: die elementare – aber wesentliche – Form der Kontrolle an den Grenzen, wo ein Innen und ein Außen der Person den Ausschlag geben. Durch den verborgenen Plan in Gefahr gebracht, wacht das Individuum über den Schutz seiner eigenen Grenzen, es wacht über die Schließung der Schranken, über die es Herr ist und innerhalb derer sein Leben unbeschädigt bleiben kann.

Aber Achill, der entschlossen ist, sein Zelt nicht zu verlassen, sich der Schlacht nicht mehr auszusetzen, und der (für den Augenblick) entschieden hat, sein Leben innerhalb des Geheges der Zähne zu behalten, vermag, wenn er seinen Willen äußert, seinen Zorn nicht *zurückzuhalten* und seine Aufwallung nicht zu zügeln. Odysseus hat nicht versäumt, ihn an die väterliche Ermahnung zu erinnern:

> »Ach mein Freund, wie sehr ermahnte dich Peleus der Vater
> Jenes Tags, da aus Phtia zu Atreus' Sohn er dich sandte:
> Lieber Sohn, Siegsstärke wird die Athenäa und Here
> Geben, wenn's ihnen gefällt; nur bändige du dein erhabnes
> Stolzes Herz in der Brust; denn freundlicher Sinn ist besser.«
> (*Ilias*, IX 252–256)

Die Weisheit – aus *väterlicher* Quelle, wie zu betonen ist – empfiehlt eine Kontrolle, die sich nicht nur auf die kostbare

Substanz des Lebens (ψυχή) bezieht, sondern auf die stolze Aufwallung (μεγαλήτορα θυμὸν). Das Zurückhalten (ἴσχειν) in der Brust (ἐν στήθεσσι) kann wie ein archetypisches Bild der Repression, der Verdrängung erscheinen. »In der Brust bändigen«, wie zuvor »im Herzen verbergen«, ist möglich durch die Wirklichkeit eines *Innern* der Eingeweide, welches das Individuum zum Behältnis des »Atems« machen kann, den es daran hindert, herauszudringen: die Handlung, die den Stolz hindert, einen äußeren Ausgang zu finden und ihm den Weg versperrt, erfordert ein organisches Inneres (Brust und Eingeweide), um für die unterdrückte Rede Raum zu schaffen. So entsteht in der freiwilligen Ökonomie, welche die Menge der sich außen manifestierenden Leidenschaft regelt, abschätzt und begrenzt, eine Weisheit, und es begründet sich eine innere Dimension: Subjektivität. Diese Beherrschung, wie Peleus sie Achill empfiehlt, ist weder heuchlerisch noch erlogen; sie fordert einfach dazu auf, die Leidenschaft zum Schweigen zu bringen, sie zu zügeln und an ihrer Stelle keine *andere* Rede zu führen. Das ist die Tugend, die der Franzose »retenue« (und der Deutsche »Zurückhaltung«) nennt und die darin besteht, die anderen zu schonen, die Gebärde oder das Wort, das sie verletzen könnte, ohne Ende aufzuschieben. Die Ratschläge der *Sprüche* weisen in die gleiche Richtung:

»Wo viel Worte sind, da gehet's ohne Sünde nicht ab;
wer aber seine Lippen hält, ist klug.« (*Proverbia* 10,19)

»Ein Narr zeigt seinen Zorn alsbald;
aber wer die Schmach birget, ist gewitzt.«
(*Proverbia* 12,16)

»Wer seinen Mund und Zunge bewahret
Der bewahret seine Seele vor Angst.« (*Proverbia* 21,23)

Wir finden überall die gleiche Lehre: die an den Pforten geübte Beherrschung, das Hüten der Lippen, die freiwillige Unterdrückung, welche die Tugend der Klugheit beweist (oder schafft) und die »Seele« bewahrt. Muß man auf so verehrungswürdige Texte zurückgreifen? Die Weisheit der Völker, die die der »Mitte« einschließt, spart nicht mit denselben Empfehlungen: sie zu schließen, zu sperren ... »Loqui ignorabit, qui tacere nescit« (»Wer nicht zu schweigen weiß, weiß nicht zu reden«) (Ausonius). »Qui garde bouche, si garde s'âme ...« (»Wer den Mund hält, hält die Seele«). »En close bouche n'entre mouche ...« (»In den geschlossenen Mund kommt keine Fliege«).

Mythisch-biologische Abschweifung

Die Philosophen haben es gesagt und die Biologen wiederholt: ein Außen beginnt an dem Punkt, wo die Ausbreitung einer strukturierenden Kraft innehält. Man kann ebenso sagen: ein Innen bildet sich von dem Augenblick an, da eine Form sich geltend macht, indem sie ihre eigenen Grenzen festlegt. Ein Lebewesen existiert nur um den Preis der (durch den Raum, durch den genetischen Code diktierten) Abgrenzung, durch die es sich, indem es sich individualisiert, bestimmt, definiert und entgegensetzt: Grenze, Endlichkeit, Individualität und Kampf mit dem Außen sind Wechselbegriffe. So ist kein Innen denkbar ohne die Mitwirkung eines Außen, auf das es sich stützt. Eine Mitwirkung, die mit einer Gegenwirkung vermischt ist – das unfreundliche Außen nötigt die Haut, sich auszubreiten, um die Gleichmäßigkeit des »inneren Milieus« gegen die Unregelmäßigkeit der »Umwelt« zu halten und zu schützen.

Zwischen dem Innen und dem Außen ist die Berührungsfläche – Membrane, Schuppen, Haut usw. –, der Ort für den Austausch, die Abstimmungen, die Zeichen für die Sinne, aber auch der für Konflikte und Verwundungen. Die wechselseitigen Stützen sind zugleich Übergänge: meine Haut ist schon außen, aber der Horizont meiner Blicke, der Raum, in dem ich mich bewege, sind auf gewisse Weise mein. Das Außen schränkt mich ein, doch ich bemächtige mich der Umgebung. Luft und Nahrung durchdringen mich, aber der Körper behält das zurück, was er braucht.

Indem ich die Membrane erwähne, diese fühlbare Grenze, nehme ich den biologischen Mythos wieder auf, den Freud in *Jenseits des Lustprinzips* beschworen hat. Wie soll man nicht von diesem idealen Ausgangspunkt verführt werden – der *Kugel* des lebenden Protoplasmas? Man hat den Eindruck, Freud wollte die berühmte (und viel zu einfache) Formel Bichats verdoppeln: »Das Leben ist das Ensemble der Funktionen, die dem Tode widerstehen«, und sie ersetzen durch: »Das Leben ist das Ensemble der Kräfte, die zum Tode des Individuums streben und sich der Zerstörung der Art widersetzen.« Aber die Sphäre des Protoplasmas und des Zellhäutchens sind ein schematisiertes Modell, gut dazu, Metapsychologie in Begriffen allgemeiner Biologie auszusprechen. Freud weiß ebensogut, daß der Vielzeller im Laufe der Ontogenese rasch aufhört, von einer homogenen Haut umhüllt zu sein – die Morula wird Gastrula, die Kugel höhlt sich und bildet Röhren und Öffnungen usw. Der Austausch mit dem Außen ist nicht mehr gleichmäßig Sache der ganzen Oberfläche, spezialisierte Organe übernehmen verschiedene Typen des Austauschs: Absorption, Ausscheidung, Wahrnehmung, Senden von Signalen. Ein weiterer Mythos, älter als Freud, aber in seinem Werk nachweisbar, zeigt sich hier: die Menschwerdung vollzieht sich nicht nur gemäß einer stets differenzierteren Spezialisierung der Funktionen, sondern vor allem einer Fähigkeit zur stets weitergetriebenen willentlichen Regulierung. Diese Regulierung geschieht durch das Einwirken hemmender und unterbrechender Mechanismen. Die hemmende Fähigkeit, die von den höheren Zentren abhängt, macht den Gegensatz von Erfüllung und Nichterfüllung möglich, von Ja und Nein. Nur ein Lebewesen mit der Macht der Selbst-Hemmung kann Codes und Sprachen schaffen, die natürliche Gebärde aufschieben, um das Werkzeug hervorzubringen und dann das instrumentelle Symbol. Nun sind die wesentlichen Orte der Selbsthemmung die Öffnungsorgane; in der Abstimmung des Wechsels mit dem Außen machen die »Freiheit« und die »schöpferische Fähigkeit« ihre Lehrzeit. Freuds Aufmerksamkeit für das Orale und die Schließmuskel-Kontrolle ist einer seiner Geniestreiche. Sie kann sich auf alle Aktivitäten ausdehnen, durch welche das Individuum die physiologische Beziehung zwischen dem Innen und dem Außen gestaltet und modifiziert: die Artikulationen von Stimmritzen, Zunge und Lippen, die an den Mechanismus von Einatmung und Ausatmung angeschlossen sind; Nahrungsverbote; Reinigungsriten; besonderer Gebrauch der Schminke an den bevorzugten Stellen wie Lippen und Lidern als Rand beweglicher und lenkbarer Öffnungen; Ausdehnung der Malereien und Tätowierungen auf die gesamte Körperoberfläche. Alles das bestimmt in verschiedenem Maße die »Menschheit« des Menschen; daß ihm ein Fell, ein natürlicher »Schutz« fehlt, macht ihn zu einem Wesen, dessen Verhältnis zum Außen zerbrechlich und empfindlich ist und deshalb eine Maßnahme der Beherrschung hervorruft. Die Anstrengung der Kontrolle bezieht sich nicht nur auf das, was er sich einverleibt und ausscheidet, sondern auf alle Teile des Körpers, die den Angriffen äußerer Handelnder ausgesetzt sind: physische Täter, Blick der Toten und der Lebenden. Von nun an muß man sich bedecken und sich schützen: Bemalung, Masken, Gewänder bergen eine natürliche Oberfläche unter einer hinzugefügten Oberfläche und verstärken damit die Verteidigung des Gesichts und des Körpers, die ursprünglich dem unmittelbaren Kontakt mit dem Außen ausgeliefert waren.

Erinnern wir an eine klassische Definition: der Mensch (das vervollkommnungsfähige Wesen, das kranke Wesen) ist das einzige natürliche Geschöpf, das weithin außerhalb der natürlichen Ordnung steht. Er allein muß arbeiten, um zu überleben, gegen die Feindseligkeit des Außen muß er seine Tätigkeit und seine Techniken einsetzen. Dieser Satz kehrt sich um: weil der Mensch im Besitz seiner Techniken ist, kann er den unfreundlichsten Umwelten begegnen und das Außen bewohnen. Weil er die Bedingung des Ausgestoßenen zu ertragen hatte, hat der Mensch die Mächte erobert, die ihn zum *Eindringling* par excellence machen.

Die Sprache des Mythos sagt das auch. Das Paradies ist der Ort, an dem die Übereinstimmung zwischen dem Körper des Menschen und der äußeren Natur sich von selbst einstellte. Das Verbot zu übertreten und die verbotene Frucht zu verzehren, hat die Sensibilisierung der Körperoberfläche zur Folge (»sie wurden gewahr, daß sie nackt waren«). Von diesem Augenblick an sind Adam und Eva durch das Bewußtsein, das sie von der Oberfläche ihrer Körper gewinnen, außerhalb des Paradieses. Die Verschuldung des ursprünglichen Aktes, zu essen, erweitert sich auf die ganze menschliche Existenz. Künftig ist der Genuß jeder Nahrung untrennbar von der Strafe (»Im Schweiße deines Angesichts sollst du dein Brot essen«). Auch der Öffnungsakt der Niederkunft ist dem Schmerz geweiht (»Du sollst mit Schmerzen Kinder gebären«). Der Mensch ist nicht nur aus dem Garten vertrieben; er erfährt, daß sein Leben sich *außerhalb* der Erde, aus der er besteht, abspielt und *in* die er zurückzukehren bestimmt ist (*Genesis*, 3,19). Kurz, der Fall ist nicht nur ein Übergang vom Innen zum Außen. Es ist vielmehr der Augenblick, von dem an die menschliche Existenz dazu verurteilt ist, im Schmerz und im Bewußtsein die Berührungspunkte zwischen dem körperlichen Innen und dem gefährlichen Außen wahrzunehmen. Nach außen versetzt, muß er die Beziehungen mit der neuen Umwelt überwachen, der er nicht mehr vertrauen kann. Die Worte, die man sagt und nicht sagt, Nahrungsverbote, Beschneidung,

Reinigungsriten, der Gesetzestext an der Schwelle des Hauses und die Unterbrechung der Arbeit (d. h. des aktiven Kampfes mit dem Außen) zeigen im Judentum eine äußerste Beharrlichkeit, mit selektiver Hemmung alles auszuzeichnen, was von innen nach außen, von außen nach innen geht... Es genügt, an die Bilder menschlicher Erfüllung zu denken, von denen alle Kulturen Varianten bieten. Alle diese heroischen Bilder enthalten die Tugend der Zurückhaltung, die den gewaltsamen Akt durch ein vernünftiges Wort ersetzt, das angemessene Schweigen dem unklugen Wort vorzieht, manchmal das listige Fabulieren der gefährlichen Wahrheit: reden oder schweigen oder erfinden können. Die vollständige Menschlichkeit gehört dem, der sich richtig aller Mittel zu bedienen weiß: schlagen, reden, schweigen. Die Weisheit besteht darin, den unvernünftigen Trieb, das Wort oder die Gebärde *herauszulassen*, die dem äußeren Feind den Vorteil brächten und damit das Unheil bewirkten, zu bändigen.[7] Die Zivilisation baut sich mit diesem Kunstgriff auf.

Die Probe mit dem Olivenstamm

> »Was innerlich ist, ist auch äußerlich vorhanden, und umgekehrt, die Erscheinung zeigt nichts, was nicht im Wesen ist, und im Wesen ist nichts, was nicht manifestiert ist.«
>
> (Hegel, *Enzyklopädie,* § 139)

Als Patroklos tot ist, kann Achill sich nicht mehr halten. Er geht ungestüm hinaus und überläßt sich der kriegerischen

7 Von dieser *Zurückhaltung* sind Hysterie und Neurose die Parodie. Sie ersetzen die geschmeidige Beherrschung des Austauschs durch das geizige *Zurückhalten* des Affekts. Die Verdrängung, die über ein Innen und Außen entscheidet, wird pathologisch, sobald das Individuum der Konfrontation mit dem Außen auszuweichen versucht oder dazu nicht mehr in der Lage ist. Bei Freud und Breuer findet sich der Begriff der »Hysterie durch Zurückhalten« seit dem »klassischen« Werk von 1895.

Raserei; er weiß, daß er sich selbst dem Tode weiht (gemäß der Prophezeiung, die er in Erinnerung behält) und daß sein Ruhm ihn überleben wird. Die grenzenlose Verausgabung hat nur sein eigenes Ende als Zukunft: Achill wird nicht das Glück der Rückkehr erfahren.

Die vollständige Beherrschung seiner selbst, die vollkommene Abstimmung der Beziehung mit den Feinden und Freunden besitzt Odysseus. Gewandt in der Rede, fähig zum Kampfe, fruchtbar an Listen, wacht er über das »Gehege der Zähne«, schützt seine Seele und zügelt seine Worte. Bei Gelegenheit versteht er es, seine gewaltsamen Absichten mit Verschlagenheit zu verstecken; vor allem jedoch vermag er seinen Zorn zu unterdrücken, den Augenblick der Handlung zu verschieben. Auch verfügt er über viele Mittel zu handeln: πολυμὴχανος, der »Listenreiche«, ist eines seiner Beiwörter. Wenn er in der Tradition einer moralisierenden Lektüre als der vernünftige Held par excellence erscheint, so deshalb, weil er unter den Mitteln, die ihm seine Beherrschung des Redens, des Nichtredens und des Erfindens sichern, das zu wählen weiß, das dem Umstand entspricht: Vortäuschung, Verstellung, offenes Bekennen und flehende Bitte. Die Virtuosität, mit der er seine Worte meistert, bald um den Gedanken zu verbergen, bald um seine Leidenschaft zu zähmen, setzt ihn in die Lage, dem schlimmsten Außen zu begegnen. Der Dichter kann die Abenteuer und Reisen beliebig vermehren: die Mannigfaltigkeit der Vermögen des Odysseus antwortet der Mannigfaltigkeit seiner Prüfungen. Genau besehen, bestehen seine Vermögen fast alle in der Kunst, in jedem Augenblick abzuwägen, was er bei sich behalten muß (innen, im Geheimnis des Herzens, in der Brust) und was zweckmäßig dem Außen preiszugeben ist: Verbergen oder offenes Gestehen seines Verlangens, nach Ithaka zurückzukehren, fiktive Identität oder wahrer Name, erfundene Vergangenheit oder treuer Bericht. Die Meisterschaft des Odysseus ist es, in einer fast allgemein feindlichen Welt den veränderlichen Anteil dessen, was geäußert werden kann, zu ermessen; die Gefahr ist überall so bedrängend, daß man sich besser ›Niemand‹ nennt. Und um die Absichten der anderen zu erproben ist es besser, sie unter angenommener Gestalt anzusprechen. Diese Strategie der Klugheit unterstützt Athene und verändert das Aussehen ihres Schützlings auf die Gefahr hin, einmal zumindest mit gleicher Münze bezahlt zu werden, als Odysseus, der sie nicht erkennt, ihr eine völlig erfundene Geschichte erzählt: »doch vermied er die Wahrheit mit schlau abweichender Rede« (*Odyssee*, XIII 250–331). Das ist die auf fremdem Boden allgegenwärtige Gefahr, welche die absichtliche Spaltung zwischen außen und innen, zwischen dem, was gesagt werden *kann*, und dem, was geheimgehalten werden *muß*, hervorruft. Bei bestimmten Gelegenheiten empfiehlt die Klugheit, das, was von außen kommt, nicht anzunehmen: den Trank der Circe, den Gesang der Sirenen. In der Episode der Sirenen befleißigt der Held sich einer stärkeren Zurückhaltung, indem er sich mehr aussetzt (er als einziger verstopft die Ohren nicht mit Wachs); er läßt sich an den Mast des Schiffes binden, um nicht verführt zu werden. Odysseus trinkt den Trank der Circe, allerdings erst nachdem er ihn durch das »Kraut des Lebens« unschädlich gemacht hat. Der Held ist mehr als die anderen in der Lage, gefährliche Substanzen in sich eindringen zu lassen, weil er die schützenden Gegenmaßnahmen zu ergreifen weiß oder weil ein Gott sie ihm enthüllt. Noch hier sehen wir eine gewachsene Meisterschaft am Werke bei der Kontrolle dessen, was nach innen das »Gehege der Zähne« überschreitet oder ins Gehör dringt. Unsere Anteilnahme am Helden ist am größten, wenn die Erzählung ihn am meisten dem Außen ausgeliefert zeigt, am *offensten* dem Anschein nach für die äußere Gefahr, aber auch am erfindungsreichsten und bereit zum Gegenschlag.

Bei dem Hirten Eumaios sagt Odysseus die Worte, die einst Achill gesprochen hat: »Verhaßt ist mir wie die Pforten des Hades«, und dieser Haß gilt hier noch einmal den Lügnern:

»[...] Denn der ist mir verhaßt, wie die Pforten der untersten Tiefe,
Welcher, von Mangel verführt, mit leeren Erdichtungen schmeichelt.«
(*Odyssee*, XIV 156–157).[8]

Die Worte des erzürnten Freimuts werden hier fast parodistisch von dem aufgenommen, der gern Sand in die Augen streut. Eine halbe Lüge in doppeldeutiger Rede, denn Odysseus verkündet, indem er seine Identität unter dem Fell und den Lumpen des Bettlers verbirgt, die baldige Ankunft des Odysseus als gewiß. Er lügt und sagt die Wahrheit. Er lügt, um die Wahrheit der Herzen erglänzen zu lassen, um zu erfahren, ob man ihm treu geblieben ist: ein bemerkenswertes Beispiel dessen, was die Moralisten des 17. Jahrhunderts in Italien »dissimulazione honesta« (»ehrliche Verstellung«) nennen werden. (In dem furchtbaren Labyrinth der Hofintrigen muß man in Deckung bleiben, bis man sicher weiß, ob einem gedient oder ob man verraten wird; jedes preisgegebene Geheimnis ist eine Blöße.)

Nichts dient dem falschen Äußeren besser als die Haßbekundungen gegen das falsche Äußere. Odysseus ist für uns das erste Beispiel der unendlichen Leichtigkeit des Wortes; es läßt sich alles sagen, alles erfinden und alles glauben machen. Die fiktive Verschwendung ist ihm gestattet; sie bedeckt nur das, was im Herzen unveränderbar bleibt: das Verlangen nach Heimkehr, das Verlangen, das Seine wiederzufinden, das Haus, die Gattin und die Kinder. Die Beständigkeit des *Innen*, der unabänderliche Plan, von den zentralen Orten wieder Besitz zu ergreifen – Palast, Thron, Bett –, entschuldigen

8 Es sind die beiden einzigen Belege bei Homer für diese Worte, die man für eine gebräuchliche Formel in häufiger Wiederholung hätte halten können.

alle äußeren Erdichtungen als einfache Listen, um die Feinde zu täuschen, indem man erwartet, daß der wirkliche Odysseus seine Bleibe für immer findet. Fiktionen sind so weit erlaubt, wie der Held außen und im Abseits zurückgehalten ist. Die Rückkehr bedeutet das Ende der Lügen des Odysseus und folglich das Ende der Erzählung, die die Eroberung des verlorenen Besitzes vor dem angekündigten allerletzten Aufbruch darstellt.

Derjenige, der zum Schutz seines beständigen Planes nicht mit augenblicklichen Fiktionen sparte, sieht sich schließlich vor der schwierigen Aufgabe, den anderen seinen wahren Namen und seine wirklichen Rechte zu beweisen. Da man ihm glaubte, als er log, und da er Erfolg hatte, seine Verkleidung glaubhaft zu machen, ist er, um in seiner Wahrheit erkannt zu werden, genötigt, die stärksten Beweise zu erbringen. Genügt die reine innere Überzeugung, die subjektive Gewißheit von seiner bewahrten Identität gegenüber den Zweifeln der Penelope? »Siehe, mein armes Herz war immer in Sorge, es möchte/ Irgend ein Sterblicher kommen, und mich mit täuschenden Worten/ Hintergehen« (*Odyssee*, XXIII 215–217).[9] Wie soll man das wahre Wesen offenbaren, das die Lügen verbargen und schützten? Hier wirkt das einfache Wort nicht mehr; die »innere« Gewißheit kann sich nicht unmittelbar in der Erklärung des »ich bin« offenbaren.

Das Ende der *Odyssee* enthält die bedeutende Lehre: durch die Vermittlung der Äußerlichkeit gelangt das Verborgene, die verstellte Identität zur Offenbarung. Gewiß wird der Bettler mit Athenes Hilfe beim Hirten Eumaios plötzlich gottähnlich, und dem Sohn, der ihn als einen Gott empfangen will, sagt Odysseus nur: »Ich bin dein Vater« (*Odyssee*, XVI 188). Im Palast müssen jedoch entscheidende *Zeichen* hinzukommen, wirkliche Zeichen: die Kraft, den Bogen zu span-

9 Der französische Text folgt der Übersetzung von Ph. Jacottet, Paris 1982, der deutsche der Übersetzung von J. H. Voß.

nen. Aber dieses Zeichen ist bloß das Merkmal einer Kraft; es sagt nicht, ob diese Kraft die des Odysseus ist, es enthält keine Garantie des *Selbst*, keine Gewißheit der Identität, d. h. das Band mit der Vergangenheit. Das instinktive Erkennen durch den alten Hund Argos bleibt in der Erregung des Tieres verborgen und verlöscht auch gleich im Tode. Die unwiderleglichen Beweise werden durch die dauerhaften Spuren der vergangenen Handlungen erzeugt: Spuren am Körper, Spuren an den Orten und Dingen.

Die »große Narbe« zunächst: sie stammt von einem Zusammenstoß mit der tierischen Gewalt, mit dem Hauzahn eines Wildschweins, und bleibt als »entscheidendes Zeichen« (σῆμα ἀριφραδὲς, XXI 217). Die Identität, welche die innere Überzeugung nach zwanzig Jahren Abwesenheit zu bekunden nicht ausreicht, wird durch ein äußeres Merkmal bestätigt, den Überrest einer Verwundung durch einen Stoß, der »riß viel Fleisch ihm hinweg« (*Odyssee*, XIX 450). Odysseus vollendet den Beweis seiner Ansprüche auf Penelope erst in dem Augenblick, als er erzählt, wie er selbst das eheliche Bett gezimmert hat. Um den auf die Probe zu stellen, den sie noch nicht zu erkennen vermag, gibt Penelope Anweisung, das Bett *außerhalb* des Gemachs zu bereiten:

»Aber wohlan! bereite sein Lager ihm, Eurykleia,
Außerhalb des schönen Gemachs, das er selber gebauet.
Setzt das zierliche Bette hinaus, und leget zum Ruhen
Wollichte Felle hinein, und prächtige Decken und Mäntel.
Also sprach sie zum Schein, den Gemahl zu versuchen.
Doch zürnend
Wandte sich jetzt Odysseus zu seiner edlen Gemahlin:
Wahrlich, o Frau, dies Wort hat meine Seele verwundet!
Wer hat mein Bette denn anders gesetzt? das könnte ja
schwerlich
Selbst der erfahrenste Mann; wo nicht der Unsterblichen
einer

Durch sein allmächtiges Wort es leicht von der Stelle versetzte:
Doch kein sterblicher Mensch, und strotzt' er in Kräften der Jugend,
Könnt es hinwegarbeiten! Ein wunderbares Geheimnis
War an dem künstlichen Bett; und ich selber baut es, kein andrer!
Innerhalb des Gehegs war ein weitumschattender Ölbaum,
Stark und blühenden Wuchses; der Stamm glich Säulen an Dicke.
Rings um diesen erbaut ich von dichtgeordneten Steinen
Unser Ehegemach, und wölbte die obere Decke,
Und verschloß die Pforte mit festeinfugenden Flügeln.
Hierauf kappt ich die Äste des weitumschattenden Ölbaums,
Und behaute den Stamm an der Wurzel, glättet' ihn ringsum
Künstlich und schön mit dem Erz, und nach dem Maße der Richtschnur;
Schnitzt' ihn zum Fuße des Bettes, und bohrt' ihn rings mit dem Bohrer,
Fügete Bohlen daran, und baute das zierliche Bette,
Welches mit Gold und Silber und Elfenbeine geschmückt war;
Und durchzog es mit Riemen von purpurfarbener Stierhaut.
Dies Wahrzeichen sag' ich dir also. Aber ich weiß nicht,
Frau, ob es noch so ist, wie vormals; oder ob jemand
Schon den Fuß von der Wurzel gehaun, und das Bette versetzt hat.
Also sprach er. Der Fürstin erzitterten Herz und Kniee,
Als sie die Zeichen erkannte, die ihr Odysseus verkündet.«
(*Odyssee*, XXIII 177–206)

Das Wort σῆμα erscheint in dieser Episode viermal (XXIII 188, 202, 206, 225): »ein großes Zeichen findet sich gebaut [τέτυκται] an dem bearbeiteten Bett [ἐν λεχει ἀσκητῷ]« – so etwa wären die Verse 188–189 wörtlich zu übersetzen. Dieses symbolische Zeichen kennen allein die beiden Gatten (mit der Ausnahme der treuen Schaffnerin). Es ist Zeichen in einem privaten »Code«; ihn gebrauchen nur die beiden, die sich daran erkennen. Mithin ist es die Beständigkeit im Besitz des »Codes«, welche die Beständigkeit der Identität des Odysseus gewährleistet. Aber um welchen Bedeutungsträger handelt es sich hier? Um ein früher von Odysseus allein mit den eigenen Händen vollendetes Werk. Die Worte des Odysseus, welche die Konstruktion eines Ortes und eines Gegenstandes beschreiben, haben den dauerhaften Gegenstand – das Bett – zum Bürgen, das in der Eigenschaft der unveränderlichen »Referenz«, die ihm der Dichter zuschreibt, die Evidenz besitzt, zu der das Wort der inneren Gewißheit nicht fähig ist. Das »ich habe es gemacht« und das Objekt dieser Tätigkeit haben größere Beweiskraft als das »ich bin«. Außen, in dem von ihm gebauten Gemach und Bett, gründen der Beweis des persönlichen Wesens von Odysseus und die *Bestätigung* seines wahrhaftigen Daseins.

Erich Auerbach hat in seiner Deutung des homerischen Epos die schöne und plane Äußerlichkeit des erzählerischen Ablaufs betont. »Der Grundimpuls des homerischen Stiles [ist es]: die Erscheinungen ausgeformt in allen Teilen tastbar und sichtbar, in ihren räumlichen und zeitlichen Verhältnissen genau bestimmt zu vergegenwärtigen.«[10] Für unsere Zwecke ist nur hinzuzufügen: die Erzählung der äußeren Tätigkeit *nimmt die Stelle ein* (in voller Bedeutung: entwickelt, errichtet im Raum) des Ausdrucks der persönlichen Identität. Die Erzählung liefert den ausreichenden Gegen-

10 Erich Auerbach, *Mimesis*, Bern 1946, ^{3}1964, S. 8.

wert, denn sie genügt, um Penelopes letzte Zweifel zu beheben. Wenn das Individuum fähig ist, außen so starke Kennzeichen zu produzieren, dann ist sein *Wesen* in der Tat dort verwirklicht.

Es ist gar nicht nötig, zu allegorisieren; es genügt, zu lesen und jedem Begriff seine volle Bedeutung zu geben. Die Interpretation geht in diesem Falle nicht auf die Suche nach Verborgenem; sie hat die Erzählung *offen* sich gegenüber, wo sich für Penelope der letzte Schatten am Inkognito des Odysseus lichtet. Für den Hörer des Gedichtes, der nie an der Identität des Helden gezweifelt hat, ist es, wie die Geschichte von der Verwundung und der Narbe, nur ein noch unbekanntes Stück Vergangenheit, das in den Vordergrund tritt. Alles ist in vollem Licht. Odysseus muß (und das ist seine letzte Probe) sagen, auf wie einzigartige Weise er das eheliche Gemach gebaut hat. So vollendet sich die Rückkehr, das Ende kommt mit dem Anfang zusammen; genauer, das Ende, der wiedergefundene Besitz der Gattin und des Bettes, wird um den Preis der erzählenden Wiederholung der Handlung, die das eheliche Gemach geschaffen hat, erlangt. Die legitimen Besitzansprüche beruhen, da schriftliche Dokumente fehlen (die homerische Literatur kennt sie nicht), in dem gemeinsamen Geheimnis der anfänglichen Arbeit, durch die Gemach und Bett zu existieren begonnen haben. So offenbart sich die »intime« Identität durch das eigentliche Mittel der Veräußerlichung, das die Arbeit ist; der Bericht der herstellenden Handlung vernichtet allen Verdacht der *Fiktion* und sichert die Rückeroberung der vollständigen Ausübung der niemals verlorenen Rechte durch den Helden. Nicht Hegel sagt uns das; es sind die Worte und Bilder, die im klaren Augenschein des homerischen Epos aufeinander folgen.

Wenn sich nun die Beweise der Identität in die Erzählung einer äußeren Handlung verlagern, dann ist festzuhalten, daß diese äußere Handlung die Konstruktion eines *inneren* Materials zum Gegenstand hat: wohleingepaßte Türen und eine

Bedachung, die den ordentlichen Abschluß des ehelichen Gemachs gewährleistet, »von dichtgeordneten Steinen«. Odysseus baut eine Einfriedung innerhalb der Einfriedung – das Bild ist das einer konzentrischen Struktur, eines geschlossenen Ortes, eines geschützten *Innen*.

Die Mitte des Ortes wird durch den Olivenstamm bezeichnet – vertikal, noch lebend zuerst und dann bearbeitetes Material. Er war majestätisch gewachsen (ἔφυ), lange bevor das Gemach gebaut wurde; seine Anwesenheit reizte Odysseus dazu, den Bau zu unternehmen. Der Baum gebietet dem Raum, den die Arbeit um ihn herum organisiert. Er ist eine natürliche Gegebenheit, von der Kraft durchdrungen, die seinem Laubwerk die Fülle, seinem Stamm den Umfang verleiht. Einmal behauen und bearbeitet, senkt er seine Wurzeln tiefer in die Erde; die Lebenskraft, die er in sich trug, teilt sich dem ganzen Bett mit, das auf seinem Holze ruht. Die »kulturelle« Arbeit des Schmuckes und des Überflusses ist eingesenkt und gefügt in die massive natürliche Gegenwart. Dieses reich verzierte Möbel ist gebaut, um unversetzbar zu verharren.

Ist der durch seine Wurzeln mit der Erde verbundene Olivenstamm nicht in dem *thalamos* der Vertreter der »äußeren« Natur? Erscheint er uns nicht wie das reine *Außen*, das die »kulturelle« Handlung des Bauens in der Mitte des künstlichen Werkes zu fassen vermochte? Doch man kann auch die Begriffe umkehren und ebensogut sagen, daß die Erde, in die hinein die Wurzeln reichen, ein lebendiges *Innen* ist, welches das Wachsen des Baumes nährt und stützt; die unerschütterliche Verbindung mit dem Boden schafft eine Beständigkeit, die im Werk der Kultur die ursprüngliche pflanzliche Lebenskraft fortdauern läßt: die *Physis*. Die treue Gattin, die den Stamm des Ölbaums nicht abhauen ließ, hat das natürliche Zeichen der Mitte, den behauenen aufsteigenden Stamm bewahrt, der derselbe bleibt und die Rückkehr des Gatten und die Wiederholung des vergangenen Glücks ermöglicht.

Unsere Lektüre bemerkt, wie in jedem Augenblick die relative Position von Außen und Innen wechselt. Wenn Odysseus den Ölbaum behaut, die Äste kappt und ihn bohrt, dann ist es gewiß von außen, daß seine Arbeit der schönen natürlichen Gegenwart des Baumes Gewalt antut. Doch die Gewalt ist hier Anwendung eines Wissens (Odysseus arbeitet »künstlich und schön«), wobei die innere Fähigkeit des Menschen sich als über den Gegenstand ausgeübte Meisterschaft entwickelt – über das äußere Material. Und diese in der Vergangenheitsform erzählte und wie ein fernes Außen beschworene Arbeit wird zum Herzen der Gegenwart des Wiedererkennens. Ein Schwindel löscht jetzt die Unterscheidung von Außen und Innen aus, und der Augenblick der Umarmung ist gekommen: Penelope legt ihre Arme Odysseus um den Hals.

Bibliographische Notiz

»Das Wort Zivilisation« – »Le mot civilisation«, in: *Le Temps de la réflexion*, Nr. 4, Paris 1983.

»Über die Schmeichelei« – »Sur la flatterie«, in: *Nouvelle Revue de Psychanalyse*, Nr. 4, *Effets et formes de l'illusion*, Paris 1971.

»Exil, Satire und Tyrannis« – »Exil, satire, tyrannie«. Vorwort zu den *Lettres persanes* von Montesquieu, Paris 1973.

»Voltaires Doppelflinte« – »Le fusil à deux coups de Voltaire«, italienisch in *Strumenti critici*, I, 1, Turin 1966; danach französisch in *Revue de Métaphysique et de Morale*, Paris 1966. (= »Das Naturkind am Strande«)

»Der philosophische Stil des *Candide*« – »Sur le style philosophique de *Candide*«. Nachwort zu *Candide*, Turin 1975.

»Das Rettende in der Gefahr« – »Le remède dans le mal«, in: *Nouvelle Revue de Psychanalyse*, Nr. 17, *L'idée de guérison*, Paris 1978; erweiterte Fassung: *Rousseau selon Jean-Jacques*, Kolloquium Rom 1979. (= »Die Lanze des Achill«)

»Rousseau und der gesellschaftliche Charakter der Musik« – »Rousseau et la socialité de la musique«. Vortrag bei der Fondazione Cini, Venedig 1986.

»Das Gastmahl bei Bertin« – »Le dîner chez Bertin«, in: *Das Komische*, München 1976.

»Diogenes in *Rameaus Neffe*« – »Diogène dans *Le Neveu de Rameau*«, in: *Stanford French Review*, Herbst 1984.

»Fabel und Mythologie im 17. und 18. Jahrhundert« – »Fable et mythologie aux XVIIe et XVIIIe siècles«, in: *Critique*, Nr. 366, Paris 1977; erweitert in: *Dictionnaire des Mythologies*, hg. v. Yves Bonnefoy, Paris 1981.

»Verhaßt ist mir jener [...] wie die Pforten des Hades« – »Je hais comme les portes d'Hades ...«, in: *Nouvelle Revue de Psychanalyse*, Nr. 9, *Le Dehors et le dedans*, Paris 1974.

Für diese Ausgabe wurden die Texte durchgesehen und überarbeitet.

Horst Günther
Sehenden Auges lesen
Ein Versuch über Jean Starobinski

Das Wort ist ein Schleier. Der lockt einen Blick und verbirgt einen Blick. Vor ihm und hinter ihm suchende Augen. Der Lesende wühlt in aller Schrift, die sich erblättern läßt, bis ein Blick ihm begegnet.

Mit Blicken begehren wir, und wir erwehren uns mit abgewendetem Blick. Der Blick, den wir auf uns fühlen, verwirrt. Im Blick der anderen erkennen wir uns selber. Die Empfindung, beobachtet zu werden, weckt das Gefühl der Schuld, und nicht weniger die Empfindung, ungesehen Unerlaubtes zu beobachten. Literatur lenkt unseren Blick auf Vorgänge, die sich nicht von selber zeigen. Sie nimmt den Lesenden in eine Vertraulichkeit auf, der er kaum gewachsen ist, führt ihn zu einer Mitwisserschaft, welche die Realität ihm verweigert. Wie wenn im Finstern ein plötzliches Aufleuchten die Gesichter von Menschen zeigt, die uns nicht sehen können, schauen wir auf Überraschte und fühlen uns selber dabei ertappt. Racine hat das einmal beschrieben, und Jean Starobinski entwickelt daraus eine Poetik des Blickes. Der junge Dichter ist bei dem festlichen Feuerwerk, das ein Bekannter veranstaltet, in Begleitung eines geistlichen Herrn, von dem er sich beobachtet weiß, eines Jansenisten, der den weltlichen Aufwand mißbilligt und mehr noch die Neugier des Blickes, der sich nicht erwehren kann, die aufscheinenden Gesichter anzustarren. Gestalten, die ein Strahl aus dem Dunkel sichtbar macht, und Blicke, die auch dann noch, wenn sie sich verständigen wollen, unter der Aufsicht eines Dritten stehen, bestimmen die dramatischen Konfigurationen im Werk Racines.

Blicke sind an die Stelle von Gesten getreten, Blicke

liebkosen und verwunden und fühlen tief verwirrt den fremden Blick auf sich. Der frühere Held auf der tragischen Bühne, bei Corneille, handelt, geblendet von den Dingen und willens, seinerseits zu glänzen vor den Blicken der ganzen Welt. Er zeigt sich, und um dem, was er sichtbar macht, Dauer zu verleihen und sich selbst den Ruhm, opfert er sich. Die Grenze seines Ruhmes ist die Nacht, worein die Schatten sinken, deren Taten nicht das Licht und den Glanz erweckten.

Racines Helden erstirbt alles Handeln. Ein nicht zu beherrschendes Geschick schlägt sie mit der Blindheit ihres Begehrens und liefert sie unserem Blick eines überraschten Mitgefühls aus. Unerfüllbares Begehren mittels des Blickes, Besitzergreifen durch das Auge und, im Bewußtsein der scheiternden Begierde und der Verdammnis, verletzt und zerstört am Ende der Blick. Der Held sinkt in die Finsternis und verherrlicht dadurch die unerbittlichen Götter, die im Lichte thronen.

Der begehrende Blick verwundet nicht nur, wen er trifft, sondern er schlägt mit Unheil auch den, der da schaut. Und man bemerkt es, wie hier bei *Phèdre*:

»Chargés d'un feu secret, vos yeux s'appesantissent.«

(»Geheimen Feuers Last macht Euch die Augen sinken.«)

Den blendenden Glanz trübt Leidenschaft in fleischlicher Verwirrung. Schuldbewußt, ohne doch dem Begehren entsagen zu können, sind Racines Gestalten in Unheil verstrickt von einem ersten, oft im nächtlichen Fackelschein geworfenen Blick an. So erblickte Néron ein erstes Mal Junie,

»levant au ciel ses yeux mouillés des larmes«

(»dem Himmel zugewandt die tränenfeuchten Augen«).

So geschah es Phèdre, als in Athen Hippolyte erscheint:

»Je le vis, je rougis, je pâlis à sa vue;
Un trouble s'éléva dans mon âme éperdue ...«

(»Ich sah ihn, wurde rot und bleich bei seinem Anblick;
Verwirrung stieg in die bestürzte Seele ...«)

Immer wieder gebraucht Racine »voir«, das bald Sehen heißt, bald Wissen und Erkennen, das ein verwirrendes Begehren bezeichnet und schließlich die Nacht heraufführt in der Seele.

Durch die Zurücknahme der äußeren Bewegung geschieht eine Steigerung der verbleibenden Ausdrucksmittel, und wo einer alle Grausamkeit durch Blicke üben kann, erfährt er selber die Verzweiflung seines betrogenen Begehrens und duldet nicht geringere Qual und findet sich schuldig in den Augen der anderen. Der Blick des Mörders, der Blick des Richters und der Blick des Zuschauers können sich überraschend und bestürzend treffen.

»Madame, en le voyant, songez que je vous vois.«
(»Wenn Ihr ihn seht, Madame, bedenkt, daß ich Euch sehe.«)

Wer sehen will, um einer Liebe auf die Spur zu kommen, die ihm nicht gilt, genießt die Höllenqual des Ausgeschlossenen und zerstört mit dem unerreichbaren Glück der anderen im Scheitern auch die eigene Macht zu handeln. Der Eigensinn der Duldenden ist nicht geringer dabei, den Verfolger in größere Schuld zu stürzen und die Affekte, die ihn jagen, bis ins Äußerste zu treiben, um ihn seine ganze Ohnmacht erkennen zu lassen, als der seine es war, um die Begierde zu stillen. Die Tyrannen- und die Märtyrertragödie sind eins und kehren sich ineinander um.

Wie kindhaft ist dagegen die Konstellation der Blicke, unter denen Rousseau sein Leiden darstellt. Aber auch von Anbeginn verfehlt: »meine Mutter kostete ich das Leben, und die Geburt wurde das erste meiner Mißgeschicke«. Dem Kinde schon wurde immer das Wichtigste vorenthalten und der bescheidene Ersatz mißgönnt. Das Übel ist da, und es vergrößert sich, während die anderen alles tun, um ihm, nicht ohne äußeren Erfolg, auch abzuhelfen.

Es bleibt Rousseau das Gefühl, beobachtet zu werden, während sein verstohlener Blick auf harmlose Näschereien gerichtet ist. Und er schreckt davor zurück, das Ersehnte im

Bäckerladen mit der Münze aus seiner Tasche zu erwerben, denn unweigerlich würde die Szene in seiner Vorstellung zum Tribunal. Beobachtet und verurteilt fühlt er sich, in seiner Naschhaftigkeit von den Blicken der anderen verschlungen. Vor jede Begierde schiebt sich ein Hindernis und steigert sie zur Qual. In langen Kämpfen, die völlig erst mit Rousseaus Tod zu Ende gehen, stellt er die Fehlentwicklung der menschlichen Geschichte dar, die an dem Übel schuld ist, gibt die Mittel zu dessen Heilung an und erkennt in seinen früheren Freunden die schlimmsten seiner Verfolger.

Die psychiatrische Diagnose lautet: sensitiver Beziehungswahn. Ernst Kretschmer gab 1918 die klassische Beschreibung. Es ist aber nicht lediglich Krankheit, sondern ein Werk ist daraus entstanden, das leidenschaftlich und großartig die Vorstellungswelt einer Epoche geprägt hat. Der Versuch, sich selbst zu heilen, und die Autorität, anderen die Therapie anzuweisen, gründet sich auf das Verfahren, sich aller Wünsche zu entschlagen und in einem unbeobachteten Zustand irdischer Glückseligkeit sich seiner Glücksfähigkeit zu vergewissern.

Schmerzlich und beispielhaft vollzieht Rousseau die Trennung von den Dingen und beschreibt den Weg der Reflexion. Er stellt sein Leben dar, wie er glaubt, daß es noch kein anderer gewagt habe. Vollständig und von innen, »unter der Haut«. Dem Blick der anderen begegnet er durch einen Blick von innen und richtet über sich, um über alle richten zu können. Mit den vorhandenen Mitteln begibt es sich auf die Suche nach dem Unerreichbaren, mit dem unerbittlichen Blick auf sich selbst sucht er sich zu rechtfertigen und die Gesellschaft anzuklagen, bis er jene Ruhe erreicht hat, in die kein Blick mehr dringt.

Eine Poetik des Blickes hat Jean Starobinski skizziert, in den Essays des Bandes *L'œil vivant*, ganz auf die künstlerischen Mittel seiner Autoren bezogen. Er schrak davor zurück, sie zu einer Methode auszubauen, die man blindlings anwenden könne. Es geht ihm darum, sehen zu lehren, die eigenen Augen erneut auf Werke und Autoren zu lenken, die schon durchaus interpretiert zu sein scheinen oder denen er selbst eine richtungweisende Deutung gewidmet hat. Nicht weil es Meinungen zu revidieren gälte, sondern weil die Erfahrung des Interpreten und die eigene Bewegung des Werkes, wenn es denn eines ist und unerschöpflich reich ist, sich aufs neue begegnen können. Das gehört zu den Tugenden der Philologie, die selber sich an der Grenze des Lasters oder der Verfehlung bewegt. Jean Starobinski hat sie einmal allegorisch mit dem Geschick der Psyche aus *Amor und Psyche* verglichen, dem einzigen Märchen, das aus der Antike überliefert ist. Auch dabei geht es um den Blick, den Amor ihr verweigert, der im Dunkeln mit ihr die Wonnen der Liebe genießt.

Psyche wird die blinde Liebe unerträglich. Daran ist nicht lediglich ihre Neugier schuld, oder die bösen Schwestern, die ihr den Geliebten als ein Ungeheuer verdächtig machen, welches das Licht scheue. Psyche entzündet den Leuchter und ist so völlig in den Anblick der göttlichen Schönheit des Schlafenden versunken, daß sie gar nicht merkt, wie sie ihn durch herabtropfendes heißes Öl verletzt. Amor flieht zürnend.

Und fortan muß die Philologie unendliche Prüfungen und sinnlose Mühen erdulden in wüsten Einöden, wo sie vom Gegenstand ihrer Liebe getrennt ist. Aber schließlich wird ihr wie Psyche verziehen, weil ihre Liebe, die nicht mehr blinde und zweifelnde, sondern die sehende Liebe der Erkenntnis sich als stärker erweist denn alle Hindernisse.

Ja, Philologie ist eine Leidenschaft, eine Leidenschaft allerdings, die sich mit Sachkenntnis paaren muß und mit Augenmaß. Jean Starobinski schulte den analysierenden Blick nicht bei literarischen Studien allein. Er hat ein Medizinstudium absolviert und sich in der Arbeit in der Klinik die ärztlichen und psychiatrischen Fähigkeiten erworben, die seiner Diagnose literarischer Subjekte Gewicht verleihen und seiner

Darstellung der Melancholie ein Fundament praktischer Erfahrung geben.

Er verfügt über den ärztlichen Blick, und doch ist er Philologe. Er sucht nicht die Symptome für ein Krankheitsbild, sondern er folgt der individuellen Bewegung eines Textes, liest ihn als ein Werk der Poesie und zieht Folgerungen aus den künstlerischen Mitteln. Ein hohes Ziel ist es dabei, aus einer wiederkehrenden typischen grammatischen oder stilistischen Form den eigentümlichen Rhythmus eines Autors als Denkform und Existenzweise zu entschlüsseln.

Auf Vorbilder angesprochen, nennt er Leo Spitzer, der ihn in den fünfziger Jahren für eine Weile an die Johns Hopkins University, Baltimore, holte. Leo Spitzer war ganz und gar Philologe, der die falsche Arbeitsteilung zwischen Literatur- und Sprachwissenschaft von sich wies. Er ist einer der großen deutschen Romanisten gewesen, die in der Emigration, die ihn über Istanbul in die Vereinigten Staaten führte, eine weitere literarische Kultur hinzuerwarben und die europäische Literatur aus der Distanz der Neuen Welt betrachten lernten. Für die Entwicklung seines Faches in Deutschland waren er und die wenigen seinesgleichen ein schmerzlicher und nicht ersetzter Verlust.

Leo Spitzer vermochte wie kein anderer, historische Semantik zu betreiben, einen Begriff mit den unterschiedlichen Vorstellungen, die ihn begleiten und die er hervorruft, aus der Antike bis in die Gegenwart zu verfolgen und daran europäische Geschichte sichtbar und verständlich zu machen. Die Studie über ›Milieu‹ und ›Ambiance‹ ist ein solches Abenteuer der Philologie. Zugleich war er ein Meister in der Analyse individueller Stile und Stilmittel. In einer Fülle von Aufsätzen und Untersuchungen hat er ein ganzes Repertoire kühner und erhellender Deutungen eines individuellen Stils aus einer bisher übersehenen grammatischen oder syntaktischen Form erstellt.

Daneben tritt Georges Poulet, der den persönlichen Stil

eines Autors im Gebrauch allgemeiner Formen, räumlicher Konfigurationen oder des Zeitverständnisses herausarbeitet. Nicht weniger fasziniert die Arbeitsweise von Erwin Panofsky, dem großen Kunsthistoriker, der die ikonographische Methode von Aby Warburg selbständig fortentwickelte und durch gezielte Fragen gegensätzlicher Art an ein umfangreiches Material zu historischen Deutungen von großer Reichweite gelangte.

Im Gegensatz zu diesen Vorbildern ist Jean Starobinskis Vorgehen wesentlich monographisch orientiert. Er erliegt der Unwiderstehlichkeit einiger großer Werke und verfügt über die Treue des Interpreten, der entweder, wie im Falle Rousseaus, immer wieder mit neuen Fragen aufzubrechen und mit neuen Einsichten heimzukehren vermag, oder der über ein Vierteljahrhundert in einzelnen Schritten vorbereitet, was dann wie ein Wurf und als ein Buch erscheint, wie es bei Montaigne geschehen und worauf für Diderot zu hoffen ist.

Dabei sind die bevorzugten Werke Schriftstücke und Lesestücke in einem eigentümlichen und vertrackten Sinn. Es sind Stücke des Lebens ihrer Autoren, Ersatz und Verlängerung der Existenz von Menschen, die ihrerseits erst durch das Lesen zum Bewußtsein ihrer persönlichen Existenz erweckt wurden. Der selbstvergessene Blick in Bücher – bei Rousseau waren es von der bei seiner Geburt verstorbenen Mutter hinterlassene Bücher, die das Kind zusammen mit dem verwitweten Vater in rauschhaften Nächten verschlang –, der selbstvergessene Blick des Lesenden erfährt die Möglichkeit, ein anderer zu werden. Er verwandelt sich in die Person, deren Leben er gerade las, und von dieser Erfahrung an datiert erst das eigene Selbstbewußtsein.

Das Buch wird zum Spiegel, zum Blick der anderen, zur Begierde nach wirklichem Leben statt dem verächtlichen Ersatz, der gewährt wird. Im Buch zuerst erscheint die Antike, verkörpert in den Helden Plutarchs, und darin Folge, Zusammenhang und Größe, die Aufopferung für die anderen und deren Anerkennung, wahre Gemeinschaft – alles was die Wirklichkeit einem schwärmerischen Lehrbuben aus der Unterschicht verwehrt.

Kierkegaard äußerte bei seiner Lektüre der *Confessions* den Eindruck, »Rousseau lasse nicht die geringste Ahnung von Christentum spüren«. Jean Starobinski ist selber in Genf aufgewachsen, und er weiß: »Wer die Luft von Genf einatmet, der atmet auch die Überzeugung von der Erbsünde ein und spürt, wie die Gefahr des göttlichen Zorns auf ihm lastet.« Über der Stadt wachte ständig das Konsistorium und hielt den Verdacht des Skandals latent. Die Compagnie der Pastoren richtete ihr Auge auf alle Vorgänge; bei der geringsten Unordnung, die ein Libertin verursachte, bezichtigte und stigmatisierte sie ihn. Nach der mündlichen Verhandlung hieß es: »Wurde beim Kartenspiel gesehen ... Wurde als Mann oder als Bäuerin verkleidet gesehen ...« Es handelte sich um Rousseaus Mutter.

Rousseau wird stets ertappt und bestraft bei seinen winzigen Übertretungen. Wenn er sich auch nur die geringste seiner kindlichen Begierden erfüllt, entsteht ein unverhältnismäßiger Schaden und wendet sich grausam gegen ihn selbst. Das Glück, das er sich kompensatorisch dazu erdenkt, ist einfach. Die schlichte Abwesenheit fremder, überwachender Blicke, kein Inhalt, sondern ein bloßes »dolce far niente« schenkt ihm die innere Ruhe, die er als Gegenbeweis gegen das Unglück aller Verfolgungen braucht. Aus der Wonne einer möglichst keuschen Liebe und der Einsamkeit folgert er die Gewißheit einer Heilung dieser kranken Welt und seiner Befähigung zu deren Therapeuten. Seine wirkliche, lange Zeit andauernde Existenz als Schriftsteller dagegen, die er seit dem *Ersten Discours* führt – und das ist fast ein Menschenalter bis zur letzten *Rêverie* –, schreibt er einer Einflüsterung Diderots zu und deutet sie als den Anfang seines fast immerwährenden Unglücks.

Rousseau hat so wenig wie die »Philosophen«, denen er

sich erst anschloß, um dann seine Feinde in ihnen zu erblikken, die Aufklärung beendet und die Revolution herbeigeführt. Aber er erweckte ein Gefühl, das den Ereignissen seit 1789 ihren hohen Sinn verliehen hat, und prägte die Vorstellungswelt einer Gemeinschaft, welche die Revolution tragen und sich selbst in feierlichen Schwüren, Festen und Kulthandlungen stilisieren sollte.

Jean Starobinski hat bereits 1957 seine grundlegende Interpretation Rousseaus vorgelegt, *Jean-Jacques Rousseau. La Transparence et l'obstacle.* Es ist eine Wiederaufnahme des Verfahrens über »das Problem Jean-Jacques Rousseau« und seine idealistische Lösung, die Ernst Cassirer einst nach Kants Vorgehen vorgeschlagen hatte. Zwischen die Anklage der Gesellschaft, die den ursprünglich guten Menschen verdorben und unfrei gemacht habe, und die Konstruktion einer neuen Gesellschaft im *Contrat social* schalteten Kant und Cassirer das Werk der Erziehung, das Rousseau im *Émile* dargelegt hatte.

Friedrich Engels hatte im *Anti-Dühring* das vermittelnde Glied zwischen der bestehenden Ungleichheit der Menschen und dem neuen Gesellschaftsvertrag im Sklavenaufstand, in der Revolution gesehen. Beide verführerisch einfachen und sehr deutschen Lösungen halten einer genauen Lektüre der Schriften Rousseaus nicht stand. Der Aufstand gegen den Tyrannen schafft noch keine Gerechtigkeit. Die Gründung eines allgemeinen Willens hat Rousseau außerhalb der geschichtlichen Zeit angesiedelt. Den Übergang von dem bestehenden Zustand zu einer gerechten Gesellschaft klammert er aus, und wo er sich ihm widmet, wie in den Ratschlägen für eine Verfassung Polens, sehen seine Erwägungen ganz anders aus.

Rousseau nimmt sein Problem, nachdem er es in der Dimension der historischen Zeit exponiert hat, zurück in den Rhythmus seines individuellen Lebens, in seine Einsamkeit, sein Leiden, den Widerspruch in sich und zu den anderen.

Jean Starobinski legt die Deutungen, die aus einem ungefügen Werk gewaltsam praktikable Lösungen gewinnen wollen, nach behutsamer Prüfung beiseite. Und dann beginnt er, wechselnd zwischen Nähe und Ferne, erneut zu lesen, das Gewicht einzelner Sätze und die Bedeutung ganzer Schriften dieses eigentümlichen Werkes zu erwägen, das Entblößung und Verschleierung seines Autors in einem ist.

Und es geschieht, was so selten der Fall ist, daß der Leser durch die Interpretation ein Leser des Werkes wird, und mehr noch, im Sinne Rousseaus, der die Schrift der Existenz unterordnete, ein Leser, der den Autor versteht, durch seine Masken und Schleier hindurch. Was ist das Glück, das Rousseau beschwört, wenn er sich der Tage auf der Petersinsel und dem Bieler See erinnert: »Was genießt man in einer solchen Lage? Nichts außerhalb von sich, nichts, wenn nicht sich selbst und seine eigene Existenz, und solange dieser Zustand währt, genügt man wie Gott sich selbst.« Von der Gesetzgebung der Gesellschaft, der Veränderung der Welt und der Erziehung des Menschen, die ihn wohl beschäftigt haben, zieht Rousseau sich am Ende zurück auf sein bloßes Dasein, »sa propre existence«.

Was ihm zuvor als Aufgabe seines Lebens erschienen war, deutet er selber nun, in der fünften *Rêverie* und in den späten Briefen als dessen Ausdruck. Was Hegel Rousseau als entscheidende Tat für die neuere Staatslehre anrechnet, »das Denken selbst, nämlich den Willen als Prinzip des Staates aufgestellt zu haben«, hat Rousseau weiter getrieben, als es Hegel recht sein konnte. Und zugleich, wo er so voranzustürmen scheint, daß die Moderne einen der ihren in ihm zu erblicken vermag, während Hegel den Anschein erweckt, als bewege er sich rückwärts aus seinem Frühwerk heraus, kehrt Rousseau auf den Bahnen der Rhetorik, die er nie verlassen hat, zu den Gestalten zurück, die seine kindliche Vorstellung belebten und fühlt sich einig mit den Stoikern der Antike.

In einer wahrhaft dialektischen Bewegung der Lektüre deutet Jean Starobinski die Gestalt Rousseaus im uneinlösbaren Widerspruch der Sehnsucht nach völliger Transparenz zu den Widerständen, die seiner reinen Absicht entgegenstehen und ihn selbst wie alles andere trübend undurchsichtig machen. Mißverständnisse, Verkennung, Widerstände und Verfolgung sind das Leben, wie Rousseau es wahrnimmt, und die Prätention völliger Reinheit schafft unablässig neue Hemmnisse, deren Überwindung erst das Ende aller Dinge im Anschauen der Wahrheit gewähren wird.

Nicht der Rousseau, der Gegenstand eines heroischen und eines sentimentalen Kultes wird, kaum daß er gestorben ist, nicht der Gesetzgeber einer neuen Welt, sondern der unter der Last der Welt, die er auf sich fühlt, erliegt und aus dem Verzicht auf die Macht zu handeln Gewalt über die Geister gewinnt und seiner versagenden Vernunft die Melodie der Worte entringt, die seiner Unruhe Frieden schaffen und seiner Verhüllung in Schleier und Maske Transparenz, wird sichtbar und bleibt es.

Das dort gewonnene Bild hat Jean Starobinski in einer Fülle von Aufsätzen zu Rousseau erweitert und in Einzelzügen ausgeführt. Von der Signatur einer Persönlichkeit ist er dabei zu einer Interpretation der Zeitauffassung und der Geschichtsphilosophie fortgeschritten. Und er hat die Konzeption des Heilungsverfahrens, mit welchem Rousseau die als krank und verdorben erkannte Welt kurieren möchte, entschlüsselt. Der mythische Speer des Telephos, der allein die Wunde, die er schlug, zu heilen vermag, gab das Bild. Und der dreifache Rhythmus, der Rousseaus Biographie und Geschichtsphilosophie prägt, reiner Ursprung – das Übel, das sich fortschreitend verschlimmert –, die unsichere, aber dringliche Rückkehr zum heilen Ursprung, bestimmt einzelne Sätze und die Anschauung zeitlicher Prozesse im ganzen.

Wo Rousseau Gefahr läuft, im Pathos zu übertreiben, und

mit uneinlösbaren Ansprüchen Macht über die Seelen usurpiert, nimmt Montaigne sich und sein Unternehmen, von dessen Einzigartigkeit er nicht weniger überzeugt ist, skeptisch zurück. Nichts anderes als er selbst ist der Gegenstand von Montaignes *Essais*, die er in selbstgewählter Einsamkeit zu schreiben beginnt, nachdem er der Welt seine Schuldigkeit getan hat, aber wie anders ist dieses unverhüllte Ich als das des Bürgers von Genf. Wo jener unter die Haut dringt, um eine unerhörte Innerlichkeit zu entblößen, zeigt dieser sich vollständig und nackt wie die glücklichen Wilden, aber unverletzt. Er hat den Schein und die Verstellung der Dinge nicht weniger zu beklagen bei seiner Suche nach Wahrheit, die Zeitläufte sind grausamer, die Zerstörungen heftiger, und Montaigne hat mehr verloren; aber er hat auch ein doppeltes Glück genossen, das der Kindheit und das einer über alle Erfahrung hinausragenden Freundschaft.

Die Erfahrung des Todes hat Montaigne zum Schriftsteller gemacht. Etienne de La Boétie, der Verfasser einer Schrift *Von der freiwilligen Knechtschaft*, besaß und genoß als Freund allein Montaignes wahres Bild, das dieser nun in den *Essais* stückweise, monströs und wie in Grotesken zu zeichnen versucht. Der freundschaftliche Blick und treue Spiegel, in dem er noch einmal und gesteigert lebte, in der Folge dieser Freundschaft, die unerklärlich ist – »par ce que c'estoit luy; par ce que c'estoit moy« (»weil er es war, weil ich es war«) –, ging mit dem Tode La Boéties verloren und warf Montaigne auf sich selbst zurück. Die Erfahrung der Religionskriege hatte alle Illusionen zerstört. »La mort publique«, der tödliche Zusammenbruch des öffentlichen Lebens, machte den Glauben an ein harmonisches und vernünftig geregeltes Gemeinwesen unmöglich. Aus der Desillusion und Melancholie erstand die moderne, ihrer selbst bewußte Individualität. Sie konstituiert sich in der Selbstdarstellung, und im Bezug auf sie konstituiert sich das moderne Publikum, das literarische Selbsterfahrung sucht statt religiöser Erbauung.

Im Blick des Autors auf sich selbst den selbstvergessenen Blick des Lesers aufzunehmen und auf sein Selbst zurückzuführen, ironisch von der eigenen Person abzusehen und die allgemeine Körperlichkeit sich der eigenen vergewissernd darzustellen, »la forme entière de l'humaine condition«, das wird die Aufgabe des Schriftstellers. In *Montaigne en mouvement* (1982) erkundet Jean Starobinski diese neue Welt. Behutsam vollzieht er die einzelnen Schritte einer Selbstdarstellung nach, die sich scheinbar abschließt im Turm des ererbten Landgutes von Montaigne, in einer mit Sentenzen ausgemalten Bibliothek, und in Wahrheit doch der unerhörten Öffnung aller Grenzen Vorschub leistet.

Ein äußeres Zeichen davon ist das sukzessive Wachsen der *Essais* und die Aufnahme der räumlichen und zeitlichen Entdeckungen des 16. Jahrhunderts, der geographischen und historischen Erkundungen, die das Ferne und Fremde in vertraute Nähe rückten. Buchstäblich versetzte man sich in andere Welten, lebte im Geiste in der neugewonnenen Antike und segelte wirklich in die Neue Welt.

Von den antiken Beziehungspunkten aus, Plutarch vor allem, zu dem er immer wieder zurückkehrt, und Seneca, erobert Montaigne sich gegen die Doktrin der Geistlichen, die Anmaßung der Juristen und die Ignoranz der Ärzte seiner Zeit die Erfahrung des Lebens. Im Kampf um die Wahrheit geht er an gegen Maske und Schein, um am Ende zu erfahren, wie Goethe und Hegel es sagen werden, daß das Wesen nicht wäre, wenn es nicht erschiene. Durch den Verdacht des universellen Betrugs hindurch und das Lüften des Schleiers wird die gesamte Erkenntnis neu errichtet, von einer Weisheit, die den Sinnen vertraut und reflektierenden Blicks die Sinnenwelt konstruiert.

Das Werk ist dabei immer beständiger als die intensiv erfahrene Wechselhaftigkeit der Person. Aus der Spannung der nie sich gleichen und wesentlich vergänglichen, in ihrer gewöhnlichen und ungekünstelten Zufälligkeit festgehaltenen

Individualität zum bleibenden Charakter der Darstellung lebt das Unterfangen und gewinnt es seine Würde. Die Laune, die es gebar, und die Nichtigkeit, der es gilt, umspielen scherzend das Gewagte und Ernste dabei, daß er keinen anderen Gegenstand als sich selber hat und doch weit mehr als ein Tableau des Augenblickes gibt, denn er weiß, daß es um die Darstellung des in der Zeit Veränderlichen geht. Und wenn das Monument, welches sein Buch ist, von ihm selbst für vergänglich angesehen wird, so reicht es doch über den Tod hinaus und kann Fremde zu seinen Freunden machen.

So antwortet es dem Verlust des Freundes, unter dessen Blick sein Dasein steht und dessen Blick erst mit der Erfahrung des Todes Montaigne zum Autor macht. Daß er nichts vorzuweisen hat, nicht die seltene Tugend des Freundes, nicht den männlichen Erben, den sein Vater in ihm hatte, bestimmt die Rolle, die dieses Buch einzunehmen hat. Der Tod, der ihn zum Schreiben freisetzt, und der den Dingen die Maske nimmt, war auch der Anstoß für ihn, die Menschen und die Dinge ohne Maske darzustellen. Und weil er nicht aus den Wirren des Diesseits die endliche Ruhe, das Glück und die Richtigstellung aller verkehrten Dinge im Jenseits erhofft, kann er seinen Blick wie von dorther auf das Diesseits richten. Die Freiheit, die ihm die Anerkennung seiner Endlichkeit gewährt, macht sein Denken kühn und lebendig.

Diese Freiheit läßt ihn den Körper entdecken, läßt ihn von der Liebe sprechen, und dabei ergibt sich die für manche überraschende Folgerung, daß die uns in der Zeit näherliegende, aber langsam alternde Modernität, die Rousseau formulierte und die zur Französischen Revolution führte, von einer ferner liegenden Modernität überholt wird. Montaigne war selbst dabei, an ihren Entdeckungen teilzunehmen, den Menschen und seine Stellung in der Welt neu zu bestimmen. Unvermutet und mit Macht dringt diese Modernität durch die Vergessenheit in das Bewußtsein. Dieser Bewegung spürt Jean Starobinski nach, wenn er Montaigne interpretiert. Er läuft nicht Gefahr, wie es Hugo Friedrich bei seinem bedeutenden *Montaigne* (1949) geschehen ist, seinem Autor ein Monument errichten zu wollen und zugleich dessen Unfaßbarkeit zu tadeln gegenüber statuarischeren Klassikern.

Montaignes Werk weiß mehr über sich als seine Interpreten. Sein Autor hat mit dem Weltbild der hierarchisch geordneten Sphären gebrochen, auch wenn er die neuen Gesetze des Universums nicht für die Wahrheit allein, sondern für eine ihrer Varianten hält. Jean Starobinski versucht keine Gesamtdeutung, und daher kommen ihm auch keine unangemessenen Kriterien in die Quere. Er folgt in Variationen einigen Themen, die das Werk konstituieren, indem es von ihnen spricht: die Freundschaft und der Tod, die Freiheit, der Körper und die Liebe, die Sprache und das öffentliche Leben.

Der Blick, der dem Werk unermüdlich begegnet, ist der unserer Zeit und geschieht in ihrem Licht. Er richtet sich auf das unvergangene Werk der Vergangenheit, um rückkehrend der Gegenwart Übersicht, vertraute Nähe und Distanz zu sich selber zu schenken. Das freie Wort entsteht nicht aus dem Blick auf sich selbst. In der Beziehung auf die anderen verpflichtet es sich und fordert heraus. Es schafft Gemeinsamkeit und gewinnt daraus die Kraft der individuellen Existenz.

Der Interpret, der in der Bewegungsform des Essays ein Werk, eine Weise zu denken, einen individuellen Rhythmus offenlegt und das freie Wort, das er sichtbar macht, auch selber handhabt, verbindet sich seinen Lesern. In Deutschland hat das kein Literaturwissenschaftler seit Max Kommerell getan. Um so beschämender für die deutschen Verleger und die Literaturkritik sind das Verschleppen der Übersetzung seiner wichtigsten Arbeiten, des Rousseau-Buches um fast ein Menschenalter, und die Verzettelung seiner übrigen Schriften. Der offene, bewegliche Blick im Umgang mit den Werken ist selten und bedarf der Übung. Jean Starobinski ist seinen Lieblingsthemen treu. Er denkt an ein Buch über Diderot, zu dem schon manches in Aufsätzen skizziert ist, und er möchte seine Studien zur Melancholie, der einst schon seine medizinische Dissertation galt, in einer umfangreicheren Schrift ausarbeiten.

Ein großer Musiker war es, der von sich sagen konnte, er habe glückliche Hände, die nicht ermüden. Der bewegliche Blick Jean Starobinskis, der in stetiger Übung Werke eröffnet und Leser sehen lehrt, läßt auf glückliche Augen schließen.